U0455077

·魅力东北丛书·

松花江传 (上)

范震威 著

黑龙江美术出版社

图书在版编目（CIP）数据

松花江传 / 范震威著. -- 哈尔滨 ：黑龙江美术出版社，2024.1
ISBN 978-7-5593-9885-7

Ⅰ. ①松… Ⅱ. ①范… Ⅲ. ①报告文学－中国－当代 Ⅳ. ①I25

中国国家版本馆CIP数据核字(2023)第246202号

松花江传
SONGHUAJIANG ZHUAN

出 品 人：于　丹
著：范震威
摄　　影：王　冰　等
责任编辑：李　曈　孙　宇
责任校对：于　澜
装帧设计：李　莹
出版发行：黑龙江美术出版社
地　　址：哈尔滨市道里区安定街225号
邮　　编：150016
发行电话：（0451）84270514
经　　销：全国新华书店
印　　刷：哈尔滨午阳印刷有限公司
开　　本：720mm × 1020mm　1 / 16
印　　张：36.5
字　　数：436.5千字
版　　次：2024年1月第1版
印　　次：2024年1月第1次印刷
书　　号：ISBN 978-7-5593-9885-7
定　　价：136.00元（全两册）

作者在松花江河口界碑前（2001）

自　序

我祖籍山东诸城，那是潍河由西向东再转向北流的地方。在清代末年，祖上因逃荒渡海，来到辽宁海城牛庄头台子村，居于太子河下游左岸。后来，父亲外出做事，来到河北。1941 年初夏，我便出生在河北省平泉县，那是滦河左岸支流瀑河之侧。这个县西北的七老图山就是辽河之源。1945 年抗战胜利后回到沈阳，又回到浑河边。童年时，偶尔也到姥姥家去玩，姥姥家的门口就在浑河一条小支流桃仙河的岸边，姥姥家门口边的河沿，就总有三五人在那里倚岸垂钓。然而，这些关于河的记忆，除了听家大人的口传外，留在我印象中的，都已很模糊了。

1950 年春天，我 9 岁时，全家迁来哈尔滨，从此便喝松花江水长大，成为松花江母亲河儿女中的一员。在松花江流域，在祖国的东北边疆，来自山东、河北和辽宁的移民很多，差不多有一半以上，在我的身上，我的血管里，恰恰汇聚着这三省移民的影子。但我只承认，我是松花江的子民。50 多年来，我在松花江母亲河的臂弯中长大，我深感母亲河的体恤与温暖。松花江母亲河的胸怀多么温馨啊！我曾在母亲河的草地上踏春、嬉戏，也曾在母亲河柳丛繁茂的岸边钓鱼、捞虾，我还曾在母亲河的江汊子里游泳泛舟，唱一支歌儿，迎朝霞如火，送夕阳满天，在荡起双桨的同时，也把我们的爱，寄予我们亲爱的母亲河——松花江。

松花江是一条美丽而可爱的大江，也是一条富饶而又风姿绰约的大江。我为有这样的母亲河而骄傲。多少年来，我在母亲河的碧波中航行，听舷畔潺潺的水声，看船后抛洒的滚滚浪花，让江风吹彻我的肺腑，看两岸风景如画，而我也对大江，对母亲河，献上我——一个儿子的绿色的祝福。

那一年，我乘汽船从哈尔滨向上江驶去，蔚蓝的天空上有几抹淡淡的白云，在明朗的骄阳下，我向上游的远方眺望，水波连天，绿草抚岸，偶有几棵榆柳——这是北方最常见的树，在岸边虬曲着它们的枝干，我知道那是江风的杰作。老船长给我们讲起在松花江上行船的故事，那些闯关东的拓荒者怎样渡江北上，俄国的小火轮客船，日本鬼子在江上运煤运大木头的驳船队，以及那靠水吃水的江岸渔民在江中撒下的网套怎样缠绕了江上日本军快艇的螺旋桨……多少次，一听起关于松花江母亲河的往事，我就被她复杂而又多舛的那段命运所吸引，为她被奴役的时代而伤痛，也为她早年的经历而惊愕。

虽然我是吮吸着母亲河的乳汁长大的，可是我并不怎么真正了解母亲

松花江 哈尔滨　林久文摄

河，不了解她的过去，她的历史，尤其她在与华夏数千年古文明同步岁月里的一切往昔。在母亲河近七千万人的儿女中，由我来为母亲河作传，实在是我的荣幸。于是，我投进囊括了中华大地一切波澜壮阔和风云变迁的《二十五史》中，倾听历史老人的讲述。我这才发现松花江母亲河，是一条伟大的江河，她古时的儿女，既英雄豪迈，又勇敢无敌。她养育的古代先民肃慎族，早在蒙昧时代，就来到中原贡献石砮楛矢。以后又经历了无数的变迁，那些在南北朝先后崭露头角的东胡人以及他们的后裔建立过北方政权的宇文氏、慕容氏、拓跋氏；还有在先的夫余氏，在后的靺鞨人大氏，以及后来啸起于松漠之地的契丹人耶律氏；居于海古水与安出虎水的完颜氏；还有曾居于嫩江上游东北方的蒙兀室韦，后者的后代就是成吉思汗、忽必烈；此外，还有源起于长白山圆池三仙女浴后吃朱果受孕而生下爱新觉罗氏的先祖布库里雍顺（满语：英雄），后来在松花江中游右岸地依兰，成为三姓贝勒，他的后人努尔哈赤、皇太极等建立了大清帝国……这些啸傲北中华大地的一代又一代的先民，全是松花江母亲河的儿女，是松花江母亲河用乳汁抚养了他们或他们的先民。由此，我倍感松花江母亲河的伟大，在惊奇地看到松花江母亲河养育了那么多优秀儿女的同时，我的心中更涌起对松花江母亲河的一种敬畏之情。《二十五史》中有她多少儿女的史传啊！这些史传的首篇之页，不啻就是松花江母亲河的史传，那是多少辉耀过中华民族的诗页啊！

江河是人类的母亲，松花江母亲河就是中华民族北方各兄弟民族共同的母亲河。母亲河因为有她优秀的儿女而感到骄傲，儿女也因为有这样伟大而杰出的母亲河而自豪。但是，伟大的松花江母亲河的史传，何来之迟？原因是我们过去太不了解母亲河了。母亲河正源长白山天池周围的山峰，是 20 世纪之初由刘建封踏勘、拍照并起名后，才进入历史的；而在北源，已进入21世纪了，嫩江上游诸源流几乎仍然是无人区，笔者为撰写此书，多次想进入源头地而未能如愿，因为那里至今仍因自然环境复杂而难以问津。

笔者今日奉献给读者的这部关于松花江母亲河的传记，是松花江有史以来的第一部史传，唯其如此，这本书才让作者倍感使命之重大。给江河作传，在现代中国不过是近些年的事，但大多都零零散散。唯河北大学出版社，在瑞士作家、学者埃米尔·路德维希所著之《尼罗河传》的启发下，在选题策划方面独辟蹊径，确立了为祖国江河作传的“大江大河传记丛书”系列选题，这无疑是一个创造，它激活了许多思维，有无数的朋友自告奋勇地给我以援手，说明了这套选题、这部书和广大读者神脉相通。

《尼罗河传》是20世纪的一篇史页，距今已经六七十年了，本书的写作不囿于它的写法，却也受到它的启发。本书是又一个伟大生命之河的百科全书式的综述。它虽然不是一部学术性的著作，但也不回避某些学术问题，其总的写法是文学式的，即用文学的语言，来为我们的母亲河松花江作传，如果有一点儿抒情的段落，那就权当一位赤诚的儿子献给伟大母亲河的赞歌。

在母亲河身上可以感受和体味到太多的美与崇高。美是不言而喻的，在祖国的诸多江河中，松花江母亲河的自然美、水体美和生境美，都是佼佼者之一。而崇高，就是母亲河儿女给予她的品格。

美国人佩里·麦克多诺·格林斯，以美国在阿穆尔地区商务代表的身份，曾到黑龙江（俄语称阿穆尔河）上旅行（1856～1857），1860年出版了一部游记，1962年由威斯康星大学的历史系教授查尔斯·佛维尔进行增删出了新版本，在这部以《西伯利亚之行（1856～1857）》为题的新版本的游记中，记述了作者对松花江河口之美的观察与感受：

松花江中游依兰段航拍　王冰摄

松花江具有一切可以与俄亥俄河媲美之处。河岸的高度、沙洲的宽度与长度，以及河面的广阔，水流的冲力，都说明这是一条大河……

对母亲河的美的观察和感受是有目共睹的。在145年前，美国人眼中的松花江河口如此地吸引人，145年之后，松花江入黑龙江之河口，仍然充满了迷人的魅力，说明了松花江的美是她的天然品格。

松花江自身的美和由她养育的儿女所赋予的崇高，为松花江铸就了她史传的基本格调。笔者就是在充分把握这个基本格调的同时，带着对父辈的尊崇和对母亲的感恩，来为我们近七千万儿女共同的母亲河作传的。

余生亦晚，所阅无多，其学亦浅。敢以不才为松花江母亲河作传，乃是一种机缘。有了这个机缘，笔者和读者也就成了朋友，而这部松花江母亲河的传记，也就成为我们共同的拥有。

让我们再一次为松花江母亲河祝福！

目录

一、一个伟大摇篮的诞生

长白山天池——松花江南源　张东明摄

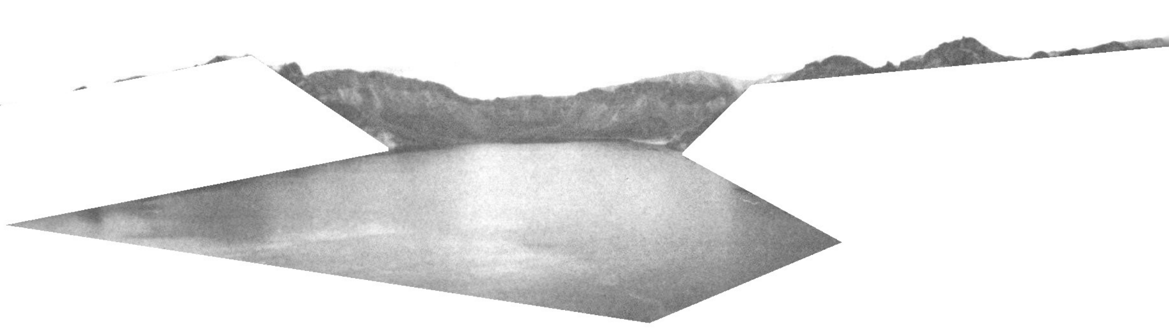

松嫩古大湖与松花江的诞生

松花江是中华民族东北地区的摇篮之一，她的南源是松花江天池，她的北源是嫩江上游南瓮河之源，两源汇合于三岔河成为松花江干流。下面，让我们看看她是怎样诞生的吧！

嫩江之源，在大兴安岭的伊勒呼里山，位于华夏系第三隆起带的北段。南瓮河集伊山南麓的潺潺泉水，从山谷的林地中湍急地流出。这片茫茫群山，在漫长的地质演变中经历了多次的陆海更易，多次的沧桑变迁，才形成了今天山原湿地的地形地貌。

伊勒呼里山是诸河之源　阎君摄

在遥远的古代，这里是一片大海，波涛滚滚，海天茫茫，不可尽述。后来，伴随着剧烈的火山喷发，原来的浅海逐渐成为陆地，海水退去了，酸性火山岩遍布各处。奥陶纪时，地壳下沉，这里大部分又成为浅海。泥盆纪晚期，浅海火山不断喷发，地壳皱褶上升，到石炭纪晚期，这里又还原成陆地。在石炭纪末与二叠纪时，此处再次陷为浅海。在二叠纪末期，火山喷发复又加剧，再加上华力西晚期运动的影响，这里再次成为陆地，成为丘陵山莽，直至今世。

侏罗纪早期，这里的河流湖泊开始发育，南瓮河逐渐发育成为涓涓细流，具体的发育情况显然难以尽述。稍后，在白垩纪晚期，大体在嫩江市南部一带地区，地壳逐渐下沉，并和松辽平原连成一体。到第四纪更新世，嫩江南部地区继续下沉，淡水湖和河流三角洲发育，北部剥蚀山区河流继续发育，最后基本形成现代水系。

于是，南瓮河从伊勒呼里山南麓流出，一路上又汇集其他几条支流，逐渐形成嫩江上游水系。与此同时，松嫩平原阶地堆积地貌亦开始形成。至此，已大体形成今天的嫩江。嫩江自北向南流，一路上汇聚了从大兴安岭东麓和小兴安岭西南麓的多条支流，进入古大安洼地，和来自长白山的松花江南源之流相会，最终合而为一，成为松花江流域水系。

松花江的南源出自长白山。长白山是三江之源，松花江、鸭绿江和图们江都从它的主峰发源。

长白山的地质年代可以上溯到30多亿年前的太古代。在距今25亿～32亿年前，沿北纬42°一带，曾经是一个海槽，海底地壳下的岩浆随强烈的晃动，加上逐渐增大的沉积，竟形成万米厚的以碎屑岩和海底基性火山岩

乘槎河从天池流出，形成68米的长白瀑布，落地成二道白河，桥为松花江第一桥　范震威摄

二道白河，松花江南源主源　范震威摄

人迹罕至的三道白河　郑长岭摄

头道松花江与头道花园河交汇处的南国风光　王德才摄

为主的沉积。海水几经进退，气候也几经干湿和温冷的互转，菌藻类生物开始出现并大量繁衍。

在距今4亿多年的早奥陶纪及其后，长白山地区逐渐上升成为陆地，又经过数千万年的风化剥蚀，地形起伏不大，几成平原。在石炭纪中期之初，地壳开始下降，出现了一些盆地，海水再次入侵。二叠纪末时，地壳又逐渐上升，海水退去。陆地扩大，低洼处形成湖泊。

长白山主体是自第三纪以来，在地壳的间歇性抬升和多次火山爆发过程中逐渐形成的。在长白山主火山体锥体、倾斜熔岩及熔岩台地上，有10多个火山群，大大小小分布着200多个寄生火山体。这些火山不断间歇性地喷发，形成了长白山复杂的地貌形态。复杂的地貌形态再加上本地区丰富的流水，从而出现了侵蚀、堆积和沟谷形的地貌，河流与湖泊，包括松花江上游及其支流，即今日的水系已大体形成。

松花江的正源是从天池中流下来的水所形成的二道白河。从天池流出来的水流河口叫闼门，河流叫乘槎河，长1 250米。乘槎河的末端是高68米的长白瀑布。瀑布之水从悬崖上跌下，出玄武岩台地，就是二道白河了。长白山天池本身就是一个火山口，在晚全新世，即距今约1200 ~ 1400年，天池的火山口有过一次喷发。当时喷发出规模空前的火山碎屑物——碱液质浮岩。浮岩呈灰白色或浅黄色，主要成分是二氧化硅，外表为玻璃状，多散落在天池的东北方。也就是说，长白山天池作为松花江源头，就是这些火山喷发的结果。在火山口形成后，漏斗处集水成湖，形成白头山天池等火山湖。1597年，1668年，1702年，火山曾有较小规模的三次喷发，今日的形态就是1702年最后一次火山喷发的杰作。

嫩江下游湿地——松嫩古大湖的残留　范震威摄

从瀑布流下来的二道白河，同从白头山北坡、东北坡流下来的三道白河、四道白河、五道白河，以及长白山西坡的松江河、锦江河等一起，汇聚成松花江的南源北流松花江，向西北流去。

侏罗纪末期，受濒太平洋构造运动的影响，北东向断裂活动加剧，形成了范围很广大的松辽盆地。白垩纪早期，松辽盆地大面积沉降，湖盆凹陷形成。松辽盆地为近海的陆相湖泊环境，白垩纪早期是湖盆的断陷形成阶段，为河流、沼泽、浅滩、浅湖环境。中期是凹陷发育阶段，晚期是湖盆的上升萎缩阶段。松辽盆地白垩纪古湖盆最大水深不超过30米。

松辽平原的东部地区，地壳隆起上升，遭受风化剥蚀。而在中西部地区，地壳沉降，为内陆平原河流、湖泊环境，沉降线在现今嫩江河道以西，沉降中心在扶余一带。古松花江与现代松花江（干流）的流向相反，古嫩江和古松花江均注入大安洼地，同时注入的还有松花江南源段。古西辽河与古霍林河均注入古大布苏洼地。这时的松辽平原地区为内陆平原河流、湖泊环境。上新世时，湖泊范围广大，地壳的沉降线在现今的嫩江河道以东，沉降中心在通榆一带。古嫩江南流，古西辽河东流，它们均注入长岭湖。

早更新世时，长岭湖盆地已有相当规模，古东辽河、古西辽河、古洮儿河、古霍林河、古嫩江和松花江南源段等，均注入古长岭湖，呈向心状水系。彼时，松辽平原的东部，处于振荡性隆起上升阶段；松辽平原西部，为冲积平原，沉积物多为灰白色的砂砾岩。

中更新世末期，松辽分水岭开始隆起，受分水岭隆起的影响，东辽河由原来向西北流逐渐变为向西南流，西辽河则由原来向东北流受阻而转向东南流。古东、西两辽河南流后相会成古辽河，注入渤海。差不多与此同时，松辽盆地中的古松嫩大湖亦因受松辽分水岭的隆起，松辽平原的向心状水系演变为外流水系，来自大兴安岭东南麓的霍林河，受分水岭隆起的掀升作用，向西北迁移。大约在这个时期或稍前，古松花江由向西南流转而向东北流。松花江切穿了三姓（依兰）以东的张广才岭，经三江平原地区，注入黑龙江。

松花江古河道大约在佳木斯以下的悦来镇以东汇入黑龙江。但此后，经历了多次河道的迁移，中晚更新世，古松花江从悦来经别拉音山，通过挠力河，向东汇入乌苏里江。现今的挠力河，就是当年的松花江古河道之一。更新世末期至全新世初，富锦一带的隆起作用使古松花江发生重大变迁，改由富锦、同江两市东南的松花江古河道，经莲花河，在街津口进入

松花江母亲河　捷然摄

黑龙江。那里，至今遗留下一条季节河——莲花河，在降水多时，三江平原以北湿地的水由此注入黑龙江。在此之后，松花江再次改道，于同江市北注入黑龙江。此即为现在的松花江注入黑龙江的河口。后来，乌苏里江东移至今日的河道，挠力河先是注入松花江，后改而向东北注入乌苏里江。

由于上述的变迁，才形成今天的松花江。

那时，黑龙江和松花江一样，也曾多次改道。古黑龙江先是注入古结雅湖，后经过复杂的地质变迁，古结雅湖地壳升起而逐渐消失，黑龙江向东南流，由嘉荫的保兴山转而南流，进入一段150公里长的峡谷。峡谷两岸峙立，河槽稳定。到萝北的兴东附近流出峡谷，开始进入三江低地。古黑龙江曾南移，经萝北县东侧的水城湖南泻和松花江汇合。几经变迁后，水城湖东侧如今纵贯南北的湿地沼泽，便是黑龙江的古河道。古松花江、古黑龙江和古乌苏里江在三江平原地区多次改变河道和交汇的地点，因而遗留的古河道在三江平原上成为辽阔的河漫滩沼泽湿地，古河道成了积水的湖沼。由于地势低平，海拔仅60 ~ 80米，沙洲、汊河纵横交织，成为大片的湿地景观。它西起汤原，东至乌苏里江河口，北至黑龙江南岸，南至宝清，南北约160公里，东西约430公里，整个面积为4. 54万平方公里。三江平原是三江合力形成的，因古松花江河道的改道最多最频，因而可以毫不夸张地说，三江平原中松花江的河漫滩与古河道最多，这些古河道构成了三江湿地的湖泊泡沼。

在古松嫩大湖的旺盛期，气候湿润而多雨，湖中生长着介形虫，湖周边的平原被森林所覆盖。森林里长满了罗汉松、铁杉、落叶杉等针叶树，阔叶林以黄榆、山榆和山核桃为主，林地的间隙以忍冬草、柳叶菜、野豌豆之类的草本植物为主，形成繁茂的草地。由于松嫩古大湖是个向心水系，许多河流都为它供水，在大湖的周围，一个最大的植物园逐渐形成。

在早更新世初期，松辽平原东部处于振荡性隆起上升，平原西部因有多条向湖心流的水系而形成冲积平原，沉积物为砂砾层。此时，气候已变得干冷，似乎要比今天的平均气候还寒冷。河畔与湖滨的草原湿地上长满了野菊、蒿草和蒺藜，这里成了鸟的天堂。

早更新世末期，疏林草原上生长着阔叶树，草原上奔跑着三门马。气候由干冷向温湿转变，降水复又增加，在新一轮的地壳隆起中，松嫩古大湖的湖底逐渐上升，湖水向外溢泄。处于东北方向入湖的松花江古河道地势最低，这便暗示着在某一洪水期或地壳大变动期，古松花江河道被从古松嫩大湖溢泄出的湖水所灌充，并由此而改变流向，朝相反方向流去。大

完颜女真的故乡海沟河　捷然摄

拉林河支流牤牛河公路桥　郭文明摄

约在距今200多万年前，古松花江向东北流的江水切开了依兰哈喇以东的分水岭，继续朝东流去，同时在依兰附近的石质河床，形成数十个暗礁密布的浅滩。

大约在同一时期，双城堡、伏龙泉至王府一带隆起上升，形成台地。在这个台地以西，古松嫩大湖在中更新世时，又一度扩大，其原因是台地以西的中央凹陷再次下沉，湖水丰盈。古松嫩大湖向西达到烟囱屯、白城子一带；湖东在前郭尔罗斯蒙古族自治县以东；湖的南部到达长岭；湖的北部达到黑龙江省林甸县，今日扎龙自然保护区及其北部一带，均在湖中。

松辽分水岭不断隆起，辽河南流，古嫩江、古霍林河等通过古松嫩大湖和古松花江连通起来。辽河南流成为辽河水系，松花江干流向东北流形成松花江水系。

如果仔细研究松花江南源，即北流松花江和嫩江汇合形成松花江干流的河口，河口中南源江流的矢向同嫩江下游水流的矢向正好相逆。南源松花江的流向是西北，河口处还是朝向西北，而不是朝向西南，这说明此即是松花江干流曾经向西南流的证据。笔者乘船亲临南源同嫩江相会的河口，也的确看到逆嫩江——松花江干流主流方向的河口来水，此来水需要拐一个锐角弯儿之后，才同嫩江合流成为松花江干流。

与此同时，由于受松辽分水岭的掀升作用，古霍林河道逐渐朝西北下切滚移，古松嫩大湖的面积逐渐减小萎缩。

到晚更新世时，松辽平原东升西降继续发育，古霍林河继续向北迁移，当年它曾注入大布苏洼地，后来的河道则离大布苏洼地越来越远了。

肇源出土的松花江猛犸象　肇源宣传部供稿

本书作者在松花江右岸运粮河口沙滩上发现的古兽骨化石　上：腿骨化石　下：牙齿化石　范震威摄

与此同时，松辽平原北侧形成阶地平原，而洮儿河却由北向西南偏移，同霍林河的距离拉近。

古松嫩大湖大约在进入全新世以后，逐渐萎缩，地壳继续上升，冲积不断堆积，古大湖逐渐干涸，在许多微小的盆地上遗留散落下零星的小湖泊、泡沼和湿地，经过无数变迁，一直保留到今天。

穿过蒙昧的史前岁月，松花江向我们走来，使我们有可能端详她的自然之美和博大的胸襟。

1997年，在松花江一级支流阿什河右岸的阿城市交界镇，发现了松花江流域迄今为止最早的人类遗址。经测定，时间约为17.5万年前。此处的阿什河，水清林绿，山不高，有混交林铺展一天苍碧；水亦不深，却有塞北江南的丰叶秀美。这一发现，大大地提前了松花江流域有人类活动的历史。

1984年，在松花江的另一条支流拉林河的支流牤牛河畔，即五常市龙凤山学田村，发现了一处人类早期活动的遗址，经碳同位素测定，时间定为4.5万年前。这里是牤牛河中游，村南约8公里即著名的龙凤山水库。牤牛河从水库中流出来，分为二流，学田村处于二流之间，是一处山清水秀的好去处。4.5万年前古人类在这里生活，依山傍水，渔猎而居，说明这里的生存条件相当不错。

在松花江干流南岸，有哈尔滨西南顾乡屯旧石器文化遗存，经长期挖掘，取得了惊人的成果。遗址地在哈尔滨市西南松花江岸边的小支流温泉河与瓦盆窑河合流后，注入松花江的河口处。此为河流冲积而成的低洼地。自1931年中国杰出的地质学家、古生物学家尹赞勋在此地挖掘出第四纪古生物，如猛犸象、披毛犀的大量化石以后，此地曾吸引了无数古生物考古学者前来访问，出土了大量化石。这是典型的松花江冲积的结果，因此排除了沉积后再经过搬运的判断，从而显示了古松花江河道及其生物的变迁与演变。

在北流松花江地区也有古人类活动遗址的发现。

1951年8月，在榆树县大于乡周家村周家油坊屯松花江右岸的二级阶地上，采集到人类头骨化石碎片两块、胫骨化石一根和一枚打制石片。遗址为已耕地，文化层深3~4米，这里发现的古人类后被命名为“榆树人”。1977年10月，又在这一带发掘了七个地点，发现有石器、盘状石核、尖状器、骨铲、骨矛头、刮削器等，以及各种动物化石37种400余件。经碳同位素测定，为距今4万~7万年前旧石器时代古人类遗存。

20世纪以来，从松花江流域已经发掘出来的石器、骨器和人类骨骼化石来看，松花江流域古人类活动的记录，要早于河套人、山顶洞人。它说明松花江流域的先民们——中华民族的一个分支，很早就在这里生息繁衍了。

松花江水系长卷

由于历史的原因，再加上地理学关于江河的理论，今天，松花江被认定为黑龙江的一条支流。黑龙江现在是中国与俄罗斯的一条界江（上游除外），松花江注入黑龙江的河口在黑龙江的南岸，因此我们说，松花江是中国的一条内河，是黑龙江最大的支流。

对于松花江的江源，以往有三种不同的说法：第一种说法认为，松花江的正源是直接流出于长白山天池的二道白河。此论在清籍中多有述及。

嫩江中游的公路大桥　范震威摄

南瓮河湿地，松花江北源　李景贤摄

第二种说法认为，大兴安岭的伊勒呼里山南麓嫩江上游之南瓮河，为其正源。两说相悖，故而有第三种说法。第三种说法认为，松花江有南北二源，其南源同第一种说法，其北源同第二种说法，南北二源汇合后为松花江干流，注入黑龙江。目前，采用第三种说法者比较普遍。

本书亦采用第三种说法，即南北二源于三岔河处相汇，三岔河以下称松花江干流或东流松花江，本书即使用这种称呼。

松花江的北源为嫩江。嫩江上游正源为南瓮河。南瓮河，也称南翁河、纳文河。本书一律使用南瓮河之名。

松花江的南源，俗称第二松花江。1988年经吉林省人民政府批准，正式废除第二松花江的名称，而将南源天池至三岔河两江相汇之河口的江段亦称松花江。本书即使用这一称谓。但有时出于叙述的方便，避免发生含混或歧义，本书有时将这一江段按史家的说法，将之写为“北流松花江”，相对地有时也将三岔口以下之松花江干流，写作“东流松花江”。

打开中国地图，在雄鸡似的中国地图的鸡冠处，有许多密如蛛网般的河流筋络，理一理思绪，便可以看出除了在边界上绕了大弯的黑龙江在这里吸纳了许多小支流之外，和这些小支流相对应的一些支流，都朝南或东南流去了，她们汇聚在一起，就是大名鼎鼎的嫩江。

哦，嫩江！沿着嫩江的脉络搜寻，便看到了伊勒呼里山！翻越伊勒呼里山，从南麓到北麓，从北麓到南麓，那浩瀚的林海里珍藏着多少开拓者的梦。那梦是绿色的，在伊勒呼里山中葳蕤着，化作遮天蔽日的林莽，化作树海绿株中的鸟鸣，或是化作疾掠而过被风卷走的松涛声，像万千猎猎飘扬的旗，在人们心中涌动。

伊勒呼里山的脊背是雄奇的，雄奇的还有从她怀抱中流出的溪水。在一处叫雏咽山的峰顶，南北西三面流出了四条水：北坡的两条流出不远便汇在了一起，她的名字叫内倭勒根河，曲曲弯弯流进黑龙江右岸的呼玛河中。向西流的那条大乌苏河的支流，至今还没有名字，也有人叫她长青河。不过，这只是个一厢情愿的河名，因为这里有七个月的冰冻期，被大雪覆盖，只是河边的松树是常青的，河却要冬眠。剩下一条往南流的河，可能你已经在猜了，那么她该是南瓮河了。不错，她正是南瓮河，但只是她的一条支流，名叫南阳河。南阳河发源之后，先是向南又转而偏东南，在一片山林的河滩谷地里注入南瓮河中。南瓮河一度被称为南北河，其实就是将南阳河当作她的干流了，这显然是个误识。南瓮河是东西流淌的。南瓮河源于太阳沟站以东，伊勒呼里山中部山峰条阿泥塔山。条阿泥塔山也有四条小河流出，西北流的那条，是塔河的上源，而塔河是注入呼玛河后又进入黑龙江的。西南流的那条小河是注入多布库尔河的支流，亦称条阿泥塔河，但似乎还没有得到确认。向东流的小河有两条，南边的那条叫砍都河，她是嫩江右岸的第一条支流罕诺河上游的名字。北边的那条就是南瓮河的正源了。千呼万唤始出来的这条正源，汩汩地向东流淌，在流出40多公里的地方，右岸又注入一条无名的小河，这条小河不大，仅仅为南瓮河增加了一些水流，再往下流淌约20公里处，左岸又接纳了一条支流，这条支流似乎也没有正式的名字，因为她所流经的山林人迹罕至，她像一位蒙着面纱的少女，养在深山人未识，或者亦可以称她为无名河。自无名河以下，左岸注入的大支流就是南阳河了。接纳了南阳河以后，南瓮河成了一条颇具规模的大河，又向东流淌了大约40公里，乃同来自西北方向的二根河相汇。二根河源于伊勒呼里山雏咽山和稀顶山之间的一座无名的山峰。这座无名的山峰有三条小河流出，向北流者为内倭勒根河的无名小支流，另一条为注入呼玛河右岸支流绰纳河的源头，第三条便是南流又转东南的二根河了。二根河中游右岸也接纳了一条无名的小支流，从山谷中奔流而下，到下游和南瓮河相会前右岸又接纳了一条无名的小河，然后她们才从容地相会，并继续向东南流去。

南瓮河漂载着伊勒呼里山霜晨露夕打湿的岁月，带着深情和眷恋流淌着。也许是这山这林充满了太多绿意的缘故，河水也由清亮而变得碧绿了。山泉哼唱着欢快的歌，融雪和冻土上层融化的水，也加入了她的吟唱，山中的晴雨太多，骄阳给她以温馨和映照，她融进了更多的林底积叶下的腐殖土，于是南瓮河变得更加碧绿，绿得像河底铺了一层祖母绿的宝石或长晶石，叫人不停地伫立凝望。那是伊勒呼里山的馈赠，一种无法拒绝也无从拒绝的情感。流出了山谷，闪耀着明亮的眸子，唱着她多情的歌，南瓮河和二根河相汇以后，就成了嫩江。

嫩江的起点在第十二站。

伊勒呼里山的南坡是温暖的，南坡是混交林与阔叶林，北坡则是大面积的针叶林。像荆榛林、柞树和黄波椤之类，布满了南坡，北坡却极少见到。著名的象征着爱与美丽的兴安红豆，以及都柿果等长满了北坡，南坡则很少见到。

在南瓮河与呼玛河中，生长着不同的鱼类。流入嫩江的河中生长着鲫鱼、鲶鱼，湿地里生长着山胖头；呼玛河中却只有冷水鱼，如细鳞鱼、山鲶鱼等。

嫩江开始向南流，右岸汇入罕诺河，左岸汇入嘎拉河。嘎拉河源于伊勒呼里山东北麓的一座无名之山。嘎拉河从湿地流出后，沿着和二根河相平行的丘陵山谷急急地向东南流。在同嫩江相汇之前，左岸接纳了一条小支流，叫小嘎拉河。两条嘎拉河相汇后，成为嫩江左岸的第一条支流。

自罕诺河以下，嫩江右岸又汇入古利库河、那都里河。那都里河在汇入嫩江之前还有古里河汇入，而古里河的上游，又由大古里河与小古里河合流而成。再向南，嫩江右岸又注入多布库尔河、欧肯河、哈列图河、甘河。

甘河注入嫩江时分成两股，因此有两个河口，自北甘河口沿嫩江上溯约3公里，即是嫩江上游的第一座大城——嫩江市。自嘎拉河向南，嫩江左岸相继注入的支流有卧都河、卧里河、关诺河、固固河，再后是门鲁河。门鲁河源自小兴安岭西南麓，上源由查尔格拉河与泥鳅河相汇而成，到中游以后，又汇入北师河及支流鹿河。由门鲁河口向南，左岸又注入一条较长的支流科洛河。科洛河源自小兴安岭西南麓，上游汊流极多，成一个蚌形的扇面，著名的小支流有小岔八气河、夏家店后沟、七星泡河、小边河、双河、卧牛河等，干流与支流两岸河漫滩多湿地泡沼。

自嫩江市以下，嫩江可以通行汽船。

嫩江右岸汇入的支流有郭恩河、霍日里河，以及著名支流诺敏河。在诺敏河口以上，左岸的大支流是讷谟尔河。讷谟尔河自东向西注入嫩江，到下游时汇入一条支流老莱河。在讷、老两河相汇处西北，便是著名的嫩江大城讷河市。从讷河市向西，有新修的国道，越过新修的嫩江公路大桥可以到达内蒙古自治区的莫力达瓦达斡尔族自治旗的尼尔基镇。

在尼尔基，嫩江流域上最大的水库——尼尔基水库已经建成。这是一座规模宏伟的水库，尼尔基这座美丽而又洁净的小城成为北国最亮丽的风光旅游城市之一。

尼尔基以下，左岸的讷谟尔河是嫩江的重要支流。讷谟尔河上游名南北河，南北河顾名思义由南向北流，主源在小兴安岭西南麓的博克托山，自南向北有5条由东向西的小支流注入南北河，较大的有南腰小河、北腰小河、北小河、五支流北小河等。南北河接纳木沟河、二更河两条支流后，转而西流，在土鲁木河口附近修筑了一座山口水库，水库以下改称讷谟尔河。讷谟尔河自东向西流，右岸又接纳了二道河子、引龙河等支流，左岸接纳了二龙河与温泉河。二龙河上游二龙山南有一跃进水库，温泉河一小支流上面有五一水库。讷谟尔河从平原上流过曲曲弯弯，河道弯曲系数达2.6，故而岸边形成漫滩湿地，湿地以右岸为宽阔，长满了塔头草，是一片狭长的漂垡景观。讷谟尔河中游左岸原为德都县，现开发旅游，因境内有五大连池而改称五大连池市。五大连池位于五大连池市北23公里，周围有14座休眠的火山。火山喷出的岩浆冷却后阻塞了河道，形成了五个平原湖泊，称头池、二池、三池、四池、五池。五大连池的最后一次喷发是1721年火烧山的喷发。喷发出的玄武岩浆顺山坡而下，堵塞了讷谟尔河右岸支流白河（今称石龙河）的河道，使五个大小不同的湖泊形成今天的模样，因有河道相连，故而称五大连池。五大连池西岸有一片68平方公里的绳状熔岩台地，有一处寸草不生的玄武岩巨石地，名为石海，举目一望，全是青灰色的多孔岩石，峥嵘嶙峋，难以进入，蔚为壮观。老黑山的火山口锥形漏斗状巨坑，全为青灰色的火山岩和细石，锥形体中无草木，也无水

嫩江右岸大支流甘河　王文摄

嫩江二级支流毕拉河的神指峡风光　孟松林摄

积，似乎是一个没有生命的世界。

五大连池水深浅不等，头池最浅，深仅1~2米；三池最深，达12米。头池面积也最小，仅0. 25平方公里；三池面积也最大，达8. 92平方公里。五池之水甚清，偶有礁石出露，四周水草丰茂，湿地发育良好。各火山耸立在平原之上，远观近看，游人如织。这里素称火山博物馆，是一处著名的旅游胜地。

在讷谟尔河口以下右岸有诺敏河分两流注入嫩江，两河道之间是一片冲积平原，四周为湿地，中间是甘南县汉古尔河镇，有大堤环绕，但大洪水来临之际，这里仍要经受考验。

沿嫩江南下，右岸又有阿伦河注入。阿伦河源自大兴安岭东麓，在阿荣旗境内东南流穿过一片湿地，湿地中苇草、蒲草很多，因为多沼泡，尚未垦成耕地。和阿伦河几乎平行的还有音河，音河注入嫩江的河口，距阿伦河口仅七八公里。

在嫩江左岸，还有一条名叫乌裕尔河的内陆河。乌裕尔河原和嫩江相通。后因地势变迁，乌裕尔河成了内陆河。乌裕尔河在下游散于一片湖沼中，这片大面积的湖沼就是扎龙自然保护区湿地。在乌裕尔河所经过的中游地区，也有大片湿地。

在讷河市之南，诺敏河两河口之间，20世纪60年代开始修筑了一条为大庆供水的引水渠，此即北引嫩工程，大致沿东南方向延伸，穿过铁路，穿过乌裕尔河湿地，同乌裕尔河“立体相交”，经依安、林甸的大平原，又和双阳河这条东西向的内陆河“立体相交”，经过明水、安达，进入大庆的红旗水库，为大庆采油供水，是大庆油田的经济命脉。

嫩江穿过齐齐哈尔后继续南流，右岸又有雅鲁河注入。雅鲁河下游接纳了一条较大的支流罕达罕河，然后以多弯曲的河道进入嫩江。在雅鲁河口之南约50余公里，又有著名的绰尔河注入嫩江。绰尔河源于大兴安岭东麓的火燎沟附近，和雅鲁河同源，一南一北。绰尔河是一条有名的河，自北朝以后逐渐在中国历史上崭露头角。绰尔河全长576公里，于泰来县著名的嫩江江桥镇以北注入嫩江。

绰尔河以下，右岸注入嫩江的支流还有洮儿河。洮儿河因上中游截水，到下游时水量已大量减少。下游是莫莫格自然保护区的湿地，河水在湿地中穿过，进入月亮泡水库，再由水库中流出注入嫩江。在月亮泡和嫩江之间有一处可双向过水的水闸，江水多入泡，泡水多入江。洮儿河由源于内蒙古自治区阿尔山市的索要尔济山、老头山、青石砬子、好森沟等地

引嫩江之水进入大庆油田（据《自然神奇黑龙江》）

的几条小河相汇而成。洮儿河上游在山地中奔流，过索伦镇后进入平原，河流平缓，在洮南市附近汇入蛟流河，从五间房水库西北流过进入莫莫格。洮儿河全长553公里，自北朝以后，洮儿河也走上了历史的前台，许多有声有色的历史故事就在这条河域中上演。

嫩江右岸的最后一条支流是霍林河。霍林河源于霍林格勒的罕山，然后穿过科尔沁草原湿地，在科尔沁草原上自西向东流淌，由于半途筑库取

梦幻般美丽的洮儿河　董桂碧摄

水，到下游时水量急剧减少，到向海自然保护区之后，河流不见踪影，古老的河道已经干涸，只是到了1998年那样的大洪水时期，才浩浩荡荡地注入嫩江。在一般的地图上，霍林河与嫩江似乎没有关系，有的只画着季节河的虚线。霍林河是嫩江右岸的最后一条支流，全长384.4公里，其中有近百公里是蒿草丛生的河道，只有隐于蒿草中的河流石、沙滩地还记得流水欢歌的往昔，那样的日子显然是越来越远了。

自南瓮河源起，至松嫩两江汇合处的三岔河，嫩江全长1 370公里。

现在，我们来看一下松花江的南源。

笔者登上长白山天池周围的16座山峰中的天文峰上，站在骄阳下眺望9.82平方公里的深蓝色的天池，想象着天池水通过闼门出口，沿乘槎河湍急地流淌着，一直奔向长白山瀑布。要想看闼门，需要用足力攀登，从长白山瀑布旁边上去。

相传，古时有五条蛟龙跃出天池，冲下长白山，故长白山有五个坡口。后来，有四条蛟龙反身入池不再露面。只剩一条蛟龙从乘槎河豁口开山劈岭，向东北狂奔而去。池水随流，波浪滔天，河流无阻，谷深难测，这就是今天的闼门、乘槎河与二道白河。

传说归于传说，传说中所说的长白山天池及松花江南源的山水之名，古时并没有，它们的名字是1908年由著名地理学家刘建封带领一个10人的勘查队，奉东北三省总督徐世昌的派遣到长白山探源时起的。勘查进行了四个多月，他们扪石涉水，攀岩越涧，历尽艰险，终于出色地完成了任务。刘建封的最大功绩是为长白山天池周围的16座山峰命名，又为松花江之源的各支流命名。今天我们对松花江的描绘，都源自刘建封当年的贡献。更为有趣的是，他还是最早记录长白山天池水中有怪兽的人。因为传说中天池有怪兽出没，所以天池也称龙潭。

由于刘建封为长白山天池勘查居功甚伟，人们还为他铸了一座塑像。这座塑像竖立在延吉市通往长白山天池的公路口，2002年8月，笔者就是瞻仰了刘建封塑像的风采后，前往长白山天池的。

下面，我们从天池的闼门出发，沿着乘槎河——松花江的本源下行。

乘槎河的确是一条湍急的河，河水匆匆地奔往瀑布口的V形谷口，然后纵身一跳，跃下68米高的V形谷的峭崖，惊起一天白浪，飘出一片雾气，在震耳欲聋的水声中，河水经过冲跃的洗礼，翻卷着雪白的浪花冲出，沿着山坡，贴着树林，穿过一片温泉泊，向山下迅跑。站在瀑布边，那震耳欲聋的跌落的水声，令人惊叹而又敬畏。瀑布从岩石上翻起浪花和白雾，从石隙间汇聚流出，这就是二道白河，松花江的正源。

在二道白河的东侧，一条叫三道白河的小河源出汩石坡。小河分出四汊，小汊水似有似无，唯有北汊一流，水流畅扬，俨如飞泉挂壁，东北向奔流下山，穿过原始森林，和二道白河相汇于25公里之外。

三道白河以东，分别又有四道白河、五道白河和荒沟三条河从山中流下，与二、三道白河相汇，向西又接纳进头道白河，从而形成松花江的本源二道松花江。二道松花江右岸又接纳古洞河，以及下游注入古洞河的富尔河，继续西流，在白山水库和头道松花江相汇。在五道白河上源之东，另有一山中湖泊叫圆池，亦称布尔瑚里，又叫天女浴躬池，湖边有石碑，写着“天女浴躬池”五个大字。这湖便是清史中反复述说的三仙女洗浴后吞吃朱果怀孕的地方。

头道松花江秋色　高福来摄

长白山西坡的锦江大峡谷，头道松花江之源　郑长岭摄

头道松花江源于天池西南的望天鹅峰，山高2 051米，水自峰北流出，上游称漫江。向下流，左岸汇入老黑河，右岸汇入锦江。锦江源头由若干小细流汇成，均源自长白山白头山天池的南侧与西南侧，其中南锦江上游有锦江瀑布和锦上瀑布；北锦江直接出自天池南坡的涌泉；另一支流梯子河源自天池的西南坡，上游有梯子河瀑布。这些支流下山后不久即汇成一流，自东南向西北流去，后又接纳蚂蚁河与桦皮河的合流。桦皮河源于天池西坡，汇入苇沙河后与蚂蚁河相汇。锦江在漫江镇北的锦江站东和蚂蚁河相汇后注入头道松花江。头道松花江继续东北流，左岸接纳石头河、汤河，右岸接纳北黑河、松江河。她在山中流淌，在谷中奔流，一任山泉突冒，也不顾绿林纠缠，在奔流的路上，洒下一道亮丽的光彩。

松江河是一条大河，由多条小支流聚汇而成。其中，松江河上游及小支流鹿鸣河、槽子河等，均源自天池西北坡，于两江口汇在一起，向下，右岸又汇入三道松江河。三道松江河源自天池北坡以下的长白山原始森林中的一座死火山附近。松江河随后在右岸又接纳了二道松江河、蒲春河等，在抚松县北和头道松花江相汇。松江河右岸，谷深林密，无人居住。

头道松花江自汤河口以下，又汇入大夹皮沟河、三道花园河、正身河、头道花园河、清江河、珠子河、道水河、那尔轰河、东北岔河、梨树河等，在白山水库和二道松花江相汇，从白山镇出库流出，已是松花江了。其实，二道松花江和头道松花江的相汇处，是在两江口。自两江口以下即是松花江了。1983年白山水库蓄水发电，两江河道成为库区，两江口没入白山水库湖中，只留下一个打着历史印记的地名，故而现在的松花江一般即可由白山水库始，但计算松花江里程时，还从两江口原址算起。

著名地理学家刘建封，天池16座山峰命名人，其塑像立在长白山北坡路口处　范震威摄

自白山水库以下，左岸又汇入加级河、万两河等小河，至头道沟接纳南来的大支流辉发河。辉发河源自吉林哈达岭东南麓之龙岗山。辉发河原称头道河，头道河中游有一海龙水库，它同辉发河另一源合称柳河，在梅河门市上下，左岸接纳大横道河、梅河、莲河、大沙河、挡石河、富太河、呼兰河、金沙河等河，右岸接纳白石沟、鸭绿河、一统河、三统河、黄泥河、蛤蟆河、石道河、大色力河、发别河、苏密河、公别河等支流河，一同注入松花江。

辉发河口以下，左岸又汇入密什哈河、五兴河、槽河、大石头河、漂

长白山天池，右为出水口闼门，乘槎河从此流出　孟铁摄

尔河、箭杆河，后三河均注入松花湖南岸，河口是风情各异的风景区。辉发河口上下之右岸，上游接纳了山麻河、色洛河；下游接纳了木箕河、漂河。自漂河以下，是松花湖最宽阔的部分，湖的北口又汇入蛟河，蛟河下游有拉法河汇入。拉法河源于老爷岭，蛟河源于威虎岭，各有多条小汊河注入。

松花湖是人工大湖，于1943年蓄水发电。电站即丰满水电站，它的拦洪大坝不仅是松花江上的一个风景，而且也是松花江上的一个里程碑，从大坝以下始，松花江便可以行船，直到三江口，进入黑龙江了。

1998年夏秋之间，几个曾插队在三江平原黑龙江岸边的勤得利的老知青，在下乡30周年之际，突然冒出要从源头漂流至同江松花江河口，再进入黑龙江下行至勤得利的想法。根据笔者掌握的材料，他们是松花江有史以来第一个民间自费漂流组织。进入本书视野的这个漂流小组共5人。他们从天池沿二道白河步行而下，一直走到松花湖。在松花湖的泄洪坝下，他们买了一条小船。此时，天阴多雨，松花江水有些上涨，有两人决定退出，由张东明、邱石玉和另一位老知青3人，驾船开始漂流。时间是1998年7月26日早7时。

他们漂流的路线，同此刻我们走的路线一致。船入吉林市时，松花江面突然变窄，水深流急，形成一处40多米的落差，白浪滔滔，三个人手忙脚乱地使船，船头扎进水中，一个浪头打来，船又从浪底上升起，几个小时以后，他们才把江口抛在身后。

出吉林市，沿江流北上，左岸注入鳌龙河，右岸注入团山子河。然后，松花江从九台县（现长春市九台区）和舒兰市中间穿过。左岸接纳了张庄子河、双泉河，右岸也接纳了几条小支流，从德惠市和榆树市之间通过。

这时，松花江的江面变得宽阔起来，船在江中心行驶时，连岸都看不见，当然这是在丰水年，江面最宽处差不多在2公里以上，越是在荒野处，江面越宽。

在德惠境内，松花江注入了两条大支流，河口都在左岸，而且相距不远。第一条叫沐石河，第二条叫饮马河。沐石河源于吉林市飞地左家自然保护区以北的山林中，两岸又吸纳了一些小支流，在陶赖昭之南的松花江铁路大桥以东，分两汊注入松花江。

饮马河源自吉林哈达岭之青顶子山，另一源头支流源于夹槽屯之西，称小黄河，此二流汇于吉亚水库，流出后为饮马河之源。饮马河自西向东

蓄水发电的松花湖　王毅敏摄

流，后与玻璃河一起进入黄河水库。出黄河水库与东南来的驿马河汇合，然后北流，在德惠市东北，又汇入雾开河、三道沟，再北流，左岸汇入伊通河。伊通河源于吉林哈达岭之青顶子山东麓，西北流入寿山水库，由寿山水库流出，向西北流进入伊通火山群国家级自然保护区，随后经新立城水库进入长春市区。由长春市区流出，西北转东北流，汇入新凯河和饮马河汇合后，注入松花江。

自饮马河口往下，左岸除水渠外，无支流注入，右岸也无支流注入。松花江西北流过松原市，江上有公路大桥跨越，桥北为宁江区，桥南为前郭尔罗斯蒙古族自治县。过松原市不远，江改北流，直到三岔河与大兴安岭来的嫩江相汇合。自汇合处起称松花江干流。

北流松花江从正源长白山天池闼门算起，到三岔口，全长795公里。

8月8日，三位民间漂流者来到了松嫩两江汇合处。在此前一天，他们从收音机中已经听到松嫩两江发大水的消息。嫩江发生特大洪水，松花江将发生百年不遇的特大洪水……这天中午，漂流者的小船进入两江汇合处，此时江面已宽达10多公里。水天一色，四面都是灰茫茫的一片。恰在这时，江上刮起了大风，巨浪向船砸来，发出巨大的响声。船内进水，他们一边舀着水，一边稳住舵。但船在大水中无法控制方向，只能任水漂流，到下午4时，他们才将船靠上了一个孤岛。

由于在松嫩两江汇合处江水有较大的回流，他们奋力拼搏了三天，才离开孤岛，向下游漂去。漂流者刚刚通过肇源的古恰江段，那里就决堤了。在大自然的报复面前，江堤竟如此不堪一击。

8月13日，漂流者进入哈尔滨江段。这时，江面上已经封锁戒严。行程耽搁下来。六天后，他们系在江边的小船竟被大浪卷走。接着，他们三人中的邱石玉因参加抗洪而退出，只剩下两个人，还有800多公里，是漂还是不漂？趁他们商量之时，笔者继续打量松花江干流。

自三岔河始，到同江以北7公里直入黑龙江河口，松花江干流为平原河流。江面很宽，最宽处超过3公里，水深一般为2~8米，整个松花江的河床坡降仅为0.076%，河流缓慢，洪水期时，流速较大，为1.2~1.5米／秒，特大洪水时，可能更大些。

三岔河至哈尔滨为干流松花江上游，右岸注入拉林河。拉林河源于大青山的深山中，其右岸有支流牤牛河，牤牛河与拉林河水资源丰富，前者修有龙凤山水库，整个流域土地肥沃，气候适宜，是著名的水稻之乡，其五常大米闻名全国。

牡丹江航拍图　于英洲摄

过哈尔滨，右岸相继有阿什河、蜚克图河、海浬洪河、乌河、枷板河、淘淇河、蚂蜒河（亦称蚂蚁河）、大罗密河、小罗密河，以及牡丹江、倭肯河、铃当麦河等，其中，阿什河是一条重要的支流，古名安出虎水（也称阿勒楚喀河）是女真人完颜部的发祥地，公元1115年完颜部首领阿骨打氏由此崛起而建立金国。完颜氏自松花江河口左岸之蜿蜒河迁来，由蜿蜒河而得名“完颜”。初来时，居阿什河支流海古水，现在称为海沟，亦称女真河。“海古”为女真语，意为小白鱼。这是一条流经黑土平原的小河，河畔有著名的料甸满族乡，居住着女真人的后裔。

松花江干流最大的支流是牡丹江。牡丹江源于吉林省敦化市境内的牡丹岭，有十六七条小河在上游汇入，至敦化市城以北，左岸有黄泥河汇入，又有威虎河与珠尔多河相聚后汇入，接着是都凌河、塔拉河汇入，然

呼兰河　林久文摄

后牡丹江进入镜泊湖。在进入镜泊湖以前，右岸有沙河、官地河及十多条小河汇入。

镜泊湖是火山堰塞湖，为火山熔岩堵塞了牡丹江河道沿河道而形成。右岸继续有七马河、蛤蟆河等多条小支流汇入；左岸有尔站西河、大柳树河（中游为小北湖）、西苇塘河等汇入。及至进入牡丹江市，左岸又有西来的海浪河汇入。海浪河是一条名河，著名的宁古塔旧城就在海浪河南岸的旧街。镜泊湖东北的渤海镇是唐渤海国上京龙泉府遗址，至今那里仍有遗迹可寻。

镜泊湖是一个排水湖。她的排水量同上游的入水量有关。当湖水北部水位高于350米时，水即从地表泄出，形成吊水楼瀑布，水量越大瀑布越大越壮观。当北部水位低于350米时，镜泊湖水从地下的岩洞中泄出。现在，利用这种地形，在镜泊湖附近修建了一座地下电站，就是利用这种天然的落差，在地下凿洞修成的，只是通往地下电站的电车道颇为潮湿，电机的

松花江注入黑龙江零公里广场上的纪念塔　王冰摄

驱动外人是看不见的。笔者有幸，曾参观过一次。

自牡丹江市向北，在牡丹江上修筑了一座莲花湖水电站，湖面景色极为美丽。自柴河北的佛塔密起，莲花湖左右两岸分别注入的支流有：左岸为头道河、二道河子、三道河子、四道河子与五道河子等；右岸为一些小支流，以及亮子河、五林河、乌斯浑河与勃利河。牡丹江是松花江干流最重要的支流之一，全长725公里。

牡丹江注入松花江的河口是依兰县，即古五国头城，当年北宋的徽、钦二帝即囚禁于此。自此向下，松花江右岸又汇入倭肯河。倭肯河源自完达山西麓宝清县的七星砬子，其上游称正阳川，先向西南流，在进入七台河市以后，转向西北流。它的大支流有七虎力河、八虎力河及松木河。

倭肯河于依兰县北之松花江南岸，注入松花江。自倭肯河口以下，松花江为东北流，右岸又汇入玲当麦河，再往下就进入三江平原了。倭肯河全长450公里。

从哈尔滨往下，在松花江左岸，第一条汇入的支流是呼兰河。呼兰河源自小兴安岭西南铁力县东北部的炉吹山，西流至桃山镇时左岸汇入小呼兰河，然后又汇入铁包河、稳水河、安邦河、拉林青河、格木克河、泥河，在三家店附近注入松花江。呼兰河长523公里。

呼兰河右岸，其支流有依吉密河、欧根河、泥尔根河、诺敏河、克音河。呼兰河的另一条支流为通肯河。“通肯”为满语，意为“鼓”。通肯河源于小兴安岭中部的博克托山，先向西南流，左岸依次汇入扎音河、海伦河。扎音河上有东方红水库，海伦河有联丰水库。通肯河下行，左右两岸又汇入多条小支流，于青冈、望奎、兰西县三县交界处注入呼兰河。

自呼兰河口以下，松花江左岸又接连汇入少陵河、木兰达河、白杨木河、沙河、浓浓河、福拉浑河、岔林河、蚂螂河、西北河、大古洞河、小古洞河、巴兰河等中小支流。进入汤原，松花江左岸汇入一级支流汤旺河。汤旺河史称桃温水或陶温水、吞河、屯河，至清代始称汤旺河。“汤旺”为满语，汉译为“岛子”，她是松花江干流支流中的第三条大支流，河长509公里。她源于小兴安岭西北深山中。上游称东汤旺河，左岸依次汇入清河、五道库河、大丰河、朱拉比拉河、大亮子河等支流，右岸依次汇入红旗河、丰林河、友好河、双子河、伊春河、乌敏河、大柳树河、南岔河等，右岸又汇入亮子河、浩良河等，于汤原县南注入松花江。

汤旺河以下，松花江左岸又汇入老浪河、黑金河、格节河、法斯河、阿凌达河等小支流。在汤原县东北又汇入另两条较大支流梧桐河、都鲁河。梧桐河与都鲁河在鹤岗市与萝北县交界处，注入松花江。以下，在松花江注入黑龙江之前，左岸汇入的最后一条支流是蜿蜒河。蜿蜒河处于松黑两江合流处，这里江汊极多，湿地成片，河网在湿地中交织，水草密布，多已辟为牧场。蜿蜒河全长92.4公里，她是女真族完颜氏最早的母亲河。

松花江注入黑龙江的河口，在同江市下游7公里处，现在在河口处修建了一个广场，名叫河口广场，其从同江到海南三亚的公路即以江边为起点，故又叫零公里广场，场中心有零公里纪念碑，建于1999年，碑后是一个尖塔。塔尖兀立，高耸云天，象征我江河土地的巍然。

在松花江河口下游38公里处，也有一个废弃的河口，是松花江的老河口及故河道，今称莲花河，河口边东侧为街津山，山上有我边防军哨所，

松花江故河道莲花河，远处即松花江老河口，山上为街津口边防瞭望塔　汪恩良摄

街津口赫哲乡，右为松花江故河道莲花河及河桥　汪恩良摄

混同江起点处，远处为黑龙江河口及黑龙江之黑水，近处为松花江之水　范震威摄

山下莲花河畔即街津口赫哲乡。

1998年松花江上的民间漂流者，在大水稍缓后的9月18日，又买了一条小舢板船，从哈尔滨启程。他们有风用帆，无风划桨，紧跟着洪水之后，向同江漂去。一路上风餐露宿，历经无数艰险和困难，终于在10月1日漂到了松花江口。这时的松花江口还是老样子，石块和水泥的堤岸还没全修好，广场也没有建成。他们是松花江河口最后的见证者，因为第二年广场建成，河口已辟为公园，成为人工景致中一个美丽的所在了。第二天，他们划船进入黑龙江，奔往黑龙江右岸的勤得利，也就走出了本书的视野之外。

松花江干流，自三岔河至同江的松花江河口，俗称三江口，全长为939公里。

这样，从北源计，自南瓮河之源到三江口，松花江的长度为2 309公里，其流域面积为54. 56万平方公里。

若以松花江的南源，即天池的闼门计算，至同江的三江口，松花江全长1 734公里。

二、松花江
文明的曙色

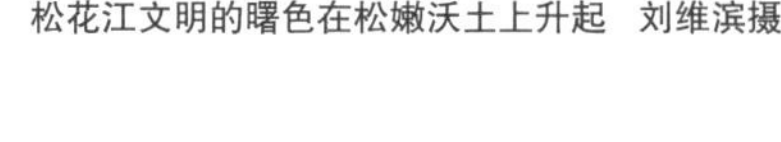

松花江文明的曙色在松嫩沃土上升起　刘维滨摄

一个操大弓的民族

黄河是中华民族的摇篮，这话当然不错。在960万平方公里的中华大地上，东西南北中，奔流着许多大江大河。这些大江大河，在养育中华民族各兄弟成员的历史进程中，都作出了各自不同的贡献。她们是中华民族和东方人类文明的摇篮群。黄河有黄河的贡献，长江有长江的功绩，珠江有珠江的光辉，雅鲁藏布江有雅鲁藏布江的风采，塔里木河有塔里木河的波光，淮河有淮河的胜迹……在祖国的东北，辽河无疑是气势不凡的壮河，而松花江（其中她与黑龙江的血脉联系早就无法分割）更是位于东北亚的中华民族值得骄傲与自豪的又一个伟大而可爱的摇篮。

在黄河、长江流域，以汉族为主的融多民族为一体的人们，建立了中原文化圈，在中原文化圈的周围，历史上所谓的东夷、北狄、西戎、南蛮诸兄弟民族也在其相应的地域建立了自己的文化圈。这些周围的文化圈是中原文化圈的外延，同时也和中原文化圈有着难以厘清的交织和纠葛。松花江这条大江，以她悠远的历史所形成的“东北夷文化圈”，从远古时代起就和中原建立了密不可分的联系。尽管“夷”或“狄”在以中原文化为核心、为主体的视角看来，其中不无轻蔑或藐视，但那只能是历史在封建时代留下的某种观念形态，并不能完整地反映出历史的全貌。进入21世纪，笔者在民族大融合的今天，仍然使用“夷”这个词，其一是因为使用

新石器时期白金宝遗址　肇源宣传部供稿

方便，其二也是为了“正名”。像“东北夷”这个词，实际上它只是“东北地区的人”在古代时的一个称谓符号，它和称“东北那群邻居” 其实并无多少差别。所以，本书并不回避“东北夷”这一词汇的使用，若以此推及，笔者对历史上的某些词汇，均采用这一态度接过来并使用之，也就不足为怪了。

生活在松花江流域中的民族和中原政权宗主或帝王之间的关系，可以用“融合与冲突”或“冲突与融合”的反复演进来加以描述。在“融合—冲突”及“再融合—再冲突”的历史演进模式中，松花江同时也演绎了自己。

在漫长的历史岁月中沉默无语的松花江，以她无与伦比的伟力，一边

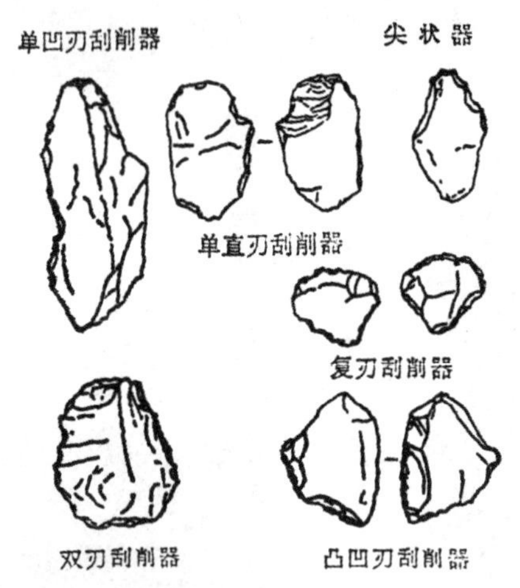

北流松花江下游左岸前郭尔罗斯蒙古族自治县王府屯之旧石器时代遗址，距松花江约10公里处出土之旧石器（《白城地区文物志简编》，1992）

吞噬着她两岸的泥沙，一边又冲积造就了她身边的平原。年年月月，松花江都要挟带着亿万吨泥沙进入黑龙江，奔向大海，为大海送去洪波浊浪。因此，松花江的史传，或许也可以称作一部洪波之曲，只是这部洪波之曲书写得晚了些，在20世纪翻天覆地的巨大变革中，松花江仅仅留下片言只语，只有进入21世纪，她的史传才有机会第一次向世人披露。

松花江是一个伟大的创造者，在江之南，她和辽河一起造出了松辽平原；在江之北，她和自己的北源嫩江冲积出了松嫩平原；在下游，她和黑龙江、乌苏里江一起造出了一个三江平原。这三个平原都是她奋力的杰作，这三个平原土地肥美，沃野千里，是当代中国的粮仓。

生活在松花江流域的中华民族的先民们，和松花江一起，在广阔的大平原上，在松花江流域的山川大地上繁衍生息，他们和松花江一起演绎出许多可歌可泣的故事，在数千年有文字记载的历史上，写下了许多恢宏壮丽的英雄史诗，创造了灿烂的文化。这部融进了无数先民和兄弟民族生活与血泪的史诗中，有啸傲的壮歌，也有啜泣的悲哭；骄傲与屈辱，奋进与拼争，抢掠与仇杀，一同熔铸了历史。历史从不回避伤痛，但史家更瞩望辉煌。人与事件编织了经纬，时光和岁月提炼着命题，真实是历史的生命，虚假是史传的大敌。以史为鉴，熔铸的历史会给后来人以信念、坚定和对未来的憧憬；同时，也会给后来人以砥砺、警醒和反思。松花江的史传，同样会给我们这一切。

在缺少大江大河的漠北高原，马背上的民族总要逐水草而居，为寻找季节性河流和湖泡，他们奋蹄扬鞭，游走不定。可是，生活在松花江流域的早期民族却大不相同。浩瀚的大江给了这些先民以生活的水源和鱼虾，也给他们栖身的屏障。于是，松花江流域的先民们在渔猎的同时，也开始了农耕和畜养。早期的农耕和畜养同中原文化的影响密不可分。根据20世纪松花江流域、嫩江流域以及黑龙江流域考古发掘出的石器，如从楔状石核的形状看，整个流域以及周围辐射区中，存在着旧石器晚期文化由华北地区向松花江地区，并沿着松花江向黑龙江及其下游和外兴安岭的广大地

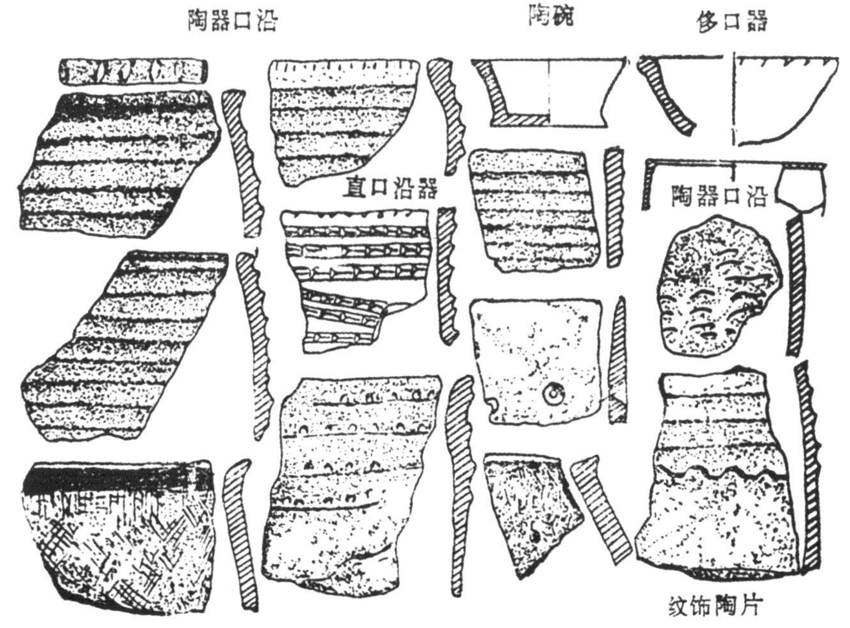

镇赉县嫩江下游右岸坦途镇黄家围子出土之细石器时期陶片，距嫩江约30公里

（《白城地区文物志简编》，1992）

区远扩的外延趋势。

楔状石核较早地发现于北京猿人的遗址中，距今已达50万~ 60万年，随后在内蒙古、山西、河北的一些地方都有发现。以楔状石核为标志，松花江地区的古猎人在追逐野兽的过程中，把他们掌握的楔状石器制造技术远播到松花江下游、黑龙江流域、内蒙古大草原、西伯利亚等广大地区。换言之，一方面生活在松花江流域的原住居民受到中原北部先进文化的影响，并将之继续传播到更远的北方；另一方面，在松花江流域的原住居民的迁徙中，人们也进一步对中原文化产生更多的向往。传播与向往促进了交流，在细石器时代以后，这种交流肯定不断地发生，以致那些在松花江流域出土的细石器以及石磨棒与石磨盘、玉器和随后出现的青铜器物件，都和中原同类文物表现出惊人的相似性。

文化是塑造民族心智的力量，同时心智反过来也影响文化圈的相互浸润。在一般情况下，先进文化必然向次先进文化传输先进技艺；反过来，次先进文化核心的人们如部落长、部落联盟的盟主等，必然在这种天然形成的交流大趋势中，对先进文化发生憧憬、仰慕和模仿，于是他们便可能举着自己的标志性物品、制件，去接近或拜访那些先进地区的部落群，并从这种交流中发展自己。

在文字出现以前，这种交流就已经发生，只是没有留下记录而已。但这种交流与影响，可以由出土文物来推断。在有文字记述的时代，文字的记录就是凝结的历史，它要比结绳和垒石记事容易解读。松花江流域的先民们，就这样和松花江一起，走进中原历史文化的长卷。

打开古先民时代的松花江历史，仿佛听见松花江汩汩奔流的水声。这水声响彻云空，在松花江流域的天宇下回荡。这水声也穿过岁月的音壁向今天的人们传来，随着水声的渐隐渐近，人们也辨识出松花江流域的先民们，同中原、同黄河流域先民们的联系和往还。在同黄河与中原先民们的往还中，松花江还没有名字流传下来，笔者只能用今天人们已经熟知的名字——松花江来称呼她。

生活在松花江流域的古代先民们，在中国历史文献中被称为“东北夷”，偶尔也称“东夷”。东北夷由三大民族群体构成：一是生活在长白山北、松花江南源、牡丹江流域和松花江下游及更北更东达海的肃慎人；二是生活在嫩江右岸及山地草原的东胡人；三是生活在松嫩两江汇合处南北的夫余人。他们是松花江母亲河早期养育的三大儿女族群。

肃慎族人生活在嫩江以东，松花江上游、下游及牡丹江、乌苏里江、黑龙江中下游及东可达海的地区。四千多年前，肃慎族人便和中原发生了联系：

帝舜有虞氏二十五年（约前2231），息慎（肃慎）氏来朝，贡弓矢。

在周代天子大会天下诸侯的时候，肃慎的首领已经应邀与会，坐在正北方的座位上，而且还献上了自己的礼物——麈，这是一种已经驯化的鹿，亦有称“四不像”者。

在东北夷各族中，肃慎氏是最早和中原建立密切关系的民族之一。以狩猎为生的肃慎人，居住在中原的东北方，用弓矢猎取野兽为食。对中原政权的最高统治者所进的贡物，都是边徼各族人自己的特产或珍物。弓矢，就是肃慎人的特产与珍物，进贡给中原政权的最高统治者，既表示友好，也表示臣服。据后来的文献记述，肃慎人的“弓长四尺，箭矢长有一尺八和一尺二两种”，由此可见，肃慎族人是一种操大弓的民族。

从帝舜到周，肃慎和中原的关系已经持续了一千多年，成康之后，肃慎和周的关系进一步发展，周已经把肃慎生活的松花江地域看作自己的疆域之地。《春秋左传》中，昭公九年（前533），其史录中便有了“肃慎、燕、亳，吾北土也”的记述，这个记述是和“吾东土”“吾南土”“吾西土”一起来说明的，由此可见，松花江南源、牡丹江流域、松花江下游、黑龙江中下游，以及东及大海的广大地域，至少从公元前2231年前后，就和中原的虞舜发生了臣贡的联系，而到公元前533年，周已经宣布肃慎之地是它的“北土”了。

肃慎族从帝舜时代到周朝，发生了一千多年的往还联系，但这种联系并不是连续性的，加上地域遥远，故而不为更多的人所知晓。中原政权同肃慎“吾北土也”的关系，在史学上，被称为“浅层管理”，甚至有些孤陋寡闻的小国王室人员，竟不知其详情。

《史记·孔子世家》记载了这么一个故事：

孔子周游列国，来到陈国。在陈国，有一只苍鹰从北方飞来跌落在陈王的庭院里死了。苍鹰的身上中了一支箭，箭头是用一种石头制成的。陈湣公不明就里，便派人去请教孔子。孔子是非常博学的，当即告诉陈湣公的使者说：这只鹰可是来自遥远的东北方啊！看这支箭，就知道是肃慎人的楛矢。想当年，武王克商，通道于九夷与百蛮，也就是向四面八方“通报”中原政权的更迭，肃慎接到通告后，便派员来到中原，为周武王献楛

孔子像　宋・马远作

矢和石砮。武王想要将周的德令昭于天下，便下令将肃慎的楛矢、石砮分给自己的女儿大姬。大姬嫁虞胡公被封在陈。这些来自松花江地区的贡物，既分给同姓人珍藏，也分到异姓人手中，意欲让那些较小的公侯，不要忘了忠于中央政府的职责。说到这里，孔子十分肯定地说，陈国分得的楛矢一定还在。“不信，你们可以回去找找！”陈湣公听了，立刻派人去库府中查找，果然见到了当年分得的楛矢、石砮，竟然和从苍鹰身上取下来的完全相同。

这个故事除载于《史记》和《孔子世家》外，在《国语·鲁语》和《说苑·辨物》中也可以见到。值得关注的一点是，武王克商，中原政权发生更迭后，先是由武王所建立的新政权——周，派人去“通道”九夷、百蛮。换言之，也就是说，当武王厘定天下时，中原政权的“信使”或“特使”是去过九夷和百蛮的。由此可以判知，在周兴起时，中原人和松花江流域的肃慎人已经有了相当密切的往来关系，而这关系一定要追溯到周建立之前的商汤之朝，同时也证明了，那时松花江流域的肃慎人和中原的关系，属于地方政权和中央政权的关系。这种关系，虽然有路，由于地域遥远，交通不便，以及那时生产力的发展有限，史家将这种从属关系称为浅层管理，是再恰当不过的了。

由上述所引录的史实说明，松花江和黄河、长江一样，也是中华民族大家庭的文明摇篮之一，虞舜以来保留至今的有限的历史记录，已经充分地揭示了这一点。

松花江流域的肃慎文化，是中华民族上古江河文化中重要的一脉，在诸多的母亲河中，松花江是北地的一个。肃慎是一个操大弓的民族，这个

古肃慎人从松花江下游沿牡丹江南下，只有石岩还记得他们的身影　高洪艺摄

民族是九夷中的一支，也是最雄健的一支。他们自渔猎时代起，便创造了楛矢、石砮，因而楛矢、石砮是他们的象征与标志。称肃慎为“夷”是不错的，因为“夷”字就是由大和弓两个字合成的。

黄河、长江，给中国历史留下了无数珍贵的记忆，唯有松花江给历史留的印痕十分稀缺。直到现在，当笔者为她作传回顾她的往昔时，楛矢和石砮——大弓和利箭，仍是那个时代松花江流域历史洪流中辉煌的亮点。

这个操持大弓的肃慎儿女，正一步步地沿着松花江向历史的前台走来。

居住在嫩江右岸的东胡

生活在松花江北源——嫩江右岸的兄弟民族东胡，差不多是紧跟着肃慎，一起走进中原的历史的。

《山海经·海内西经》说：

东胡，在大泽东。夷人在东胡东。

“胡”是古代雄踞塞北各民族的总称和自称。《汉书》卷九十四上《匈奴传第六十四上》，有匈奴单于遣使遗汉书说：

南有大汉，北有强胡。胡者，天之骄子也。

此话出自匈奴单于的“国书”，说明塞北各民族均可以称为“胡”人，居于北地的匈奴就自称为“强胡”。

“匈奴”是华夏中土人给塞北民族起的名字。而且，还可以远溯至夏末商初，说明他们和中原的历史渊源是无法分割的。故而应劭的《风俗通》说，“殷时曰獯粥，改曰匈奴”，相传淳维是其始祖。但不管怎么说，匈奴则是华夏中土人给他们起的名字，而他们真正的名字，则称为

“胡”。本文中所要考察的民族东胡，一般地说，应是居住在塞北东方的胡人，名叫东胡。东胡和匈奴应该是同一个种族，只不过是居地不同的族群而已。

《史记》卷一百一十《匈奴列传第五十》说：

燕北有东胡、山戎。

对此，《史记索引》引服虔的话解释说：“东胡，乌丸之先，后为鲜卑，在匈奴东，故曰东胡。”由此可知，东胡人生活在匈奴人的东部。

《山海经》指出了东胡所在的方位“在大泽东”。那么“大泽”在何处？对于“大泽”，史家有许多种解释。一种解释说，“大泽”即贝加尔

大泽东部的内蒙古草原　范震威摄

湖，而东胡就生活在贝加尔湖之东，也就是黑龙江上游左岸。如果说，生活在贝加尔湖以东的民族曾经越过黑龙江上游、大兴安岭南下，这个方位似也不应为错，因为鲜卑就是从大兴安岭向南迁徙的民族，而它正是东胡的后裔。但若是指与匈奴并存时代的东胡，那么肯定不是贝加尔湖了。原因是，匈奴人的住地要比贝加尔湖靠南得多。

另一种解释是，大泽即达来诺尔。达来诺尔，也称达来诺日。达来诺日在今内蒙古克什克腾旗西约62公里，是一个面积约350平方公里的淡水湖。《山海经·大荒北经》说："有大泽，方千里，群鸟所解。"根据《山海经》"方千里"的记述，把大泽定位在达来诺尔显然不确，达来诺尔无论怎么说，也够不上"方千里"。

第三种解释将大泽定位在呼伦湖。呼伦湖在今内蒙古自治区北部，大兴安岭西麓，嫩江之右。鲜卑拓跋氏从大兴安岭北部南迁时也提到这个方圆千里的大泽。鲜卑人是东胡人的后裔，由此可知，对于东胡人和鲜卑人来说，这个方圆千里的大泽至关重要。呼伦湖，也称呼伦池、达赉诺尔、达赉湖，湖为甘薯形，长约80公里，宽约35公里。如果说，历千年呼伦湖面积略有缩小的话，那么汉时的方圆千里也就和今日呼伦湖的周边长度的总和相近了。于是，史家多将方圆千里的大泽定位为呼伦湖。如是，东胡人和大兴安岭与嫩江的关系也就不言自明了。

呼伦湖的东边，即大兴安岭北段、嫩江中上游右岸一带地方，嫩江中上游右岸的支流，如甘河、雅鲁河、绰尔河、洮儿河、霍林河等，正是他们经常活动的地方。

东胡的东邻是夷——操大弓的肃慎人；西邻是不时南侵的匈奴；南

匈奴王者的金冠（内蒙古博物馆藏）

邻是和燕相邻的山戎；其北不知到哪，至少可到达生活在贝加尔湖一带的丁灵。

这里，需要指出的是东胡的南邻山戎。山戎和肃慎一起见于《史记・五帝本纪第一》："北山戎、发、息慎。"这句话也见于《大戴礼记》。山戎一度被认为和东胡是同一个民族，但二者并见于史书，显然不是一回事。山戎和东胡有密切关系，一南一北，所居地是相邻的。

《逸周书・王会解第五十九》中有"东胡黄罴，山戎戎菽"的话，这就是说，在肃慎人贡大麈的时候，东胡人带来的是黄罴，而山戎带来的是戎菽。黄罴是棕熊中的一种，它生长在大兴安岭，这和他们生活在大泽东的地理方位是一致的。由此可知，在成周之时，东胡还是一个狩猎的民族，他们到中原来与会，所带的礼物就是他们的特产，亦是他们的骄傲。

这一点在今天生活在大兴安岭地区的兄弟民族中，同对熊的崇拜有加，也是一致的。棕熊——黄罴，是东胡人的图腾崇拜，当无疑义。山戎的贡物是戎菽，戎菽就是大豆。从山戎人带来的农产品，说明山戎已进入农耕时代，或已向农耕时代过渡。有出土的石磨棒、石磨盘（碾碎籽粒去壳）为证。东胡与山戎的生产方式和生存的食物来源不同，当然不是一个民族了。但从他们居住相近且关系密切来看，他们有可能属于一个大的民族种群。但山戎的出现更早，《史记·匈奴列传》中说，“唐虞山上有山戎、猃狁、荤粥，居于北蛮，随畜牧而转移”。这说明在唐虞时期，山戎是游牧民族，经过漫长的岁月，到成周——春秋初期，山戎已向农耕转化，这种转化是没有包括东胡在内的。

对于东胡人居住的地域，历来史家存有争议。但从石板墓葬出土，从大兴安岭到松花江及至宁城、赤峰一带均有分布来看，东胡人的活动空间从大兴安岭北缘、嫩江右岸南到宁城、赤峰，说明了东胡人的地域相当广阔。另外，从出土文物和玉饰、玛瑙和石器、陶鬲，以及陶器上的纹饰来看，东胡人的文化技艺，恰是黄河流域文化技艺的延伸。

大约在公元前7世纪，山戎南侵，齐桓公应燕国之求而出兵征讨山戎。山戎不敌齐兵，大败而向北逃窜。后窜至孤竹国，被齐桓公、管仲驱兵灭掉。

山戎被灭以后，东胡人南下，基本上占据了山戎的地域。史家将山戎定于大凌河之北。大凌河以北，《东周列国志》第二十一回破孤竹国中提到的“旱海”，即瀚海，系指老哈河下游两岸及西拉木伦河以南的沙漠之地。此沙漠亦是东胡与山戎、孤竹国之间的缓冲地带，成为无人区。故而

嫩江下游风光　范震威摄

东胡的南下是过西拉木伦河与瀚海来到山戎故地经略之。这样，笔者即可推知，东胡在和山戎并存之时，南界在西拉木伦河流域，而西拉木伦河以北，恰是霍林河、洮儿河等地域，亦即为松花江流域的西南角了。

山戎亡，东胡南下，诸史籍均有所载，据查，山戎亡于周惠王十三年，即齐桓公二十二年，当在公元前664年。就是在这一年，生存在嫩江之右岸、呼伦湖——大泽东的东胡乘机南下，占据了老哈河上游、大凌河南北之地。不过，东胡并没有将他们在大泽东的全部居地放弃，而是沿大兴安岭走向，以嫩江为东界，纵贯南下，整个大兴安岭都是东胡人的居地。这个居地恰在当时活跃于阴山以北的匈奴地域之东，而匈奴亦为胡人，故称前者为东胡。

战国时期，东胡人继续骚扰燕的东北境。当时，东胡强大，燕以大将秦开为质居于东胡，东胡对他特别信任。秦开对东胡的情况相当熟悉，归国后，秦开率燕兵袭击东胡，将之击破，东胡却走千余里。

这里，对于“却走千里”的记述，史家们亦有分歧。有人认为，从大凌河流域却走千里，是退回到西拉木伦河流域。其实，从大凌河退走到西拉木伦河流域，仅几百里，不到千里。故而另有史家认为，东胡人却走千里，是退到大泽东，即嫩江右岸各支流地带，他们原来的居地了。

东胡人却走后，燕筑长城，自造阳至襄平，置上谷、渔阳、右北平、辽西、辽东以拒胡。

秦王扫六合，统一中国，使大将蒙恬率十万之众北击胡人，尽收河南之地，并从临洮到辽东万余里修长城以自卫。这时，东胡又强大起来，月氏国也很强盛。当时匈奴的头目叫头曼，被秦驱赶，亦向北徙。十几年后，蒙恬死，诸侯叛秦，秦迁民戍边者逐渐散逃，边境松弛，匈奴复又南下。

匈奴的单于有太子名冒顿，但后来单于又喜欢阏氏所生的少子，便萌生了废冒顿立少子的打算。单于将冒顿置于月氏，而单于头曼随后又急击月氏。月氏欲杀冒顿，却被冒顿盗其马逃归。头曼单于见此，便认为冒顿很勇壮，拨给他一万人马。冒顿统兵万骑，制作鸣镝，并训练他的部下用鸣镝射野兽，不射者，斩。已而，冒顿以鸣镝射自己的好马，身边左右有不敢射者，均遭斩首。不久，冒顿又以鸣镝射其爱妻，左右仍不敢射者，亦遭斩首。又不久，冒顿外出打猎，以鸣镝射单于之马，左右不再犹豫，皆引弓射之。冒顿知道他的训练已经成功，便随他父亲头曼去打猎。猎中，冒顿以鸣镝射头曼，左右之人皆随后引弓射头曼。头曼被射杀，冒顿又尽诛其后母与弟及大臣中不听他指挥的人，于是冒顿弑父后当上了匈奴的单于。

冒顿即立，是时东胡强盛，听说冒顿杀父自立，乃派使臣去匈奴，索要头曼的千里马。冒顿询问群臣，群臣异口同声地回答说："此千里马，是匈奴的宝马，绝对不能给东胡。"冒顿却不以为意地说："与邻人相交，奈何舍不得一匹马呢？"遂将千里马给了东胡王。

东胡王以为匈奴单于冒顿怕东胡，便又派使臣西访匈奴，提出要单于的爱妻。单于的爱妻称作阏氏。阏氏，读作"胭脂"，是皇后的号。冒顿问群臣："怎么办？"左右大臣皆发怒说："东胡太无道，焉有要阏氏之理？请发兵击之。"冒顿说："奈何为一阏氏而得罪邻国呢？给他！"遂将所爱的阏氏给了东胡王。东胡王得了两次便宜，愈加骄横，接着又发兵西侵。

原来，在东胡和匈奴之间，有一块弃地，无人居住。弃地大约有一千多里，双方各居东、西两边，并设立了瓯脱。瓯脱为匈奴语，当有三种解释：一是指边境上筑起守望哨的土屋；二是指边界的标志，如土穴等；三是指双方之间的缓冲地带，无人区。这里附带说明，东胡和匈奴之间有一千多里的无人居住区为缓冲，那么东胡与南邻——昔日的山戎之间，又何以没有缓冲区呢？故而在定位山戎在大凌河流域居住区时，山戎的北界就不能和东胡成为紧邻。大凌河以北，西拉木伦河之间有数百里的沙漠高原，孤竹被齐桓公率兵攻打逃往"旱海"（瀚海），这个旱海就是无人区，也是山戎、孤竹与东胡之间的缓冲区。由此，东胡不可能居住在西拉木伦河流域，而是更北，当为霍林河、洮儿河及其更北的地区，亦即嫩江西南地。是时，东胡虽已南下填补了山戎与孤竹被灭后的所谓“真空地带”，抵达大凌河北部地区，即燕长城和秦长城以北，它的南邻是中原政权的北地；它的北部，一直可断断续续地延伸到大泽东。当时，匈奴的主要活动区在河套、阴山及其以北地区。这样，在东胡和匈奴之间，事实上存在的“瓯脱”地区，宽达一千多里，正是指今内蒙古自治区中部的一片天然屏障。这个天然屏障在达来诺尔之西，即今浑善达克沙地。东胡觊觎这片空地，便派使臣到匈奴找冒顿索要。东胡的使臣说：“在匈奴和我东胡之间的瓯脱外的弃地，你们既然到达不了，干脆我们要了！”冒顿听了使臣转达东胡王的话，便问群臣。群臣中有人说：“这是弃地，给亦可，不给亦可。”冒顿听了，大怒。说：“地者，国之本也，为什要给人？”于是，凡说给者，悉杀之。然后，冒顿单于跳上战马，披挂挥鞭，发布命令，凡后去者立斩，遂发倾国之兵，斩来使祭旗，突袭东胡。

东胡王骄横不可一世，压根儿没把匈奴人看在眼里，根本没有准备。待冒顿大兵突然杀到东胡王的居地时，东胡王及其草草组织的兵马被击溃灭，其人民和畜产，被掳去无数。冒顿大获全胜，又以凯旋之师，夺回千里马和阏氏，然后挥戈西南，击走月氏，南并楼烦、白羊河南王，并将秦时蒙恬收去的原匈奴人占领过的土地，又夺了回去。然后，旌旗又指向燕、代。其时，正是刘邦与项羽相争时期，边疆的事一时顾及不上，于是冒顿得以自强，控弦之士已达30余万。

东胡王被乱兵杀死，许多东胡人都成为匈奴人的俘虏。侥幸从屠刀下逃出的东胡人和生活在其他地区的东胡人，只好向北逃亡，从燕和秦长城以北，向更北的地方退避了一千多里，回到嫩江以西的大兴安岭的山中。东胡人从山戎处得来的土地尽被匈奴占领。

东胡人退回到嫩江右岸的大兴安岭中南地区，以游猎为生。他们虽然憧憬着南方，但军事力量被击垮，其势一蹶不振，直到数百年以后，东胡人中的几个分支先后强大起来，才又继续南下，然而那已是东晋及其以后的事情了。

松嫩两江地域的涉貊

涉与貊，它们是商周时代居住在东北中部，北流松花江及嫩江中下游与两江汇合处一带的涉族和貊族的总称。涉与貊，有时干脆就称涉貊，它们是由两个相近族群混合而成的，有着相同语言、相同风俗的民族共同体。

涉和貊是松花江流域最早的先民之一。其中涉，也称秽，后来演变成夫余，主要居于松嫩两江汇合地及其周围的地区；貊，也称貉，主要居于松花江上游及南源各支流地区。两族有时联称，有时分称，但我们也常常见到在中原，如王莽的新朝，有各自不同的针对两族的将军进行管理。

新石器时代的遗址遍布松花江流域，关于涉貊上古人的遗址也多有发现。

北流松花江左岸支流伊通河中游的农安县，其城郊左家山遗址，和西南部距县城约50公里的敖宝图泡子西岸的元宝沟遗址，都发现了较厚的文化层堆集。经挖掘，在约1 200平方米的遗址上，发掘的文化层厚1.5米，其中出土的有陶、石、骨、蚌器多件。早期陶器和辽河流域新乐遗址下层陶器相似，稍晚的陶器上饰有席纹、人字纹、篦点纹、指甲纹等，晚期陶器以蚌粉黄褐陶为主，以人字纹、三角纹和斜线纹为主。其中出土的石龙，是难得的艺术珍品。遗址被划为三期，经碳同位素测定，三期最晚为距今约4825年。在中华五千年的文明史上，松花江可以骄傲地说，那时，她的儿女也在松花江流域的南部繁衍生息。

进入青铜时代，嫩江下游右岸，紧贴江边，有一座高128米的丘陵山，山西北在嫩江和王家泡之间的山头台地上，以及在其西北，于月亮泡和嫩江之间的汉书村东北方的一处隆起的北岗尖，分别发现了两处青铜时代的

松花江——大江东去，浪淘尽千古风云往事　范震威摄

人类遗址。东山头遗址为6万平方米，汉书村遗址为20万平方米。前者1960年发现，后者为1974年发掘，出土文物有褐陶壶、罐、碗、杯和较为华美的青铜器，如兽形饰牌、刀、扣等小物件，以及各种骨器，后者以汉书文化著称。据研究，确定为西周时期，“可能为涉貊族”。

事实上，涉人也曾在西周时见于典籍，《逸周书·王会篇第五十九》说：

西面者正北方，稷慎大麈。秽人前儿，前儿若猕猴，立行，声似小儿。

由引文知，在成周的大会上，稷慎（肃慎）和秽（涉）同时出现，根据他们与会的方位可以知道，他们的居地相距不远，而且是同时走进中原历史的。

秽或涉，原为渔猎部落；貊或貉，原为游猎或游牧部落。两部落或民族融合混同后，多称涉貊，成为从游牧、渔猎向农业迈进的民族。有了农耕之业以后，他们和中原的联系增多，貉国的情况也多为中原人所知。

涉貊的最后归宿，则应广布于东北中南部以及朝鲜半岛之东北部，即东到松花江、图们江、鸭绿江流域，北至嫩江流域，西至松辽分水岭。他们在由渔猎向农耕业的转化过程中，无疑受到了箕子的影响。箕子教人“以礼义，田蚕织作”，在东北地区中南部的文明发展中作出了重要贡献。而主要居于北流松花江流域的貉人，无疑是这场生产方式飞跃发展阶段的受益者之一。涉人在这场变革中，一部分人逐渐向朝鲜半岛迁徙，到东汉和三国时，才逐渐远离松花江流域。

在西汉末年，或王莽新政时，有一个小水貊，即居住在某一水畔的小貊部落，突然崛起，成为后来驰骋历史舞台上的著名东北夷高句丽。

随着时间的推移，在北流松花江地区一个新的民族差不多也同时崛起。它，就是主要居住于松嫩两江汇合处南岸的夫余。“夫余”二字，其实恰是涉字读音另一种衍读的汉字表述方式。

居于松花江地区的夫余，和中原存在着臣属关系，这关系和高句丽等相似。王莽篡政，建立新朝以后，曾派使臣到东西南北各夷蛮地区更换绶印。

《汉书》卷九十九《王莽传第六十九中》说：

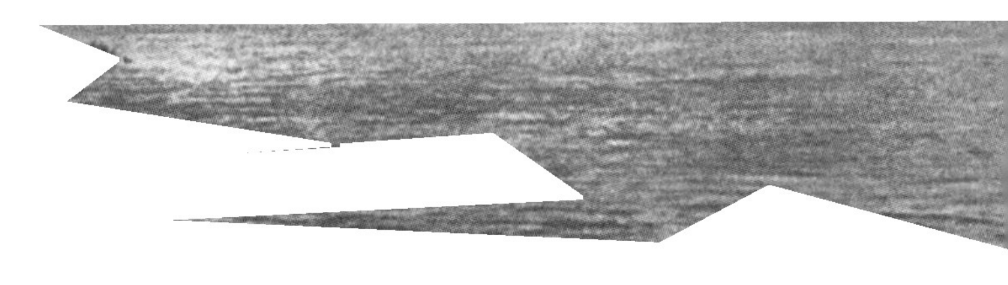

松花江也是貊民族的母亲河　范震威摄

徼外蛮夷，皆绶新室印绶，因收故汉印绶。

五威将军……称五帝之使……其东出使。至玄菟、乐浪、高句丽、夫余。

从文中的记述可知，王莽派使官至夫余，这是夫余立国以后记述最清楚的一次换印，也是中央政权的代表第一次到松花江中游地区，为地方官授予新印而见诸史籍。

王莽将徼外政权的王印改为侯印，使外徼政权的首领们很不满。实际情况是，始建国四年（12），王莽下令发高句丽兵攻打匈奴。高句丽不愿发兵，可是当地郡县的官员们逼迫他们发兵，结果使很多人都向塞外逃遁，有的便被迫落草为寇。当时的辽西大尹田谭带兵追剿，反被这些逃逸的流寇所杀。州郡的官员将罪过的起因归咎于高句丽的侯驺。讨涉将军严尤上言说："貉人犯法，不是从侯驺当政时开始的，其来有自。田谭之被杀，罪不在彼。为了不使侯驺等有二心，还是让州郡的官员安抚为好。若扣给他们以大的罪名，恐怕他们更要发生叛乱。一旦发生叛乱，夫余人也会起而附合，让叛乱变得更大。现今，匈奴未克，夫余、涉貊复起，一定会成为东北方的一大忧患啊！"但是，王莽篡政以后，刚愎自用，仍然坚持其错误的边民政策。莽不慰安，而使涉貉起而造反。王莽遂下令，让严尤坚决镇压。于是，便发生了严尤以计诱杀高句丽侯驺的事件，并将侯驺的首级转送长安，王莽大悦，下令改"高句丽"为"下句丽"，对之十分蔑视。由此而引起貉人犯边愈急，东北夷与西南夷相继起来闹事。

由上述情况可知，严尤是讨涉将军，在另有诛貉将军阳俊的情况下，他所面对的对手却是貉。文中没有交代诛貉将军阳俊面临的对手是谁。但不管是谁，严尤与阳俊的存在，以及他俩名分的不同，说明涉、貉这时已经分开，而不是一个民族联盟或集团了。涉与貉分立，貉又于分化中崛起了高句丽与夫余，故而严尤与阳俊所面临的对手就不单单是涉与貉而是新起的高句丽、夫余和老对手涉与貉。

在汉代的史籍中，以夫余为代表的北涉族人，主要生活在松辽平原之南和松辽平原东西。貊即"发"族，和"发"一起见诸史籍的还有山戎、息慎等，说明发的源头也很早。"发"的居地在松花江上游一级支流辉发河流域，他们是涉貉族人的一个重要分支。其他分支，如高句丽，前文已述，来自小水貊；而另一分支沃沮，也是一个重要的部落集团。高句丽主要生活在原貊的小水域，而沃沮则生活在长白山天池之北，今图们江流域及滨海，是松花江南源的紧邻。

总之，涉貊人生活的地域很广阔，到西汉末年之际，其中心地是松嫩平原南部，其他住在北流松花江流域各支流地带，以及相邻的丘陵、台地及山林中。

松嫩两江奔腾长流，生活在松嫩两江怀抱中的儿女们，一代代地繁衍不息，随着时间的推移和文明文化的进步，松嫩两江的儿女们，在远眺中原王朝变化不停的历史硝烟中，也在不停地自问：北地的历史雄风，何时可以向南方劲吹？

逝者如斯，一泻千里的大江不会回答，也无法回答，因为历史的发展是难以预测的。这正如松花江中的每一朵浪花，谁知道它未来的命运如何呢？是半途蒸发，还是跃入大海？

三、上古时代
松嫩两江的部族

牡丹江镜泊湖瀑布，其流域是肃慎、挹娄人的原乡　范震威摄

北松花江儿女挹娄的崛起

进入东汉时代以后，肃慎的后续者——挹娄，重新走上历史的前台，于是人们在《后汉书》《三国志》中，相继看到了《挹娄传》，而在稍后的《晋书》中，又出现了《肃慎氏传》，由此即可推知，挹娄时代，肃慎的名字仍然存在，可见二者曾经共存过。

肃慎——挹娄人，“处于山林之间，土气极寒，常为穴居，以深为贵”。居于松花江入黑龙江河口左岸的绥滨县，其蜿蜒河2号房居遗址，经碳同位素测定，其年代距今为约1980年，相当于两汉之间、王莽新朝时代，也恰是在东汉初年，肃慎人重新露面的时候。2号房屋遗址，是一个

三江平原也是肃慎、挹娄人的居地 范震威摄

半地穴式的方形房屋，面积约为25平方米。穴底平整，居住面光滑坚硬，由一层经过火烧烤后的草拌泥保护，中设炕灶，四角有柱，屋内有柱洞12个，门向东南开。这和《后汉书·挹娄传》中记述的挹娄人的穴居方式完全一致。由此，亦足可证明，自东汉、三国、两晋以至南朝宋，对肃慎、挹娄人的情况是相当了解的，不然范晔怎么会对挹娄人的穴居描写得如此真切呢？当然，这也足以证明，自东汉至南朝宋期间，松花江地区的原住居民和中原王朝之间的联系，以及情况的沟通是相当紧密的。

蜿蜒河是女真人、金朝开创者完颜氏家族的发祥地。满语称岩穴之穴为“叶鲁”，“叶鲁”和“挹娄”同音，故史家即认为挹娄部实际上是“穴居部落的人”之意。换言之，肃慎人因穴居，而又被称为挹娄人，但他们自己仍自称为肃慎，故而挹娄和肃慎二者之名共存。不过，这里还应该附上一笔的是，“挹娄”在通古斯语系中，是“鹿”的意思。肃慎——挹娄人贡弓矢，说明他们在一个相当长的时间里，是一个以狩猎为主的民族，鹿、野猪等都是松花江流域山林中最常见的兽类，故而若将肃慎人称为“猎鹿人”亦无不可。清初，黑龙江中下游、松花江河口一带，东与北至黑龙江入海口，以及库页岛一带，曾有“使鹿部”，挹娄人正是他们的祖先。

在牡丹江中游的镜泊湖、宁安的小莫龙头山、东康遗址，以及牡丹江入松花江河口处的依兰倭肯哈达洞穴遗址等，都是肃慎——挹娄人居住的遗址，距今约两千余年，正当西汉末年或东汉之初。东康遗址位于牡丹江右岸支流马莲河北岸的台地上，与马莲河距离很近，在东京城盆地的东缘。根据对东康2号房地的碳化粮食粟与黍的籽粒进行碳同位素测定，距今

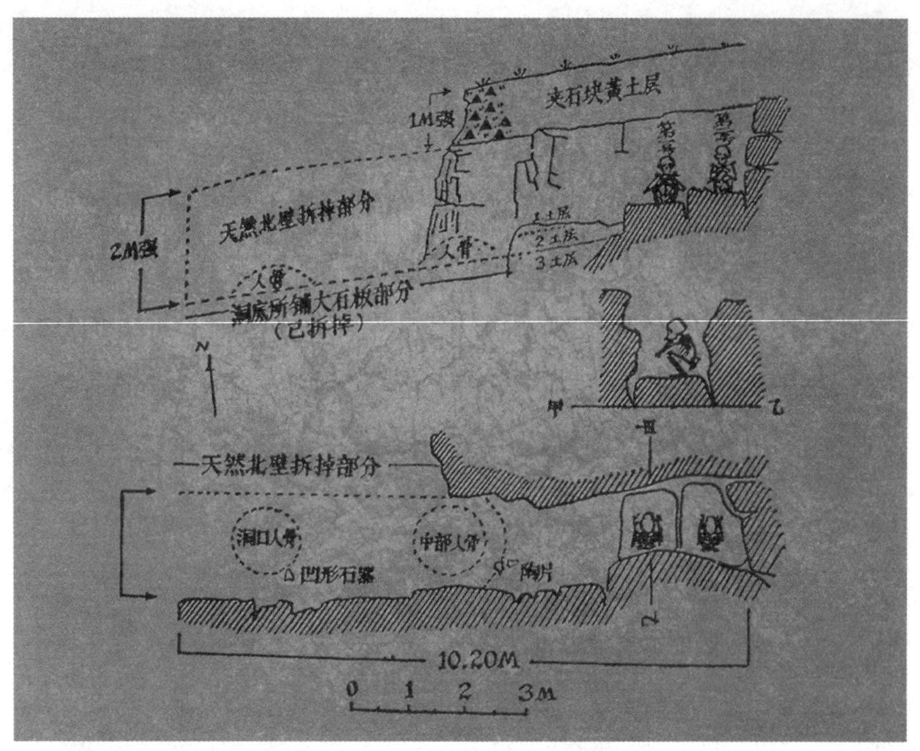

松花江右岸倭肯哈达洞穴剖面图（据《走进依兰》）

为约1695年，此正是三国时期挹娄人的住地和遗物。这个住地，也是一处穴居的房屋，其西壁尚存，长14.4米，穴为一长方形，穴深0.40~0.63米，除柱洞外，还有柱础石。居内空间很大，西北部放置了几个大陶瓮，里面盛满碳化了的粮食，这和史书上记载的挹娄已经有了五谷，也是一致的。2号房居很大，很像是一个氏族部落的议会场所，也可能是个部落的办公大厅兼库房，因为内中还出土有使用的农业生产工具，如石镰等，同今日该地区农民手工收割用的铁镰极其相似。此外，出土的还有双孔石刀、马鞍形石磨盘，以及陶制的渔网坠、骨制的勾网器、骨针、织网的骨梭等。随农业工具一起出土的还有兵器，如带有双翼的铤。在河口附近的倭肯哈达洞穴中，于1950年4月，发现了古人类遗骨5具，均呈双肩抱膝蹲坐式，以

肃慎人先祖的塑像　王冰摄

及大量的骨器、石器、陶器和玉器等珍稀文物。据测定，其为6000年前新石器时期的遗存。倭肯哈达洞穴处于倭肯河畔的倭肯哈达山腰上，洞高2米左右，天然北壁断掉了一部分，洞深约10.2米，洞底原有石板，早被拆掉。洞穴呈方筒形，其出土的遗物，如石器、陶片等，同西伯利亚、内蒙古东部地区新石器时代相同。洞穴处于倭肯河右岸，是一个适宜于在松花江、倭肯河中渔猎的天然佳地。有人推测此洞穴是一处墓葬，也有人推测是困于大洪水中，因饥饿而死者。就牡丹江入松花江口和倭肯河入松花江口之地来说，肃慎人居其地是无可争议的，除倭肯哈达洞穴外，仅该处江河周围之地，尚有德裕镇松花江左岸、勃利河畔、七星河畔等多处较晚期的新石器时代遗址，以及20多个半地穴式的人类居住地，这和上述地穴大体相同，故可定为同一时期的遗址。

由西汉、东汉到三国魏晋，夫余人居住在松花江、嫩江两江汇合处南北之地，“于东夷之域”，土地“最为平敞”；相比之下，肃慎——挹娄人所居之松花江干流中下游和牡丹江、倭肯河中下游，以及东达大海与黑龙江口等地，因多山地，如老爷岭、张广才岭、小兴安岭、那丹哈达岭、完达山等则山峦起伏，谷深林密。这和《后汉书·挹娄传》中所记，挹娄“土地多山险”或“处于山林之间”也是一致的。挹娄人，“形似夫余，而语言各异”，说明他们在种族血统上，可能有一定的联系。语言不同，当为不同的族系，是两个语言不同的民族。

肃慎——挹娄人是最早生活在松花江中下游和牡丹江流域的原住居民。夫余人曾数次征伐挹娄，松花江地区也燃起了战火，战争风云曾多次笼罩在松花江中下游和牡丹江流域，甚至烧到更北的地区。这是松花江流域族人间第一次发生战争的记述。

在东汉时期，挹娄人不仅能够造船，而且还很善于驾船。船的普遍使用，为松花江流域的科技与文明的发展，无疑是增添了助推的帆与桨。在松花江和嫩江流域，船的出现一定很早，但记录在史籍中，这是最早的。有了船，松花江母亲河一定不会寂寞了。

挹娄人使用的船，应该是独木舟或桦皮船。笔者以为，挹娄人虽会造船用船，但挹娄人使用的船和三国赤壁之战时所使用的船之间，还难以想见有某种制式上的联系或相似性。挹娄人使用的船，肯定比中原人使用的船简陋些、原始些。

三国时期，北方曹魏政权的统治已达到北流松花江地区，即肃慎——挹娄人居住的地界，并对于寇抄或叛乱的地方性政权，给予惩罚性的打击。这一点，显然不同于诸葛亮之蜀兵同西南夷之间的征伐与怀柔相济的关系。毌丘俭以高句丽数次侵叛，乃督诸军步骑万人，出玄菟郡，从诸道讨伐之。高句丽王宫迎以步骑两万人，进军沸流水上，双方在梁口展开激战，高句丽王宫大败远逃。正始六年，毌丘俭再次征讨，宫向买沟方向逃窜。毌遣玄菟太守王颀追击，过沃沮千有余里。至肃慎南界，刻石纪功，刊丸都之山，铭不耐之城。毌丘俭胜高句丽之后，勒石刻记了三处：一是在肃慎南界刻石纪功，二是刊于丸都山上，三是铭于不耐之城。

两晋时期，挹娄的情况也见于《晋书·肃慎氏传》，这里值得注意的是肃慎作为氏族的名字，并没有从历史上消失，反而在《后汉书》与《三国志》的两篇《挹娄传》后，又出现了《肃慎氏传》。这种情况，可以解读为挹娄是肃慎族集团中新崛起的一个部落集团，它正像高句丽由小水貊崛起壮大一样。高句丽由小水貊强大起来后，貊并没有全部消失，而是和高句丽并存；挹娄的情况和高句丽相似，它是由肃慎的一部分部落——穴居人崛起的，它崛起后，肃慎的其他部落并没有全部跟进，也没有全部改名称挹娄。挹娄仍可称肃慎。

《晋书》卷九十七《肃慎氏传》记述：

有马不乘，但以为财产而已。无牛羊，多畜猪，食其肉，衣其皮，绩毛以为布。有树名雒常，若中国有圣帝代立，则其木生皮可衣。无井灶，作瓦鬲，受四五升以食。坐则箕踞，以足挟肉而啖之。得冻肉，坐其上令暖。土无盐铁，烧木作炭，灌取汁而食之。

松花江中游右岸长寿国家森林公园中的长寿泉　汪恩良摄

接下来，《肃慎氏传》对肃慎这一氏族和中原的历史沿革作了简略的追述。传文说：

周武王时，献其楛矢、石砮。逮于周公辅成王，复遣使入贺。尔后千余年，虽秦汉之盛，莫之致也。及文帝作相，魏景元末，来贡楛矢、石砮、弓甲、貂皮之属。魏帝诏归于相府，赐其王傉鸡、锦罽、锦帛。至武帝元康初，复来贡献。元帝中兴，又诣江左贡其石磐。至成帝时，通贡于石季龙，四年方达。季龙问之，答曰“每候牛马向西南眠者三年矣，是知有大国所在，故来”云。

在晋代即肃慎——挹娄人同中原阻断一千多年后，复又有了往来，而且数次贡献他们的楛矢、石砮。由他们的习俗，知道他们尚处于原始社会末期。由传文的前半部分知道肃慎——挹娄人没有牛羊。而到传文的后半部分，已记载他们用“牛马之眠”进行占卜，说明他们已经有了牛。但那时，牛还不是农耕的生产工具，似也非运输工具，仅是一种财富的象征而已。以至于在一百多年以后，到了北朝的北魏时期，人们在《魏书·勿吉传》中，肃慎的后继者挹娄改称勿吉时，其传文中仍然有“无牛羊”的记载。肃慎——挹娄——勿吉人，养猪是他们的传统，而在松嫩两江的西部、西南部，由东胡到鲜卑，养牛羊是他们的特征。这也是松花江流域不同地段、不同民族之间的差别。当然，这也反映了对于松花江这条大江来说，由于地理、气候等条件的差别，在古代时因动物的分布区不同，先民们狩猎的捕获物、豢养物也不同，故家畜才有了差别。松嫩两江西部、西南部，多山多干旱草原，故多牛羊；而松花江中下游、牡丹江地区，多山林，故多野猪，将多捕获的野猪进行家养，便成了家畜中的猪。猪是肃慎——挹娄——勿吉人的主要食物来源。

东胡·乌桓·鲜卑

东胡人被匈奴冒顿单于击破后，其部众散为三支：第一支被掳入匈奴，其中也包括他们的牲畜和家产。这部分人进入匈奴左地，逐渐同匈奴人相融，后成为匈奴人的一部或别种，但有时仍以“东胡”的部族为名。

古乌桓（乌丸）旧地——今日霍林河草原　王景林供稿

东胡的另一部分人，即为乌桓。当匈奴击破东胡之后，一部分东胡人向北逃去，走到大兴安岭中的乌桓山，重新聚合在一起，以该山为号，改称乌桓人。在历史上也称乌丸，只是译音不同而已。毌丘俭征高句丽，同去的讨寇将军、魏乌丸单于，即是乌丸——乌桓人的首领，所率之兵马，即乌桓人的军队。东胡人的另一部分，在东胡被击败后，更向北逃，逃至大兴安岭的鲜卑山，后来便以鲜卑为号，史称鲜卑人。他们暂时还没有走到历史的前台，还生活在大兴安岭绿色的帷幕之后。

第一支被掳至匈奴之左的东胡人，后来有了一位汉族人的首领，名叫“东胡卢王”。东胡卢王名叫卢绾，本是汉高祖刘邦的同乡，而且是一起长大的朋友和同学。最为有趣的是，他俩为同年同月同日所生，所以乡里人便持羊和酒，同时到两家祝贺。刘邦斩蛇起义时，卢绾也跟着起事。得天下后，卢绾被封为长安侯。各诸侯之中，非刘姓而称王者，仅有七人，卢绾因破燕有功被封为燕王。汉高祖十年（前197年）秋天，居于代地的陈豨谋反，自立为代王。汉高祖刘邦亲自领兵去征讨。卢绾也带兵攻打其东北。陈豨久居边塞，和塞外的胡人颇有往还，便派人去匈奴处求救兵。燕王卢绾也派使臣张胜去匈奴活动，遣令匈奴派兵攻打陈豨。张胜到了匈奴左地，即东胡人的地方，在先被刘邦、卢绾打垮的前燕王臧荼的儿子臧衍流亡在该地。臧衍见到张胜，对张胜说：“您之所以被燕王卢绾看重，是因为你熟稔边塞方面的事，懂得如何同胡人打交道。燕之地为何能久存呢？原因是各地都有人造反，兵戈之事连年不断的缘故。一旦燕把居于代的陈豨灭掉，你们的祸事也不远了。你为何不让燕王缓兵攻陈豨，同胡人和平相处呢？若是能这样做，燕才能长治久安呀！”张胜听了臧衍的话，认为很有道理，便私下让匈奴之兵助豨攻燕。燕王卢绾见有匈奴之兵来攻，便怀疑张胜谋反，上书汉高祖请诛张胜。可是，当张胜归来将内中的道理全盘说出后，卢绾一听，也觉得有道理，便上报说匈奴来攻之事和张胜无关，是他人所为，并私下放走张胜的家属，使之北逃到匈奴之间。同时，又暗中派使臣范齐去陈豨处言说，鼓励陈豨反叛。

次年，樊哙斩陈豨于灵丘。陈豨下属的裨将投降，随之将卢绾派范齐来陈豨处作说客的事情供出。汉高祖刘邦派人到燕，召卢绾进京“说清楚”，卢绾便称病拒往。高祖二次派辟阳侯审食其、御史大夫赵尧去燕迎卢绾。卢绾更加恐惧，躲在家中，闭门不出。手下的人也都躲藏起来，卢绾对身边的亲信说：“现在皇上有病，吕后擅权，专门找借口杀害异姓大王和功臣。”言多必有失，这话泄漏出去，被审食其报告给刘邦，刘邦大怒。这期间，从匈奴那边来的投降者中，也道出了卢绾曾派张胜出使匈奴等事，刘邦越听越怒，便大骂道：“卢绾果然反了！”遂下令樊哙率兵去攻燕。燕王卢绾得到消息后，便将宫人、家眷等数千骑移居到燕长城脚下，准备待刘邦病好后，他便进京谢罪。孰料这年四月，汉高祖刘邦病死，由吕氏掌权。卢绾遂带宫人与家眷一起向北流亡，进入大漠匈奴左地东胡人住的地方。匈奴对燕王卢绾的到来非常欢迎，便封他为东胡王。卢绾虽为东胡王，但因他的财富令匈奴人垂涎，匈奴人经常来东胡地抢掠他，使他苦不堪言，常想复归，总没有机会。一年多以后，卢绾这个东胡王便在忧闷中死于大漠之地。

刘邦死后，惠帝接任大统。惠帝即位，其母吕后称太后，以后宫美人之子为太子。惠帝不寿，早崩，便由年幼的太子接任当了第三代皇上。皇上太小，不能理政，则由高皇后吕氏临朝称制，大赦天下。卢绾的妻子遇赦，便带领儿子从东胡归来。她本想进京去拜见高皇后以谢不杀之恩，竟未能得见，住在燕王设在京都的会馆里，当时叫燕邸。她甚至准备酒席，以便迎接高皇后的驾临。孰料，高皇后竟也发病一命呜呼。因未能得见，郁闷中卢绾之妻也病死。二十多年以后，景帝刘启接替父亲文帝刘恒当了皇帝，当了东胡王的卢绾的孙子卢它人，再次向汉廷投降。景帝将卢它人封为恶谷侯。传至卢绾曾孙一代，终因有罪而被取消了封侯，降为庶民。

刘邦童年伙伴的悲剧故事，并不稀罕，历代都有。稀罕的是，匈奴劫掳的东胡人，其首领却由匈奴任命的汉族降将来担任。这当然是一种不错的“创意”：以汉制胡，不致于对匈奴构成威胁。可实际上，这恰恰显示了民族之间的相互融合，特别是在边塞地区，许多事的发生都难以预料。卢绾是刘邦最好的“哥们儿”，在跟随刘邦戎马生涯一生，最终被封为燕王之后，竟然发生了命运的逆转，成为匈奴的傀儡——东胡王。当然，卢绾及其子孙在担任东胡王时，也会将中原及燕地的风俗、生产以及其他文化与文明的东西传过一些来，这就是后来人们在西拉木伦河——霍林河流域之间，所发现的青铜器陶器等，均和中原的出土文物有着难以割断的联系的原因之一。

中支的乌桓人是嫩江流域霍林河及乌桓山地区的居民，过着游牧生活，居无定所。乌桓人只是东胡人的一个部落联盟，尚处于原始氏族社会阶段。对于乌桓的居地众说不一，笔者以为，因居无定所，故而众说不一才是对的，原因就在于乌桓人经常逐水草而居。他们如果果真居住在霍林河上游右岸支流之南的某地，距霍林河只有咫尺之遥，焉能不顺河而下，寻找水草更丰美的地方？如果他们顺河而下，即便找不到水草丰美的地方，也会溯河而上返回原处。是故，笔者倾向于《辽史·地理志》的说法："乌州，本乌丸之地也。有乌丸川、乌丸山。"也就是说，辽代的乌州，就是汉代的乌桓地，该地有河川，也有山岭。据《中国古今地名大辞典》乌州条注："乌州，辽置。在今热河阿鲁科尔沁西北。"这个判断和上述乌桓山的指陈是一致的。于是，可以初步断定乌桓山在霍林河上中游之科尔沁草原的北与西北部，若顺流而下，沿霍林河到下游即是松嫩平原西南部的大草原，几近涉貊之地了。

乌桓人善骑射，以猎取禽兽和放牧为生，是一个牧猎并举的大型部族集团。他们居无定所，以穹庐为舍，门朝东开，朝向日出的方向。他们吃肉饮酪、以毛毳为衣。乌桓人贵少贱老，本性悍勇，怒则杀父杀兄，但绝不害其母。母性的权威、尊严与亲情，让母系氏族社会的影响保留深远。从另一方面说，母亲的身后，有其强大的氏族部落集团为后盾，而在父兄方面，实力则弱得多。乌桓只是一个强大的部落联合体，从严格的意义上讲，还不是一个有建制的国家。其首领称作"大人"，一般勇而健壮，能埋头苦干，又能理决斗讼的人，才能被推荐担任"大人"，成为首领。邑落之中，各有小帅，数百部落自成一部。当大人有所召唤时，则刻木为信，虽无文字，却刻有符号，部族的人对刻木的符号是绝对地、无条件地服从，尤其是战事来临的时候。乌桓的氏族无姓氏，常以大人健者的名字为姓。在大人以下，各自进行畜牧生产和狩猎，大人不征徭役。

乌桓的女人，会刺绣，能织氀毼；男子做弓矢、鞍勒，也学会了炼铁和制造兵器，炼铁和制造兵器的技术，无疑是从中原学得的。乌桓的土地

今日霍林河草原，当年乌桓人的家园　王文摄

上，也就是大兴安岭南麓和松嫩两江西南的草原上，适宜种穄和东墙。穄，即糜子，是一种不黏的黍。《吕氏春秋·本味》说：“饭之美者……阳山之穄。”可见，种穄，也是从中原传去的。东墙，也是一种农作物，也就是沙蓬，果实亦如穄子，旧历十月成熟，可食。

乌桓人对战死的人看得尤为尊贵，敛尸以棺，并有哭泣之哀。死者下葬时，以歌舞相送。将养肥的一只犬，用彩绳缨牵，并取出死者生时所乘坐的马和衣物，将之烧毁，托付给那只肥犬，让肥犬守护使者的神灵，令之归于赤山。乌桓人所崇敬的赤山，犹如中原人心目中的泰山——岱岳。汉族人说，人死以后灵魂将归之于岱岳。赤山，现无考，不知在何处，或以为即为大兴安岭北部伊勒呼里山及嘎仙洞之西一带之某山，入秋时树叶泛红，称为赤山，而非山石是赤色。乌桓人崇敬鬼神，祠山川、天地、星辰和先大人。由此可知乌桓人处于原始宗教初期，主要是自然崇拜、祖先崇拜和灵魂崇拜。

乌桓人的法纪也很简单，凡违反大人言者，即为违约违法，罪而致死。若相互残杀，则由部落自行裁决发落，也可用缴纳马、羊、牛的办法赎死罪。杀父兄者无罪。但在战事中产生亡叛者，各邑落便不准再接纳

乌桓与鲜卑故地——嫩江右岸支流地，现在是向日葵的良乡　佚名摄

他，而是将之驱逐到“雍狂之地”（沙漠中多蝮蛇的地方）。

乌桓人自先祖东胡为匈奴击破以后，势单散，力孤弱，失去了往日的雄风。他们每年要向匈奴缴纳牛、羊、马皮若干，如果过期不纳，或少纳，便要罚其妻子，这种情况一直延续到汉将霍去病击破匈奴驻地之后。之后，汉将乌桓人南迁，将他们安置在上谷、渔阳、右北平、辽东等郡的塞外，成为匈奴人与汉人之间的缓冲。并将乌桓的大人册封为乌桓校尉，年秩2000石，条件是乌桓人不再与匈奴往来。

汉昭帝（前86 ~前74）在位时，乌桓人经过多年的休养生息，开始强大起来，派兵西进，发掘匈奴单干的祖坟，并以此来一雪当年匈奴击灭东胡国之耻。匈奴人吃了亏之后，大怒，率兵东征乌桓。汉将军霍去病闻报，立刻派遣范明友率2万骑兵出击，同匈奴兵一战。但匈奴已得胜回归，未能战成。范明友因乌桓人不听汉将军命令，私自发兵去掘匈奴单于的祖坟，乃率军对乌桓进行惩罚性攻杀，斩首6000余级，其中包括3个乌桓王的首级。稍息后，乌桓人怒寇幽州，范明友自辽东杀过来，再次攻破乌桓。直到汉宣帝（前73 ~前49）在位时，乌桓才终于被降服。

王莽篡政以后，欲发兵攻打匈奴，乃纠集乌桓、丁令之兵驱至代郡，并将妻儿置于郡县。乌桓人离开故地，不服代郡之地的水土，多次要求返回霍林河草原之地，王莽不肯批准，乌桓人多半叛逃，后来还多次成为流寇犯边。留在诸郡的乌桓人的妻小，全部被王莽的新政下令杀死，由此结怨更深。自斯以后，乌桓人和匈奴人不约而同地犯边入寇，以抢掠为目的进行骚扰。代郡受害尤重，当地的各族百姓只好流亡。

其时，居于上谷塞外的乌桓白山部力量最强大，建武二十一年（45），东汉光武帝刘秀派遣伏波将军马援领3000骑兵由代郡五院关出击。乌桓人听到消息后，连夜北逃。马援以奇兵追杀，斩首百余级而还。未几，乌桓人引兵追尾，又杀将回来，马援率军星夜回奔，不及入关后清点，已损失了战马千余匹。建武二十二年（49），匈奴内乱，乌桓人趁其内乱而攻之。匈奴人大败，乃北徙数千里，使塞外漠南地区成为一片空野，光武帝以金帛等钱物重赂乌桓人。建武二十五年，居于辽西的乌桓大人郝旦等922人率众向化，进关朝贡，奉献奴婢、牛马以及虎豹貂皮。其时，东汉空前强大，四夷均来朝贺。光武帝刘秀赐乌桓人以珍宝，并下令说，凡留居中土者，封为渠帅。其中有81人愿留，被汉皇封为王侯、君长而居于塞内，并将他们的部落人马也招来一同居住。后来，有司徒掾班彪上书，复将乌桓校尉安置于老哈河之宁城附近。岁时互市，各得其所，边境也相对地安静了一些。其实，边境的安静总是相对的，就在乌桓人封侯留境的当年，貊人来攻右北平，也就是今大凌河上游地区白狼石城、宁城一带，班彪建议将乌桓校尉徙于宁城，完全是为了抵御貊人的进攻而制定的策略。

就在乌桓人徙居宁城之后不久，建武三十年（54），北支的居于大兴安岭鲜卑山的鲜卑人，听说乌桓人和中原政权和睦相处，得了好处，也派人在是年春天来进见，要求内属。

乌桓与东汉和平相处了三世，近百年。后来，乌桓人和鲜卑人以及匈奴联合起来寇边，边塞烽火又起，直到东汉末年与三国时代，一直难得安宁。东汉灵帝元年（168），乌桓大人以上谷的难楼势力最强大，有部落九千余落；辽西丘力居大人有五千余落，相继称王。辽东的东桓大人苏什延率众千余落，自称峭王；右北平的乌延众八百余落，自称汗鲁王，其

东湖鲜卑故地——今日嫩江右岸支流雅鲁河及公路大桥（航拍） 李继强摄

勇健而多计谋。中平四年（187），前中山太守张纯反叛朝廷，来到丘力居大人的居处，自号弥天安定王，遂成为各郡乌桓部落的元帅，寇掠青、徐、幽、冀四州，仅一年就被幽州牧刘虞杀死。这样，乌桓的反叛才得以稍平。东汉献帝初平中（约192），丘力居死，其子楼班年少，其从子蹋顿有武略，代之而立，蹋顿总摄三郡的乌桓部落，势力强大。建安元年（196），冀州牧袁绍与前将军公孙瓒相持不决，蹋顿派人使绍求和亲，同时派兵帮助袁绍打败了公孙瓒。于是，袁绍便给乌桓的各位首领制冠授印，封乌桓诸大人为单于。稍后，难楼、苏什延率其众，奉楼班为单于，蹋顿为王。其时有广阳汉人阎柔从小就没入乌桓、鲜卑人中，长大后得到了乌桓、鲜卑人的信任。袁绍派人结交阎柔，一是为了安定北边，二是为了助己一力来对付曹操。建安五年（200），袁绍在官渡之战败于曹操。袁绍的儿子袁尚、袁熙等北逃，投奔乌桓，依附蹋顿，企图借乌桓兵复夺冀州。建安十二年（207），曹操用谋士郭嘉的计谋亲自北征乌桓，击破蹋顿于柳城（今朝阳市柳城乡），于是各地的乌桓，包括生活在松嫩两江西南的鲜卑，亦都归附于曹操。

乌桓、鲜卑人归附曹操后，乌桓大致分成两部分：一部分居华北北部和大凌河流域，另一部分仍居松嫩两江西南部的干旱草原。居于华北北部与大凌河流域的乌桓人，后来并于新崛起的鲜卑人拓跋部，逼近并州；另一部分人降附于石勒，迁居燕地。公元4世纪以后，又归附于慕容燕。留居于松嫩西南的乌桓人、鲜卑人，后来亦一分为二：一部分并入鲜卑部，旋又附丽于宇文部，再后又归于库莫奚部；另一部分留守生活于嫩江右岸各地的鲜卑人、乌桓人，唐朝时仍称乌桓，后来分化杂居于新南下的室韦诸部之间。室韦人原居黑龙江上游两岸各地，后来乘机南下，一部分人已进入大兴安岭南部和松嫩两江汇合处以西。他们也追踪着鲜卑、乌桓人的足迹，向往南方，向往中原，因为中原的文明文化吸引了他们，中原的农耕生产也优于游牧生活，因此对南方的向往在松嫩两江的历史上，一直是一种历史文化的定式，不论哪朝哪代，也不管是何族何部落，一俟强劲，就必然向南方，向中原挺进。但他们无论是留守，抑或是南进，在悲壮而雄阔的历史拼杀中，总是用融合与冲突交互演进的血泪，来描绘北方的民族画卷，那是西拉木伦河的画卷，也是大凌河的画卷，更是松嫩两江的画卷。历史是时间老人用笔蘸着民族的血泪绘出的，但无论怎样演绎，这些发展中的乌桓与鲜卑部落的最后归宿，都是在冲突中最后被同化成汉人，成为中华民族大家庭的一部分。松花江是一条美丽而又伟壮的大江，她的万千儿女自数千年前始，就已在民族融合的大路上迅跑着，越往后，融合的速度就越快，这是不以人的意志为转移的。

松花江不息的涛声，就是这种和历史节拍同步壮歌的回响。

夫余的兴衰

和涉、貊同族的夫余，作为部族集团的出现，也相当早。据史家考释，《逸周书·工会解第五十九》中记述四方诸侯小国到中原开会献方物的“符、娄”，其“符”即为夫余，“娄”为挹娄，由此可知，夫余在东北夷中，也是一个历史久远的民族。它和挹娄（肃慎）一样，在商汤时代，便已和中原发生了联系。

夫余即涉族的一个分支或别支，何秋涛《王会篇笺释》说：“符即夫

北流松花江下游扶余府辖地　张东明摄

余，涉人也。”其族名，快读曰“符”，慢读就是“夫余”。涉，实际上就是夫余一词的合音。因此，史家认为夫余属于涉貊——夫余系统。

夫余是古时松花江流域和肃慎一起被称为“国”的部落联合体。《山海经·海外西经》中就有“白民之国在龙鱼北”和“肃慎之国在白民北”之说。夫余人崇尚白色，故夫余又称白民之国。这里的国，并非今天意义上的国，而仅是中原王朝的一个诸侯分封，在史学上亦可称之为“早期国家”。夫余族强大起来以后，很快便和中原建立了联系，并得到中原王朝的承认和册封。于是，他们在松嫩汇合处南北，不断地扩充自己，逐渐脱颖而出，从而使之在以中原为本的史书《史记》和《汉书》中，留下了“夫余”的名字。

《史记·货殖列传》说：

宾县鸟河乡松花江右岸华锋夫余古城寨遗址　王冰摄

拉林河，多少历史的秘密都在绿色里隐藏　范震威摄

夫燕亦勃、碣之间一都会也。南通齐、赵，东北边胡。上谷至辽东，地踔远，人民希（稀），数被寇，大与赵、代相类，而民雕捍少虑，有鱼盐枣栗之饶。北邻乌桓、夫余，东绾秽貉、朝鲜、真番之利。

《汉书·地理志》中也提到夫余，比较简略，显然源自司马迁之言。《后汉书》中有夫余传。其传文是正史中第一次记述夫余国的情况：

夫余国，在玄菟北千里，南与高句丽，东与挹娄，西与鲜卑，北有弱水，地方二千里，本涉地也。初，北夷索离国王出行，其侍儿于后妊身。王还，欲杀之。侍儿曰："前见天上有气，大如鸡子来降我，因以有身。"王囚之，后生男。王令置于豕牢，豕以口气嘘之，不死。复徙于马栏，马亦如之。王以为神，乃听母收养。名曰："东明。"东明长而善射。王忌其猛，复欲杀之。东明奔走，南至掩淲水，以弓击水，鱼鳖皆聚浮水上。东明乘之，得渡。因至夫余而王焉。于东夷之域，最为平敞，土宜五谷，出名马、赤玉、貂豽。大珠如酸枣，以员栅为城，有宫室、仓库、牢狱，其人粗大强勇而谨厚，不为寇抄。

夫余王东明的这个传说，最早见于王充的《论衡·吉验篇》，只是文字略有不同。传文中的“王忌其猛，复欲杀之”，在王充的笔下则是“王恐夺其国也，欲杀之”，王充的记述更明了，更直接。

史家认为，传说是一种续史方式，它存在于人类的上古时代，传承为口语，其间亦杂以神话和历史，但更包括可信的内核。传文中的“南至掩淲水”，其水名，在嗣后的文献中也可以见到，有时写作淹淲水（《三国史记》），有时也写作奄利大水（《好大王碑》铭文），实际上这三个名字都是同名同音的异写。经过史家考释，自北向南东明渡过的掩淲水，就是嫩江、松花江汇合前的江段。如果是汇后的江段，则需要渡两次。只有渡过干流松花江和北流松花江后，东明才能到达夫余国，即其地最为平敞，且又宜五谷的地方。地宜五谷，说明夫余国至迟在东汉时已向农耕社会过渡。

夫余国本涉地，它的先代用的印，印文为“涉王之印”，故有古城名涉城。原来，夫余国之地原是涉之地，而王印是用汉文所制，亦为中央政权所赐，可见夫余国王及其以前的涉王，都是中央政权封授的。他们可能粗略地接受了汉文化。

关于夫余国的都城，诸说纷纭。比如说夫余国前期的王城，有人认为是吉林农安，有人认为是黑龙江的阿城，也有人认为是吉林市附近的东团山南城子，现逐渐向后者集中。通过研究，史家提出两点可资注意：

一是松花江的古名粟末水，源于涉貊水。这是一个重要的信息，它为松花江江名的历史之源的探寻，提供了一条可资参考的思路。而掩滤水，据悉是夫余人语，大水的意思。而笔者则另辟蹊径，认为掩滤水也可能是嫩江，古名难河的某种原始称谓，也未可知。

二是在吉林东团山和龙潭山之间发现了大批汉代文物，如陶耳杯、陶灶、陶甑以及汉五铢钱等。而东团山的南城子古城几近圆形，和传文中“以员栅为城”相合，故推断南城子应为古涉都城。

但夫余王后朝的都城应在农安，因为农安地区汉代的文化遗存异常丰富。

通过这种粗略的考察，可知夫余国的地理位置在北流松花江流域，以及松辽平原及阿什河、拉林河地区。

晋时，夫余的情况又有了若干变化。《晋书》卷九十七《夫余传》中说：

夫余国在玄菟北千余里，南接鲜卑，北有弱水，地方二千里，户八万，有城邑宫室，地宜五谷。其人张勇，会同揖让之仪有似中国：其出使，乃衣锦锦罽，以金银饰腰……武帝时，频来朝贺，至太康六年（285），为慕容廆所袭破，其王依虑自杀，子弟走保沃沮。帝为下诏曰：“夫余王世守忠孝，为恶虏所灭，甚愍念之。若其遗类足以复国者，当为之方计，使得存立。”有司奏护东校尉鲜于婴不救夫余，失于机略。诏免婴，以何龛代之。明年，夫余后王依罗遣诣龛，求率见人还复旧国，仍请援。龛上列，遣督邮贾沈以兵送之。廆又要之于路，沈与战，大败之，廆众退，罗得复国。尔后，每为廆掠其种人，卖于中国。帝愍之，又发诏以官物赎还，下司、冀二州，禁市夫余之口。

从传文中可以看出，夫余人揖让之仪有如中国，说明夫余人吸收中原文化即可为己所用。因其频来中央祝贺，故其国被鲜卑人慕容廆袭破后，晋武帝一方面下诏救之，另一方面还罢免了不救夫余国的护东校尉鲜于婴的官职。甚至后来慕容廆将抢掳来的夫余人当奴隶卖给中原人时，武帝还下令以官物赎还，并且在司、冀二州下令，禁止贩卖夫余人口。中原晋政权对频频来贺的地方性政权之体恤，由此亦可见一斑。

从上文中还可以看出，夫余原来的西邻是鲜卑，而晋时鲜卑已到了他们的南方，说明了鲜卑氏强大以后，已经进入了辽西和燕北之地，对夫余构成了致命的威胁。夫余的衰落，恰是后来建立前燕与后燕的慕容氏集团强大后，入侵松花江流域的结果。

岁月悠悠逝去，如今夫余族人何在?

在历史的悲欢演绎中，松嫩两江的民族经历了无数由强到衰，又由衰到强的更迭演变。雄踞在北流松花江两岸的夫余族人，经过持久的时间的磨砺与淘洗，最后竟然神秘地消失了。趋于汉化和各兄弟民族的融合，几乎成了松嫩两江全部原住居民的最后归宿。历史留给今天的，是一个仍然屹立于北流松花江下游右岸的名叫“扶余市”的地名。这个市名，原在前郭尔罗斯蒙古族自治县的对过，两市县隔松花江而望，后扶余市又迁至三岔河镇至今。三岔河可以解释为松嫩两江汇合地的三岔河，也可以解读为三岔河之今址，在北流松花江、干流松花江与拉林河这三河之间的沃野上。这里土地肥沃，农业发达，村屯相对密集，偶有出土的碎瓦残陶随犁刀被发现，但当地的居民——多是从齐冀之地来的移民，在此已居数代——他们很少为这些凝聚了历史沧桑和悠远岁月的器物产生多少震撼。只有那些专注的历史学家、考古学家和地方志、民族史或文化学者，才将之奉为珍宝，才能给予充分的理解和解读。

雄踞了六七个世纪的夫余国，长此已矣！留给中华民族后世子孙的，仅仅是由它的国名或族名标志的一个地名符号——扶余市。前几年，笔者常乘火车在三岔河南北的陶赖昭和蔡家沟两地去钓鱼。那里，平原与草甸相连，草甸与湿地相依，农田阡陌和杨桦榆阔叶混交次生林环环相扣，我们躺在松花江汊流岸边的台地上，看绿草繁盛，听布谷鸟悠鸣，蛙叫狗吠，声声震动着水影中如浮的萍叶，俯瞰鱼竿静谧不动，仰望蓝天，白云苍狗，在这片昔日夫余弓马驰骋的大地上，想象着东明及其后世王朝的背影，不禁发出怀古之叹：“前人田地后人收，说甚龙争虎斗！”几年以后，由我来为此江此域作传，我似听见有风声在耳，雨声在林，我想那肯定是岁月与江涛的回声。

松花江源远流长，在松嫩两江围拢的大地上，不知那滔滔不尽的江河之水可记否？在多年前及更早的岁月，夫余人在这片土地上耕耘播种，采蚌捕鱼，他们的长弓，他们的烈马，他们矫健的猎姿，他们的歌舞之影……俱往矣！

逝者如大江之水，不舍昼夜！沉默的松花江没有回答，又好像给今人以无尽的回答……在涛声中，岁月揭开了又一新的篇章。

四、争霸、冲突与新的崛起

嘎仙河　范震威摄

啸起于嘎仙河畔的民族壮歌

东胡被匈奴的冒顿单于击破后，第三支东胡人跑得最远，他们几乎已退回到东胡人南下以前所居之大泽以东的地区，“别保鲜卑山”而居，“因号焉”。鲜卑山，即大兴安岭，在大泽——呼伦湖以东，在嫩江以西，依几条嫩江右岸支流的水草丰美之地而居，如甘河、诺敏河、雅鲁河、洮儿河，甚至也有几条注入黑龙江的小河，如激流河、根河等，这里距匈奴的地域相当远，中间还有居于乌桓山、生活在西拉木伦河以北和霍林河流域的乌桓部作为缓冲区，所以鲜卑人的生活一度比较平静。平静虽平静，可是在嫩江右岸的地域里，多丘陵山岭，草原上的绿草只有半年的生长期，其余时间多是千里冰封、万里雪飘的寒季。不仅生活条件艰难，就是保住已有的牛、马、羊牲畜，也不容易，原因就是饲料的来源，冬天尤其不易。就是到了今天，呼伦贝尔草原的风雪之灾尚难以抗御，何况一两千年以前。

于是，鲜卑人开始向南迁徙，特别是当乌桓人伺机南下以后，南方——长城以南的地域、文明吸引着他们，叫他们怎么能安心地居于寒地而不动心呢！

以往，史家对鲜卑人早期的居地看法不一，众说纷纭。自1980年内蒙古考古工作者米文平发现了嘎仙洞以后，无可争议地证明了嫩江支流甘河

嘎仙洞游览纪念门票　范震威提供

及其周围大兴安岭地域，是东胡——鲜卑人早期的居住地。位于甘河支流嘎仙河畔的嘎仙洞，在呼伦湖的东北方，直线距离约450公里，如今已有公路和铁路相通。嘎仙洞隐于大兴安岭的深山中，东距嫩江上游干流直线距离约为140公里。如沿嘎仙河而下，穿过山林谷地，入甘河，经甘河朝东南流，至甘河入嫩江河口，约200公里。

鲜卑人是东胡后裔中继乌桓之后迅速崛起的民族集团，而且也是居住在松花江北源嫩江右岸，后来进入中原建立显赫王朝的民族集团。

东汉桓帝时，檀石槐将南下的鲜卑分为东、西、中三部。以右北平以西上谷者为中部，慕容氏为中部大人，以后又徙至辽西、大凌河流域东北方。东晋年间，在吸收汉人文化和融合汉民的基础上，先后建立前燕、后燕、南燕等政权。

鲜卑人的另一支宇文氏，是鲜卑化的匈奴氏族，后称鲜卑宇文氏。桓帝时，宇文氏为鲜卑东部大人，占有右北平至辽东地域，曾建立北周政权（557～581）。

另有鲜卑人拓跋氏（就是在大兴安岭嘎仙洞居住，后来南下的一支），为西部大人，据上谷以西，直至敦煌一带。西晋时，拓跋猗卢入居代郡，受封代王，后为前秦所吞并。公元386年，拓跋珪建立北魏（386～534），后来更趋强盛，奄有长江以北中国的大片土地，至魏孝文帝（拓跋宏，后改姓氏称元宏）迁都洛阳，全力推行鲜卑人的汉化，将拓跋氏改为汉姓元氏，力促民族融合。北魏衰亡后，又由元善见建立东魏政权，勉力支撑了10年，后亡于鲜卑化的汉人高欢，由其子高洋建立了北齐。

总之，在两晋之后的南北朝期间，鲜卑各氏族在中国北方的政治与军事的角逐中，多次扮演了帝王的角色。北魏亡于公元534年；东魏亡于公元550年；西魏（元氏）亡于公元556年；高氏的北齐亡于公元577年；最后由鲜卑人宇文氏建立的北周，亡于公元581年，才由隋统一了中国。鲜卑人在

拓跋人南迁大泽——今日呼伦湖　范震威摄

中国北部的政治舞台上驰骋了近200年，可见这支源自松花江北源嫩江上游右岸地域的鲜卑族人，对中国历史影响之深远。鲜卑人对中原政权问鼎的多次成功，一方面开创了北方民族南下主掌华夏民族历史进程的先河，同时，也为以后的契丹、女真、蒙古和满洲各民族南下夺权树立了榜样。因此，可以说鲜卑人南下及其作为，对中国近1500年的历史，发生了重大影响。这种影响不仅在于王朝与政权的更迭，更重要的是极大地促进了整个中华民族各兄弟民族间的融合，为形成今日中国炎黄子孙具有较为同一的文化理念而居功甚伟。由此可以说，松花江流域的文明，对华夏文明的形成亦作出了巨大的贡献。

鲜卑人的历史，是带着大兴安岭之雄风，浸透了嫩江之碧水的民族壮歌。

这里面，还有一段美丽的传奇故事……

昔黄帝有子25人，或内列诸华，或外分荒服。昌意少子，受封北土，国有大鲜卑山，因以为号。后来，全体族人逶迤南下，到中原逐鹿争权。

圣武皇帝拓跋诘汾尝率数万骑田于山泽，忽见一辎軿——挂着幔帐的大篷车，自天而下。车到圣武皇帝前，出来一位美丽的女子，身边簇拥着许多侍卫。拓跋诘汾惊异地问她：“你是何人？”这位美丽的女子回答说：“我，天女也，受命相偶。”于是，二人星夜同宿在一起。第二天早上，美丽女子告别说：“明年此时，再来此处相会。”言罢而别，来如彩云，去如风雨，不见踪迹。一年后，圣武帝又来到这个地方，果然又见到这位美丽女子。美丽女子将所生之男孩交给皇帝说：“这就是你的孩子，将来必成帝王，请君善待之。”说完，美丽女子转身离去。这个孩子就是后来魏之始祖，神元皇帝拓跋力微。你说，神不神奇?

其实，拓跋力微当时并非帝王，原因是西部内侵，大概是鲜卑人自己内部相攻杀，国民离散，力微依于没鹿回部大人窦宾的部落中。后来，窦宾攻打西部，惨遭失败，马也丢了，只好步行，力微使人将自己所乘的骏马给了窦宾。窦宾归来后，便寻找在乱军中给他骏马的人，欲给重赏，但拓跋力微始终不说。过了很久，窦宾才了解到真相，非常吃惊，要分国一半给力微，力微不受，窦宾又将女儿嫁给力微。因窦宾始终想报答他，便问他想要什么。拓跋力微这才说，请允许他率所领之部落，北走居于长川，窦宾乃敬而从之。十几年后，力微率部德化融洽，诸旧部民，咸来归附，使拓跋氏部落的大业重振雄风。后来窦宾死，临终嘱咐二子服从力微。二子不从，乃暗谋篡逆，被力微召杀之，并其部众，故而诸部大人悉皆服从，控弦之马达20余万。此时，正是三国时代，力微便同曹魏和亲。魏景元二年（261，即始祖神元皇帝四十二年），力微遣子沙漠汗入魏地，以观风土民情，后来并以国太子的身份留居洛阳，为魏宾之冠。两国之间友好往还，沙漠汗居中原，凡16年，才返回拓跋部落。

沙漠汗返国，神元皇帝拓跋力微大悦，并让诸部大人去宾馆迎接之。饮酒至酣，恰有飞鸟从空中过，沙漠汗便对诸大人说："看我为诸君取之。"遂援弹飞丸，应弦而落。当时，拓跋国中无飞弹，众皆大惊，相顾而言，说："太子风采被服，同于南夏，兼奇术绝世，若继国统，变易旧俗，吾等必不得志，不若在国诸子，习本淳朴。"于是，这些人便进行挑拨离间，以让拓跋力微对沙漠汗产生怀疑。实际上，这是守旧之人对学习华夏文化的一种排斥。诸大人从宾馆中奔驰去见力微。力微便问："我子游历他国，进德如何？”下边的人回答说：“太子才艺非凡，可引空弓而落飞鸟，是似得晋人异法怪术，是乱国害民之兆，我王不得不察啊！”自从沙漠汗去中原居留16年，国内情况已经大变，他的许多弟弟颇受国王的喜欢，加上拓跋力微年老力衰，疑心加重，便说：“若不可容，便当除之。”结果沙漠汗由此被害。不久，力微又追悔莫及，乃追谥为文帝。

拓跋力微死后，又传了10代，至拓跋珪。珪称魏太祖道武皇帝，接位9年后，建元登国，继代王位，郊天而祭，大会群臣，这就是历史上的北魏。登国元年，即公元386年，一个强大的由嫩江流域而徙来的弓马民族第一次到中原之地掌权，继成大统，辖领了北部的半个中国。

从拓跋部的崛起到北魏的建立，大体经历了两个阶段，也称两个推寅时期。自崛起到宣帝拓跋推寅，称第一个推寅时期，此正是东汉初年，亦即公元初年。这时北匈奴西迁，南匈奴保塞，草原上出现了一段真空，鲜卑人才得以从嘎仙河边的嘎仙洞“南迁大泽”。拓跋部在大泽——呼伦湖东部居住了7代，到献帝拓跋邻时期，乃“七分国人”，把拓跋部又分成8个小部落——氏族，然后命令他们放弃呼伦湖附近的草原，继续南下。所有迁徙的方法、策略都由拓跋邻来决定。鲜卑语里推寅的含义是“钻研”与“奋进”，所以拓跋邻的南迁，便是拓跋部的第二个推寅时期。这个推寅，据史家研究，就是参加汉桓帝时代鲜卑檀石槐部落联盟的西部大人推寅。拓跋邻的儿子圣武帝拓跋诘汾，按照父亲大人的旨意，带领部落的民众开始南移，这一部落也就参加了檀石槐为首的部落联盟。

拓跋人的一支，由拓跋诘汾的儿子秃发匹孤率领，从塞北迁至河西。匹孤的曾孙树机能，曾在晋武帝时起兵抗晋，攻破凉州。五胡十六国时的秃发乌孤，就是这一支的后人，秃发即拓跋的异译。秃发乌孤于后凉龙飞二年（397）自称“西平王”，其政权史称南凉，年号太初。西平王后又改称武威王，计划兼并全凉，后坠马而死。

拓跋氏的本支，从拓跋诘汾的次子拓跋力微时代起，进入云中一带游牧。鲜卑人和乌桓人都将头发剃去一部分，而拓跋部还打着辫子，因此这一支人被称为“索头鲜卑”。

拓跋部在拓跋诘汾时南迁，进入漠北时还是一个小部落，历经磨难，在拓跋力微时崛起，控弦之马20余万，居定襄之盛乐，时为曹魏甘露三年（258）。后来，由拓跋力微少子拓跋禄官统部，仿照匈奴旧制，把一个部落酋长、大人联合体，改造成“国家”。他将国人分成三部：禄官自为大酋长，居上谷之北，称东部；沙漠汗之子猗㐌为中部，居代郡参合陂；猗㐌的弟弟猗卢居定襄，称西部。猗㐌、禄官先后病死，猗卢于公元308年总摄三部，控弦骑士40余万，成为塞上的一支劲旅，他们控制了差不多原匈奴的全部领地，完成了从嫩江、大兴安岭向南迁徙的大目标。这个喝着嫩江之水和呼伦贝尔羊奶长大的鲜卑人的部落，终于离开了养育他们的家园，来到中国历史主流的前台。

西晋末年，中原大乱。猗卢被晋封为代公，后又封为代王。猗卢得到许多晋人的归附，势力更加强大。到猗卢之后的拓跋郁律，他们西兼乌孙之地，东吞勿吉以西，控弦之马，已达百万。又传数代至什翼犍。什翼犍曾为质子居赵历10年之久，颇受汉文化的浸润。至公元338年即位为代王，乃建立百官制度，用汉人燕凤为长史，许谦为郎中令，制定法律，建立行政权力机构，使代国终于具备了国家规模，并完成了由游牧到定居，由放

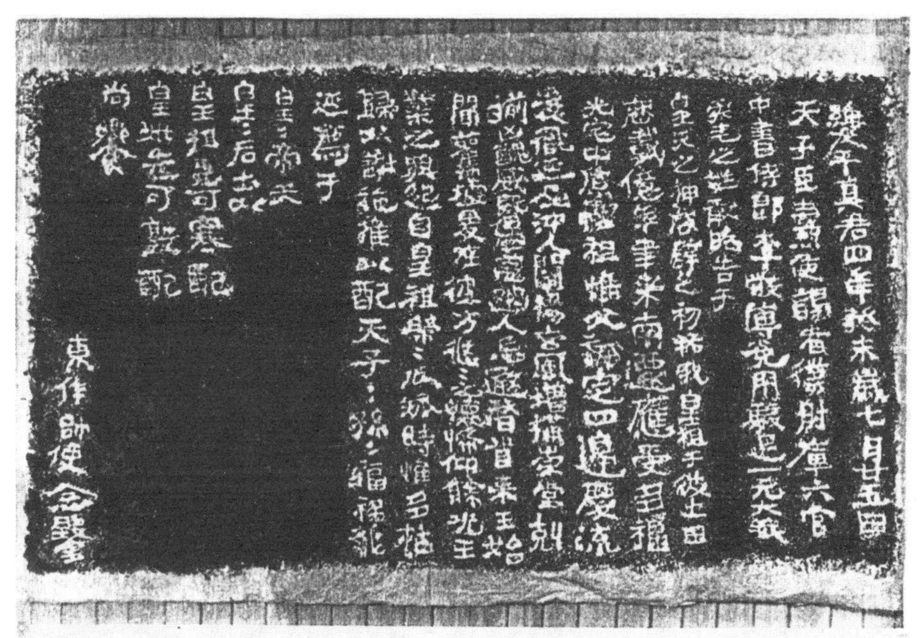

嘎仙洞口北侧石壁上李敞镌刻的北魏祭祖的祝文拓片　孟广耀提供

养到农耕，由氏族、奴隶社会向封建社会的初步转变，而这时的勿吉之西的洮儿河、霍林河，仍掌握在代国的手中，只是它变得遥远了，远离了代国的政治中心。

公元376年，前秦苻坚发兵20万击代，什翼犍被击败，部落离散北逃，代国灭亡。公元386年，什翼犍之孙拓跋珪纠合旧部，在牛川（西拉木伦河）附近召开大会，即代王位，同年改国号为魏，称登国元年。那时，塞上鲜卑化的匈奴部族独孤部（也称屠各部）的势力颇为强大，对代是个威胁。但是，拓跋珪的代国得到后燕慕容垂的支持，拓跋珪是慕容垂的外甥，在慕容垂儿子慕容麟的帮助下，合兵剿灭独孤部与贺兰部，获马30余万匹，牛、羊400多万头，遂成为塞外头号强国。慕容垂见拓跋珪过于强大，怕威胁到自己的安全，遂又发兵攻伐。拓跋珪率部向西南迁徙，渡过黄河，进到河套之间，避其锋芒。慕容氏的远征军与拓跋氏的军队斡旋了五个多月，入冬，天气变冷，拓跋珪以2万精锐和慕容氏军队会战于参合陂，慕容军大败，有四五万人被擒并坑杀。嗣后，慕容垂亲自率兵来攻，在平城攻陷拓跋珪的部落，俘获3万余人，正准备班师拟来年再战时，慕容垂病死。拓跋珪少了一个后患，便驱主力骑兵，攻入中原，扩大魏的版图。到公元450年时，魏太武帝拓跋焘进兵江淮，劫掠淮南5万余家而还。这时，北魏的实力，已经超过江南的宋王朝政权了——中国进入南北朝时代。

魏太武帝太平真君四年（443）三月，地处北垂的附属国乌洛侯国，派使来魏都进贡。乌洛侯国是建于嫩江上中游的国家。

据《魏书》卷一百《乌洛侯传》云：

乌洛侯国，在地豆于之北，去代都四千五百余里……世祖真君四年来朝，称其国西北有国家先帝旧墟，石室南北九十步，东西四十步，高七十尺，室有神灵，民多祈请。世祖遣中书侍郎李敞告祭焉，刊祝文于室壁而还。

此文还见于《北史》卷九十四，两传文基本相同。

进入20世纪以来，人们曾一度在呼伦湖一带寻找《魏书》中的石室，也在黑龙江上游、额尔古纳河右岸大兴安岭山林中搜寻，除发现一两处小洞穴曾有人居住过外，其他则一无所获。这座明确地载入《魏书》和《北史》的鲜卑人住过的石室，渺无踪影，成了不可解的历史之谜。也有人认为，石室应到外兴安岭去寻找，并认为大鲜卑山不是大兴安岭，而是外兴安岭。令人意想不到的是，在内蒙古考古工作者米文平的努力下，在诸多史家的协助和指导下，1980年7月30日，在鄂伦春自治旗阿里河镇西北，即在甘河左岸小支流嘎仙河附近的嘎仙洞内的石壁上，人们发现了中书侍郎李敞刊于石壁的祝文，从而确定了嘎仙洞就是北魏先帝旧墟石室。

这是松花江北源嫩江、大兴安岭地区最早的见于正史记录的兄弟民族的历史胜迹，也是中华民族共同拥有的稀世之珍。嘎仙洞的发现震惊了世界。

嘎仙洞的发现，为研究鲜卑学和北魏史，以及笔者的这部《松花江传》，找到了一个时间与地域都非常明确的坐标，而凿于洞壁的祝文，更是不可多得的可以同正史相互印证的可靠的文献。嘎仙洞的洞口开在25米高的陡坡上，洞是天然洞。洞口朝南偏西。洞内宽敞广阔，有如举架很高的大厅。洞深92米，高20余米，宽27~28米，在洞左侧石壁约2米多高的地方刻有祝文。祝文为魏体，总共镌刻了201个字，占19行。其拓文如下：

天子焘谨遣敞等用骏足、一元大武敢昭告于皇天之灵。自启辟之初，祐我皇祖，于彼土田。历载亿年，聿来南迁。惟祖惟父，光宅中原。克翦凶丑，拓定四边。冲人纂业，德声弗彰。岂谓幽遐，稽首来王。具知旧庙，弗毁弗亡。悠悠之怀，希仰余光。王业之兴，起自皇祖。绵绵瓜瓞，时惟多祜。敢以丕功，配飨于天。子子孙孙，福禄永延。

上文出自《魏书》卷一八一《礼志》。《礼志》中关于此文的记述，与嘎仙洞壁刻凿的祝文略有差异。是魏收在撰写《魏书》时作了改动，抑或还有其他的原因致异，现已很难弄清了。不管怎么说，嘎仙洞石室中祝文的发现，实为1500多年前北魏的一件史实提供了物证。

魏世祖拓跋焘之后，又历三世，始由魏孝文帝拓跋宏掌国。拓跋宏的母亲李氏，河北定县人，是散骑常侍李惠之女，18岁入宫。皇兴元年（467）生子拓跋宏，3年后宏被立为太子。根据魏朝的法令，太子立后，要赐死其母，因而拓跋宏3岁时便失去了生母，成了名副其实的"孤家寡人"。拓跋宏这个鲜卑与汉的混血儿，由祖母冯太后抚养，5岁便即位当了皇帝，乃由冯太后亲政。冯太后也是汉人，所以拓跋宏从小接受的是汉化的教育，来自嫩江、大兴安岭地区的鲜卑人的文化，已是越来越少了。拓跋宏天分极高，自幼好读书，手不释卷。史家称他五经之义览之便讲。学不师受，探其精奥。史传百家，无不涉猎。故而拓跋宏长大以后，便俨然是一位汉人皇帝了。鲜卑人无文字，刊祝文于石室用的是汉字，平时公文、诏书也都用汉字。在这样的背景下。冯太后自亲政之日始，便悄悄地推行改革，除减轻赋税之类的安民措施外，更着力于提倡儒学、禁同姓婚等，都具有重大的历史文化意义。冯太后亲政25年，她精明强干，施仁政而非暴政，故多有政绩，如均田制的实施、户籍编制的完成等，对后世影响至深，被称为中国历史上最卓越的女性之一。冯太后死后，拓跋宏主政。他主政的第一件大事便是迁都，将国都迁至中都洛阳。其次是全面推行汉化，如改鲜卑姓为汉姓，将皇姓"拓跋"改为"元"，自己改称元宏。再次是建立门阀制度，推行鲜卑贵族和汉族士族的联姻等，从而加速了汉民族和鲜卑贵族的融合，塞外北地民族的尚武精神，为中原的尚文精神所消解。但与之而来的鲜卑贵族及其历代子孙，逐渐变得骄奢淫逸，生活腐化，边防的力量逐渐下降。

北魏的国力在拓跋宏时达到最盛。可惜，这位英明的皇帝英年早逝，33岁时病死。之后，魏的国运开始走下坡路，30多年后到魏孝武帝时，魏亡。

来自嫩江、大兴安岭的鲜卑人的拓跋部族，在北部中国建立北魏王朝后，即在与华夏文化的融合中，逐渐地消隐了自己。鲜卑贵族在这种难以避免的大融合中纷纷放弃了本族原来的姓氏，全部改用汉族的姓氏。如献帝兄纥骨氏改为胡氏，次兄普氏改为周氏，又次兄拓跋氏改为长孙氏，其弟达奚氏改为奚氏，次弟伊娄氏改为伊氏，二次弟丘敦氏改为丘氏，再次弟侯氏改为亥氏。以上七氏，之后发展扩大，史称北魏的七族之兴，亦自此始。随皇族元氏迁入洛阳的其他鲜卑人，也都将自己的姓氏简化成相近的汉族姓氏，从而也使中华民族的姓氏更丰富，更复杂。

除了姓氏的变迁之外，更重要的民族融合是通婚。拓跋——元之鲜卑皇室、皇族均与汉族士族通婚、联姻，从而加速了其汉化的进程。在平民中，据《北齐书》记载，汉族官员还曾上书东魏皇帝，建议释放狱中的北方少数民族的战俘，让他们同当地的汉族寡妇结婚，以安定社会。由此亦可知，北朝时期这种自上而下推动的民族大融合，无时无刻不在进行着。

心向中土的江与人

从两汉到两晋，数百年悠悠岁月，松花江这条中华民族的母亲河，其下游的儿女肃慎——挹娄人，改称勿吉后，逐渐强大起来。北朝时，勿吉人沿着干流松花江向南和西南迁徙，《魏书》和《北史》中的《勿吉传》，将勿吉人啸傲风云的行迹，作了多视角的展示。

《魏书》卷一百《勿吉传》云：

延兴中，遣乙力支朝献。太和初，又贡马五百匹。乙力支称，初发其国，乘船泝难河西上，至太沵河，沉船于水，南出陆行，渡洛孤水，从契

洮儿河中与嫩江（那河）相接的地方——今日月亮泡景色　于国海摄

丹西界达和龙（朝阳市）。自云，其国先破高句丽十落，密共百济谋从水道并力取高句丽，遣乙力支奉使大国，请其可否。诏敕三国，同是藩属，宜共和顺，勿相侵扰，乙力支乃还。从其来道，取得本船，泛达其国。

乙力支等一干人从来路返回，到太洳河（洮儿河），将沉入水中的船取出，然后驾船，取道难水，顺水而行，从松花江的河道中归国。乙力支等的入京使团去京时，是驾船溯流而上。走难河进入太洳河，太洳河入嫩江河口处，即今月亮泡水库地。月亮泡原来是一个天然湖泊，辽金时代亦称鱼儿泺，是辽皇春捺钵常来的地方，湖中盛产鲫鱼、鲤鱼、鲢鱼、草鱼和蚌虾。1960年以来，由于江河枯水，为拦蓄洮儿河水，汛期引入嫩江水（也起到泄洪作用），70年代在洮儿河口截流，筑成哈尔金进泄水闸和主副坝，于1976年筑成。筑成后的水库，比原来的月亮泡湖面积有所扩大，但要是从嫩江进入洮儿河行船走路，则已不可能了。乙力支沉船的地方，即是古洮儿河口处的渔儿泺。乙力支行船所走的水上航道，是中国历史上正式记录的松花江、嫩江和洮儿河上的第一次大规模的水上航行，也是松花江航运史上的一页闪光的篇章。

这里，还值得记述的是，1958年在月亮泡的南岸——月亮泡镇后地窝堡村北，月亮泡与榔头泡之间漕运工程处，4米深的河底，发现木船一只。在月亮泡的周围，不论是南岸与北岸，自新石器时代和青铜时代起，这里就有数十个古人类遗址，著名的汉书文化遗址，就在船出土地之东5公里处，说明自古以来，这里是涉貊——夫余——勿吉人的聚居地。勿吉使团将多艘船沉在这里，大概这里在斯时是南行的一个重要通道。这个通道是

松原市北流松花江大桥　范震威摄

通过契丹的西界南行的，为什么选择此通道走呢？其原因有二：首先从契丹西界走，走的是鲜卑人南下的路段，在这一路段上，鲜卑——拓跋北魏的“瓯脱”（如果有的话）不会阻拦他们，他们也不会因为带着500匹马而遭遇抢劫。其次，他们带着这500匹马南行，如果不走西界而走契丹境或东界，都会遇西辽河、西拉木伦河、大凌河的阻拦，若使团中的人和500匹马渡过河去，都非易事。故而他们选择了绕道西行。或问，他们事先知道此路吗？唯一的解释就是在乙力支之前，此路可能是松花江地域和中原沟通的最佳通道之一，不少人已经走过这条路，或部分地走过这条路，如乌洛侯国、地豆于国等。因此，可以说乙力支不是这条从松花江、嫩江、洮儿河进入中原之路最早的探路者，但应是一位重要的行路人。这在中原和祖国东北角的交通史上，特别是同松花江流域勿吉人的联系中，是一次重要的记录。

太和九年（485），勿吉国又派侯尼支入朝进贡。明年，再次入京。北魏时期的首都，相当繁华。北魏太和九年正是其政府刚推行均田制的一年。其时的诏书说："诸男夫十五以上，受露田四十亩，妇人二十亩……"露田，就是没有树的平敞田地。晋末，天下大乱，兵事纷争，人口大为减少，所以均田制实行起来并不很难，荒芜之地太多，无主田太多。均分后，刺激了生产的发展。只有经济发展了，政府才能抽税，府库才能有钱，所以执行中，地方政府还是相当认真地加以落实的。中原经济的恢复在北魏时已露出曙色，这当然给从东北方来的入朝进贡的勿吉人以诱惑和鼓舞。经济繁荣和文明进步，比任何空洞的宣传和说教都有说服力。在勿吉国多次派人到魏都进贡的时候，勿吉国周围的其他部落国家，也都纷纷效仿南去朝贡，这些小国无疑都是松花江母亲河的子民。

当时勿吉国尚没有统一的国君，邑落各自有长，不相统一。不过，后来也出现了酋长，称渠帅，即大莫弗瞒咄，而各部落的长官称大人。

勿吉人分七个部落，都是松花江母亲河养育的儿女。现在，让我们对他们作一下历史的打量：

粟末部，因依粟末水居住而得名，其核心位置应在今吉林市附近的松花江两岸，这是一片美丽的土地，山清水秀，良俊辈出，勿吉人据此，可以啸傲天宇。粟末部也是勿吉人最强的部落之一。粟末水，即松花江的古称之一。

伯咄部，五代时称"汨咄"，金代时称"渚泺"，这个称呼是女真

牡丹江下游公路大桥　王冰摄

语“朋友”——“固楚”的音转。伯咄部居于北流松花江下游，故称在粟末部之北，可乘船顺松花江——速末水（即粟末水的异写）而至。居地在现今扶余市、农安县、大安县一带。盖夫余国亡散后，勿吉人南下据之。在此以前，挹娄人受夫余人所辖，每岁抽征赋税苛重，两国间经常发生冲突，挹娄不堪其苦，乃拒力加以反抗。此部落的力量仅次于粟末部，也相当强大。

安车骨部，在伯咄部的东北，安车骨，即安出虎，是女真语“金”的意思，所居地在安出虎水流域，即今干流松花江右岸支流阿什河流域。这是肃慎——挹娄——勿吉人南进的一个重要部族。

拂涅部，居牡丹江中游右岸，宁安东京城一带，居于伯咄、安车骨之东。东京城古名佛纳和城，与拂涅音相近。此部落所占之地，南部多山，北部多丘陵平原，一直到牡丹江入松花江之河口，地势南高北低，是地域广阔的大部落，易攻易守，后来成为渤海国的中心地。

号室部，居拂涅部东北，自松花江下游向东，居乌苏里江、大小兴凯湖及濒日本海岸。

黑水部，起自牡丹江入松花江河口以下，三江平原、松花江河口，以及黑龙江下游、入海口、库页岛等地域，是勿吉人七部中最强大的部落之一。

最初，各部落之间几无纷争，相安无事。至隋末唐初，部落间开始互相攻掠和兼并，土宇渐扩。黑水部在部落冲突中逐渐占据上风，仅粟末部因地域较远，中间又有拂涅部和山岭相隔，可以和它相对抗。

粟末部后来改称渤海部，由其大氏人建立了地方政权海东盛国——渤海国。随后，靺鞨一词便专为黑水部所有。在此之前，勿吉人续称为靺鞨，故黑水部在渤海国强盛时，便称黑水靺鞨。

白山部，居徒太山（今长白山）北部，以及今图们江、绥芬河流域，西部可达牡丹江上游和松花江上游，和粟末部毗邻，其北和拂靼部相接，东北和号室部相接，东濒日本海西岸，也是一个较强的部落。

勿吉人占据着中国的东北角，除乌苏里江以东现为俄罗斯远东部外，其他的地域，都属于松花江流域。也就是说，在勿吉国时代，松花江流域的大部分地区都在其管辖之下。

太和十二年（488）八月，勿吉国又派遣使者携带方物入朝进贡，献上楛矢和地方特产。太和十七年（493），勿吉国使者婆非率500余人入京朝贡。景明四年（503），又派使臣侯力归朝贡。

自此以后，松花江的儿女通过多次交往，对中原的先进文化更加憧憬和向往，在这种地方政权和中央之国之间的物质文化交流中，科技生产、社会经济以及生活方式等各个方面，中原文明对祖国东北角的兄弟民族的表率与影响，都是在潜移默化中进行的。勿吉国之所以加强同中原的联系，心甘情愿地成为中原政权的侯国，目的之一是加强他们在同邻近部落国如高句丽、东夫余的斗争中的政治力量；另一方面，他们在献上方物的同时，由于表示归化，中原政权都会给予丰厚的赏赐。这些赏赐有生产工具、陶瓷与金属制品以及丝麻织品等。北魏立国之初，这个来自嫩江右岸而在较短时间内发迹的拓跋鲜卑，通过战胜对方，抢掠了大笔资财。自太祖拓跋珪平定中原，收获珍宝财产更多，府藏盈积。和平二年（461）秋，诏作黄金合盘12具，直径2.2尺，镂以白银，钿以玫瑰宝石，镌铭曰：

九州致贡，殊域来宾，乃作兹器，错用具珍。锻以紫金，镂以白银，范围拟载，吐耀含真。纤文丽质，若化若神，皇王御之，百福惟新。

这12只金盘，既然是迎宾的礼器或餐器，那么必然在方外侯国的使团进京入贡时拿出来使用，足以让那些夷荒之地的部落酋长、使臣们由崇敬

嫩江下游风光　刘维滨摄

霍林河疏林草原，这里也有古人的遗梦　范震威摄

而震慑。北魏时期，确是一个殷富的时代，就在和平二年（461）的冬天，皇帝命令打开国库之门，取出绫罗绸缎绵布帛纱等20万匹，让朝廷的文武百官分曹赌射，以作奖品。两年后的春天，高宗文成帝元濬下诏，赐京师之民年70岁以上者，由太仓之官用国库之粮养其终身。这些令人震惊的事件一定让荒外之宾感奋莫名。与此同时，北魏朝廷也派出使者20余人，巡行天下，观风俗，视所疾苦以援之。这些人来没来到勿吉国，来没来到松花江，史书语焉不详，有一点却是不可置疑的，那就是北魏时代曾经是历史上一个相当富有的时代，它足以让远至边荒的部落具有难以估量的向心力和凝聚力，对中原心向往之，这就是文化或文明的伟力所在。

勿吉人是开放和思图进取的，自北魏景明年间到正光年间（500 ~ 525），勿吉人几乎是年年朝贡，岁岁不绝。松花江的儿女和黄河的儿女，情同手足，相互往还。直到后来中原战事又起，而东北夷之间也不太平了，进贡才时断时续。东魏孝静皇帝元善见，执政17年，勿吉国派使朝贡6次。兴和二年（540）的使臣名叫石久云，《北史》称石文云。笔者以为，这是一个汉化的名字。这或许是一个信号，它表明生活在松花江流域的这个操大弓的民族，经过肃慎、挹娄的时代，先前没有氏姓，而在进入勿吉时代以后，由于受到中原文化的影响，类似汉人的氏姓开始出现。入唐以后，勿吉——靺鞨人首先在松花江、牡丹江地区建立大氏政权的渤海国，事实上勿吉时代频频到中原进贡的交流，正是后来崛起强大的先声。勿吉人的后续子孙，由渤海的大氏，到女真的完颜氏，再到满洲的爱新觉罗氏，他们之所以在以后的一千多年中相继地崛起，雄傲天下，主掌乾坤大权，正和这个杰出民族具有悠久的开放精神和敢于接纳吸收先进文化、先进文明的传统相一致。

进入隋朝，天下重新归于一统。勿吉——靺鞨人对中原王朝的进贡，一如其旧。

开皇元年（581），勿吉人继续遣使到中原来朝献。

隋文帝在接见使臣后，又发诏书说："朕听说你们那片土地上的子民，个个神勇异常，今天来到这里，实在深悦朕怀。朕视你们如子，你们也要敬朕如父呀！"

勿吉人的使臣回答说："作为臣民，我们僻处一方。听说国内出了统国的圣明，故而特地来朝拜。我等既亲眼敬仰了圣颜，愿长久地做圣上的奴仆。"

当时，勿吉国西部和契丹相接，每每相互劫掠。勿吉国人入朝进贡，隋文帝便告诫他们说，既然都是大隋国的子民，你们就不要互相攻杀抢掠啦，还是以和睦共处为佳。于是，勿吉使臣当面谢罪。由此，隋文帝大加赏赐，并举行酒宴招待他们。勿吉人爱饮酒，《魏书·勿吉传》说，勿吉人早已掌握了酿酒的技术，以“嚼米酿酒”的工艺，可以快速制酒。在隋文帝的酒宴上，勿吉的使臣和他的随从们，闻酒起舞，其动作与呼喊声，有如战斗中的势态与阵容，雄壮而威武，整齐而刚烈。隋文帝环顾左右，对身边的文武百官说：“想不到天地间还有这样的舞蹈，这大概是战前的一种热身的姿仪吧！”

公元605年，隋炀帝与高丽战。勿吉人的渠帅突地稽表示继续服从隋的管辖。隋炀帝赐其为光禄大夫，让其南迁至柳城（朝阳市）。突地稽率部居柳城，与边人往来，欣赏中国的风俗，也佩冠带，着官服。隋炀帝听说以后，非常高兴，又赐给他许多赏赐。后来，在隋同高丽的战斗中，突地稽和隋军一起转战，颇立战功。大业十三年（617），隋炀帝下江南，突地稽也随炀帝从幸江都，江南米酒，扬淮丽人，吴侬软语，都让这位来自北疆喝松花江水长大的部落首领，如醉如痴。

突地稽长居柳城。隋末，兵乱又起，李密曾派人约其一同起事，后在高阳败于王须拔。不久，突地稽遁隐至罗艺居住。突地稽是松花江地域勿吉部落渠帅中第一个接近隋朝皇帝并进入江东之地的要人。

在嫩江南流和干流松花江东北流的臂弯中，还生活着达末娄（豆莫娄）人。豆莫娄人高大强勇，却少攻击性。他们不寇抄邻近的部落，却遭遇邻近部落的寇抄。在隋末、唐初的时代，豆莫娄人还没有国王。他们仅是一个多部落的联合体，其君长皆以六畜命名，邑落有豪帅，从社会结构体制上看，他们同旧夫余国的情况大略相同。为此，吸收了中原先进文化某些方面的勿吉国人，对之十分蔑视。但是，豆莫娄人已经知五果，说明他们已基本上进入了农耕社会，说明这个部落国正在同氏族社会体制告别。

豆莫娄国，自三国魏太和中（230）进京朝贡，一直延续到唐代。“开元十二年（724）二月丙辰，达莫娄（豆莫娄）大首领诺皆诸来朝，授折冲，放还藩”，他们同中原建立了密切的联系。

此外，嫩江中上游地及大兴安岭之中，还生活着乌洛侯人。乌洛侯国，北魏时似乎仅是一个准部落联盟，尚处于原始氏族社会末期。从其居地与民族的称呼看，它属于东胡语系，但生活习俗却和东胡——乌桓——鲜卑有别。乌洛侯人养猪，这和肃慎——挹娄——勿吉相同。乌洛侯人为绳发，这也和肃慎——挹娄——勿吉同。乌洛侯人以珠为饰，说明他们鱼蚌之猎并未绝迹，只有采蚌，才能得珠。晋、北魏时期，松花江、嫩江产珠是相当有名的，大者如酸枣，已闻名于中原。

北魏时的乌洛侯，《旧唐书》记作乌罗浑，《新唐书》记作乌罗

走近嫩江　范震威摄

护。这些名字的变迁，多是汉译中发生的讹变。这在一定程度上，也说明乌洛侯国所在地曾有所变迁。到唐时，乌罗浑成为嫩江流域之室韦中的一部。贞观六年（632），其君长遣使至唐廷献貂皮。

唐时，乌罗浑南下，越过洮儿河、霍林河而接近西拉木伦河。西拉木伦河流域是契丹族的发祥地。契丹和乌罗浑是南北之邻。这时，南下的室韦已为新崛起的靺鞨族所取代。向西，乌罗浑又和新近强大起来的突厥相邻，所以乌罗浑这个部族受到东西两个强大部族的挤压，一直没有强大到可以与之一争短长的地步，不久突厥突然壮大，乌罗浑也就和它的北邻乌丸人一同衰落了。乌罗浑之北的乌丸残余，在那河（嫩江）以北残喘着，它的最终结果，是融于唐代的室韦人之中。

室韦人在嫩江的崛起

就在人们打量乌洛侯人和豆莫娄人并跟踪他们的足迹，来记录松花江流域中她儿女的变迁时，松花江北源的嫩江两岸，一个叫室韦的多部落联盟国突然崛起。

这是一个庞大的族群，他们从黑龙江以北的外兴安岭地带（今结雅河与谢列姆贾河流域）急速地向南迁徙，越过雄浑浩荡的黑龙江，在大小兴安岭之间的嫩江走廊中穿过，沿着碧水苍苍的嫩江南下，占据了大兴安岭北部及整个嫩江流域和松嫩两江汇合处一带，在大平原上狂放地撒开来，

伊勒呼里山也是室韦人的故乡　梁淮海摄

让鲜花和马蹄奏出这个民族长啸的牧歌。

这支长啸的牧歌，此时仅是它高亢的前奏，人们还不知道它以后的高潮和长调，因为进入高潮以后，这个雄健的民族中的一个氏族——蒙兀室韦，用弯弓和骏马改写了世界的历史。

室韦，也叫作失韦、失围。关于室韦这一族称的解释，史家多认为是蒙语“森林”之意。室韦乃喜桂图之音转。根据史家的深入研究，似可以确定，室韦乃泛指林中人之意。其中亦包括两个不同的族属：一是通古斯人北支的东进和南迁；二是东胡、鲜卑及其他同族属的孑遗，甚至也包括一部分北突厥人等。

史家判定，隋时，南室韦居于嫩江右岸支流诺敏河与绰尔河之间；北室韦居于诺敏河与嫩江之源的伊勒呼里山之间。也就是说，作为室韦的主要组成部分，南北室韦，均在嫩江的怀抱中，而且不断沿嫩江南下，一是气候诱惑，二是文化的感召。只有南下，才能迭雄塞边；只有南下，才能逐鹿朔野。

室韦人在南下跨越江河时，束薪为筏，以筏横渡。他们同乙力支带500匹马乘船溯难河而上，入洮儿河，“沉船于水”的情况相比，是相当落后的，到公元6世纪时，室韦人还没有掌握造船技术。其次，他们也不会炼铁，他们使用的铁器来源于同高丽人的贸易交换。

室韦人以籧篨为屋。所谓籧篨，就是用嫩江流域普遍生长的芦苇编织的粗苇席的统称。室韦人用粗编的苇席造屋，非常方便，在嫩江流域中，大凡湿地、湖沼，均生长着大量的芦苇，将芦苇割下编席、作屋，正反映了嫩江流域的一大特色。

北室韦人的生活地“多积雪，雪深没马”，室韦人骑木而行，以滑雪板为工具，在雪地冰河上行走，不仅行动快捷，而且也不会陷于雪坑之中。

碧水一湾的松花江　李继强摄

自唐以后，室韦所居之地不断向外扩展，他们在原有部落的基础上，经过分化、融合与重组，形成了20多个部落，较强的部落有3个，即岭西部、山北部和黄头部。其中，黄头室韦居最南，居地在松嫩两江汇合处及江南平原处。他们的人口最多，其势也最强。山北部居嫩江右岸支流诺敏河流域；岭西部居吐纥山之西南，即嫩江左岸支流科洛河与讷谟尔河之间。在今哈尔滨以西，松花江、拉林河口南岸，居住着室韦达姤部，他们和居于江北岸的达末娄部隔江相望。他们拥有松花江流域最肥美的平原和河滩地，这里既是最好的农耕地域，也是最佳的渔猎之所。

此时的乌洛侯，已改称室韦的乌罗护部，显然已成了室韦的一部分。他们居于绰尔河与它漏河之间的地域及绰尔河以北一带，但不包括两河入嫩江的河口。两河口地区居住着东室韦部，这里也是宜农宜牧宜渔猎的好地方。室韦的和介部居于绰尔河上游之西，欠对山和贷勃山之南，由此向西是室韦的塞曷支部，再西北是乌素固部。乌素固部居俱轮泊——呼伦湖之南，更西还有拔野古部。不过，这已远离嫩江流域了。

在嫩江中游右岸，还居住着其他一些室韦部落。如居于雅鲁河的是那礼部；居于阿伦河的是乌丸部，此即乌桓的遗人，现已融于室韦人了。

居于诺敏河一带的山北部，其阴为如者部，如者部居甘河流域，著名的嘎仙洞即为其所有。如者部之北是讷北支部，居于嫩江上游右岸，以及嫩江支流多布库尔河与古里河流域之间，其北界当为嫩江之源南瓮河。

这里更应指出的是，在嫩江上游岭西部以北，在嫩江上游左岸与黑龙江两岸之间，居住着室韦蒙兀部。通常史家都认为，室韦蒙兀部是后来崛起于大漠的蒙古族人的先民，他们原是嫩江的子民无疑。但此时，他们还从属于室韦部，是室韦族人中默默无闻的一个部落，几乎鲜为人知。

室韦的大部分部落，自唐贞观年间（627 ~ 649）入京都长安进贡以来，一直到晚唐的咸通年间（860 ~ 874），中间除去安史之乱外，晋谒的使者一直未有中断。其中，比较重要的晋谒有贞元八年（792）闰十二月，室韦都督和解热素等11人来朝；大和九年（835）十二月，室韦大都督阿成等30人来朝。这些载入史册的松嫩地区民族部落之酋进京朝贡的记录，是松花江史传上她的儿女们于中古时代发生的重要事件。说明在唐代的两百多年里，松花江流域的室韦族，同中原王朝之间建立了良好的臣属关系，从而将中原文明传播到北疆地区，促进了中华儿女的共同进步。

从北魏时代室韦人走上华夏的历史舞台，到元时，蒙兀部的后裔蒙古族建立元帝国，室韦人因为融入其中而从史家的视野里消失，其间历时约七八百年。历史既久，影响亦大。室韦族消失之后，室韦族人的起源就成了史家多年争论不休的问题。

自唐以后，历数百年进入元朝，室韦族人销声匿迹，但在东北的广大地域上，还留下了和室韦相关的地名。如嫩江中游右岸一级支流绰尔河中游，有一个右岸小支流称柴河，源自高山，高山是一座海拔1712米的山峰，亦即室韦山，它是绰尔河与注入呼伦湖的哈拉哈河的分水岭。此山也是阿尔山市周围一带大兴安岭数十座山峰中最高的一座。此外，清时曾设有室韦县，现在仅剩下一个镇名。位于黑龙江上游额尔古纳河右岸，属内蒙古自治区呼伦贝尔盟的额尔古纳市，也称古拉林，有公路与嫩江流域的鄂伦春自治旗相通。

五、文明演进中的海东盛国

牡丹江地区的山原大地是靺鞨人的故乡　高洪艺摄

独领风骚的海东盛国

从北朝时代到隋朝与唐朝，松花江母亲河惊喜地看到她的又一群儿女——靺鞨人，在涑沫水——松花江的怀抱中，突然崛起。

靺鞨这一族名最早见于《北齐书·帝纪》，武成帝河清二年（563），“室韦、库莫奚、靺鞨、契丹，并遣使朝贡”。从河清二年始，到武平六年（575）的十几年里，靺鞨人从松花江地区曾进京去朝贡七次。由是可知，松花江虽然远离中原大地，但一直和中原保持着良好的臣属关系。这种臣属关系，从地区的民族来说，就是带方物去朝拜、去进贡；从中原朝廷来说，皇帝要表示亲抚万民，要建立安邦祥和的边服局面，所以后者不仅接受进京来的朝拜者和奉献的物产，更重要的是赏赐一些中原特产，加厚其间的亲情关系，并给予地方的渠帅或酋长委以官职，加封进爵，赐印授官。前者以得此为荣耀，后者授予之而求安，这要比之征战降服省事省力也省开支，所以历代均要求睦邻融洽相处。

靺鞨人的辉煌时代，是松花江史传上的一个亮点，也是中原王朝多方影响的结果。自隋以后，两唐书中均有《靺鞨传》。

隋时靺鞨为七部，而入唐后，又分为数十部，大概多是受到突厥的影响。唐时，突厥突然强大，占据了漠北东西远达万里的广大地域，靺鞨也曾臣属于东突厥的辖下。唐贞观年间，突厥“其国分为十部，每部令一人

牡丹江源头之一寒葱沟　高洪艺摄

统之，号为十设。每设赐以一箭，故称十箭焉。又分十箭为左右厢，一厢各置五箭。其左厢号五咄六部落，值五大啜，一啜管一箭；其右厢号为五弩失毕，置五大俟斤，一俟斤管一箭，都号为十箭。其后或称一箭为一部落，大箭头为大首领……自是都号为十姓部落”。这种社会组织结构虽记之于西突厥，但臣服于东突厥的靺鞨不可能不受到其影响。

松花江流域南部在突厥的势力范围内，这种臣服仅是藩属，各民族自己的活动空间还在，只是需由统一听其控制而已。隋末混乱时，北逃者甚众，乃是躲避战乱。而情况一得到好转，北方民族包括靺鞨人的南下，仍屡见不鲜。如上章提到的靺鞨人酋帅突地稽，入唐以后多次参与唐军的平叛活动，贞元初年（627），拜右卫将军，并赐予李姓，成了唐皇的“本家”。他死后，其子李谨行，以部落家童数千人，雄傲其地，为其他夷人所惮。突地稽是靺鞨人内附的一个大部落长，也是靺鞨在中古民族融合大潮中的一朵浪花。这朵浪花原来属于松花江母亲河，内附后便进入大凌河的怀抱中。李谨行后来多次率兵征战，封燕国公，他的后代便成了汉族李氏的一支，居燕地。永淳元年（682），李谨行去世，赠幽州都督，陪葬乾陵。这是那个年代只有极少数的北方民族领袖才能获得的殊荣。进入唐代以后，靺鞨人或有酋长自来，或遣使来朝觐见，松花江儿女的总趋势是向往中原。

黑水靺鞨是靺鞨诸部落中最强大的。黑水靺鞨全盛时分为16个部落，后来经过演变，分别以南北二部呼之，居于松花江入黑龙江之河口一带，处于黑水（黑龙江）之北者，称北黑水靺鞨；在黑水之南，居松花江下游及乌苏里江、三江平原一带者，称南黑水靺鞨。他们是靺鞨人中居于最北方的两个部落联合体，又合称黑水部。

黑水部的人身体尤劲健，居于寒冷的北方，练就了一身骁勇，特善于步战，故而常侵扰邻近的部落。他们头上编着发辫，用野猪牙作装饰品，发上还插着野雉的尾羽。整个靺鞨族的习俗是相同的，有着共同的语言，共同的习俗：性凶悍，无忧戚，贵壮而贱老。他们没有房屋，仅依山水地域，掘地为穴，架横木于其上，以土覆之，状如中国之冢墓，相聚而居。这就是地窖子的早期型式。夏天逐水草而行，冬则入于穴中，俗称“猫冬”。父子相承，世为君长。他们没有文字，兵器是角弓与楛矢。牲畜就是猪，富者达数百口，吃其肉而衣其皮。松黑两江汇合处，多湿地草原，

问山林风雪大地，还记得一千多年前的海东胜国吗？　陈丹青摄

在古时野猪特别多；而在近山的丘陵林地里，也多有野猪出没，该地自古肃慎时代起，养猪就是他们的一大特征。人死后，掘地而葬，以身衬土，不使用棺椁，杀其所乘之马以祭奠。

唐开元十年（722），黑水部酋长倪属利稽来朝贡，唐玄宗封他为勃利州（今哈巴罗夫斯克）刺史。开元十三年（725），安东都护建议唐明皇在黑水靺鞨内置黑水军，后来更以其最大的部落建立黑水都护府，府址亦设在勃利州（后衍写成伯力）。开元十六年（728），赐其都督姓李，名献诚，授云麾将军兼黑水经略使，仍以幽州都督为其押使。自此以后，黑水部虽离长安数千里，可朝贡之旅却往来不绝。

差不多在黑水靺鞨都督府建立的同时，生活在粟末水流域的粟末靺鞨人，也在唐朝的诏令下，册封了忽汗州都督。忽汗州都督府设在忽汗河

（今牡丹江）上游的一座城市，即敦化的敖东城。此城位于忽汗河上游左岸，大石河注入牡丹江的河口处以北的地方。这里是北流松花江的源头，二道松花江的各支流如富尔河、西北岔河、寒葱河等仅有一条分水岭——牡丹岭相隔。牡丹岭以南的水，如大蒲柴河、西北河、小蒲柴河等，基本上都是南流进入富尔河与古洞河，富尔河与古洞河合流后仍称古洞河，注入二道松花江。在牡丹岭以北，则有二道荒沟、三道荒沟、寒葱沟等北流注入牡丹江。南岭之水，经过牡丹岭分开后，要经过一千多公里后，才能在牡丹江河口处，与经历了镜泊湖、吊水楼瀑布的岭北之水重新相逢——由此可知，如果从敦化出发，不论你是走松花江，抑或是走牡丹江，沿江而行，仍会返回原地，画一个大圈儿。在这个圆圈中居住的，就是后来强大起来的粟末人。

在粟末部的靺鞨人中，涌现出一个杰出的管理者，他就是大祚荣，海东盛国——渤海国的开国元勋。

周万岁通天元年（696）五月，契丹首领松漠都督府都督李尽忠和归州刺史孙万荣谋反，攻陷营州，杀死营州都督赵文翙。这时，有舍利乞乞仲象者，与靺鞨酋长乞四比羽及高丽余部东走，渡辽水，保太白山之东北，却受阻于奥娄河一带。随后，便在此修城筑壁以自固。武则天封乞四比羽为许国公，封乞乞仲象为震国公，并赦其罪。可是，这个封诏却被乞四比羽所拒绝。遭拒后，武则天便诏令王钤大将军李楷固、中郎将索仇，将乞四比羽击斩。舍利乞乞仲象死后，他的儿子大祚荣领残部远逃。在大祚荣以前，他们似乎没有姓氏，自大祚荣开始，便以大为姓氏。

李楷固率兵穷追猛打，越过天门岭，与大祚荣率领的高丽与靺鞨的合

牡丹江三道关唐渤海国边墙遗址　王冰摄

兵相遇，战败而归。大祚荣背水一战，置之死地而后生，乃得以保挹娄人之故地，筑城于东牟山一带，重整旗鼓，远近闻之，许多靺鞨人纷纷率部归附。

圣历中（约699），大祚荣宣布建立震国，自号震国王。他所使用的还是武则天诏敕给他父亲的头衔，只是将震国公私改为震国王，算是又升了一级。大祚荣立国后，便和突厥国建立了联系。震国所占的地域，方5000里，编户为10余万，有胜兵数万。它崛起时，恰值其周围小部落国衰落之际，于是，夫余、沃沮、弁韩等海北诸国，都表示归附，震国便成为雄峙于松花江、牡丹江及其以南地区的一个新霸主。震国前后历15年（698～713），以后因被唐封为渤海国，震国的国号便不再使用。

渤海国石幢　王冰摄

唐中宗继位以后，改变了对东北边荒的政策，派侍御史张行岌往震国进行招慰。大祚荣也改变了对中原王朝的对峙态度，派他的儿子进京入侍。虽有人质的意味，却也加强了双方的信任，同时也可以更好地吸收中原的文化。

唐中宗欲对大祚荣进行册封，但因突厥、契丹连年寇边，因路阻而使命不达，便拖延了几年。唐玄宗先天二年（713），唐皇派使臣持节宣劳靺鞨使郎将崔忻[1]，拜大祚荣为左骁卫大将军、渤海郡王，以其所统领的地区为忽汗州，领州都督。由此，大祚荣始去掉“靺鞨”的字号，专以唐玄

[1] 崔忻率使团从长安出发，至蓬莱，乘船走海路，在旅顺上岸，北上到达牡丹江源头的大祚荣都城。册封渤海国王后，从原路返回。于次年春天到达旅顺黄金山下，为当地民众打了两口井。之后在井边刻石立碑。此碑一直保存至清代光绪年间，留下了诸多朝代的题咏，无疑是一件珍贵的史证。孰料，1911 年此碑竟然被日海军司令富冈定恭盗至日本，献于天皇，现存东京千代田区皇宫建安府前院石亭下。

宗颁给的郡王名——渤海为国名。

由大祚荣所建立的靺鞨人的第一个地方王国，是由氏族社会直接跨入封建王朝的早期王国。在松花江、牡丹江流域，一切都是新鲜的，在没有历史先例可以继承的政治、军事和建制的规范方面，也建立了子继父业世袭称王的封建统治。开元七年（719），大祚荣病故。唐明皇册立大祚荣之子大武艺承袭父职，继续任职左骁卫大将军、渤海郡王、忽汗都督府之都督。

开元十四年（726），黑水靺鞨部派使进京向唐王朝进贡，唐玄宗诏令其地为黑水州，置长史，遣使镇押，黑水州及黑水靺鞨部所居地正式成为唐朝的版图。黑水州在成为唐朝的一个州之前，它只是一个部落联盟式的政权，并没有成为一个实质性的严格的地方王国，因此和大祚荣的震国多少有些不同。黑水州是直属的，大氏政权是羁縻式的，故而大武艺听说后，便对黑水部的头人很不满。他说："这个黑水部是途经我境才开始同唐家相通联的。以前，他们和突厥相联系，都是先通告我们一声。如今，他们连气都不通知一声，就邀请唐官员北上，必是和唐家密谋，腹背攻击我国。"于是，他便派母弟大门艺和舅舅任雅，立即发兵攻讨黑水部。

大门艺曾经充当过人质入侍京师，至开元初才返还归国，知道唐王朝的强大，更知道发兵后可能产生的后果，便对大武艺建言说："黑水部请唐家官使，与我国完全不相干。我们要是攻击他们，是我们背弃唐家。唐家王朝地广人多，兵强马壮，比我们大一万倍，一旦结怨，岂不是自取灭亡？想当年，高丽在全盛时期有强兵30余万，和唐家对抗，不事宾服。结果唐兵一到，如秋风扫落叶一样，弄得山河破碎、国败家亡。今日我渤海之众，少于高丽数倍，若想和唐为敌，这事万万不可。”

大武艺刚愎跋扈，岂能听进劝谏。大怒：“汝速退！汝何必减自家勇气，长唐家人的威风？汝是不是吃了几年唐家的饭食，便给唐家人办事了？再多言，立斩！”

大武艺斥责完大门艺，立刻下令发兵。大门艺和任雅发兵北上。兵至境上，也就是松花江下游地带，大门艺又上书固谏。大武艺看书后，大怒。遂派从兄大壹夏去境上，代大门艺统兵，欲将大门艺捉拿回来问斩。

大门艺料事不好，便弃众而逃。他日夜兼程逃至唐境，入关进京，上报唐廷。唐皇诏其为左骁卫将军。不久，大武艺派使臣进京朝贡，并上表列举大门艺的各种罪状，请唐皇杀掉大门艺。唐皇秘将大门艺派往安西，对大武艺的使臣说：“大门艺远来投奔，义不可杀。今已流放到岭南去

渤海国上京宫城城门道遗址（据《渤海考古》）

了，就不要追究了吧！”同时又采取措施，将大武艺派来的使臣马文轨和葱勿雅留在长安，另遣鸿胪少卿李道邃、源复去渤海国谕旨。

可是大门艺被派往安西的事情，终于还是被泄露出来，大约是不慎说走了嘴。大武艺知道后大怒，认为大门艺不死，终是他的威胁与后患。便又派使臣携国书去见唐朝皇帝，说：

渤海国上京龙泉府遗址　高洪艺摄

大国示人以信，岂有欺诳之理！现闻知大门艺并未发往岭南，因此还请唐皇下令将他杀却！

结果，皇上以鸿胪少卿李道邃、源复等不能督察官属之罪，泄露机密，分别降职，去曹、泽二州做刺史。随后，又召回大门艺，将之送往岭南，并通报给大武艺。

开元二十年（732），大武艺派部将张文休率领一批海盗攻击登州刺史韦俊。唐玄宗将大门艺从岭南调回，发幽州之兵一同攻打张文休。同时又下令让太仆员外卿金思兰往新罗搬兵，以攻其南境。但是，终因天寒地冻，雪深过丈，兵士冻死者过半，兵师无功而返。由此，大武艺更加痛恨大门艺，便秘密派人潜入中土，在东都洛阳天津桥南，对大门艺进行暗杀。孰料，大门艺身硕力伟，武艺超群，多名杀手亦不能敌他，大门艺得以逃生，而刺客接连被河南官府捕捉，并处以死刑。

由此，渤海国王大武艺和唐朝因大门艺问题而越发不睦。

开元二十五年（737），大武艺病逝，其子大钦茂继位。唐朝政府以此为契机，特派遣内侍官段守简前往渤海国，册封大钦茂为渤海郡王，接替他的父亲大武艺为左骁卫大将军、忽汗州都督。大钦茂接受了唐朝的册封，又派使臣随内侍官段守简一起返回长安，同时承诏大赦。天宝末年（746），大钦茂模仿唐都长安建城，在经过了一番大兴土木之后，将都城迁往上京。渤海上京就是今天牡丹江畔宁安的东京城，“直旧国三百里忽汗河之东”，这里是肃慎——挹娄早年的发祥地，宜攻宜守。北移建都的目的，显然是出于安全的考虑。原都城在松牡二江上游地，现进入牡丹江中游地，不仅风水好，而且对南来的入侵更宜守卫[1]。可是，智者千虑难免一失，当数百年后辽兵从西边攻来时，这种以安全为由的迁都实际上并没有多大意义，渤海国运衰微，连像样的仗还没打，便山河破碎，举国倾覆了！此是后话。

自大钦茂始，渤海王和唐廷之间在猜疑中改善关系，争取和睦相处。明代抱瓮老人所辑之《今古奇观》第六卷《李谪仙醉草吓蛮书》这篇小说所讲述的，就是这时候发生在渤海国与唐廷之间的斗智故事。渤海国建国最初是使用汉字的，因为靺鞨本民族没有文字，受到中原汉文化的影响，

[1] 为了防守，渤海国在其西侧与北侧修建了垒石长城。这两段长城历经千数百年的风雨一直保存至今，并成为当地旅游景观。

博学的大诗人李白（《唐明贤画册》，故宫博物院藏）

同唐廷打交道的来往国书和印章，都使用汉文。就是派到洛阳去暗杀大门艺的杀手，也必须是说汉话的人，不然侦查与暗杀的事都难以组织。但渤海国当时又受到突厥的制约，故李白在长安所读到的渤海国番使带来的文书，竟不是用汉文所写，而是用“鸟迹书”所写，满朝文武百官没有一个人能识得。后来，贺知章推荐李白能识此种文字。李白生于西域碎叶，小时随父母进川，在父母的教育下启蒙，父母久居西域，基本懂得西域的突厥族语言和文字。渤海国人用鸟迹书来作为国书，连同恐吓人的文字内容，当然是一种不友好的挑战。李白识得这种拼音文字，又用这种文字写了一封答书，将渤海国的挑战迎了回去。李白所写的答书，被喻为“吓蛮书”。渤海国使听了李白宣读的答书，面如土色，不敢答声。一场文字较量以唐的胜利而告终。

李白醉草吓蛮书是一篇传奇小说，故事是小说家言，并不一定全是史实，但作为一种拟实的写法，也不会是空穴来风，一无所据，因恰与本文所叙之渤海国事相关，故附言在这里以博一哂。

据正史记载，渤海国斯时对唐的进贡一直是连续不断的。安史之乱时中断了一段时间，到唐代宗大历二年（767）后，往来更加密切，有时竟一年入京两次。大历十二年（777），渤海王大钦茂将辗转从日本弄来的舞女11人进献给唐代宗李豫。原来，渤海国按靺鞨人的风俗，极严格地恪守一夫一妻制。婚后，妻子对男人的放纵十分嫉妒，对男人又无可奈何，就想方设法将丈夫垂青的女子杀死。据载，渤海人的主妇皆悍妒，国中王贵大氏之妻，与他姓女友结为十姐妹，犹如上层夫人的“妇女联合会”，相互通信，督察其夫，既不容侧室存在，也不容丈夫有他顾。若有所闻，必将其毒死。十姐妹中如果有一个女子的丈夫图谋偷情，而妻子还蒙在鼓里时，其他的九位姐妹必联合起来，对那位男人进行“整肃”。整肃的办法不是进行所谓道德的审判，而是集合在一起，整体出动，对那位越轨的丈夫进行谩骂，而这正是当时渤海国人的一种时尚。在已婚女子之间，她们不是比富、比美、比孩子，而是比炫耀妒忌的程度。和渤海国相邻的契丹等国，有地位的男人都有小妇、侍婢，也多有妓女，唯独渤海国中，男人虽骁勇多谋，却敌不住“妇女联合会”的力量，他们只能拥有一个女人，如要想入非非，似也无不可，可一旦要付诸行动，必惹祸上身。

在这样的背景下，渤海国的使团渡海去日本访问，从日本带回了11名舞女，渤海国王为减少麻烦而不敢养在身边，只好割舍进献给唐朝皇帝，让唐代宗观舞取乐，一享艳福了。这些记述也为考古材料所证实：在渤海国人所遗存的墓葬中，迄今尚未发现一男多女的合墓。凡男女合墓者，均为一男一女。这说明，居于松花江、牡丹江流域的渤海国靺鞨人女子婚后的社会地位，比之居于黄河、渭河中土女子婚后的社会地位要高得多。

大钦茂于唐贞元九年（793）去世。然后，由成王大华玙执政了一年多，亦逝。贞元十一年（795）二月，唐德宗遣内常侍殷志瞻代表唐廷册封大嵩璘为渤海郡王。三年后，加银青光禄大夫、检校司空，进封渤海国王。从大钦茂到大嵩璘父子所执掌的渤海国时代，他们在国家建制、行政区划、经济文化，以及其他各个方面，全面吸收唐代中土文化。他们和唐一样，采取开放自由的国策，同相邻的契丹、室韦、新罗、日本等国均有密切的贸易往来和使者交流。因此，国力便很快地强大起来。与此同时，渤海国还多次派人到长安，入京师太学，习识华夏古今的制度和历史，从而成为东北亚地区的一个强盛的地方政权，号为“海东盛国”。

渤海国按照唐的建制，设有五京、十五府、六十二州。所谓五京，也就是学习唐朝文化，用五行的思想，设置五京。如唐肃宗至德二年（757），唐设五京为：上京长安，西京凤翔，东京洛阳，南京成都，北京太原。此正是渤海文王大钦茂的统治时期，大钦茂亦全面仿效唐制进行地方政权建设，也同样设五京。渤海国的五京建制如下：

上京龙泉府，建于今牡丹江中游之东京城。府辖龙州、湖州、渤州。龙州，即龙泉府；湖州在镜泊湖西岸，位于龙泉府西南约40公里；渤州在龙泉府以北，今牡丹江市以南，牡丹江右岸。龙州与府同治，是渤海国的政治、经济、文化中心，下设八个县，即永宁、丰水、扶罗、长平、富利、佐慕、肃慎、永平，而以永宁为附郭县。以上诸县都在牡丹江中游和镜泊湖附近。

中京显德府，在上京之南。此即渤海国初期时的都城。后都城北迁，命此为中京。地址在今敦化附近，在牡丹江上游及二道松花江、二道白河一带。府辖显州、卢州、铁州、汤州、崇州、兴州等六州。其中，显州与显德府同治，辖金德等五县。以下各州也都设县，如著名的产稻泸州，在今布尔哈通河畔，为图们江支流，从北坡登长白山看天池，坐火车至延吉，再转汽车，所经之地即布尔哈通河流域，如今是人参栽培基地，山坡上的树林下到处是参园。除泸州外，另有铁州、汤州、崇州和兴州等地。兴州在二道白河，即今长白山自然保护区管理局所在地。

东京龙原府，在上京东南，东已濒海，为涉貊之故地，亦称栅城府，在今珲春境内及沿海的狭长一带，辖庆、盐、穆、贺四州。

南京南海府，在上京东南，东已濒海。北与龙原府相接，为沃沮之故地。

西京鸭绿府，为高丽故地，府治在鸭绿江畔，北部辖松花江南源支流头道松花江上中游一带。

除上述五京外，还设有十府，它们是：松花江南源支流辉发河右岸的长岭府；松嫩两江合流地以南及饮马河、伊通河与东辽河一带的夫余府；干流松花江以南之拉林河、阿什河流域的鄚颉府，府治在阿城；牡丹江入松花江河口一带之铁利府，包括干流松花江中游及汤旺河下游地；松花江下游及三江平原之怀远府；怀远府之东有安远府；安远府之东南有安边府，濒海；安边府之南有定理府，濒海；定理府之西为率宾府，濒大彼得湾；率宾府之北，即东平府，二府共享湄沱湖——今兴凯湖。

除上述十府外，还有三个独立的所谓的独奏州：牡丹江东南的铜州，位于镜泊湖西南及嘎呀河流域；北流松花江中游，今吉林市一带的涑州，以涑末水（粟末水）命名；牡丹江中下游之间的郢州，位于上京和铁利府之间。

整个渤海国共有62个州，130多个县，这是渤海国最盛时期的大略情况，占有今松花江流域约三分之二的地域。

从渤海国行政区划的整体情况看，渤海国几乎是中原唐朝的缩微或翻版。从渤海的建制上看也是如此，从这里人们首先看到了渤海国基本照搬唐制，这说明了在松花江地区，渤海统治集团采取开放与兼收并蓄的治国方略，大量吸收中原文化所取得的成功。先进的唐代物质文明与精神文明，以及唐代的生产力、生产技术等，都被吸收到渤海国来，从而使渤海国成为名噪一时的海东盛国。

渤海国在吸收唐代封建文化的同时，也加强了渤海王族自己的统治地位，并以和平交往的方针和日本、新罗进行贸易往来。在这些友好往来中，不仅强大了自己，也为创造一个和平环境，减少战争苦难，作出了主观的努力。从这一点上说，渤海王国存在了200多年，也证明了这种治国方略的某种成功。

镜泊湖东岸的白石砬子气势不凡　高洪艺摄

渤海国上京宫城区“堆房”址出土的陶砚残片（拓本）（据《渤海考古》）

渤海国虽为地方政权，却是松花江儿女在母亲河流域大地上建立起来的第一个封建王朝。从大祚荣于公元698年称王开始，历15王而终于公元926年，渤海国立国228年，历时不可谓不久。

在228年里渤海国于松花江及周围地区的文明演绎中，其文明之歌及可歌可泣的故事，为松花江这条北方儿女的母亲河，书写了一幅闪光的历史画卷。

文明演进中的开放与发展

渤海文明是松花江、牡丹江流域肃慎——挹娄——勿吉——靺鞨族人文明演进的一代高峰。在渤海国之前，松花江、牡丹江地区的所谓“政权”，都是由部落国或部落联盟建立的，是氏族社会演进发展中的阶段性实体，带有过渡的性质。而从渤海都督府到渤海国的发展，是渤海靺鞨人由氏族社会向封建社会的一次飞跃。

唐政府在周边地区设立了许多羁縻州，其大者为都督府，以其首领为都督、刺史等，皆得世袭。虽然贡赋、版籍多不上户部，然而声教所及，皆边州都督、都护所领，著于令式。唯有渤海王最懂得学习唐代建制和全面“唐化”的重要性，那是为了壮大自己和保存自己之所需。在这一点上，松花江和牡丹江的波光山影映照下的历史最清楚，也最深刻。直到今天，人们根据唐渤海国遗址上的考古成果来描述这段历史时，发现经过一千多年的时光流逝，人们的所知即令十分有限，仍能引起心灵上的震撼。

最让人震撼的，是渤海国王城的建筑，它几乎就是唐都长安的缩微或它的小克隆版。现在，不妨对长安和渤海国的上京龙泉府都城作一下对比。

唐都长安——北依渭河，东临渭河支流灞河、浐河，西临渭河支流滈河。城郭呈长方形，城周长37公里，总面积为84平方公里，有城门13座，城郭内街道为东西、南北纵横交错，其格式若棋盘。如果把城郭比作一个“凹”字，那么正中的凹处，正好可以用一个凸出的墙封闭，便是皇城了。

渤海上京龙泉府——北、西依忽汗河（今牡丹江），东南为忽汗河右岸支流上马河及其河汊。城郭呈长方形，周长16公里，总面积为16平方公里，有城门10座，城郭内街道为东西、南北纵横交错，格式如棋盘。如果把城郭比作一个“凹”字，那么正中的凹处，正好可以用一个凸出的墙封闭，便是皇城了。

两都城极其相似，只是大小有别，长安城是上京龙泉府的5. 25倍。

唐都长安初建于隋代，其总指挥是左仆射高颎，具体实施的是中国古代著名建筑大师太子左庶子宇文恺。宇文恺根据《易》之六爻原理，作出了总体设计。凡设计的中心内容，皆有古法作指导。唐继隋之后，在原基础之上进一步修正完善。当时，参与其事的有阎毗、何稠、刘龙、黄亘等，这几位都是跨隋唐两代的大土木工程专家，不仅精于建筑的设计与施工，而且对其他工程也颇有研究。如何稠，在辽东之役时，宇文恺造辽水桥不成，隋帝便派何稠上去造桥，仅两天就造桥成功。不过，那桥并非今日的桥，而是用船相连，船上再铺木板的浮桥，也称浮梁。在浪大水急中造桥，并非易事。古人云，凡大时代也，必有大匠人出。隋唐时期，英杰辈出，且少数民族的精英也相当多，亦是一个奇绝的时代风景。渤海国的大氏王族对唐代文化欣羡不已，便不断地派人到长安学习，故而在建设渤海都城上京龙泉府时，也就照搬了长安都城的模式。上京龙泉府虽仅及长安城的五分之一，却是在平地上凭空建设的，其基准线是以皇城南门的朱雀大街中心线为对称中心，外城东西对称。这种对称的方式，不仅上京龙泉府这样做，连远在日本的平安京，也这样做了，而且均以朱雀作为这条大街的街名。朱雀是“苍龙、白虎、朱雀、玄武”四象之一，主南方。所以，京城的这条纵贯南北的大街称朱雀大街。

从今天上京龙泉府保留的遗址看，上京龙泉府的总设计师与总建筑师，即令是模仿长安都城兴建的，也仍然称得上是优秀的巨匠、杰出的建筑家。中国古代独尊儒术和皇权，不重科学与技术，渤海国和西夏国一样没有留下志书，因此都城建筑的详细情况，已难知晓。龙泉府的建筑师们是哪些人？居何官职？是从唐聘去的汉师，抑或是从唐学习技艺后归来的渤海靺鞨人？

现在，当一代接一代的考古学家来这里探求、挖掘、研究，一拨接一拨的文化工作者与史学工作者来这里考察走访时，他们面对这座曾在一千多年前辉煌灿烂、雄峙于牡丹江畔的都城，在啧啧惊叹其王气余韵的同时，无不对当年的建设者投以真诚的敬意和由衷的赞美。

渤海国上京城址出土的陶瓦戳印及刻划汉文字（拓本）（据《渤海考古》）

渤海国时代，松花江、牡丹江流域的经济获得了空前的发展和繁荣。史传中记载的渤海国的名产有十多种，这些都是独步松花江之右的：

太白山之菟，南海之昆布，
栅城之豉，夫余之鹿，
鄚颉之猪，率宾之马，
显州之布，沃州之绵，
龙州之紬，位城之铁，
卢城之稻，湄沱湖之鲫，
丸都之李，乐游之梨。

这些名闻遐迩的渤海国特产，在唐时已享誉中外。

在渤海国时期，铁铧与铁镰已用于农业。考古中发现的一个锈迹斑斑的铁铧子，告诉人们这样的铁铧非人力所能拉动。这就说明，渤海国时，农业已经使用牛耕，这就为大规模的垦荒创造了条件。从上京龙泉府的引水和排水系统看，当时的农业已经使用了水利灌溉技术。尤其是水稻种植，没有引水、排水系统是根本不可想象的。渤海国没有自己的历法，历法是参照唐朝的。故“清明忙种麦，谷雨种大田”的歌诀逐渐北移，24个节气的民谚也传到松花江流域，并在广泛的传播中得到了地域特色方面的补充或修订，从而使松花江流域的农业生产和历法，以及农时、气象等，得到系统性的结合，为渤海国的农业发展发挥了作用。通过对古代渤海国以及松、牡两江流域的实地考察，已知渤海国时的主要农作物有黍、麦、稷、菽、稻、豆，以及经济作物麻等，其中最著名的卢城之稻，享誉海内外，是载入史册的。史家一般都认为，水稻是唐代时从江淮引入渤海国的，水稻突破北纬43° 并继续北移，是渤海国时代的重大农业技术成就。通过对牡丹江、镜泊湖地区的考古调查，发现渤海国上京龙泉府西北有一处自流灌溉的分水堤，经专家研究确定，这是渤海国时的灌溉系统，由此亦可以推知，渤海国时代除了卢城的水稻之外，上京龙泉府附近也有水稻栽培。卢城即今安图明月镇，位于布尔哈通河，属图们江流域，和松花江上游与牡丹江中上游，都相距咫尺，但仍属松花江流域之外，而上京龙泉府的水稻，就属于松牡两江流域了，而且已越过了北纬43° 线——如今，东京城渤海镇西北5公里的响水，种在火山熔岩台地上的响水大米，是著名的贡米，也是松花江流域所产的名大米之一。

根据考古资讯，在俄罗斯学者出版的《黑龙江沿岸的部落》一书里，更提到早在纪元前的西汉时代，在牡丹江东方的滨海地区，就已经有了从长江引来的水稻栽培。换句话说，早在肃慎——挹娄人时期，水稻就已经传输到东北亚，因而在松花江、牡丹江流域，水稻的栽培史最晚不会晚于唐渤海国时期，距今已经超过一千二三百年了。

东京龙原府（别名栅城），是著名的大豆产地。所谓栅城之豉，即龙原府之豉。豆豉是一种豆制品，也就是把大豆（黑豆亦可）用水泡透变大，然后蒸熟或煮熟，再经发酵而成，可食亦可入药。若制豆豉焖鱼，其味更美。松花江流域的大豆栽培史更早，豆豉作为一种豆制品的食法，大概亦自此始，后来才传至中原的。

龙州之紬和沃州之绵，作为渤海国的名产，说明养蚕（柞蚕）缫丝和纺织技术等，在松牡两江也达到空前的高度。20世纪70年代，曾在上京龙泉府址出土了舍利函。函中的丝织物竟然有10多种，如绢、罗、绸、缎、纱、绣、锦、帛等。开元年间黑水靺鞨人向唐朝进贡的鱼牙绸、朝霞绸等，更将养蚕抽丝织锦的技术向北延伸到松花江下游和黑龙江下游一带。

显州之布和南海的昆布，指的都是麻布。这种布又厚实又柔软，比之用猪皮制作的衣服，自然有许多优点。随着渤海国人口的增长，织布业发展得更快，需求促进发展，种麻、收割、浸麻、剥麻、熟软、梳理、纺纱、织布等制作工艺，无疑是从中原学得的。从中原学来的技术还有烧砖制瓦的技术，以及生活用陶瓷，石材的取制、加工、运输等，都得到了很好的解决。只有具备了这些材料的加工、制造，才能促进建筑业的发展。在渤海国之前，粟末靺鞨部和周围各族人民处于同一发展阶段，经济技术水平大致相仿，但是由于渤海国的上层统治集团采取了开放的而不是封闭的政策，才促进了中原先进技术在松花江地区的广泛传播，从而使渤海国的靺鞨人，很快便雄峙于其他民族集团之上。

渤海国的其他特产，如太白山——长白山的草兔，北流松花江流域的鹿，湄沱湖的湖鲫，以及拉林河、阿什河地区的猪等，都是渤海国叫得响的名产，除进贡外，还远销到契丹、新罗和日本，以及燕代之间各地。

位州的炼铁技术和锻冶技术，也是从中原学来的。进入铁器时代是渤海国科学技术的一大进步。这也为松花江地区及周边地区的发展提供了助推剂。渤海国生产的铁器有铧、锸、铲和镰等农业工具，也有矛、剑、盔、胄甲、镳、刀等兵器，此外还有生活用具，如锅、盆、盘、函、香炉、剪刀、门枢、钉子、锁、风铃等。它们有的是用生铁铸成的，也有的是经过锻造和锤打的所谓熟铁。

与此同时，金、银和铜的开采、冶炼与加工技术，也传入渤海国。近些年来，铜锭与铜渣的发现，说明在渤海国不仅制铁技术发达，铜的冶炼与制作技术也非常发达。渤海国末期，给中原的贡品中，还出现了金银制的佛像。这一方面说明佛教已成为渤海国的宗教主宰，同时也说明了在中世纪普遍发展的金、银、铜等有色金属冶炼加工技术，在渤海国也一步步地趋于精密化，出现了制作金、银、铜，甚至包金的优秀匠人，并在那里铸就了辉煌的岁月。如今，虽然一千多年过去了，但是这种文明的足迹，这种冶金锻铸史上的亮点，还写在松花江、牡丹江流域的大地上，它们是松花江母亲河的昨天，也是松花江流域大地昔日文明或文化发展的象征。

渤海国人造船技术相当高超。他们先沿忽汗江、忽汗海南行，然后转陆路，从长白山和松花江上游各支流处过河，经过鸭绿江，再驾船渡海（或由陆路至大连旅顺口过海），由登州府上岸，再转陆路，经黄河转渭河进入长安。他们所造的船没有留下来，但他们已经开辟了由上京龙泉府到唐京长安的数千里的水陆交通，他们的江船和海船技术都已能和唐代的船相媲美了。渤海国人还经常从龙原府附近的图们江口出海，东航日本，所驾之船都是渤海人自己制造的。据统计，自公元727年至公元919年，渤海聘使访问日本37次，同期日本聘使访问13次。这既显示了渤海国对外采取了开放的国策，同时也表明了渤海国人不仅能造江河内航用的船，也能造航海的大船。在37次对日往返航行中，还有两三次经历了风浪的考验。一次于唐咸通十三年（872）三月，渤海入唐使崔宗佐、大陈润等60余人，遇风浪竟漂至萨糜国甑岛郡。因语言不通，日方进行盘问，方知是渤海国之船和入唐使节，两年后日方给予资粮返乡。由此也说明，渤海国的入唐使，竟能从龙原府出发，走海路直航登州，可惜失败了。但不管怎么说，渤海国人的造船技术在松花流域的科技发展史上，是一个辉煌的高峰。

渤海国人还修筑了牡丹江流域中，也是松花江流域中的第一座过江之桥。这座桥也是东北诸江河中最早的桥梁。桥址在渤海镇的上官地村。在村西北约1公里的牡丹江边，现在还可以看到上官古桥址的7个石桥墩。此桥原有8个桥墩，毁掉1个，还剩7个，故原桥为九孔桥，枯水时桥墩高出水面1米多。桥墩的墩距约12~15米，规模颇为壮观。在悠漫的水中，东疆的冷月已照耀了桥墩长达1200年的苍影。

在果蔬方面，渤海国也同样显现了辉煌。在果品方面，除上述的丸都山的李子和乐游地区的梨之外，其他如杏、山楂、樱桃等，凡适合北方栽

松花江流域第一桥：牡丹江上官地村古桥遗址　王毅人供稿

种的果树，都引进了中原的品种。这些源于中原的果树，在辽灭渤海国并将渤海国人掳往辽南以后，又在漫长的岁月中成为野化的植物群落和新的果树品种。俄罗斯远东考古学家发现滨海地区夹皮沟河谷一带，至今仍有许多“野生”的杏树、山楂树、樱桃树等，在那里花开花落，果生果熟。经考证，这些基本成行成片的果树恰是渤海时代遗留下来的，虽经漫长的一千多年的岁月，仍还呈原始状态。笔者因撰此书，特地去长白山、天池地区走访，发现至今延边、东宁的李子和梨，仍然果甜味美，优于一般地区的品种，这些想必都是源自渤海时期的水果引进吧。由于果品种植的引进，养蜂技术也引入此地。如今，长白山、张广才岭和完达山的椴树蜜和杂花蜜名闻遐迩，溯源也可溯至渤海国时期。渤海国的优质蜂蜜还通过使臣往来和贸易传至日本，受到日本皇室和贵族的广泛欢迎。

在菜蔬方面，嗜肉的渤海国人也接受了中原人的饮食习惯，向农业国的杂食方面转化。这样，蔬菜作为猪肉和鱼的补充而成为餐桌上的大众食品，或者这也是渤海国人口增加，对食品的要求也不断增加的一种必然结果。于是，葱、蒜、韭菜、芥菜和葵，也同样在松花江和牡丹江地区安家落户，肥美的黑土地是天然的粮仓，种菜更胜于种谷。而且，连瓜也在此落户了。这些，无疑是对肉食品增速较慢的一种快速补充，从而也使得渤海国人同中原人的饮食结构更趋接近。民族的融合，除了通婚——血的融合之外，说到底就是文化习俗的融合，而饮食是一个重要的方面。渤海国存在了228年，通过渤海国人的努力，松花江流域第一次主动而又全面地接受了中原文化，并且着力地向黄河、长江流域的文明靠拢和演进，而这一切正是中华民族大家庭历史发展的一部分。

崇尚诗文的国度

渤海国文明演进中最重要的一点是使用汉字。

在渤海国之前，从肃慎到挹娄，从勿吉到靺鞨，他们都没有自己的文字。在两唐书的渤海史中，却都记述了渤海人“颇知书契”和“颇有文字和书记”。渤海史中的这些记述，指的是他们对“汉字与汉文书契的使用”，颇有所知。为什么这样认为呢？原因是渤海国的王族，“本高丽别种也”。也就是说，他们是夹杂于高丽部落国中的一个姓大氏的靺鞨部落中的氏族。他们既不是高丽族人，也不是被高丽击破混入高丽中的夫余人、沃沮人或其他别的什么人，而是勿吉之后的靺鞨人。所以称别种，也

渤海国遗存——灵光塔（据《渤海考古》）

就说他们并非是高丽人的本种。他们和高丽，以及混入高丽的几个民族的人居于营州。营州即柳城，在辽西，那里原来的居民是燕人——汉人，也有混入该地区的契丹人、鲜卑人、铁勒人以及室韦人等，是一个多民族的杂居地带。汉语和汉文是该地区最普遍最实用的交流工具，其他兄弟民族也都掌握了这种语言和文字。如此一来，一些没有本民族文字的少数兄弟民族，比如靺鞨族人学习和使用汉语汉字，也就顺理成章了。

自北朝以来，营州地区就已居民芜杂，它既是一个绥边之地，又是一处古战场。营州的少数民族居民多已汉化，除了在唐代啸傲松辽大漠的契丹人以外，其他民族的汉化都比较深，市井贸易和官场交流中，一般都使用汉语，而文字是汉字，当不成问题。靺鞨族的大氏家族，恰是这种民族混居地区的受益者。换言之，在一千多年前的辽西营州地区，汉文汉字应是该地区唯一的书写记契符号，在动荡的年代中，汉语与汉字的使用，一定传播得更快，更远，更普及。

事实上，从渤海国立国后所保留下来的国书、渤海时代贞惠公主和贞孝公主的墓志，以及渤海使臣的诗歌作品与瓦当上的字来看，汉文汉字是渤海国官方的文字是毫无异议的。前文所述李白醉草吓蛮书中的“鸟迹书”，不过是历史上的一个插曲，即令所述不虚，也是一个无头的个案，或只是渤海王恶搞的一次小动作而已。另外又加上小说家的渲染，乃成聊博一哂的故事，是不能当正史来读的。

不过，这里需要指出的是，在两公主的墓志中，也掺杂一些和汉字笔画相似的某些“异体字”，甚至还有个别的反字。据专家推测，这些字可能是渤海人在使用汉字的过程中，对某些靺鞨人特殊的发音所作的记录符号，关于这方面的情况，还有待于专家的进一步研究解读，但总的说来，渤海国从上到下，全面接受并使用汉字书写书契，大致不差。

为了学习和推行唐家所谓的中土华夏文化，渤海国的贵族子弟，多数都曾到长安以及其他各地去学习、入侍或充当贡宾。有些出色的社会贤达人士，往往长期旅居京都。他们出入于唐的上层社会，结交的是唐朝的高中级官员和社会名流，他们在和文人墨客相过从，互相交往中以诗酒来酬答，由此而结下深厚的情谊。渤海国来的公子王孙，一方面被盛唐的气象所吸引，为长安、洛阳、扬州、金陵等地的繁华所折服；另一方面，渤海国再好，由于地处寒冷的松牡地区，仍然没有在中原生活得舒服而又惬意。所以，他们流连忘返，在诗酒美姬中，不思乡矣！那时，他们从荆楚到瓯越，从黄河到江南，足迹几乎遍天下。

渤海国人在和唐人交往中，学习唐的文化，耳濡目染，也受到唐诗的熏陶，有不少人也迷上了唐诗，并学会了吟哦和写作。即令在今天，已经是一千多年之后，在唐代诗人的作品中，也不难寻觅到渤海士子的踪迹。如著名的唐代诗人温庭筠，就有《送渤海王子归本国》诗一首。特录之如下：

疆里虽重海，车书本一家。
盛勋归旧国，佳句在中华。
定界分秋涨，开帆到曙霞。
九门风月好，回首是天涯。

诗中没有留下名字的渤海王子，是一位用汉文字写作的诗人。而且，

农安（黄龙府）辽塔，渤海国终结的见证者　王毅敏摄

晚唐诗人温庭筠（据《高阳温氏族谱》）

他的诗作还得到了像温庭筠这样著名诗人的认同：渤海王子回归本国了，可他诗的佳句却留在了中华。而“疆里虽重海，车书本一家”，我以为更是民族与文化的认同，这一点至关重要，从客观上说，这是渤海国人中土化，并从中土得到唐人士子们认同的具体反映。

温庭筠（812 ~约870），本名岐，字飞卿，太原人。唐初宰相温彦博之后，是晚唐的重要诗人之一，和李商隐齐名，世人称之为“温李”。虽考试不第，但每入试均能以八叉手而成八韵，号称“温八叉”，说明其才思敏捷，曾任国子助教，渤海国王子和温庭筠相过从，诗作又得到温的夸奖，说明这位王子的诗艺不错。据史籍所录，自公元832年（唐大和六年，渤海国咸和三年，温庭筠21岁）始，至公元858年（唐大中十二年，渤海国大虔晃二年，温庭筠47岁，自斯以后，下次渤海国使入唐为公元872年，温庭筠已逝）止的26年中，渤海国王子有大明俊、大光晟、大延广、大之萼等四人来唐，其中大明俊来了两次。也就是说，温庭筠所送的渤海王子，一定是这四位中的一位。因史料太缺，现尚不能断定上述四位王子中，到底哪位王子善诗。但不管怎么说，渤海国王子使用汉字作诗，而汉语又非靺鞨人之母语，可见其王子对中土文化之熟稔和功力之深。

渤海宾贡、诗人高元固曾去福建拜访晚唐的另一位诗人徐寅。徐寅对高有诗相赠。诗题是《渤海宾贡高元固先辈闽中相访，云本国人写得寅，〈斩蛇剑〉〈御沟水〉〈人生几何赋〉，家皆以金书，列为屏障，因而有赠》，其诗如下：

折桂何年下月中，闽山来问我雕虫。
肯销金翠书屏上，谁把刍荛过日东。
郯子昔时遭孔圣，繇余往代讽秦宫。
嗟嗟大国金门士，几个人能振素风。

从这首诗的诗题里，人们可以看出渤海人不仅喜欢唐诗，对唐代的文赋也很喜欢。徐寅是进士出身，在《全唐文》中收入了他的赋作27篇，其中渤海国人所喜欢的赋，并将之抄录在屏障上的3篇也在其中。其列为屏障者之一的《人生几何赋》，其辞如下：

叶落辞柯，人生几何。六国战而谩为流血，三神山而杳隔鲸波。任夸百斛之明珠，岂延遐寿；或有一卮之芳酒，且共高歌。岂不以天地为炉，日星为纪，虽有圣而有智，不无生而无死。生则浮萍，死则流水。七十战争如虎豹，竟到乌江；三千宾客若鸳鸿，难寻朱履。扰扰匆匆，晨鸡暮钟。命宁保兮霜与露，年不禁兮椿与松。问青天兮何惨何舒，拘人否泰；叹白日兮东升西没，夺我颜容。可惜繁华堪惊倚伏。有寒暑兮促君寿，有鬼神兮蠹君福。不觉南邻公子，绿鬓改而华发生；北里豪家，昨日歌而今日哭。梦幻吞侵，朝浮夕沉。三光有影，遣谁系万事，无根何处寻。易服

镜泊湖鹰嘴峰　张其林摄

猛兽，难降寸心。眼看西晋之荆榛，犹经白刃，身属北邙之狐兔，尚惜黄金，亦何荒色嗜音雕墙竣宇。君不见息夫人兮悄长默，金谷园兮阒无睹。香阁之罗纨，未脱已别承恩；春风之桃李，方开早闻移主。邱垅累累，金章布衣；白羊青草，只堪恨逐利争名。何太非，尝闻萧史王乔，长生孰见；任是秦皇汉武，不死何归。吾欲挹元酒于东溟，举佳肴于西域，命北帝以指荣枯，召南华而讲清浊。饮大道以醉平生，冀陶陶而返朴。

这篇近400字的赋文，若抄写在屏障上，往来客友读之是有些雅逸之趣的。这里的所谓雅逸，都是中原文士所倡导的，足见渤海国上层社会贵族豪士们汉化之深。“家皆以金书”，更体现出渤海国人对唐代文人骚客作品的热爱。此亦可以感受到渤海国达官贵人的时尚与社会潮流，和中原文化几无二致。遗憾的是在松牡两江这个多雨潮湿的地方，类似于屏障的东西都没有保存下来。这里和敦煌不同，敦煌地近流沙，风多而干燥，故许多写经和摹本都得以保存到今日。相比之下，牡丹江地区便没有这种自然条件了。

渤海国人对唐诗文的钟爱，源于他们对唐代文化的全方位的认同和接受。他们大量引入汉文典籍，文书一律用汉字书写，其格式、章法等均仿效唐制。因此，有着惊人艺术感染力的唐诗唐文就必然成为渤海国的官员、文人雅士们一致喜欢的珍品。

渤海文王大钦茂登基后，大力推行向中原学习的开放性政策，这种政策历200多年而不变。据粗略地统计，在整个渤海国时代，渤海国派人访问唐廷纳贡和学习培训的使团，一共进入中土者恰好100次。渤海国对汉文化

今日牡丹江上的铁路大桥　王冰摄

的吸收，首先表现在对汉文典籍的引入，让汉文化在渤海国深入人心。如开元二十六年（738）六月二十七日，渤海国遣使入唐，求写《唐礼》《三国志》《晋书》等，唐玄宗格外开恩，给予了批准。

但并不是所有要抄写的典籍都会得到批准的，有时也会遭到拒绝。这一点，在秘书正字于休烈的针对十姓可汗之金城公主索要《毛诗》《礼记》《左传》《文选》各一部的请求，唐皇已给予批准后，所上的谏书中说得很明白。谏书说："经籍，国之典也。国之利器，不可以示人。昔东平王求《史记》《诸子》，汉朝不与，盖以《史记》多兵谋，《诸子》杂诡术。夫以东平帝之懿戚，尚不欲求征战之书，况西戎国之远蕃，曷可贻经典之事。且鲁秉周礼，齐不加兵；吴获乘车，楚属奔命。《传》曰：惟名与器，不可以假人。必不得已，请去《春秋》。"于休烈认为《春秋左氏传》中有取威定霸之谋，若将这类书传之边荒小国，必定为患，谏书一经上达皇帝，唐明皇竟一时拿不定主意，便下令搞一次群臣大讨论。侍中裴光庭等一班臣子建议说："今所请《诗》《书》，随时给予，庶使渐陶声教，混一车书，文轨大同，斯可使也。"经过讨论，认识深化，达成共识。对于某些不知礼义的一干藩属，可以随时赠予《诗》《书》这样的典籍，以求在学用推广的教化中，改变他们"野蛮"的秉性。故而对唐诗、唐赋的远播还是不加限制的。渤海王向唐廷求索汉文典籍，是金城公主索书之后的事。渤海国被认为是识理义的友好边属，不同于西戎之多变，因此他们索要的书基本上都得到了满足。就连陈寿的《三国志》这样多有权术的书，也蒙唐皇批准，传给了他们。在唐朝人的记忆里，生活在松花江、牡丹江流域的渤海靺鞨人，是可以信赖的。

大彝震时代，渤海国的发展势头更健。渤海王大振纲维，革故纳新，努力学习汉籍，在国内力促学习汉籍、经典与诗文，模拟中原地区文物典章制度，进行国制建设，其政绩比大钦茂更彰明，更显赫。与此同时，他还派诸生入唐进行强化性的学习。这些留学生将汉文化带回松花江、牡丹江地区。从《册府元龟》的记载看，渤海国派往唐的留学生的数量是有名额限制的。比如，咸和七年（332）渤海国派遣了16名留学生随贺正使入唐，先后滞留在青州，请求唐廷允许他们入京学习。第二年，唐朝政府通知青州观察使，仅核准6名留学生入京学习，其他10名只好返回渤海国。对渤海国留学生名额的限制，反映了唐朝中央政府和地方政权之间的微妙关系：既希望渤海国地区的靺鞨人得到教化，又要控制其规模。彼时的政策在一定的范围内显得摇摆不定，实际上是在渤海国——松花江、牡丹江流域的文化同黄河中土文化融合中的一个制约。

不管有没有制约，渤海国的开放政策一直在积极地推行。除了和中原紧密联系外，他们还利用自己从中原那里学来的造船技术，打造航海之船，走出国门，和隔海相望的日本相往还。当时日本国的情况与渤海国的发展情况相类似，两国都崇尚佛教，都初有城，联木为栅的情况也很相似。差不多是在同一发展水平线上的“国家”，相互往还，于交流中文化可以互补。这里边也包括一些民间的往还，如公元746年（唐天宝五年，渤海文王大兴十六年，日本天平胜宝四年），渤海、铁利共有1 100多人同时乘船访日，规模是相当大的。

当时，渤海和日本的贵族都崇尚唐朝文化，尤其是唐代的诗赋。在渤海国人诞生诗人的同时，日本国的诗风也正方兴未艾。所以，两国的交往中，也有诗的交流。

渤海国诗学初霁和诗人比比诞生，正是渤海国推行开放政策，学习唐代先进文化的结果，松牡两江崛起一代用汉文写作的诗群，为该地域的文学史，写下了最早的篇页。

在这批崛起的诗人群体中，比较突出的有杨泰师、王孝廉、裴颋、裴璆，以及释仁贞、释贞素和历代的国王、王子等。遗憾的是，他们的诗歌作品极少流传下来，现在人们看到的仅是沧海之一粟而已。

在这些数量极其有限的诗作中，杨泰师的《夜听捣衣诗》是极出色的一首。其诗如下：

霜天月照夜何明，客子思归别有情。

厌坐长宵愁欲死，忽闻邻女捣衣声。

声来断续因风至，夜久星低无暂止。

自从别国不相闻，今在他乡听相似。

不知彩杵重将轻，不悉轻砧平不平。

遥怜体弱多香汗，预识更深劳玉腕。

为当欲救客衣单，为复先愁闺阁寒。

虽忘容仪难可问，不知遥意怨无端。

寄异土兮无新识，想同心兮长叹息。

此时独自闺中闻，此夜谁知明眸缩。

忆忆兮心已悬，重闻兮不可穿。

即将因梦寻声去，只为愁多不得眠。

这位喝松花江、牡丹江水长大的靺鞨族诗人，比李白稍晚，他一定读过李白的《子夜吴歌四首·其三》：

长安一片月，万户捣衣声；

秋风吹不尽，总是玉关情；

何时平胡虏，良人罢远征？

捣衣诗中的情感和冥想中木杵捶衣到砧上的声音，给其诗带来了复合的形象与声音、画面与节奏分明的艺术美感。这一点今人读之，也特感人。当年的杨泰师读了，印象肯定特别深。所以，在他旅居日本期间，听到日本女子的捣衣声，便引发出丰富的联想。

《夜听捣衣诗》是渤海国诗人流传下来的诗作中最好的一首，如将之同其他的唐诗相比，也毫不逊色。诗中写诗人于霜天之下夜不寐之时忽然听到了捣衣声。这声音是他极为熟悉的，在故国乡人中，就有这种让他熟悉而又亲切的声音。因此，这声音让他思乡怀国。由此而又想到这位年轻女子捣衣的情景，不知彩杵是重是轻，也不知石砧之面平与不平。由此而抒发出诗人对捣衣女的关切与爱心。其诗语言流畅，婉约而真诚地写出了一位年轻捣衣女的生活艰辛，并由此而引发出作者的思乡之苦。杨泰师曾于公元758年随日本访渤海使同船抵日。后在日本逗留，与日本朝野友人相唱和。

比杨泰师略晚的渤海诗人王孝廉，曾于公元814年访日，后于归途中覆

想起杨泰师的《夜听捣衣诗》 王利摄

舟，溺海而死。王孝廉能言善辩，长于诗。在日时和日本著名诗人嵯峨天皇、空海僧人相酬唱，留下了一些诗作，但多已失传，仅在日本的《文华秀丽集》中存有短诗数首。下面，我们一起来欣赏他的《和坂领客对月思乡之作》。全诗如下：

寂寂朱明夜，团团白月轮。
几山明影彻，万象水天新。
弃妾看生怅，羁情对动神。
谁云千里隔，能照两乡人。

这是一首对月咏怀诗，在远离故乡的日本思念故国，借一位孤单的女子之口述出，旁衬出作者的别离之情。

在渤海国的诗人中，还有僧人。因为在渤海国时代，随着中土文化向北传播，佛教与道教也在松牡两江之地落户扎根了。保留到今天的一些寺庙的废墟，仍可想象出当年寺庙的规模，道观也是如此。佛教与道教的传入，对诗与文学的传播，当是一个促进。

在唐文化来到松牡两江的同时，唐廷的汉人使者也常到渤海国来访问。如唐时的幽州节度府副节度朱希彩便曾派张光祚访问过渤海国。张光祚的墓志铭一直保留到现在，其中有“委充入渤海”之句。又另有张建章者，也曾使渤海国。据1956年出土于北京德胜门外的《张建章墓志》记载，张建章（806~866）曾经担任过幽州卢龙节度押奚、契丹两蕃副使、摄蓟州刺史、正议大夫兼御史大夫。在他任瀛州司马时，应选出聘渤海国。

他于癸丑秋出发，“方舟而东”，“明年秋杪，达忽汗州”，去时为公元833年（唐文宗太和七年，渤海大彝震咸和四年），到上京龙泉府时，已是第二年秋末，返回时是公元835年，前后历经3年。张建章博通经史，在渤海都城期间和国王、官员相唱和，备受礼遇。返回时，国王大彝震以“半贷宝器、名马、面革以饯之”。张建章返唐后，将凡所笺、启、赋、诗等的手稿，加以整理，加上忽汗州的风土人情，写成《渤海记》一书。这是我国古籍中关于渤海，关于松牡两江地区情况的第一部专著，为保留渤海文化，作出了重大贡献。此书可惜已经失传，但当年撰写《新唐书·渤海传》时，它却是一部重要的参考文献，他的见闻都已记录在《新唐书·渤海传》中。

渤海与东丹：消亡的背影

松花江、牡丹江及其周围地区由靺鞨人建立的海东盛国，经过两个多世纪的历程，在公元10世纪初叶，和唐王朝一起，进入迟暮时代。

大江东去，浪淘尽，千古风流人物。活跃在松牡两江地区的靺鞨大氏王朝，逐渐演变成为历史和过去时。

雄踞于松牡两江地域，臂挽着乌苏里江、黑龙江、鸭绿江的渤海王国，在中原李唐王朝覆灭，朱温建立梁王朝后，仍派遣王子大昭顺入贡方物，以期同中土的中央政权继续保持和睦融洽的主从关系。这种关系对渤海国人太重要了，它不仅促进了渤海国的发展，也能满足不断发展的渤海国人之所需，同时也是渤海国安全的柱石。华夏王朝是渤海国举国上下一致心向往之的大安之邦。

在10世纪初的北国，渤海国的西邻契丹，经过两个多世纪的发展，已经成为塞外大漠之地最强大的民族集团。渤海国西北是室韦，室韦以及其西南的霫与奚，渤海国一度想征服之。因力所不逮而终作罢。此时，室韦等国逐渐强大起来，但却没有强大到足以对渤海国构成威胁的程度，暂时尚可无忧。渤海国的北邻是黑水靺鞨，曾是渤海国同族之宿敌。观世界之传史，唯有同族人之间的互相残杀最酷烈，也最无情。此时，黑水靺鞨也逐渐强大起来。随之强大的还有肃慎——靺鞨的另一个部族集团女真。这些都是渤海王国的潜在威胁。和这些潜在威胁相比，新罗是渤海的老对手，一直虎视眈眈地盯着渤海国的动静。恰逢此时，王氏高丽又悄悄崛起，这也是渤海国人不可漠视的一个新的集团。敌手虽多，主敌却只有一个，如果通过外交往来，诱之以利，联之以友，将次要的敌人暂时消解，只留下一个敌人，无论怎么说，在对付一只虎和对付一群狼之间，人们还是宁愿选择前者。而这只虎就是契丹。契丹居于渤海国西南，跨西拉木伦河流域，他们的北方边界已进入霍林河中下游，也就是说，他们虽然主要居于西拉木伦河——西辽河上游，但他们的北界已进入松嫩流域。契丹同渤海国积怨甚久，而且中间还曾有过20多年之久的双边战争，两国之间为争夺松嫩合流处之南的土地，一直剑拔弩张，不肯化干戈为玉帛。

渤海国的末代国王大諲譔嗣位不久，和契丹的关系再度紧张。渤海国面对契丹的觊觎，不得不向松嫩两江合流处以南派以重兵，以对付随时可能爆发的双边战争。中原王朝的更迭，使渤海人已经认识到中原人无力再保护自己，便主动地派使臣进入契丹朝贡，以期修补双方的关系。可是，这种努力并未奏效。契丹的弓马铁骑照样入寇抢掠，20多年来，这种抢掠总是不期而至，弄得松嫩两江合流地一带，民生凋敝，纷纷逃亡。

为了解决这个令人头痛的安全问题，渤海王又去修好新罗，以期从彼处得以援手，双方联合起来对付契丹。但是，新罗以及新近强大起来的高丽，眼见得契丹的雄悍和野心无人能够匹敌，深怕同渤海的亲近会惹火烧身，便去契丹那里讨好，纳贡称臣。越是如此，契丹越是不可一世，尤其是契丹国王耶律阿保机，在妻子述律氏的协助下，剿灭其他八部大人，统一了契丹国之后，又乘势灭掉霫国，收服了奚国；在反身南下中，又攻克了中原王朝北部的诸多边城；继而，又北上攻伐室韦、女真，占据了原来东突厥人的许多旧域，将松嫩两江合流处以北、以东、以西的地区，逐渐纳入自己的版图；然后，又向东进军，“钩鱼于鸭绿江”；向西又扩展到阴山以北、以西，从而震撼了北部中国。

契丹王耶律阿保机于五代后梁太祖开平元年（907）立述律氏为皇后，自己为天皇帝，皇后称地皇后，至后梁末帝贞明二年（916），建元为神册元年，国号为契丹。公元907年和916年便成为契丹国的两个建国之年，因此在契丹的建国史上，史家有不同的主张。契丹建国后，阿保机率兵亲征突厥，不可一世的草原王国突厥土崩瓦解，党项、沙陀等部落也成为囊中之物。随后，代北、河曲、阴山一带，以及营、平二州，也为契丹所占。神册七年（921），契丹改元天赞。天赞四年（925）末，契丹国王阿保机率皇后、皇太子与大元帅尧骨，在寒风料峭、千里冰封、万里雪飘中，发

耶律阿保机塑像　范震威摄

兵远征渤海国。他们有备而来，御寒不成问题，一路征程上因江河封冻，不用渡船和架临时的浮梁，反而更加方便。相比之下，应战的渤海国之兵，便显得被动和准备得不够充分了。

战火在松花江和牡丹江大地上燃起。据《辽史》记载，除了契丹国自选的精锐骑兵外，阿保机还集合了奚、回鹘、新罗、吐蕃、党项、室韦、沙陀与乌古的马步军队，以及数量可观的北方汉族人的军队，共有二三十万之众。契丹王为确保攻战必胜，同时还派人去中原，修好中原的后唐政权，以避其乘虚而入。

天赞五年（926）正月庚申，契丹军队攻下扶余城，其守将被诛杀，松嫩地区雪原凝血，泪流成冰。契丹军乘胜东进，兵分两路：一路由安瑞和阿骨只率领，以万骑为急先锋，途中遇到渤海的守将老相来兵，一举而破之。另一路由皇太子耶律倍、大元帅尧骨为首，星夜进军，直逼忽汗城。忽汗城本是渤海国的上京龙泉府，位于镜泊湖以北，牡丹江之右岸，因为是冬天，冰封雪冻，江湖成了进军的坦途。渤海国国王听说契丹兵逼近王城，连忙调军，可是为时已晚，忽汗城被围个水泄不通。国王大諲譔只好率文武官员投降。渤海国历228年而亡。

太祖阿保机将渤海国改为东丹国。东丹国者，契丹之东土也。遂册封太子耶律倍为人皇王、东丹国王。至此，东丹国的旌旗飘扬于松花江、牡丹江的上空，靺鞨人的海东盛国从大地上消失，山河未破国已亡，历史走进后渤海国——东丹国时代，整个松花江、牡丹江流域成为契丹国的版图。

耶律倍掌握了东丹国的大权后，除一些主要的官员由契丹人担任外，也任命了一大批渤海国的故吏，同时保留了渤海国的某些旧制度。唯一额外的负担是东丹国每年要向契丹国进贡细布15万缎，马千匹。除了这些送给契丹国的贡品外，契丹在东丹国的统治阶层还要榨取一些财富，如此这般，让东丹国的人民怨声载道，痛感赋税之重。横征暴敛的结果，引起了靺鞨人民的反抗。东丹国是建立了，可渤海人民反契丹贵族统治的斗争却一刻也没有停止过。整个松花江流域不仅为悲怆的氛围所笼罩，也为反抗与镇压的刀光剑影所辉映。

东丹国建立之初，因为没有将旧渤海国的体制全部打破，在许多方面还可以看出东丹与渤海国之间的某种连续性。在头10年中，他们对中原王朝的进贡还一仍其旧。中原王朝，虽经更迭，对渤海——东丹的使臣，也一仍其旧。甚至在史书中，史家也以渤海使臣事记之，当然这都源于东丹国去中原的使臣，“尝自称渤海”使臣的结果，而使臣也多由渤海国旧吏所任。

东丹国时代，也曾派使臣出海去访问日本。东丹甘露四年（929）末，东丹遣渤海旧臣、著名诗人裴璆等93人，仍从图们江口出海，乘船访问日本。在渤海与日本国的相互关系中，日本对渤海的使臣虽然相当欢迎，但因渤海仅是唐的一个州，一个独立性较强的地方性政权，故在“所谓的外交礼仪”上及“国书的书写格式”上，不免进行挑剔，甚至摆出海中大国的姿态，吹毛求疵地指责渤海一方“不合体例”。这一次由裴璆任使，日皇闻接待吏相报，知裴璆为渤海故吏又事东丹，而且在裴璆的口中，多陈述东丹国的恶政，便拒绝接见东丹的这个使团。据史书记载，这次访日，是渤海——东丹国的最后一次访日，东丹国没有了面子，裴璆这位降臣也没了面子。至此，松牡两江的地方政权和日本的关系遂告中断。

东丹国建立之初，契丹王耶律阿保机曾对东丹王耶律倍说：“此地濒海，非可久居，留你在这抚治，足见朕爱民之心。”耶律倍的耳中时常萦绕着这句话。这句话，在太子的心中便被解读为，所谓“非可久居”，便意味着阿保机百年驾崩之后，他可以接班登基，从东丹国撤回来。这种心态使耶律倍在东丹国称王初期，便有一种“临时代办”的心理。事实是，东丹国初期，在朝野复杂的权力角逐里，契丹人虽居高位，但中下层官吏都是靺鞨人，故而许多政令常在中途受阻。耶律倍若想巩固契丹人的统治，就必须采取高压政策，使之慑服而非心服。其次，契丹所在的西拉木伦河地区，河南多沙漠，河北多沙地草原，只有霍林河地区才有疏林草原，土沃草肥。那里的特点是干而苦寒，和松牡地区的湿润多雨且苦寒的

牡丹江之冬　王冰摄

情况不同。耶律倍身为国王，大概是受气候或其他心理的驱使，似乎对渤海国的都城，对牡丹江、镜泊湖的风光和靺鞨族的美女都不感兴趣。大概是常怀故国的缘故，这位国王不居住在都城天福城里，却总是居住在扶余城中，西望契京。东丹国王在外，东丹国的大权便控制在耶律倍的弟弟，即兵马大元帅耶律德光（字尧骨）部下的手里。天显二年（927），耶律阿保机病死在从东丹国返回契丹的途中——扶余西南的行宫里。行宫位于北流松花江与伊通河之间。这里便筑起了升天殿，因其地有黄龙现身，故而乃改扶余城为黄龙府。阿保机一死，太子耶律倍受到冷落，军国大事全由皇后摄政。第二年秋天，祖陵修毕，开始商议新国王登基。由于军权落于耶律德光之手，耶律倍性温力单，也知太后之意，只好向摄政的皇后建议，由大元帅承继大统，自己甘居东丹的人皇王。皇后本来就喜欢她的二儿子耶律德光，既然身为长子的耶律倍推荐，耶律德光便登基成帝。群臣跪地三呼万岁叩礼，内中也包括耶律倍本人在内。

耶律德光登基后称太宗。太宗继位，心中最大的一块心病是让位于他的大哥耶律倍。耶律倍身为太子而失国，心中之酸楚，难以对外人言说。倍与德光实为一母所生，只是母亲偏爱次子，所以作为摄政皇后，便免不了偏向了。不过，表面上摄政皇后对她的几个儿子还一如既往，不分伯仲。天显五年（931）二月己亥，太宗下令修建南京（今辽阳，天显十三年改称东京），半个多月后，皇太后还召德光帝和人皇王耶律倍于自己的宫中，让这两位善于汉字书法的儿子，在自己面前挥毫了一番，表面上其乐也融融。但就在这个月，皇帝又下诏让人皇王耶律倍率渤海国的臣民全部南迁，迁至新城南京，即辽阳。与此同时，还在耶律倍的左右安插可靠的卫士，以随时观察耶律倍的言行举止。耶律倍虽然带兵打过仗，也算文武全才，可他总的来说是个文人、书生。在他父亲还活着的时候，有一次父亲问："受天命的皇上，要事天敬神。有大功德者，我应先祭祀谁呢？"下边的大臣皆说，要敬佛呀。太祖耶律阿保机说："佛不是中国教啊！"耶律倍说："孔大圣，万世所尊，宜先祀。"太祖非常高兴，便下令大修孔庙，诏皇太子耶律倍春秋祭奠。由此可见耶律倍深受儒家学理的影响。耶律倍对孔子的尊崇也带到东丹国。他居东丹王时的第一件事就是在天福城中大修孔庙。渤海国时，已有孔庙，但佛事香火更旺，耶律倍则反其道而行之。

诏令既下，人皇王想起父亲曾说过渤海非久居之地，也就不想反抗，便随这一声令下，率文武官员，抛家别舍，从牡丹江中游起身，浩浩荡荡

地向浑河、太子河（梁水）方面进发。在“不迁者死”的号令下，可怜数十万东丹国的人民驱车赶马，肩担步行，趔趔趄趄地行进在南行的路上。这是松花江、牡丹江地区第一次向外地搞的官方移民，他们离开祖祖辈辈居住的土地，离开他们的祖居房屋，离开他们开垦了无数代的田地和果园，他们离乡背井，带着婴幼的哭号和老病者的呻吟，以及牛哞马叫，悲伤地走在通往梁水的陌生土地上。而迁徙的原因，不是这里的土地贫瘠、收不果腹；也不是这里的环境恶劣，民不聊生；更不是这里突降战火，厮杀无宁日。都不是，只因为老皇帝丢下过一句“这里濒海，非可久居”的莫名其妙的一句话，还因为太宗皇帝怕自己的哥哥有二心，给他迁到一个没有根基的地方，成为一个护州的小吏，而非一国之王，既易监督，又易问罪。倒霉的是东丹国的“群臣”和老百姓。东丹国亡了，哪还有臣子可当？

人皇王自己真是无可奈何，此时兵马大元帅是由和他一母所生的老三——李胡所掌握，他耶律倍想造反，也无兵可调。他只好逆来顺受，带

传世名画《东丹王出行图》 李赞华作

头迁徙去南京吧!

身后的天福城没有赐福给他，相反却给他带来了厄运。空城故国留在身后了，他不能回首还望，天福城难免叫人眷恋。眷恋的是老百姓脚下的这片江山沃土。宫城被一把火引燃，房宅与庙宇也被拆毁，宫殿的飞檐灰瓦，在苍茫的夕阳下，被烟火所吞噬，暮霭中的风铃，在摇曳的旋风中，发出凄凉的空响。当一弯苍月从柳丝中上来的时候，东丹国的人马大队已经离此远去，忽汗河的流水在苍月下，映出一片碎银似的波光，没有了鸟鸣，大雁刚从南方飞来，嫩绿的山林好像感受到了遗民的悲咽，在摇摆的枝叶中，风声低响，似在向忽汗河水倾诉着一腔凄怨。

腾空的大火将一代帝王之业焚毁，苦心经营了228年的海东盛国和它的接续者东丹国的余绪，在几天之内灰飞烟灭。从西拉木伦河与大漠来的征服者们，不知出于何等心理，非要置东丹于无基之地而后快。令笔者殊为不解的是，松花江上游和牡丹江流域，至今仍然是环境最优美最富饶的地方，契丹皇帝下令将这片土地撂荒抛弃，实在不可理喻。这和当年东胡人朝匈奴人要土地时，匈奴王冒顿所说的“地者，国之本也”，形成了鲜明的对照。耶律德光自己没能拥有，也不让他的哥哥拥有，才出此下策。一千多年以后，笔者来到这片当年被烧焦的土地上，焦灼的烟煳味早已散尽。在那片掩映在树草的废墟里走过，被岁月和时光击碎的瓦片和石块，散落在荒草之间、树影之下，颓垣残壁还在时光的流泻中，经受着无声的问询。

渤海国人被迁徙至梁水之后，东丹国亡，数十万渤海国人便消失在彼地的民族融合的洪流中了。

迁徙令下达以后，真正跟着东丹国贵族走的人还不足一半，其他的人，也包括原渤海国的一些贵族官吏们，纷纷举家逃亡。他们宁愿拒绝南京城的房舍，也抛开渤海国的故园，四下逃走，去过以前过的半地穴的生活，或重新建屋，也不愿接受异族的统治与盘剥。这种无来由的所谓内迁，是氏族时代将战败方作为奴隶的一种安顿方法，进入封建社会，这种全掳全迁的方法不仅不可取，反而还会使已经发展起来的民族集团再次湮灭。渤海——东丹国的情况，就是典型的例证。

逃亡的人是四下奔逃的，无法追击。有的逃往新罗；有的逃往高丽；有的逃往黑水部；有的逃往蛮荒的松花江以北的小兴安岭，即铁力部的边缘地带；也有东逃进入张广才岭，投奔新崛起的女真部落，甚至远逃至松嫩平原，融入室韦部落。不管逃亡者逃至哪里，都会受到欢迎，因为那时地多人少，投奔者的加入，只会给部落集团添人进口，不会发生人多地少的危机。这就是当年——中古时代松花江地区的又一次民族融合进程。虽然这次民族融合的代价惨重，但终究是文明演进的一次飞跃和扩散。用今天的视角来看，它是利弊共存的。

总之，经过这么一次大折腾，渤海国的接续者——东丹国，也接近灭亡了。

东丹国南迁，宰相被革职，文武官员都失去了官职，而最心痛的则是东丹国的国王耶律倍。耶律倍是一个很汉化的契丹太子，他叨念着杜甫的“国破山河在，城春草木深”的诗句，在南下的路途上，只有借酒浇愁：饮下的是痛心和悲怆，溅起的块垒是无奈与绝望。他无心问理朝政——到了南京城，国已不国，家亦非家，何来的朝政可问？在悲凉的心绪中，只有去海上畋猎，打鱼杀鲸。他知道身边已被契丹王耶律德光安置了亲信，他的一举一动都会有人将之报告给皇上。这种日子怎么过？如果说，他身居扶余或天福城，利用松花江、牡丹江的天险还可以独立统治，或和自己的弟弟分庭抗礼的话，尚有山川绿林可以保护，而今他身居契丹各路军队的包围中，加上人人痛心，个个丧志，哪还有反抗的可能。于是，另一个大胆的想法便逐渐萌生了。

人皇王耶律倍的半软禁的生活，很快便被中原的李氏后唐政权所知晓。事实是，唐灭亡以后，进入五代纷争的局面，先是朱温建立后梁，又有李存勖建立后唐。后唐的地域虽比大唐地域小得多，可是在辽东和海上仍有耳目。耶律倍处境不佳的情报，立刻被后唐的皇帝所掌握。后唐的北界早就受到契丹的劫掠。于是，后唐皇帝便派人扮作商旅，将他的亲笔信带给耶律倍，致以慰问之情。多次致信的结果，使耶律倍决心在后唐的帮助下逃出牢笼——离“国”他走。

事实上，他已经无国了，有的仅仅是一个樊笼。

这位耶律倍人皇王，有两个毛病：一是嗜书如命。因为他崇尚孔子这位至圣先师，所以特别热爱藏书。当年，契丹攻破渤海国时，各路契丹英豪无不抢掠金钱和美女，唯有人皇王将举国的汉文书籍据为己有。东丹国南迁时，所有的抄书，全部打包上路了，成了他的私人藏书。他的另一个特点是嗜人血，尤其是年轻美貌女人的血。他常常将身边美女宫妃的玉臂刺破，用口吮之。故而他对女人的需求，不是性，而是血。后唐的使节再次来拜访，耶律倍对身边的人说："我以天下让给皇上，反而见疑，不如远适他国，以成吾泰伯之名。"于是，他立木于海上，刻诗一首。其诗曰：

小山压大山，大山全无力。

羞见故乡人，从此投外国。

然后带着高美人等，带着他的一部分藏书，驾着大筏船，从海路逃出，直奔登州而去。随着人皇王逃走的还有40多位贴身的亲信，百匹良马。

耶律倍还是一位造诣很深的契丹学者，他儒道释兼通，能书能文。进入后唐中土，唐明宗下令以天子的威仪迎接他。到汴京以后，唐明宗赐姓东丹，名慕华，并将庄宗之后夏氏夫人嫁与他，又任命东丹慕华为怀化节度使，瑞、慎州观察使。后又赐姓李氏，名赞华，移镇滑州。李赞华身在异乡为异客，唯思故国又思亲。虽常有北地的问安之使，但难耐寂寞孤独的岁月。秋风秋雨添愁绪，每遇小逆即骂人。嫁给他的昭容夏氏，本是美丽端庄娴淑温雅之女，不堪暴戾，无法共枕，便主动提出离婚。

后唐明宗长兴四年（933），明宗养子李从珂弑其君自立。李赞华发密信报耶律德光："从珂弑君，可发兵讨之。"耶律德光命令石敬瑭为晋王，加兵洛阳。从珂见兵临城下，遂要自杀。自杀前动员李赞华和他一起自裁，被李赞华拒绝。从珂派壮士李彦绅将李赞华杀死，李赞华死时年仅38岁。可怜渤海这一海东盛国亡后，落入东丹国人皇王手中，人皇王没有经天纬地之才，只有拥坐书城嗜女血为乐之癖，既不会治国，也不能安邦，最后死于非命。然李赞华善画，他的画都是描绘草原上马背民族的生活，乃成为中华美术史上的一位杰出的画家。与傀儡般的东丹国王耶律倍相比，到底是画家李赞华更令人向往呢，还是倒霉的东丹国王？

纵观渤海——东丹国两百多年的沧桑往事，其国存时，在唐王朝的政策下，走文化融合的和平之路；其国消亡后，则走多民族在冲突中进行融合之路。两路歧异不同，却殊途同归。换言之，在一个崇尚民族相通相融的唐代社会的影响下，通过渤海国由盛到衰之路，可以看出，松花江流域的民族与文化和黄河中原地域的民族与文化靠得更近了。渤海国的历史长河计有228年，它的国家档案、藏书及卷宗，均落入东丹王耶律倍之手，最后因他死于非命，所有藏书全部亡佚，故而后朝能修五代史而未能修渤海国史。耶律倍出海时有部分藏书存于医巫闾山的寺庙，那里山崖下有一读书台，耶律倍曾在该地避暑读书，至今读书台尚在。笔者曾往观焉。

六、鸭子河：辽代的民族冲突与融合

长白山自然保护区也保护了松花江之源　张东明摄

后东丹时代松花江西南角

唐天祐三年（906）末，契丹的痕德堇可汗死，属下的群臣要求耶律阿保机接任可汗。经过三次推辞，阿保机于公元907年春元月庚寅，设坛祭天，郑重地当上了契丹人的皇帝，辽史称元年，国号为契丹。历10年，大赦建元，称神册元年（916）。过了若干年，于公元938年（一说947），改国号为辽。公元983年复称契丹，到公元1066年，又改称辽。

在契丹统一中国北方的时代，松嫩两江成为辽土的内河。

阿什河风光　汪恩良摄

契丹是中国北方的一个杰出的民族，但在中国历史的史册上，却鲜有它的踪影。在边荒草昧没有书契的时代，契丹族的上源不可考（《辽史·太祖纪·赞》说，他们是炎帝的后代，其先出自审吉国云）。契丹一名，最早见于《魏书·契丹传》。契丹是东胡的后裔。东胡被匈奴击破后，一部分人退保鲜卑山，后成为鲜卑部，契丹的先人也包括在其中。随着时间的推移，部中的宇文氏族强大起来，在北野的大漠和中原的边地啸傲一段后，复又衰落。宇文氏衰落后，其部族中的别种库莫奚人和契丹人相继强大起来。因此，《魏书》的传文称，契丹与库莫奚是“异种同类，窜于松漠之间”。隋时，契丹强大，占据着西拉木伦河、老哈河一带，但它的北境已到达它漏河和那河（嫩江）的下游，并以此二河与室韦为界。因此，在审视中古时代松花江母亲河及其儿女时，最重要的是生活在松嫩两江西南的契丹族，绝对不可漏去。契丹人似乎和松花江母亲河的其他儿女不同，松花江母亲河的其他儿女，都有南下觊觎中原地区的野心，都想在政治、经济和文化发达的中原谋取自己的利益。契丹的远祖是东胡，亦源于松花江北源嫩江之右，可他们自己并没有将嫩江、松花江视为自己的母亲河。契丹人视土河（老哈河）与西拉木伦河为自己的母亲河，并顶礼膜拜之。

契丹人的杰出首领耶律德光，在同中原后晋的攻战中，攻灭了后晋，俘虏了后晋的末代皇帝石重贵。后晋的前帝是石敬瑭，对契丹自称儿皇帝。石敬瑭死后，由他的侄子石重贵接班当上了后晋的皇帝，对契丹皇帝自称孙皇帝，但拒绝向契丹称臣，因此契丹发兵灭了后晋，俘获了这位孙皇帝。辽大同元年（947）正月，辽兵攻入汴梁（开封），石重贵等一干皇族都成了阶下囚。辽皇耶律德光受到文武百官的朝贺不久，于正月十七日将俘获的后晋皇帝石重贵、太后李氏（石敬瑭妻）、母太妃安氏、皇后冯氏，以及皇弟重睿，皇子延煦、延宝等，通通押解北去，将他们流徙至混同江南岸的黄龙府幽禁。与之同行的还有宫妃、内官、东西班、御医等168人。这是中国历史上进入松花江流域的大规模官宦流入的开始，也是松花江第一次迎接来自中原的亡国之君。自此以后，进入松花江地域的流人开始增多，松花江地域的荒拓、苦寒使中原人闻之丧胆。

石重贵一行在黄龙府一地只住了三个多月，因其地流人太多，不利于幽禁，便又将他向西北远徙。后来又改变了方案，最后迁至大灵河（即大凌河）北岸建州附近的一个寨子内，建屋耕作，度过他最后的14年多的岁月，才含恨死去。

耶律德光在汴梁只做了三个月的皇帝，住了三个月的皇宫后苑，穿了三个月中原皇帝的蟒袍玉带，吃了三个月的汉家皇宴，朝见了三个月由契丹族和汉族以及其他族人组成的文武百官，就让那些绣幕珠帘把他弄烦了。这位弓马英雄，尤其对皇苑中皇帝的起居礼仪和早朝仪式的繁文缛节深恶痛绝。他认为，连吃饭、起夜这样琐碎的蝇头小事都要写进《起居注》中，皇帝也太不自由了。再加上黄河地区入夏以后的气候炎热，更让这位穿了龙袍的契丹皇帝大汗淋漓，实在难忍。耶律德光在松漠地区的契丹宫里，要比这凉快得多。而且，在入夏以后，契丹皇帝都要北上，找凉快的地方去避暑、打猎，名之曰“夏捺钵”。他甚至可以便装，可以赤膊练习马上功夫、骑射本领。那天高云低、一望无际的科尔沁大草原，松嫩两江汇合地的禽鸟猎场，视野开阔，微风习习，猎后可以就地烧烤大嚼，

大青山下阿什河——金源宝地　阿宣供稿

喝酒可以开怀畅饮。相比之下，这三个月的中土皇帝，当得太不舒心，太不自在。

在厌倦了这一切之后，耶律德光毅然地放弃了治理华夏的机会，班师北返——让那些钟情于皇帝宝座的人自己去争罢。他说完，便带着后唐皇宫中的珍玩财宝和美女席卷北去。随大队人马北撤的，还有许多干练的后唐官员和能工巧匠。孰料，三个月的中原皇帝瘾刚过完，这位代替哥哥当了皇帝的耶律德光，不幸在北返的途中患染沉疴，后病逝于栾城。耶律德光死后，一直跟在耶律德光身边的耶律阮，在诸大臣的密议下，被拥戴接班，当上了辽的第三代皇帝。耶律阮是东丹国人皇王耶律倍的儿子，一直跟随在耶律德光的身边，既为耶律德光所器重，也深得民心。耶律阮在军仪和灵柩前继承大统之后，便命令耶律天德等扶柩先行，返回辽都临潢。大批的回撤部队带着从汴梁装满的珠宝箱及辎重，随后北上。

耶律德光的母亲述律平太后，也就是耶律阮的祖母，原本对儿子入主中原就很不赞同，听说爱子病死，越发伤心。后来闻报耶律倍的儿子耶律阮未经选举，尤其是未经她老人家的首肯就接了班，更是怒上加怒。按契丹的传统，大渠帅应由选举产生。辽的太祖耶律阿保机就是经过选举从异姓手中接过权柄的。后来，阿保机为了稳坐江山，又在贤内助述律平氏的谋划下，铲除了各部落的渠帅，而成为契丹史上的第一代皇帝。述律平，小字月理朵，契丹右大部人，史称她果断，有雄才大略。耶律阿保机自称天皇时，便封她为地皇后。这对开国夫妻感情甚笃，阿保机死葬，述律平氏要以身殉之，亲戚百官力谏，她自断右手腕纳于柩中才罢。阿保机死后，耶律德光继位，本是老皇帝夫妇的意愿。后来，太子人皇王耶律倍在东丹国南迁时投奔后唐，述律平太后便属意她的三子李胡，将来接二哥的班。耶律德光病死，老人家当然想让李胡接班称帝，没想到长房长孙抢班掌权，是可忍，孰不可忍。述律平老太后怒发冲冠，披挂而起，以69岁的高龄率领自己的小儿子李胡以潢河（西拉木伦河）为基，上演了一场奶奶讨伐孙子的战争。李胡平时骁勇异常，其兵马也精锐，但在第一仗中，在横扫中原如卷席的耶律阮的大军面前，却大败而归。入秋，双方兵马在滦河岸边对峙了数日。幸有大臣耶律乌哲等后来从中斡旋劝解，双方才罢兵言和。耶律阮进入上京临潢，正式继位，史称辽太宗。述律平老太后和李胡，都被送到祖州阿保机的陵地附近，围栅软禁。

嗣后，辽太宗重整宫帏，大兴土木，在辽国辽阔的土地上，东达海岸，北达到黑龙江以北、贝加尔湖地区，西达额尔齐斯河，南达河套地区、河北北部，在游牧民族逐水草而居的大片土地上，实行契丹之制；在燕代之南，包括燕云十六州等居民主要为汉民的土地上，实行州县的统治，其政经制度和后梁、后唐、后晋相似。在汉胡人杂居的地方，不同的人犯了法，便由不同的官员，按照不同的法令，在契丹或汉各自的衙门里进行审理。即汉人依汉法治理，契丹人用契丹法约束，成为史上著名的“一国两制”。

五代纷争之后，赵匡胤统一了中国，建立了宋朝。宋朝虽然统一了中原，面积却比唐小得多。北境是辽，西境是回鹘，西南是吐蕃和大理等。由于辽和西夏的强大，宋朝边境上，战争一直不断，著名的杨家将的故事，就发生在这个时期。这个时期在中华大地上，民族的冲突与融合，不论是规模、地域还是部落群体，都是空前的。其冲突越激烈，其融合越迅速，也越趋统一。这种融合的本质，汉化仍是主流。契丹——辽的文化固守只是一种表象。

随着辽的强盛，不言而喻，松花江作为辽的一条内河所经历的后东丹之路，实际上将渤海时代的封建文化的雏形丢掉了，又倒退到半氏族半封建的社会中。生活在松花江流域的女真人也多半成了契丹贵族的奴隶。在后东丹时代，女真人从松花江下游向南迁徙，来填补渤海人南迁后遗下的空间。东丹迁往梁水后，命运更加悲惨。那时，辽河、浑河流域有多种民族杂居，战争不断，许多渤海人被作为奴隶卖到内地。女人成为奴婢，男子成为兵丁。为了摆脱这种命运，渤海人纷纷逃亡。山重水复兮人命舛，人命如萍兮走四方。在松花江流域中，渤海人唱着逃亡的悲曲，远走天涯

辽帝像（据《滨海遥远的过去》）

他乡，从忽汗河唱到梁水，又从梁水唱回北疆。

辽代最盛时，设有五京，即上京临潢府，在狼河（今乌力吉达伦河）之畔，今巴林左旗；升幽州为南京（今北京）；将梁水的南京，改为东京（今辽阳）；辽圣宗筑城中京（今宁城）；辽兴宗升云州为西京（今大同）。这里的五京设置可以说是效仿渤海国的五京，除上京临潢外，其他四京都比渤海国的四京要大得多。辽的疆域更大，东临渤海、日本海，北至胪朐河、外兴安岭以北，南达白沟，西至金山，暨于流沙，纵横万里，名闻西亚与欧洲。

辽时，松花江与嫩江汇合处及北流松花江下游地开始繁华起来。除黄龙府外，还设有长春州（今大安）、泰州（今白城西南）、宁江州（也称混同，今三岔河——扶余）；在黄龙府北有祥州、宾州；在黄龙府南有威州和信州；在松嫩两江合流处，生活着达卢古部女真人，江北有出河店，是一个驻军的所在；沿干流松花江以下，在牡丹江河口处，设越里吉（今依兰）；梧桐河口处设盆奴里；再沿松花江往下游走，为越里笃、奥里米。这四个重要的据点，居住的都是女真人。在牡丹江流域，废弃的忽汗城还在，只是少有人烟。东丹国那场大火后，这里人烟稀少，当年的辉煌如南柯一梦，早已消逝在荒冢与瓦砾间。苍茫的忽汗海（今镜泊湖），也改称鞑鞨池，一个和昨天与前天的历史相勾连的名字。

辽国的主要江河有14条，其中载入史册的，属于松花江流域的有5条。如鸭子河（松花江）、他鲁河（洮儿河）、剌离水（拉林河）、安出虎水（阿什河）、踈木河（北流松花江）等，而整个松花江又称混同江。东丹国南迁而亡，原来渤海国的旧土，都成了辽的本土。据《辽史・地理志》，辽的各州之间，许多新建的县镇，其人口均来自战争中驱掠的移民。契丹灭渤海国后建立辽国，辽国以战胜者的身份强制性地将渤海国人同化成辽人。从表面上看这种同化似乎增加了辽的国力和人口，可实质上，生活在松花江地域的靺鞨——女真人，虽被迁至松漠之地的纵深，对干冷的自然环境却很难适应，更难以接受的是他们被奴役的身份和地位。他们一有机会，便甘冒被杀的危险，向东北方向逃亡。在一定程度上，反而成为辽政府的负担。这些人，一直怀念自己的故园——松花江、牡丹江的绿林山川，白云苍狗，他们渴望从辽贵族的桎梏下获得解救，而这一点也为辽的灭亡埋下了伏笔。

后起于松花江一级支流安出虎水之侧的完颜氏女真人，以一役之功战胜辽军，打破了契丹人不可战胜的神话——北宋的杨家将和辽打了多年，留下多少孤儿寡母，却没有伤及辽的筋骨，而完颜氏一崛起，辽就急转直下了。辽国的灭亡诚然有许多历史上的必然原因，其中大批迁徙渤海人以为自己的立国之本，终非治国安邦之道。东丹国的南迁，以及渤海国人的四下逃亡，实际上已经为辽国埋下了祸根。比如，像上京临潢府这样的辽国之腹地，其所辖的县，诸如长泰、定霸、保和、潞县、易俗、迁辽、渤海等县，其居民多为汉人与渤海人相杂居，汉人和渤海人都是从原住地强迁驱掳而来。这虽有助于民族的融合，其融合的趋势是汉化，而非契丹化。因而当完颜氏反抗辽的奴役而起兵时，其中有一条理由就是一雪当年亡渤海国的灭族之耻。而辽军中的兵士，甚至下级军官，都由渤海兵丁来担任。完颜氏军队的口号是“女真、渤海本为一家”，在这样的口号面前，辽军的战斗力量可想而知。上京是辽太祖帝业的肇始之地，尚且潜伏着如此的民族危机，其他地方的情况，也就不难测知了。

再如，在上京西南的永州，于西拉木伦河与老哈河之间，有一木叶山。相传很久以前，有一个精壮的汉子乘白马，自马盂山浮土河（老哈河）东行，又有一位女子驾着青牛车由平地松林泛潢河（西拉木伦河）而下，两人在二河相会处相遇而一见钟情，结婚成家，在木叶山居住，生育了八个儿子。这些儿子后来逐渐长大，又有了后人，分成八个部落，便成为契丹八部的祖先。这一男一女被契丹人奉为天神和天女，受到后世的尊崇。契丹人崇尚祖先崇拜，每次行军打仗或春秋之时，必用白马、青牛告祭祖先，以示不忘其本。契丹立国后，在此地设立永州。契丹的皇陵也都设在这里。永州辖三个县，最大的长宁县，有4 500户，都是从渤海迁来的靺鞨族的移民。在永州之西，居住着渤海国铁利府义州迁来的靺鞨族铁利部的移民，有1 500户。后来，这些人又被迁往嫩江下游的泰州，其原因不详。大概是感到不怎么可靠，是其中最重要的原因。另一个慈仁县，有居民400户，是何族人，不详。辽国的皇陵之地，多数人竟是渤海人，可见辽的统治基础有其薄弱的一面。20世纪末叶，考古工作者曾对木叶山辽的皇陵进行过试掘。在试掘中发现，有些陵寝早在金灭辽时，就已被金兵发掘过。而且，这些发掘多是毁灭性的，并非盗墓那么简单。掘祖坟、坏风水，以防契丹再起，其手法和契丹毁掉渤海国及王陵如出一辙。《辽史·地理志》中，处处都可以看到渤海国人的踪迹。从这一点上说，契丹——辽不采取羁縻主义的民族政策，也不采取“殖民主义”政策，而采取“迁民主义”政策，大概是契丹人太少的缘故，或不得已而为之。但不管怎么说，契丹人的不成功的移民主义政策，在迁民的同时，就已经为自己准备了掘墓人。

历史留下的谜团太多，从西辽河的上游西拉木伦河，到今日松花江及其支流牡丹江，在方圆千里的土地上，有多少遗落的往事啊！辽墓被金人毁掘过，但辽墓的疑冢很多，契丹帝王皇族的遗骨，躺在青山绿水的大地上，在疏林草原和大兴安岭南麓的密林丘陵之间，让人难以寻觅其真陵地。

鸭子河与春捺钵猎语

整个东北地区成为辽的疆土后，松花江从长白山天池起，到和黑龙江合流后注入北海（鄂霍次克海）的这条大水，便称为混同江，而松花江的北源嫩江，则称为那河或纳水，是混同江左岸中游的一条大支流；另一条大支流是黑龙江中上游，在辽时被视为注入混同江的支流；当然乌苏里江也是一条大支流，但那时还未走入历史的前台，人们并不怎么注意她。

混同江名字的来源有二：一是松嫩两江汇合，一浑一碧，故称混同江；二是源自松黑两江的汇合，一黑一黄，二水中分，流至下游数十里百余里，才逐渐混合为一。不管怎么说，混同江反映了这样的事实，也就是说，当松嫩两江汇合时，嫩江当时水色碧绿，嫩江一路上水土流失少，故江水为碧绿色，而北流松花江上游一直不错，进入松嫩平原后，河床两岸，也包括支流水土流失较多，故水体浑而浊，两江汇合，被称为混同。在松花江和黑龙江相会处，黑龙江为黑绿色，多含腐殖质，而松花江携一路水土流失的泥沙注入，江水略带黄色，尤其是大洪水时，更加浑黄，因此二江之水相会，融成一色，需要时间和里程。混同江的江名反映了松花江流域水土流失由来已久，一千多年前的辽代人就已经注意到这一自然现象了。

混同江，是松花江作为一条完整水系出现在辽代史籍上的令人关注的名字。

辽本为游猎民族，立国后仍习俗不改。辽代皇帝不喜欢像中原皇帝那

松花江注入黑龙江——今日混同江　田儒摄

松花江注入黑龙江后的混同江起点称三江口　范震威摄

样坐镇禁中，颐指气使地将皇天后土和万民玩弄于股掌之上。辽朝历代皇帝最喜欢干的事情，便是一年四季到处游猎。辽代疆域广阔，可以打猎的地方很多。每次打猎，都要携带大队人马，有文武官员相随。有时一住数月，军机国务大事，就在游猎中随时处置。若有强敌或叛乱，也可以随时剿灭。

凡行猎之地，都要修筑行宫，由于这种尚武的行动年年都要进行，故全辽随季节的不同，而修了四处行宫，以供辽皇在游猎时使用，用契丹语来说，叫作“捺钵”。

“捺钵”，是契丹语的汉字音读，含义为“行在”，“行在”即皇帝的行宫。但它又不完全是一个名词，其中也有行猎的含义在内，如《辽史·营卫志》中，有春捺钵、夏捺钵、秋捺钵和冬捺钵等，均为行猎的内

松原市北的松花江——辽代春捺钵之地　刘占武摄

容，故释为“行猎”似也不差。

一年四次的捺钵活动，均按季节进行。它是辽皇游猎加巡行又加休息的重要国务活动。一年春夏秋冬的四个捺钵活动，后来便形成制度，按岁时安排行动。捺钵时，契丹的大小内外臣属和应役人员，以及汉人宣徽院所管的百司，都要跟随。自辽太宗始，捺钵活动，作为辽的一种国务活动，贯穿整部《辽史》。

辽皇的春捺钵活动主要集中在松嫩两江汇合处，以及附近的支流地带。《辽史・营卫志》说：“天地之间，风气异宜，人生其间，各适其便。王者因三才而节制之。长城以南，多雨多暑，其人耕稼以食，桑麻以衣，宫室以居，城郭以治。大漠之间，多寒多风，畜牧畋渔以食，皮毛以衣，转徙随时，车马为家。此天时地利所以限南北也。”这段话讲出了南北的不同，更讲出了捺钵的来由，是为“天、地、人”三才所致。在辽圣宗以前，春捺钵多在潢河与土河进行。后来，随着疆域的不断扩大，捺钵之地便离上京更远了。辽圣宗太平二年（1022）春正月，这位名叫耶律隆绪的契丹帝国的皇帝，第一次“如纳水钩鱼”。纳水即嫩江，钩鱼即用钩钓鱼，或称畋鱼。按当时的历法，“二月辛丑朔，驻跸鱼儿泺”。这是辽代皇帝行幸松嫩地区渔猎之始。不过，在此以前，辽圣宗还曾有两次行幸浑河（霍林河）游猎的记录。第二年，即太平三年（1023）春正月丙寅朔，辽圣宗再次来到纳水钩鱼。

太平四年（1024）春正月庚寅朔，辽圣宗亲临鸭子河。“二月己未朔，猎于挞鲁河。诏改鸭子河曰混同江，挞鲁河曰长春河。”混同江之名由此诞生。

混同江是辽代皇帝圣宗耶律隆绪为松花江下诏命名的江名。在此以前，辽人将松嫩两江汇合处的江称为鸭子河。因为这里江宽水阔，湖泊湿地和大江相连，江中野鸭子特多，其他水禽也不少，故称其江为鸭子河。挞鲁河，即洮儿河，辽圣宗将其改为长春河，大概是因为洮儿河下游多湖沼，而沿湖湿地水草丰腴可爱，如春长驻的缘故吧！为什么将洮儿河称为挞鲁河呢？原来挞鲁古是一个女真部落，其中也有不少的渤海逃户。此地距长春州不远，也是改称长春河的一个原因。不过，鸭子河更具民间色彩，更易于为民众所知。未到过松嫩两江汇合处的人，不知混同江的内涵；但未到过鸭子河的人，肯定会想象出鸭子河的野鸭子一定很多。

由于野鸭、雁、鸨、天鹅、鹤等大型水禽相当多，因而这里成了嗜猎的辽代皇帝春捺钵最理想的地方。契丹人不分男女，均尚武能射。一部

北流松花江南岸码头，北岸即出河店　范震威摄

《辽史》，其中不乏皇帝亲自射鸭、射鹅、射雁的记录，甚至还有射虎的记录。最为神奇的，还有对辽皇太后射熊相贺的记录。契丹人的尚武精神，是毫不含糊的，在《辽史》中，便有太保郭三因避虎不射被罢免，而宰相仁杰猎头鹅给予升迁的记载。射猎、钩鱼是契丹人谋生的基本手段。因此，契丹族人不论男女，从小就要受到射猎的严格训练，每个人都有一身过硬的弓马功夫。在与北宋的对抗中，辽兵强悍无比，宋兵根本不是对手。

辽圣宗时代是辽国的鼎盛时代，皇帝以下，人人嗜猎。自松花江俗称鸭子河诏改为混同江以后，辽朝各代皇帝均对混同江——鸭子河情有独钟。太平五年（1025）正月乙酉，辽圣宗再次来到混同江。《辽史》中所记述的辽皇“如混同江”，其地在长春州，即今前郭尔罗斯蒙占族自治县的塔虎城，紧贴嫩江下游右岸，距两江汇合处约30余公里。辽皇每年来此春捺钵的地方差不多都在这里，但钩鱼和猎鸭鹅的地方却多有不同，或去上江某地，或去下江某地，反正逐水草而居，在哪都一样，换个地方，可能更增逸趣。

辽皇之所以每年来此，一方面，这里江宽水深，在正月时天不甚冷，恰好可以凿冰钩鱼，稍后春风吹拂，南雁北飞，又进入猎野鸭猎天鹅的季节；另一方面，契丹灭渤海以后，渤海人已徙于辽国各地，而靺鞨族的后人女真人又来填补其空间地带，辽皇对靺鞨与女真人总不大放心，尤其是日渐强大的女真人，早成了辽的心腹之患。实际上，自后东丹时代起，渤海靺鞨人的反抗，从来也没有停止过。民族的压迫越重，反抗也就越激烈。除了靺鞨人的反抗之外，其他民族的反抗斗争，也一刻也没有停息过。所以，辽国虽然强大，可自身后院的问题，即潜在的危机一直存在。对此，辽皇是心知肚明的，只是不将之说破而已。新春伊始，借春捺钵的机会，辽皇愿意增强同北方部落首领的联系，既笼络又牵制他们，这一切全出于维护社会稳定的考虑。这也可以从下一年辽皇加强在混同江与踈木河之间的驻军，并在黄龙府建兵堡三座，建烽火台十个的举措中，揣摩其中的含义。与此同时，辽圣宗还让驻扎在忽汗州的东京留守八哥派守将黄翩领兵进入女真的地域中进行户籍调查，结果搜得渤海降户逃者270余户，查获人丁和猪、马、牛，不可胜计。由此可见，辽虽得天下，成为松花江地域的统治者，但对靺鞨、女真人的监控，一刻也未放松过。从黄龙府向西南，至上京临潢，十座烽火台将松嫩两江地区的安危和辽廷线性地连在了一起。

春捺钵是加强松花江地区辽政权统治的一项重要措施。和历史上其他的统治者不同，辽皇春捺钵在松花江地区，秋捺钵则去辽河驻跸，因为辽东地区也是战乱多发地区，那里的情况更复杂，而尤其突出的也是东丹国南迁后，所带来的渤海国人的安居问题。不过相对地说，混同江地区的少数民族是辽最大的强敌，这是不争的事实。这也可以从辽圣宗嗣后几年来混同江一带的情况看出究竟来：

太平七年（1027）正月壬寅朔，如混同江。

太平八年（1028）春正月己亥，如混同江；三月，驻跸长春河。

太平十一年（1031）春正月己酉朔，如混同江；二月，如长春河。这年五月，雨水过大，诸河横流，皆失故道，混同江也发了大水。这是松花江历史上第一次发生大洪水的记录。这次大洪水的起因是大雨滂沱造成的，发生在夏天。而松花江发生大洪水的时间多在秋季，夏汛极少。

辽圣宗去世后，接替登基的长子耶律宗真，即辽兴宗，继续关注混同江地区：

重熙三年（1034）春正月辛卯，如长春河。

重熙七年（1038）正月辛丑，如混同江；二月庚午，如长春州。

重熙八年（1039）春正月丙申，如混同江观渔；二月丙子，驻跸长春河。

重熙九年（1040）春正月庚申，如鸭子河。

自重熙十五年（1046）起，辽兴宗一连七次来到混同江驻跸，四次如长春河。其中记载着，重熙十七年（1048）闰月癸丑，兴宗在射猎中，亲自射虎于长春河一带。斯时，大兴安岭地区鹿、狍还很多，故有虎生存，而且数量也一定可观，不然庞大的皇家猎队早已将虎惊走。

重熙二十四年（1055）八月，兴宗病死，接替他的是长子耶律洪基，称道宗。道宗也偏爱混同江、鸭子河，故也常来此渔猎。清宁三、四、八年春正月，辽道宗三来鸭子河搞春捺钵，其中第二次还亲自参加了钩鱼活动。改元后，于咸雍二、三、七年春正月，辽道宗又三如鸭子河搞春捺钵，其第二次来后，又驻跸长春州。改元大康之后，道宗于元、三、五、六、八年的正月又连续五次驻跸混同江。

其中，大康三年（1077）夏四月乙酉，辽道宗泛舟黑龙江。辽道宗耶律洪基是中国历史上第一位在黑龙江上泛舟的皇帝。《辽史》的这个记载，也是中国史籍上第一次出现“黑龙江”的名字，因此具有重大的历史文化意义。

不过，此处的“黑龙江”，是指混同江中下游而言，而下游至入海口则极为遥远，其中也包括了现今黑龙江的下游。那么，辽道宗泛舟黑龙江到底行至何地，史籍未载。但从此行正式纳入《辽史》的记录中，似可推知，辽道宗此行不会太近，应该行至松花江下游河口，甚至进入黑龙江下游又走了相当远的里程。此应该说是中国古代皇帝进入东北隅行船走得最远的一次泛舟之旅。

在此之后，大安元年，以及二、四、六、七、九年，辽道宗又六次驻跸混同江。而于大安七年（1091）三月丙戌，道宗还驻跸黑龙江。可见，辽的皇权旌旗正进一步向东北方向，即向生女真的发祥地伸展。

大安十年（1094）春正月，道宗如长春河。

寿隆元年春正月己亥，道宗如混同江。

寿隆二、三、四、六年，道宗四次驻跸长春河或长春州。

寿隆七年春正月癸亥，辽道宗再次如混同江，十一天后病死于混同江畔的行宫——如今的肇源县新站镇古城村。这是辽太祖耶律阿保机之后，又一位死于松花江地区的辽代皇帝。辽道宗死后，其孙耶律延禧接位，称天祚皇帝。六月辛亥日，将道宗及宣懿皇后葬于庆陵。

辽的天祚帝于乾统年间，三次如鸭子河，一次如混同江和长春州。

天祚帝天庆元年（1111）春正月，钩鱼于鸭子河，然后又如长春州。

第二年，天庆二年（1112）春正月己未朔，辽帝再如鸭子河。这次是辽皇最后一次行幸鸭子河。就在这次春捺钵的头鱼宴上，崛起的完颜氏女真族领袖阿骨打与天祚帝龃龉不和，嗣后引发了战争。由此，松花江地区的战火再次燃起，风云再次笼罩鸭子河，而辽的丧钟也由此而敲响。

关于春捺钵，《辽史》卷三二《营卫志中》说：

春捺钵，曰鸭子泺。皇帝正月上旬起牙帐，约六十日方至。天鹅未至，卓帐冰上，凿冰取鱼。冰畔，乃纵鹰鹘捕鹅雁。晨出暮归，从事弋猎。

这里需要说明的是：冰泮，即开江跑冰排，冰封的大江一般在旧历三月某日，一夜间嘎嘎开裂，碎冰随水流称为跑冰排。跑冰排于数日内结束，这时雁、鸭、鹅均从南方飞回，于是猎鹅雁的活动方开始进行。

关于凿冰钩鱼，文献中也有记述。在《燕北杂录》中，叙述了辽道宗

查干湖渔猎博物馆集松嫩渔猎文化之大全　汪恩良摄

耶律洪基及母后萧太后在鸭子河钩牛头鱼的情景。所谓牛头鱼，其实就是鲟鳇鱼，乃是鲟鱼与鳇鱼的统称，满语称七里鲋子，以鲟鱼头上有七颗疣状突起而名。鲟鱼与鳇鱼外形相似，一般难以区分，它们都是松花江中的鱼类。正面看水中突然昂起的鲟鳇鱼头，像牛头，而且其体大过牛，重达数百斤，大者可达千斤，它的价值也宛若一头牛，故俗称牛头鱼。此鱼是古时鸭子河、混同江的特产。正月时，鸭子河还在封冻，辽道宗与母后萧氏设帐于冰上。钩鱼时，先使人于鸭子河上下十里间，以毛网截鱼，使鱼不得游散，并用网将之驱赶到冰帐附近。在冰帐附近的冰面上，事先预开四个冰眼，让之透水的只有一眼，另三眼不透水，还留一层薄冰。透水处可以施钩，在薄冰处可以观望等候。冰下的鱼，因久困于冰下，一旦遇到冰眼处露出光亮，必游至此处伸头吐气。待鱼来时，侍者便报告皇帝。皇帝在凿好的冰眼处抛掷绳钩，丢于鱼的口中，一般均百发百中。投中鱼头后，先不往上拽，而是先让鱼游去，将长绳拖走若干。等牛头鱼游得没有力气了，再用多人将鱼从冰眼中拽出。这样每年春捺钵钩得的第一条牛头鱼，称头鱼。将头鱼烧熟而食，便是头鱼宴。

头鱼宴在帐中进行，由皇帝宴请来自各地的部落头人饮酒作乐，通宵达旦。

夏捺钵的地址，“无常所，多在吐尔山”；秋捺钵的地址在伏虎林，这里可以射鹿，也可以杀虎；冬捺钵在广平淀，为沙碛疏林草原，冬暖，可设牙帐于此过冬，主要是接待诸国礼贡和商议国是。

不过，这里还应指出，契丹——辽的捺钵，不仅是辽代的制度，在金、元两朝中捺钵制度仍然盛行，而且一直沿袭至清代，足见契丹——辽文化对中国历史影响之深。金代的捺钵制度已向嬉戏娱乐转化，基本已与政治脱节。元时蒙古人的捺钵，初时也承袭了辽制。元朝一统中国后，元帝的捺钵，夏秋在塞外，春冬在京畿。满族是女真人之后，捺钵承金和辽的传统，但他们不叫捺钵，而叫围猎，如木兰围场、乌拉围场等，都是皇家猎苑。此亦是后话。

辽皇在春捺钵中用猎鹰海东青擒天鹅，不用弓箭。用猎鹰海东青擒天鹅，娱乐的性质居多。但他们猎鹿杀虎还是用弓箭的，猎鹿的方法是，皇帝驾车到某泺岸，潜伏于水草中，夜半时分，鹿来饮水，让猎手吹鹿角，以模仿鹿的鸣叫声，吸引更多的鹿来此集中，对鹿群进行射击，名曰“呼鹿”。还有一种方法，因鹿喜舔盐碱，在盐碱地草原上，猎手可撒盐碱待鹿，鹿多后，一举射之。这种射鹿的方法，不仅契丹人使用，女真人也

阿什河中游，伏尔加庄园风景区　范震威摄

用。《辽史·天祚皇帝第一》中记载，完颜阿骨打的三个弟弟吴乞买、粘罕、胡舍，都是超一流的猎手。他们不仅能呼鹿，还能在虎与熊的进攻面前临危不惧，敢于刺虎和搏熊，由此而受到辽皇的厚爱，一直带在身边，而且还不时地加官晋爵。辽时，大兴安岭的群山中野生动物很多，打猎时受到虎熊的袭击也不少。重熙十五年（1047）猎于秋山时，便有数十人被熊虎咬死咬伤的记录。

在契丹——辽朝的最后一百年，数代辽皇多次来到混同江——鸭子河、长春河渔猎，在潜移默化中它的政治中心也发生了向此地的倾斜性变迁。这里的江河湖泺无数次地印下了他们的身影，这些身影在时光的流逝里逐渐消散。就连筑于江畔的行宫，也在后来发生的辽与金的战火中，毁于一旦了。在坦夷的河滩地上的草丛间，偶尔也能发现一些陶片碎瓦。一代王朝，当它的权力之厦崩塌时，也和这些残片一样，散落于黄沙白草之间，成为无数往昔中的又一个往昔。而鸭子河——混同江却无忧无虑地流淌着，消解了一代又一代辽皇的猎语。如今，当笔者来到这片土地时，面对苍茫的田野，丰腴的湿地草丛，鹿没有了，虎早就绝迹了，连白天鹅、灰雁和水鸭也所剩无多了；当年的榆林、杏林尚有残迹可寻。在不断增长的人口和不断开垦的土地面前，一切历史的踪迹都难以寻觅了。

出河店之战

天庆二年（1112）正月，辽天祚皇帝耶律延禧第二次来鸭子河渔猎。二月驻跸长春州，幸混同江钩鱼。

天祚帝来混同江钩鱼时，正是春捺钵之际。钩鱼以后，必举行头鱼宴。头鱼宴时，女真各部落酋长都来朝拜。酒至半酣，趁酒兴情绪高涨之时，各部落的渠帅，都要按皇上的命令次第欢歌起舞颂扬。轮到完颜阿骨打起舞时，阿骨打以“不能”辞之。辽皇谕之再三，终未能舞，弄得皇上很没面子。嗣后，辽皇背地里和手下的枢密使萧奉先说：“前天宴会上，阿骨打意气雄豪，若不杀，必为后患。”萧奉先说：“粗人不知礼仪，无大过而杀之，恐伤向化之心。即使有异志，蕞尔小国，又能有什么作为呢？”辽皇听后，就不再过问此事。当时，阿骨打的几个弟弟都在辽皇的手下充当猎手，都有官爵，虽是虚职，辽皇仍很信任他们。

完颜阿骨打的部落居于干流松花江右岸一级支流安出虎水，即阿什河流域。头鱼宴之后，阿骨打知道自己已将辽皇得罪，私下便认真准备与之对抗。他先是将周围的部族一一收服，然后谋取更大的发展。

这一年的秋天，天祚帝猎于南山。九月己未，猎得一头熊。又大宴群臣，皇上亲自弹琵琶、唱歌、跳舞助兴。辽国的音乐非常发达，是集胡、汉、西域、东夷等多民族精华之大成者。辽国的音乐有雅乐、大乐、散乐等，也有铙歌、横吹，而最庄重的是国乐。这次宴乐在阿骨打罢舞后仅数月举行，阿骨打便称病不出，未出席。

阿骨打在自己的领地上训练军队，经常引数百骑突袭邻近的部落，甚至某些州县，其目的在于练兵。阿骨打对辽的反感源于辽的民族欺压和剥削。天祚帝是辽的最后一个皇帝，最荒淫无道。他对女真人横征暴敛，令女真人每年必须向辽进贡猎鹰海东青。此鹰并非大青山安出虎水之地所产。它产于日本海西岸，只有到混同江下游和旧渤海国盐州地才能见到。海东青色青体小，矫健威猛，飞翔速度极快。它的体长只有天鹅的五分之一，极难捕获。可是，辽廷赐银牌的催贡使，勒索骚扰，弄得女真头人仅此一项贡役就不堪其苦。由此在女真人的心中早就埋下了仇恨的种子。

为了能尽快地得到海东青这种神鹰，辽的催贡使经常往来于上京和松花江中下游地之间，一拨接一拨。这条由上京到松花江入黑龙江的河口，再由河口向下至入海口的路，迢迢数千里，辽时称为“鹰路”。鹰路不同于西北的丝绸之路，鹰路是官方的催贡官所走的催鹰、取鹰、送鹰之路，也就是沿干流松花江行船的航路，但在逆水行船速度很慢时，他们也在大

阿什河源——出自大青山之泉　邱石玉摄

江两岸的大平原上，骑马而行。女真人的五国部是完颜部的盟友，它的头城称五国头城，即今依兰，位于牡丹江入松花江的河口左岸，自五国头城以下，沿松花江进入黑龙江，五部相连，居最远者就是海东青的产地。五国部也因海东青的贡物被辽使弄得狼狈不堪，怨声载道，故贡鹰一役也波及所有的生女真部落。生女真过去都生活在松花江下游及其以北的地方，他们的图腾崇拜就是鹰。女真族的原始宗教萨满教中，还有《鹰歌》，足见女真人和鹰，特别是和海东青有着深厚的“宗教”感情。此时，契丹贵族与皇帝，不像以往唐朝天子坐在西安，你靺鞨人贡什么，收什么，并不指名索要。而辽使对贡物的催促是指名要鹰，层层加码。因此，他们对女真人的粗暴与践踏，叫女真人恨之入骨。

天祚帝乾统二年（1102），辽的边将萧海里叛走女真。辽兵追至女真部无法捕之，报告辽帝。屡经交涉后，由女真王完颜盈哥将之擒杀，并把首级献于辽帝，算是将此事完结。女真部本是渤海部南迁后，从松花江河口左岸迁来的原黑水部的氏族部落，初时不会炼铁，故女真各部均缺少铁器。萧海里被诛杀，他和他的部下带来的兵器和铁器，是女真人梦寐以求的。女真人将这些铁器全部改制成兵器。与此同时，还悄悄派人同高丽进行贸易，以购进铁器，暗中备战。

天庆年间，女真人阿疏在同高丽作战中，叛奔于辽。阿骨打的前任女真王乌雅束，便同辽人交涉。辽不肯交出，由此引发出许多麻烦和纠葛。阿骨打接任以后，再次派人去辽要人，辽方怠慢不理。女真人的使臣回来后报告辽主如何骄妄傲慢，如何腐败，朝政如何废弛，从而使阿骨打从内心深处对天祚帝产生轻蔑与敌意。结果，在混同江的头鱼宴上，上演了阿骨打酒后罢舞的一幕。

阿骨打自罢舞后便下定决心，同辽皇一决雌雄，暗中操练军队，建立兵堡，制造兵器，时不时地在边境和辽兵发生小规模的冲突，冲突的地点多在北流松花江中游两岸地区。

辽天庆四年（1114），阿骨打的军队攻取了混同江南岸的宁江州，缴获了大量的铁器和兵器。宁江州本是渤海国旧夫余地，渤海的遗民很多。阿骨打趁机喊出“女真、渤海本为一家，我兴义师伐罪，不滥及无辜”的口号，从而收服了许多渤海人的家族，极大地削弱了辽在此地的势力。完颜阿骨打原来只有一千多名士兵，在宁江州获胜之后，兵力已达万人。以前，辽国人曾有“女真兵满万人则不能敌”的俚语，到此时果然不幸言中。为了创建帝业，阿骨打又让完颜娄室到处招谕入辽籍的女真部落和渤海散民，壮大自己。自此以后，阿骨打果然如虎添翼。

这一年的冬天，辽国以守司空萧嗣先为东北路都统，以静江军节度使萧挞不也为副帅，会步骑兵10余万，驻扎在鸭子河北岸的出河店，一方面守护鹰路，使贡使之路畅通；另一方面，与黄龙府形成掎角之势，表面是加强边防，实际上是准备对付阿骨打。

出河店是混同江地区过江后的第一个要冲，虽在大江北岸，距两江汇合处仅数十里，扼大江与江北各地——北去室韦，东北至下江铁利部等的要冲，是过鸭子河的第一站，故称出河店。出河店，也称珠赫店，在今肇源县茂兴镇勒勒营子古城，距嫩江下游北岸咫尺之遥。

阿骨打闻讯后，决定先下手为强，率军偷袭出河店。阿骨打率军3 700人，挑选的都是精壮的勇士，自带干粮和烤肉，兵器主要是大刀、长枪和弓箭，兵刃磨得飞快，银光闪闪。队伍到鸭子河南岸不远时，天色已近傍晚。大江周围，一片阔野，雪压树草，大地一片苍茫，落日西沉，红光映得江畔的积雪如血殷红，昭示着一个历史时刻的到来。暮色已至，部队埋锅造饭。晚饭后，稍事休息，阿骨打便下令三军入睡，以便明早渡江投入战斗。

阿骨打和各军首领商议完毕诸项事务后，刚躺下就寝，就感到好像有人扶着他的头和肩，让他起来。如是者三，他立刻顿悟，便立刻起身，唤醒将士们说："这是神明警策我也！"于是，便下令起身，乘着夜色，悄悄点起火把，向鸭子河畔进发。

天放亮时，来到鸭子河南渡口，看见辽兵正在清理凌道（封冻前流动的冰排顺水挤到岸边，天冷冻在那里，称凌道，不利行进），阿骨打派10名精壮的战士将之击走。女真兵走下岸坡，在早已封冻的江面上，踏着吱吱的初雪，步行过江。过江后，沿着台地的土路向北逶迤而行。出河店一带驻扎了10万辽军，军帐连营长达数里。有土人带路，阿骨打的3 700名兵士不顾夜行军的疲惫，继续急行军。当阿骨打的军队到达出河店辽兵军营时，天已大亮，辽的炊事兵们正在准备早饭，大批战士还在帐中熟睡。女真兵吹起号角，大喊着如天兵突降，辽军被打个措手不及，纷纷爬起来仓促应战。这时，狂风大作，尘雪满天，阿骨打的军队恰又处于上风处，乘风进击，有人已将辽兵的军帐点燃，火借风势，呼啸而旋，喊声震天，马嘶人叫。契丹人有一个风俗，见旋风来时，必得双眼紧合，用鞭子往空中击打七七四十九下，口中念叨“坤不刻”七声方可。此时作战，契丹人见风沙旋至，有念叨的，也有不念叨的，但是女真的兵士却不管你念叨不念叨，上来便砍。所以，辽兵只有大败而逃。阿骨打一直追击到斡论泺，方才鸣金收兵。出河店一战，女真兵以3 700人攻击辽10万大军，以少胜多，乃以奇兵偷袭制胜。辽兵伤亡惨重，自家践踏死伤者也不少。女真兵除少量受轻伤者外，无一死亡。是役，仅俘获的车马兵器，就让阿骨打兴奋不已。原来战争还有如许的好处，阿骨打抗辽的决心更坚定了。他将缴获的物资全部分给出击的将士，又将辽兵的辎重搬回安出虎水之侧的女真部落，大宴群臣和官兵。

出河店之战是中国历史上的一个突袭成功的战争实例，虽不及赤壁之战、淝水之战那么著名，但出河店一役以少胜多的战例，却是战争史上辉煌的一页。这一战，成了女真人开国无数战争的序幕，更是辽国两百多年

女真勇士（明《三才图会》）

统治的挽歌序曲。一始一终，在古代松花江大地上留下了显赫的战绩。

出河店一役，不仅动摇了辽王朝的统治，也极大地鼓舞了女真人的斗志。女真人后来建立金国后，便认定出河店之战奠定了金国的勃兴，是一个神明点拨的吉祥之兆，于是将出河店改称肇州。肇州是金朝立于松嫩两江汇合地北岸的第一座城市，取肇帝王基业之意。阿骨打一生，对出河店之役念念不忘，常以斯情斯景勉励自己和部下。

这年年底，辽的宾、咸、祥三州（均在北流松花江之侧）和女真铁利部，均宣布降于女真部，不再受辽的奴役。铁州的杨朴，在辽任秘书郎。投降女真后，奉劝阿骨打说："大王创兴师旅，当变家为国，图霸天下。此际诸部皆归于大王，何不册帝号，封诸蕃，传檄千里，建万世之业呢？"阿骨打说："容我考虑考虑再说。"由部落王到皇帝，是至关重要的一步，阿骨打对此不能不三思而行。

辽天庆五年（1115）春正月，完颜阿骨打改名完颜旻，在群臣的拥戴下，正式称帝。改以汉字为自己的名字，不知是不是杨朴的主意。反正改名的含义十分清楚，那就是想把帝业做大，有图中原之心。

他说："辽以宾铁为号，取其坚也。宾铁虽坚，终亦变坏，唯金不变不坏。金之色白，完颜部尚白。"于是，自定国号为"大金"，改元收国，是为元年，阿骨打即金太祖。

几天以后，金帝完颜旻率兵攻打黄龙府，进临益州。辽遣都统耶律讹里朵、左副统萧乙薛、右副统耶律张奴、都监萧谢佛留统率20万骑兵、7万步兵戍边，娄室、银术可等守黄龙。金帝率兵趋达鲁古城，驻扎在宁江州西。辽营派使来议和，国书上斥金帝之名，称其为属国，金帝不悦，督师进军，途中见一火球很圆，自空而坠。金帝说："这是一个吉兆，是天助我也。"乃酹水而拜，将士听了莫不欢呼雀跃，奋勇争先。兵至达鲁古城，金帝登高望远，见敌兵如连云灌木，顾谓左右说："辽兵心贰而情怯，虽多不足畏。"遂趋高阜为阵。完颜宗雄以右翼先驰辽左军，左军退却。左翼出其阵后，辽右军力战。娄室、银术可冲其中坚，凡九陷阵，皆力战而出。完颜宗翰（粘罕）以中军助之，另一军由完颜宗斡往为疑兵。此时宗雄已得利，击辽右军，辽兵遂败。金兵乘胜追袭，当晚将军营围住。次日晨，辽兵冲破包围，向北逃至阿娄冈。其步兵尽没于是役，原打算屯田带来的数千套耕具，尽为金兵所得。八月，战斗继续在松嫩两江合流处之南展开。金帝再次亲征黄龙府。兵至混同江边，无舟可渡。金帝命令一人上前，乘赭白马径涉，并念念有词地说："看我鞭指的方向而行。"诸军随后跟进，水及马腹。过江后，让对岸的摆渡者测其渡处，皆深不见底。众人见了大惊。在那个年月，女真士兵对此皆叹为奇迹，坚信金帝是上天派来的天之骄子，过江之易必昭示着金兵大胜的前景。九月，攻克黄龙府后，班师渡江，竟和来时相同。

两个月后，辽主天祚帝听到黄龙府被攻占，大惧，乃发倾国之兵70万，亲自带兵督战，向北流松花江下游杀来。消息传到金都，女真人不免有些害怕。金帝完颜旻为了激励兵士，乃用刀划面，割了一个一指长的口子，鲜血淋漓，然后仰天大哭道："当初我与你们一起起兵，不过是为了求生存，免受契丹人盘剥肆虐，没想到辽主竟然发倾国之兵来攻，还说要将我女真人杀尽。现在，不如先杀死我完颜一族，去投降辽朝，或可化险为夷！"诸军将士也都哭天抹泪地说："事已至此，说啥都没有用了，不如拼死一战，或可死里逃生！"金帝听了，正中下怀，便积极备战，准备赴汤蹈火。

正当辽、金双方要对阵时，辽兵大军中却发生了耶律张奴的反叛。金帝迎军至熟结泺，有光见于矛端，知辽兵退及不远。金兵追之，双方大战，辽师败绩，又得物资不可胜数。死尸横陈百里，随军的马、牛、羊，尽为金兵所得。自此，辽国日渐衰微，金国如日初升，日渐强大。金帝遂又四下出击，不久整个松花江地区尽归金人所有。

辽军屡战屡败，传到禁中，天祚帝美丽而聪颖的文妃萧瑟瑟，心中伤感。她见天祚帝荒淫无度，畋游不恤，忠臣多被排斥在外，便以混同江边的几大战事为题，仿效东汉末年蔡文姬的《胡笳十八拍》，作歌诗讽谏：

勿嗟塞上兮暗红尘，
勿伤多难兮畏夷人；
不如塞奸邪之路兮，
选取贤臣；

拉林河流域，金代诸王封地　捷然摄

呼兰河口湿地，现为旅游景区　汪恩良摄

阿城亚沟摩崖石刻金代武士像　王冰摄

直须卧薪尝胆兮，
激壮士之捐身！
可以朝清漠北兮，
夕枕燕云！

这是辽女诗人萧瑟瑟献给天祚帝的一首题名叫《胡笳曲》的反省战争和国是的歌诗。辽代，皇族姓耶律氏，后妃多为萧氏，两姓是世代之亲。这位萧瑟瑟的歌诗写得不错，已是一个汉化的契丹人，故而能歌诗。这位王妃曾跟着天祚帝多次到鸭子河、混同江和长春河一带畋渔，多次参加春捺钵活动，具有较高的汉文化造诣，故而才在诗中称女真人为夷人，从她的口吻上看，已同中原人无异了。

萧瑟瑟的另一首讽谏诗，亦见于《辽史》：

丞相来朝兮剑佩鸣，千官侧目兮寂无声。
养成外患兮嗟何及，祸尽忠臣兮罚不明。
亲戚并居兮藩屏位，私门潜畜兮爪牙兵。
可怜往代兮秦天子，犹向宫中兮望太平。

这样尖锐批评的歌诗，天祚帝见了十分不快。后因他事，萧瑟瑟被赐死。《辽史》在写完后妃传后，发表史论说："辽以鞍马为家，后妃往往长于射御，军旅田猎，未尝不从……古所未有，亦其俗也。"这就是契丹——辽的特色。萧瑟瑟是尚武后妃中的一个杰出的女诗人，只是由于时间的推移，其诗逐渐被人遗忘。辽代的后妃中，还有一位比萧瑟瑟更早些的女诗人宣懿皇后，她也姓萧，小字观音，姿容冠绝，才华横溢，工诗善论，还能自制歌词，演奏琵琶。先为妃，后为后。但也因被诬而赐死。临死时成《怀古诗》一首，现录之如下：

宫中只属赵家妆，败雨残云误汉王。
唯有知情一片月，曾窥飞燕入昭阳。

这首哀婉的绝命诗，不仅是萧观音临终前的悲鸣，也可以说是辽代耶律氏王朝的暮歌。自道宗到天祚帝，辽国已是西风残照，契丹陵阙了。

被萧瑟瑟称为夷人的金兵，和当初攻打渤海国的契丹兵一样，此时所向披靡，战无不胜。但由于征战的扩大，金辽之战的战场逐渐南移，一点点地走出松花江的地平线之外。可辽的挽歌却时不时地从大漠传来。

混同江骄子和辽之余绪

建立金国的完颜氏女真，最早出自松花江下游左岸支流蜿蜒河，故名完颜氏，是因所居之水而得名。

完颜氏南迁时，加入粟末靺鞨中。而粟末靺鞨居粟末水、涞流水、安出虎水及松嫩两江汇合处一带。这里一部分是夫余旧地，夫余亡散，粟末靺鞨人来此居之。

李勣破高丽后，高丽亡散，作为别种的靺鞨人逃至松花江上游以北的东牟山，后来大氏建立渤海国，粟末人归之，并有自己的封王。渤海国以北，即松花江下游和松黑汇合处及更北的地方，生活着黑水靺鞨。唐时曾设黑水都督府，其都督被赐以唐朝皇姓，称李献诚，领黑水经略史，便在松花江下游及更远的地方称雄一时。渤海强盛后，黑水靺鞨敌之不住，便被役属之，而对中原的进贡也就和渤海一起进行。唐末，中原纷争，契丹乘机灭掉渤海国，除渤海国人随东丹国南迁外，黑水靺鞨中也有一部分南迁，来填补其空间，但这些靺鞨人都成了契丹——辽征服后的属民。靺鞨这个词由于渤海国的消亡而逐渐从历史的地平线上消失，代之而起的是一个新名“女真”。在《辽史》中，由于避辽兴宗耶律宗真的名字讳，便写作“女直”，女直即女真。

契丹一统北地后，在混同江南、西南方，称熟女真，混同江以北者称生女真。熟女真入辽籍，成为辽人；生女真未入辽籍，谓之附属。因为“生女真地有混同江、长白山，混同江亦号黑龙江，所谓‘白山、黑水’是也”。所以，“白山、黑水”便被称为女真人的故乡。换言之，女真人是真正由松花江母亲河养育大的诸多儿女中的一支。

今日女真文化节之祭天仪式　阿宣供稿

金人所奉的始祖函普，是居于高丽的靺鞨人。俗话说：“美不美松江水，亲不亲故乡人。”函普在60多岁时，突然有一种落叶归根的强烈愿望，便和哥哥阿古迺商议返回家乡。阿古迺年事已高，因好佛事而不愿动了，便说：“将来，让我的孩子去找你们吧！”函普立意已决，就和弟弟保活里翻山越岭，跨江渡河，穿过密林草甸，返回到故乡的土地，当年他们是被战乱卷走的。函普居完颜部仆干水之涯，保活里居耶懒。后来，果然有称胡十门的人来投奔函普，自称是阿古迺的孙子。这样，函普、保活里兄弟的后人相聚了。函普寄居的完颜部不久发生了一场纷争，两个部族交恶后械斗不止。族人中便有人推举见多识广的函普，出面解决纷争。函普果然不负众望，将纷争平息，还立下了一些约法，让部族的人遵守。人们对他很信任，给了他一头青牛，又将部落里一位有贤名的女人许配给他，函普便将青牛作为聘礼与之成婚。婚后，这对老夫妇一连生了两男一女，俗称两虎一豹，勇猛异常，为部人所爱重。自函普始，完颜部立俗创制，摆脱了蒙昧时代，开始接受文明的熏陶，为完颜女真后来的崛起打下了基础。

部落长函普所率的生女真部落，早先居于混同江下游左岸的蜿蜒河流域。蜿蜒河在“海东”，是名猎鹰海东青的出产地之一，因而完颜氏虽以河为名，它的图腾却是鹰，即海东青。从函普到他的重孙子献祖绥可，已历四世，完颜部一直生活在松黑两江合流地的湿地草莽间，以渔猎为生，虽有稼耕，都是田园小作，原始粗放，大规模的农业尚未出现。

渤海国亡后，完颜部的献祖绥可便率领部族人溯松花江而上，从下游到中游，跋山涉水，来到北流松花江、松花江干流和牡丹江之水围成的三水三角地的西北，那里的山脉即大青山，是海拔1 000米以下的丘陵山地，密林丛生，草原在山谷间连绵伸延。绥可率族人来到一条叫海古水的小河旁，见这里有一大片望不到边的平原，水草肥美，便在这里定居下来。海古水，今讹称为海沟。海古是女真语，意为小白鱼，也就是说当年绥可率族人移居此地时，这条宽不到百米的小河中，小白鱼一定很多，故名。海古水长约60余公里，源于大青山的大个子岭，注入安出虎水。安出虎水注入松花江。

女真人刚迁到这里时，和黑水部其他部落的人一样，选依山傍水之地，覆土穴居。这个地方在三水所围成的三角地的西北，有水相隔，在中古时是可攻可守的宝地，该地土沃草肥，可以“诗意地安居”，几乎不必担心外族的入侵。绥可选择的地方，的确是松花江流域中最好的地方之

海东青猎隼　付刚摄

一。安居之后，绥可便教族人修建房屋，开垦耕耘，种树栽果，守土持家。经历差不多一个世纪的时间，女真族在基本安居的环境中获得了惊人的发展，从而带动了女真族由氏族社会向封建社会的转化。

完颜氏成为契丹的附庸以后，契丹——辽的索鹰使者，身戴银牌，在索取海东青的路上，贪婪地索贿，吃喝玩乐地享受，使完颜部和其他的女真部落不胜其扰。据洪皓《松漠纪闻》记述说，辽国盛时，一般过路的使者到女真地，每天晚上必须得安排年轻女子陪吃、陪饮和侍寝。部落头人多半将他们安排在中下等户的家中住宿，虽条件差些，但都有未出阁的女子作陪，尚差强人意。可是对于贡鹰的催促使，恃大国之命，来此必要求美貌的妇人侍陪，不论其有夫没夫，出没出阁。所以，女真人早已对契丹使者恨之入骨。到天祚帝时，这些使臣除上述外，还另外索要其他物品，故而才促使阿骨打起兵反抗。

从历史的视角看，完颜阿骨打是女真族人的一代天骄，他从安出虎水起步，在混同江地区以杰出的军事才能，多次以少胜众，击败多于他十倍乃至数十倍的辽国军队，成为中国历史上又一个统一中国北方的帝王。

此时辽尚未亡，在接连败北之际，辽国中的贵族诸臣便欲拥戴晋王为帝，将天祚帝废掉。孰料事泄未果，皇上又误听庸相萧奉先之言，搞了一系列诛杀。连美貌可爱的女诗人文妃萧瑟瑟也因妹夫谋反而被连坐。剩下的另一妹夫耶律余睹时在军中，得以幸免。耶律余睹无计可施，便带着自己的子弟兵一千余人投降女真。金帝完颜旻自得了耶律余睹后，尽得辽的内幕和虚实，又得以有余睹作向导，率军长驱直入，从松嫩之地直插西南方向的辽国腹地，大军所到之处，所向披靡，势如破竹。

保大二年（1122）春，金兵攻下中京大定（宁城）和泽州（平泉），然后挥师西进，来包剿天祚帝的侧翼。当时，天祚帝正带着娇妻美妾在鸳鸯泺一带游猎，听到官报，大为震惊，按照庸相萧奉先的主意将天祚帝自己和文妃生的儿子晋王赐死，以期平息国人要拥立晋王的呼声。晋王在朝野素有德名，在自尽以后，群情激愤，兵无斗志，基本放弃抵抗。金兵在耶律余睹的带领下，更抓紧进攻。这时，天祚帝在四面楚歌声中，方才意识到宰相萧奉先误国，将萧奉先逐出皇宫。被逐出皇宫后，萧奉先恶名满贯，被辽人自己劫杀。

随后，西京被金兵攻陷，天祚帝南奔云中。消息阻隔，大漠之地难以沟通信息。守卫燕京的特留宰相汉人官员张琳和李处温，便拥戴燕王耶律淳为帝，即皇位，称天锡皇帝，欲出面支撑半壁江山。其办法是和中原的宋廷修好，派使游说，以联宋抗金，无奈，北宋朝野对契丹——辽的抢掠早已痛恨莫名，此时岂能援手以救？遭到拒绝后，天锡帝又怒斩宋使。宋人早在宋辽边界上屯兵15万，以防不虞，此时知道辽的境地，便劝天锡帝投降。原来，金攻辽时，曾与宋在辽海暗中结盟，约定共同攻辽，辽亡后，金同意将辽所占据的燕云十六州归还宋朝，但宋朝必须出兵攻辽，并给辽以重创。

恰逢此时，天祚帝听到天锡自立为帝，勃然大怒，要率兵来攻。在焦急和忧虑中，天锡帝登基三个多月后，就呜呼病死。天锡帝一死，残局更加危殆。宋军的进攻虽被击退，可是还会卷土重来。正当辽和宋双方打得不可开交时，金兵远望，一俟宋军退走，金兵又来进攻，许多城府就这样落入金兵手中。

辽保大三年（1123）正月，燕京被金人攻陷，仅车辆就缴获了一万余乘。至此，五京先后陷入金兵之手，天祚帝只好领着残兵败将和后宫佳丽逃往大漠。在阴山附近又一次败北，遂渡黄河逃入西夏。金兵虽没有捉住天祚帝，但俘获了两位王子和后宫的诸妃，良马1.4万匹，车辆8000多乘，以及辽的传国玉玺等。待要追击时，阿骨打突然生病，于是班师，在返回途中，这位常胜将军走到浑河（霍林河）北，病殁在部堵泺西行宫，年仅56岁。死后，先葬于安出虎水之侧的上京宫城西南，后改葬于和陵，贞元三年（1155），又迁葬于大房山。

完颜阿骨打自起兵抗辽，驰骋疆场不及十年，即将一个号称万里大国的契丹——辽帝国灭掉，他身经百战，战无不胜，在中国古代战争史上可称得上是一位无与伦比的军事指挥家。

金兵的追击因阿骨打的病殁而暂时停顿下来，天祚帝幸运地得以喘息，并自河西返回河东，在西夏的帮助下，重招旧部，欲再建河山。恰逢此时，耶律大石从金的俘虏营中奋身逃归。天祚帝立足未稳，便要以残兵之力攻夺燕云之地，为自己弄个立命之所。耶律大石劝其养精蓄锐，待时而动，但天祚帝飞扬拔扈惯了，何曾听过良言。他不顾大石的劝阻，下令向东进军，还未到燕云之地，途中适同金兵相遇，一场鏖战，果然全军覆没。天祚帝亡命夹山，欲穿过大漠重新进入西夏。此时，正是宋宣和七年（1125）初，大漠干冷，天寒风冽，兵士无粮，只能嚼冰雪以充饥。眼前大漠旷野，落日残云，茫茫前途不知何之所至；身后有无数金兵铁骑战车紧追不放。这位皇帝的身旁部下，死的死，逃的逃，他们逶迤地挨到应州城东60里的余都谷，被金将完颜娄室俘获。

天祚帝耶律延禧被押解到安出虎水的金上京（阿城）。次年二月，他的家奴上告他准备逃跑，金人查证了一番，虽未见实据，却也不能不给予警惕。金人先将告密者诛杀，其余参与诬告者均给予杖刑。半年后，金人又将耶律延禧押解到更远的渤海国旧地囚禁起来。安出虎水距辽地太近，若逃往辽地，总要容易些。他们将这位辽代末朝皇帝押至原渤海国的东境，过松花江上游、忽汗水上游，穿过长白山北麓的崇山峻岭，来到海边的盐州古地，筑室幽禁，废为海滨王。其地约在图们江入海口之北某地，现尚无人考及。恰在此两百年前（926），辽太祖耶律阿保机以迅雷不及掩耳之势灭掉渤海国，将渤海国末代之王大諲譔押解西递；两百年后，辽国的第九代皇帝耶律延禧，被渤海的同族人所建的金国灭掉，乃被金人押解东递，禁于大海之岸，听风声、海涛声和海东青的鸣叫声，相伴他的只有孤独、眼泪和悔恨。可怜一代囹圄人，竟是辽疆万里帝。一年后，海滨王耶律延禧病死，辽亡。两百年中，历史以惊人的轮回，在松辽之地画了一个大圈，不能不叫人惊叹不已。

然而，辽的阴魂并未散尽。那位企图辅佐天祚帝的耶律大石未得到信任，数谏不听，遂在阴山战役前和天祚帝分手，带领两百多亲信铁骑，亡命西北，进入可敦城。在可敦城，耶律大石召集了辽的残部七州十八部落王的军事会议，研讨形势与出路。不久，闻知天祚帝被俘押解女真的安出虎水，知大势已去，反攻无望，便将好容易纠结起来的万多人马精训一番，整装起身，再向西方进发。

金天会八年（1130），耶律大石以青牛白马祭天地祖先，在辽旧属国畏兀儿的帮助下，翻越葱岭，一路攻杀，一直攻到中央亚细亚的起儿漫

（kermanch），并在那里称尊，史称西辽，在世界历史上被称为喀喇契丹或黑契丹。三年后，又率军东行20日，在伊塞克湖（唐时称热海）附近的八拉沙衮建了新都，史称西辽。回乡无望，便征四邻，终于立住了脚跟。传五主，历80余年，后亡于花剌子模。

辽和西辽在长达三百年的历史进程中，将汉文化和契丹文化相融，晚期又借西域各国之力，将这种兼容的文化远播中亚和欧洲。欧洲及环地中海国家由此而知道东方有一个大国契丹（kitai），在西方人眼中，契丹就是中国。而今，英文中的中国——China，据说也与之有关。

随着契丹——辽的灭亡，这个王朝的身影在混同江的水面上消解了，也在它的发祥地西拉木伦河的水面上消解了。消解的是王朝帝影，消解的是辽的权柄与国家机器，但山河还是旧山河，契丹的文化因两个多世纪的

金上京会宁府遗址　王冰摄

统治，有一部分也留存了下来。五京的建制起自靺鞨人建于松牡之间的渤海国，契丹将之在松花江和西拉木伦河地区全盘继承下来。辽之后，金又将之继承并改而设六京。它们的都城都称上京，从这一点上说，居于松花江和大漠，也就是北疆的兄弟民族，创造的是一个游牧民族向农耕民族过渡时代的国家结构模式。通过比较，人们可以看出，渤海国是一个早期的开放国家，对外的扩张力略逊一筹，因此它的地疆一直控制在松牡两江之地，控制在中国的东北角。契丹——辽拥有万里疆域，不可谓张力不够，但是契丹皇族太钟情于自己民族的传统习俗，对自己民族的游猎生活过于沉溺，连拿到的黄河名都汴梁都不愿守成扩业，囊括中华大地，反之却从黄河流域自动撤出，这是一种民族扩张力量和习俗的内敛力量获取平衡之后又倾斜的结果，故契丹——辽的作为，终是有限。相比之下，金的张力更强，它将帝业扩及到淮河以北，比之契丹——辽更有野心，然而终因人力和财力的欠缺，以及皇族后来的内讧、贪欲与堕落，仍只能拥有华夏的半壁江山。

契丹人拒绝全部汉化，自创契丹大字和小字，总数约数千。它源于汉字的魏碑和隶书，借用其偏旁、笔画加以改造。可是，能够熟练掌握契丹文字的人并不多，仅知有萧韩家奴与耶律庶成精通契丹文字的书写，并将《贞观政要》《五代史》译成契丹文。

用契丹文书写的文献书籍保存下来的极少，其主要原因是，契丹人是游牧民族，尚武轻文；北面官员对契丹及其他游牧民族的治理，很少诉诸于文件，而南面官员对汉人的治理，用的是汉人官吏、汉人的法律和汉文书写的文件。其次，辽国有一个严酷的封闭式的法令，凡该国的著述，不得流传到国外，犯者罪死。这一方面反映了契丹——辽的文化保守主义，同时也阻碍了契丹文字的使用与流传。第二个原因是历经战乱，许多文物都毁于战火，保存下来的契丹——辽的文献均属凤毛麟角。契丹文字除西辽人继续使用外，到金章宗时，便废止不用。但契丹字对后来西夏人创制西夏文字，和金国创制的女真文大小字均有直接影响。女真语和契丹语不同，交谈时需经翻译，在创制文字时，模仿契丹的大字和小字，由此可见契丹文字的影响巨大。契丹人因有文字，又仿汉唐之制，设立史官制度，这一点也优于渤海国，泱泱海东大国历经228年却没有留下可资参考的国史文献，实在是一个历史的悲剧。创制契丹文字是辽的一个进步，也是在强烈的民族融合和文化融合形势下，面对不可阻挡的汉化大趋势，契丹族涌起的一种自我保护意识的产物。辽的史官不仅著有《起居注》《日历》《实录》，还著有《国史》。史官的独立性、公正性也严守汉唐不给当朝皇帝看的传统，都给人印象深刻。一次，辽道宗耶律洪基心血来潮，要调《起居注》一观，却被修注郎不撷和忽突堇所拒绝，两人虽各遭200大板的惩罚，道宗终没有看成，讨个没趣，也只好作罢。

辽对后世发生影响的还有辽制的双轮战车，这种车的改制品几乎保持到20世纪上半叶，也无多大改变。辽人征战，战车货车极多，耗费木材量也大。许多原始森林在辽时开始遭到砍伐，以至松嫩两江汇合处之南之西的森林大面积减少，大漠之中西拉木伦河上游和大兴安岭中部的两处平地松林也遭遇此劫，开始了毁林的先例。大漠之中森林植被的破坏，直接导致了松嫩两江合流处周围草原的沙化。20世纪西满地区风沙肆虐，除了大自然的因素外，人为的因素，早在八九百年前就已开始了。

对后世发生影响的还有辽国的音乐，以及从中原传到北方的儒、道、释三教。儒、道、释三教是隋唐以来中华民族大融合和文化大融合的催化剂。金人将辽推翻，一反辽的许多体制，但对辽传承的儒、道、释三教却全面接受下来。至今，矗立在松花江南北两岸的辽塔，仍在屹立，不管是晓风残月，还是大漠风雨，塔上的风铃仍如泣如诉地悲鸣着。巍峨的塔影倒映在苍茫的大江的波光里，迷蒙着，摇曳着，诉说着大江的经历，大江的悲喜，大江儿女的行止与作为，它们是那一代历史的见证啊！

七、混同江文明：
霸业与勃兴

混同江文明在这片沃土上勃兴　黄立君摄

金源霸业与五国城悲歌

生活在松花江流域的女真人，在苦寒的环境中长大。松花江有6~7个月的时间是封江覆雪，在冰冷的环境中女真人被塑造出顽强、果敢、坚忍不拔、勇猛剽悍的战斗品格。平时，他们渔畋射捕，战时人人皆兵。一旦有事，如遇征战，部落长一声令下，立即挥刃上阵，从无胆怯。他们因不畏严寒而藐视一切艰难困苦，他们具有惊人的忍耐力和持久的战斗力，这一切均有赖于喝松花江水长大，让长白山风雨锤炼了筋骨。

今日五国头城　王冰摄

大青山——完颜女真的摇篮　范震威摄

今日海沟河上的红星水库　范震威摄

女真人上阵，15岁以上的兵丁男子，一律外出打仗。女真人虽少，但倾室而动，故有“援手亲兄弟，上阵父子兵”之谓。投入战斗，女真人的武器、衣甲、给养均由各人自带，打仗时哥哥冲杀在前，弟弟随时供给物资在后，这种战斗组织，渤海人、契丹人、女真人都差不多，一切赖有马驮，因此说他们是马背上的民族，用铁骑弓矛打天下。

女真诸部落的联合酋长叫“孛堇”，是一种兵民结合的首领。军队的编制里，有伍长、什长等。再往上，百夫长称“谋克”，千夫长称“猛安”，其实这也是兵民合一的社会组织。

女真人崇尚白色，生活在松花江地域的夫余人，一部分室韦人都崇尚白色，这或许同不咸——太白——长白山的山头为白色有关。山头为白色，有时夏天山顶上的雪也不融化，远望之使人感到神秘，而更多的则是尊崇。或许，这也和松花江本身有关，松花江从长白山的天池中流出，长白瀑布望之如白帘高挂，跌落的水声，数里之外也能相闻。瀑布之下，流成二道白河，浪花翻卷，涛声震涧，一直流到平原大地，出山时白浪滔滔，流进平原沃野，一片银光闪烁，也是苍茫茫、白花花的一片，故而白色是这条大江流经过的地方触目可及的颜色。人们崇尚白色，象征着圣洁，象征着专一，象征着和大自然，特别是和山川冰雪，有着一种天然的亲和力。雪是白色的，远望的冰也是白色的，一年有六七个月生活在冰天雪地之中，他们能不崇尚这银装素裹的颜色吗？

女真人之爱白色和契丹人之爱黑色形成鲜明的对照。契丹人崇尚黑色或许和大兴安岭的森林有关。大兴安岭的森林在落叶以后，远望一片黝黑，这其中也包括它的针叶林，黑色触目所及。东胡人从大兴安岭南奔，

今日女真文化节上演出的女真神韵　阿宣供稿

契丹发迹于大兴安岭南及西拉木伦河地域，而西拉木伦河上游古时恰是一片面积很大的平地松林，这些平地松林，夏天时远望一片苍翠，冬天时远望一片褐黑……所以，契丹人喜欢黑色。

女真人称金为白色，源自《周易》，而女真人的战旗虽称白色，却是浅黄色。他们的营旗或战旗是一个长三角形，有深绿色的边穗，旗中间是一个红色的圆形，象征太阳。也有人解读说，旗上的浅黄色，乃是混同江和安出虎水的颜色，而一轮红日映于水中，四周有山林的绿色相围，恰是日出的含义，也昭示了女真民族命运如旭日东升。这种解读令人服膺，也令人振奋。

金兵行军时，伍长执柝——一种打更的木梆，什长举旗，谋克掌鼓，由猛安督管一切。遇有大事需要议决，便进行“民主讨论”。由长官召集，参与者环坐一圈，席地讨论，由卑而尊，均可自由发表意见，最后由长官定夺。出征前，官兵聚饮，人人献策，个个争先，主帅都能择其善者而从之，故官兵之间有深厚的情谊。在战场上，统帅能身先士卒，冲锋陷阵，当然士兵也要奋力向前，对怯阵者和畏缩逃跑者一律当场处死。在战后行赏时，赏罚也极为分明。辽比金的经济发达，在金人眼中，辽有许多好东西为金所需，尤其是契丹贵族手中有许多从中原掠来的珍宝，最让金人艳羡。将这些珍宝，以及辽军伍中的车马牛羊等物夺为己有，是金人征辽战争机器运转的另一动力。

在阿骨打起兵攻辽之初，宋朝根本不知有金。女真人的存在虽可以上溯到肃慎——挹娄——勿吉——渤海，但宋朝人对女真人的了解却极为有限，比唐对渤海的了解还要少。保留至今最早的中国地图集《宋本历代地理指掌图》中，有辽水而无混同江，有挹娄、渤海、女真、夫余和九部室韦，另有“南北黑水”，此即今天的松花江，但却无图示位置。由此可见，宋人对辽和女真的了解极其有限。契丹——辽对宋的书契封锁相当成功，“诏改鸭子河为混同江”没有反映在宋本地图上，说明宋、辽之间的战争，宋的情报工作很差。直到金、辽之间发生大规模战争后，消息才传到东京汴梁。

金的崛起传到宋朝，给饱受契丹——辽之苦的宋朝统治集团带来了惊喜和希望，遂萌发了联金攻辽的想法。于是，宋徽宗在沉湎于酒色和诗画之余，也没有忘记派人从登州出海，以买马做生意为名，谒见了金主完

依兰慈云寺　王冰摄

颜旻，当然立刻得到了金的响应。经过多次密谈，双方也经过激烈的讨价还价，才共同签约，南北夹击，一起攻辽。胜利后，由宋收回燕云十六州的土地。完颜旻对归还土地的态度不十分明朗，只求宋军出兵，让辽首尾难以兼顾。宋军并未食言，两次出兵北伐，可两次北伐均以失败告终，宋兵总不是辽兵的对手。结果，燕云十六州都被金兵拿下。完颜旻不仅善于用兵，也善于用人。攻下燕云十六州以后，金人招降了一批辽朝中的汉人高级官员，如左企弓、虞仲文、曹勇义、康公弼、刘彦宗等，完颜旻让这些降吏继续进行其统治，这样就使金不必为建立新的地方政府和新的管理秩序而耗费精力。与此同时，他们将燕云一带的能工巧匠、富豪大绅迁往混同江和安出虎水一带安置，同时也开始了上京会宁府的建设。这样，即使宋人攻占了燕云之地，也基本上是一座空城，物资早转移了。辽将张觳曾拥重兵守平州，归附金人后，被任命为临海节度使，后升平州为南京，又拜南京留守。金兵攻燕后，又辗转西征，张觳杀死左企弓等人，向宋投降，宋拜其为泰宁军节度使。阿骨打死后，吴乞买继位，发兵攻张觳。张觳兵败投燕京，金人派使者同宋交涉。最后，宋人只好将张觳杀死，把首级给了金人。这一举措对金非常有利，却让降宋的辽国故吏十分胆寒，许多投宋的军队纷纷解体。

此后，金与宋之间发生许多纠缠不清的事件，历经突变，终于这对攻辽的盟友宣布破裂，双方进入战争状态。

有个叫郭药师的人，祖籍渤海铁州，初为辽军一个队伍的统帅，手下的兵士多是渤海移民后裔中的亡命徒。经过训练、扩充，竟成为一支武装劲旅。辽亡后，郭药师归宋，在童贯的推举下，加爵太尉，赐第京师。郭药师往来于京燕之间，颇知地势虚实。金人来攻，郭药师的兵遇到同族女真的部队，毫无战斗力，一战即败，结果和燕山留守蔡靖一起向完颜宗望投降。金任命郭药师为燕京留守，给金牌，并赐姓完颜氏。郭药师完全掌握北宋的情况，为效力新主，答谢不杀之恩，率大军奋勇攻宋。这支对抗不了金兵的郭兵，杀宋兵却毫不含糊，宋军一败涂地。郭军一举渡过黄河将东京汴梁包围。宋廷一下子乱了套，在“和”与“战”之间争论不休，延误了时机，待郭药师摇身一变成为完颜药师时，只好割地赔款求和。完颜宗望来到宋京，接受了求和的条款。他刚将大队人马撤走，另一路从代京、太原杀来的金兵，在完颜宗翰的带领下，又兵临城下，要求再签一份

金太祖完颜阿骨打像　范超然摄

金秦王完颜宗翰像　范超然摄

补充协议。双方交涉中僵持不下，完颜宗望又挥师南返，两兵合在一起，将东京汴梁攻破。已退居二线的宋徽宗和在位皇帝、徽宗之子钦宗一并被俘获，宋宫中的皇后宫妃、皇子宗室及文武官员，全都成了俘虏，东京汴梁也遭遇了一场空前的浩劫。事情发生在宋靖康二年（1127），北宋灭亡。因徽、钦二帝都成了阶下囚，史称“靖康之耻”。此时，距金灭辽攻陷燕京仅5年，距金建国也仅13年。

金人与辽人相似，它在汴京抢掠一阵以后，将徽、钦二帝押往混同江，并不想在京中留守，而是班师撤军。金兵撤走时，安排了一个傀儡政权，把宋的太宰张邦昌扶上帝座，称楚帝。金兵撤后仅33天，这位傀儡皇帝便宣告垮台。宋徽宗之子、钦宗之弟赵构幸未被金人俘去，便被一些旧官故吏拥戴于南京归德府（今商丘）即位，史称宋高宗。高宗以李纲为相，主战派暂时得势，宗泽为汴京留守，拟收拾残局。但高宗见家亡国破，便决定不再返回汴梁，也拒绝了李纲西入关中的建议，决定南下维扬，并罢免了李纲。

建炎二年（1128），完颜宗翰和完颜宗弼（金兀术）的大军追至扬州。高宗立足未稳，又向杭州逃亡。继汴京失守，扬州又丢掉。金兀术忙率兵渡江追击到杭州，宋高宗逃至明州，金兵又追至明州；宋高宗从昌国（浙江象山）逃到海上，金兵又驾船追杀300多里，才不及而还。

金兵作战英勇，能胜而不能治。追高宗于海上不及，班师北返。在路经镇江时，被宋将韩世忠、梁红玉夫妇率军截击，颇有损失。此后，南宋偏安一隅，百足之虫，死而不僵，加上张浚、岳飞等人的坚决抵抗，终于保住残喘之命。金国从人力、物力和民心上无力统一中央大国，便又扶植了一个傀儡政权，以汉人刘豫为齐帝，统治中国北部，作为一个缓冲，以华制华，而金仍钟情于混同江、大漠的辽国地，其中也包括燕云诸州，而黄淮地区便交给刘豫代管。

局面安定下来，宋高宗正式建都临安（杭州）。被金人关押的秦桧夫妇，被金人相中，经策反后放归，实际上是派回。金人因内部斗争激烈，也不想再战。于是，以主和派首领为名的秦桧回到南宋得到重用，成为赵构的宰相。赵构对秦桧言听计从，尽力和金维持不战的状态，原因是唯如此才能保住他皇帝的宝座。若打下去，风险太大不说，即使是胜利了，迎回二帝，那么他的皇位也可能失去，所以，不打是“上下的共识”，于是岳飞便被秦桧等以“莫须有”之罪诛杀，使主战派成为无头之鸟[1]。岳飞一死，和谈成为可能。金和南宋，自大散关至淮河划界，两国正式议和。宋对金称臣纳贡，金都远在混同江三水三角地之间，鞭长莫及，就顺水推舟，双方签订“绍兴和议”。和议一定，争取到了20年的和平局面。

在这宝贵的20年里，金要巩固自己的政权，在纵横万里的疆土上巩固自己的统治，并将自己内部的权力斗争进行整顿理清。南宋高宗此时更欢迎“和平共处”，纳多少物款都在所不惜，唯有如此，才能坐稳自己的皇帝宝座。加上内奸秦桧的擅权，南宋小朝廷只好北望称臣，金人要什么给什么了。

宋徽宗赵佶简直是投错了胎。他本是钟情于诗词、绘画、书法的艺术家，一个书呆子。俗语说：“百无一用是书生。”宋徽宗治国无方，丢汴

[1] 历史有许多吊诡之处，为人们所始料不及。岳飞部下名将牛皋、王贵等，因岳飞被杀，恐怕也性命难保，乃化装平民北上进入金国，并沿松花江往下游逃亡。最后，在今黑龙江下游一带渔猎居住，在中原与江南销迹。清朝末年，光绪帝派曹廷杰到黑龙江下游侦察沙俄军情，方才与牛、王的后人相见，彼已成俄一部族矣。

京有罪。他在位时，除了本人的穷奢极欲之外，又任用蔡京等一帮谀臣、贿臣和庸臣，横征暴敛，鱼肉百姓，农民起义，如宋江、方腊等起义频频发生，但宋的统治集团却竭尽以吃喝玩乐贪为能事，对外既不能抗辽，也不能御金，使国家几无元气，天天在走下坡路。宋徽宗对国事不感兴趣，内政外政所有的情况都让他心烦，他唯一专注的是画些花鸟，写些软绵绵的宫廷艳诗，写写他的瘦金体的宋字，再就是纵情声色犬马，后来干脆将皇位交给儿子，自己当太上皇，乐得逍遥自在。宋钦宗赵桓更是一个窝囊废，他除了昏庸无能外，只知割地赔款。汴京两次失落于他手，两次割地赔款，全由他来筹集和交割。在金人欢呼胜利的时候，他的角色是给人斟满酒，并跪地将酒递上。金兵除要珍玩宝器、车马、工匠之外，还要美貌的少女1 500人，许多被捉来的妇女不肯随金兵北上，投水而死，钦宗仍命令手下的大臣尽量给予满足。国库空虚，金银与丝绵凑不够数，金人催促，他就变卖后宫佳丽凑足，以致最后连自己的亲生女儿也被迫卖给金人，换取赔款的银两。对于这样的皇帝，还能指望他有所作为吗？

靖康二年（1127）二月，金太宗完颜晟下令废钦宗和徽宗为庶人，派翰林承旨吴开与吏都尚书莫俦入城传旨，叫宋朝别立异姓为主，强邀二帝出汴梁城。

京城的巡检官员在金人的指示下，逼上皇和皇后乘坐犊车出官。所谓犊车，就是用小牛拉的车，在松花江地区和辽的土地上，犊车是平民使用的车，富豪贵族都用马车。在宫中，有时出于娱乐，也有用羊拉的车。皇帝坐犊车，是对皇帝的一种轻蔑。二皇以下，各王子、诸妃，以及公主、驸马和六官粉黛中有名号的人，一起步行在车后。开封府尹按金人的指令，传檄坊里百姓，五家联保，不准私藏皇室人员，如有私藏，一经查出，格杀勿论。宫室的人被集中起来，把衣袖连在一起，互相牵挽而行，以防半途逃匿。来到金营后，一律换上百姓的服装。侍郎李若水抱帝大哭，被金兵拖出去打个半死。在盘点中，金人发现太子和皇后不见了，便逼讯上皇说出他们的下落。原来，钦宗出城时，曾密诏知枢密事孙傅辅太子监国。孙傅便将太子和皇后藏于民间，后来终被金人挨家挨户地搜出。待金兵拥太子和皇后出城时，孙傅走上前来说："我为太子傅，当与太子共生死。"说完便简衣随太子出城，进入金营。城中的官员见此情此景，只有痛哭。太子在车上大喊"百姓救我"，百姓却无可奈何，只有观望。在震天的哭声中，侍郎李若水在金营中破口大骂，被金兵裂颈断舌而死。金人叹道："辽国灭亡时，死义者十数人，没想到殉宋者只有李侍郎一人而已！"可见专制统治，并无好的结果。

两个月后，成为阶下囚的徽、钦二帝，在金兵的押解下，告别京都，也告别了黎民百姓，开始了他们的混同江之旅。汴京名妓李师师前来送行，她同宋徽宗曾有过从，此次来送，被金兵一起羁押上路，半途中自缢而死在长城脚下。和二帝一同被押送的囚犯太多，有1.8万，遂分成两路、七批押往金的大后方。

徽、钦二帝分两路离京北上，第一站是燕山脚下的云中，两队人马在云中会合，稍作休息，又出发向东北方行进，前往中京。到中京后，天已入冬，金人将二帝安置在一座辽相府的宅院里，熬过干冷的冬天。辽亡后，中京已大不如前，荒凉寂寥，人口锐减，比云中城规模小多了。第二年春天，金人先是拨给徽、钦二帝1 500顷地令其耕作自给。二帝何知稼

宋徽宗赵佶自画像。北宋亡于金，徽、钦二帝沦为囚徒。父子先后死，葬于松花江流域何地，至今成谜　（赵佶《听琴图》局部，故宫博物院藏）

穑，面对一地农具和几头耕牛骟马正在发愁之际，金帝又改变了主意，下令继续押解北上。天会六年（1128）八月，二帝及1 300多名随从，经过半年多的长途跋涉，先是沿土河北上，经过南科尔沁沙地，再渡过西拉木伦河，进入霍林河地区，又经过混同江南的松辽大平原，过黄龙府，渡混同江（北流松花江）和涞流水（拉林河），最后来到大金国第一都——金上京（今哈尔滨阿城区南之白城）。三天后，金人举行了前方部队向金帝的献俘大会。

徽、钦二帝，太后，以及皇后等数人，一律用素头巾帕头，身穿中原人的民服，外披辽、金人常穿的羊裘，因为在安出虎水地区，农历八月下旬，相当于公历的10月中旬，天气已相当冷了，所以穿上了羊皮裘。其余的诸王、驸马、嫔妃、公主与宗室人员，一律袒胸露背，身披羊裘，在数千金兵的羁押下，于金帝祖庙外，行牵羊礼。所谓牵羊礼，即将所俘的二帝等一干人，全部装扮成羔羊，在驭手的牵引下，围祖庙环行一圈以祭金太祖。

羔羊者，温顺而任人宰割也。徽、钦二帝国破家亡，在上京地受此奇耻大辱，尚能忍之，也是一件奇事。唯钦宗之妻朱氏，出身于节度使之家，深明大义，不堪此辱，当晚便寻了短见，幸被人救下，而后又偷离开禁地来到安出虎水岸边，投水而死。第二天，金太宗完颜晟下诏，降封宋徽宗为昏德公，宋钦宗为重昏侯。这两个“谥号”不知是哪一位文臣谋士给起的，却也非常准确恰当不过。根据金令，皇室家属邢后以下，300多名宋室女眷，全部充当金贵族家的奴婢、洗衣妇，罚做苦役。

天会八年（1130）夏七月，金太宗又将徽、钦二帝等徙往铁利部较远

徽、钦二帝坐井观天想象图　（据《走进依兰》，2009）

的五国部，那里是女真人的生活地带，别说逃跑，就是放行，没有向导也走不出来。五国部也是生女真部落，原属于黑水靺鞨，金灭辽时，归附女真完颜部，并多次派军征讨辽和北宋，是完颜氏最可靠的部落盟友。五国部本身就是一个部落联盟，由五个小的部落国聚合而成。五国联盟占据了松花江下游的五个小城，其第一个城即五国头城，也就是后来的三姓，今天的依兰。它位于混同江和忽汗水相汇之处，即今牡丹江入松花江口左岸。

徽、钦二帝居五国头城，俗称“坐井观天”。这是一个四处有房子的院落，所谓井，乃是院中的天井。其生活如近代西方的流放，在院中可以自由行走，只是不能走出院落，有卫兵在门口把门。

在“北狩”（徽宗称自己被流放北地为“北狩”）中，凡遇金人的节日庆典，看守的金将对昏、重二公侯及随同人员，也有一些赏赐。但要求二人得上交一谢表。时间一长，金廷将这些谢表辑成一册，印成书，在与敌国——南宋进行贸易的榷场上广为出售，同时出售的还有《李师师小传》，但不知出于何人手笔，均颇为畅销。这是金人在混同江地区最早编纂的文牍与行状。这些东西印量很大，在榷场被南宋人买走，二帝被辱之事和李师师因义死节的事，在江南广为流传。

徽宗流徙五国城，最为不安的是书太少，徽宗常感叹地说：“北狩以来，无书可闻。”某一天，忽听天井外有人喊卖书。徽宗无钱，只好“以衣易之”。徽宗身边的书中，最常读的是《春秋》。读《春秋》，度春秋，混同江畔树绿树黄，花开花落，大雁去了又来，雨雪冰霜，在距东京汴梁数千里的五国头城，这对废弃的皇帝父子，在度过了以泪洗面的日子后，心态已经平静下来，他们若无囚禁的守护兵，已经和普通人没有多大区别了。这就是二帝在松花江畔的生活剪影。

徽宗身处逆境，心态平和后，渐能适应，除读书外，便以画花鸟和填词来自娱。据《北狩行录》载言，徽宗自“北狩”以来，感怀伤事，形于歌咏者千有余首。由于二逆诬告，乃举火付之一炬。只有十几首诗歌为诬告后偶得存留，成为研究囚禁于五国头城二帝生活的某些见证。

兹录两首绝句如下：

彻夜西风撼破扉，萧条孤馆一灯微。

家山回首三千里，目断天南无雁飞。

杳杳神州路八千，宗祊隔绝几经年。

衰残病渴那能久，茹苦穷荒敢怨天？

凄凉、悲苦、穷困、哀伤，贯穿了徽、钦二帝流放生活的始终。在古往今来的中国皇帝中，唯徽、钦二帝流放于混同江岸，和大江最亲近。也唯有他们的哀歌悲诗，最痛彻人的心脾。或许，人们在哀其不幸的同时，也怒其不争。但是，在一个强大的新崛起的女真族面前，宋王朝不堪一击，轰然而毁，作为大厦帝国的两头目，既然治国无方，还有何德能与之一争呢！

安出虎水梦华录

徽、钦二帝在五国头城的悲惨生活，使人们读懂了那是亡于女真族金戈铁马的宋家王朝投给混同江大地最后的背影。这个背影也投在五千年中华民族历史的大背景上，或许在无数的民族纷争中，这点痛算不了什么，可是在中原人，特别是由儒家君臣理念支撑着的中国封建社会士大夫看来，却是奇耻大辱，是心中永远的痛，以致在今日人们仍然不能以平常心来看待这个显然是很平常的政权更迭。汉族是中华民族的主要构成者，而女真族也是中华民族古代大家庭中的一员。由谁来治理中华大地，要由历史作出选择，狭隘的民族偏见是该遭到抛弃的时候了。尽管今天人们回顾

拉林河源之一叠凤瀑　黄立君摄

北宋徽、钦二帝所代表的王朝衰落的背影，心情沉重，但社会向前发展，大趋势不可逆转。特别是，当金朝代替辽和淮河以北的北宋来统治北中华大地的时候，金的经济与文化的空前发展，也给历史留下了光彩。

同中原相比，特别是同北宋京都汴梁的繁华相比，混同江地域的那些都市仍然是很原始的，带有荒凉野寂和苦寒的特征。这是每一位来到混同江、安出虎水的人都能切身感受到的。尤其是被掠来的宋人俘虏，他们做

松花江右岸支流拉林河，金源故土，今日稻米之乡　张凤玲摄

着苦工，过着衣不蔽体和食不果腹的生活，那境遇简直糟到了极点。

宋钦宗在五国头城生活了34年，和钦宗年龄差不多的那些俘虏们，没有钦宗“幸运”，囚禁在天井般的院落里过着由官方供应饭食的生活。向金廷写谢表，是一种精神奴役，而让公主、小姐们充当洗衣女，那就是地地道道的“劳动改造”，毁掉她们作为贵族最后的尊严，让之“脱胎换骨”。有些有姿色的女人，不会永远这样地“改造”下去，她们很快便会被金的贵族官宦之家买走，买卖奴隶在那时非常普遍。这些被买走的女人，便成为金人的妻妾，成为泄欲和生育的机器。那些一无所长的男女俘虏们，只好在苦役中度过余生。除了官宦与王室成员遭遇如此的命运外，其他的一般俘虏，便和分家产一样，一批批地被分到金人各民族的寨子中成为终身的奴隶，种地养马干苦活儿，老死在混同江地域中。

这些汉人奴隶一旦和女真人婚配，地位便随之改善，所生育的子女，也就不再为奴。金的这个法令一公布实施，在客观上缓解了民族矛盾，另一方面则加快了民族间的血缘的融合。

金与南宋对峙，使臣不断。使臣在金的待遇尚可差强人意。南宋问通使洪皓在《松漠纪闻》记下了自己的经历：

使者、使副，日给细酒二十量，罐羊肉八斤，果子钱五百，杂使钱五百，白面三斤，油半斤，醋二升，盐半斤，粉一斤，细米三升，面酱半斤，大柴三束；上节，细酒六量，罐羊肉五斤，面三斤，杂使钱二百，白米二升；中节，常供酒五量，罐羊肉三斤，面二斤，杂使钱一百，白米一升半；下节，常供酒三量，罐羊肉二斤，面一斤，杂使钱一百，白米一升半。

这里记述的使臣的物品供应，洪皓何时享受过，不详。其时，洪皓受命进入金境，却颇受折磨。在路上，洪皓先遇流寇，到太原后又被无理扣押。经力争后放行，到云中，金又让他为傀儡政权刘豫效力，因坚拒而差点被杀。一位金的酋帅见他如此忠义，将他救下，遂流递冷山。冷山在混同江地，有两个月的路程。同他一起被流递的还有沈珍以及三个隶卒。

金天会八年（1130）冬，洪皓等一行人来到张广才岭西部的冷山。冷山距宁江州170里，距上京仅百里，即今拉林河中游与上游地，为老爷岭之北。其地苦寒，四月时草绿，八月便已落雪。这时，金刚破宋，上京居地尚未全部砖瓦化。冷山地区，人多穴居。陈王完颜悟室对洪皓异常敬重，便让洪皓教他的8个儿子读书。头两年，上边不供饮食，全靠悟室家接济。那时，洪皓身穿粗布衣，雪天无柴薪，用马粪作燃料，烤面饼而食。洪皓教书，既无书可读，又无纸可写。他就凭着记忆，将《论语》《孟子》《中庸》和《大学》默写在桦树皮上，作为教材，让完颜悟室的8个儿子以及其他的女真族小孩学习汉语，接受汉人文化。这就是混同江地区极有名的“桦叶四书”。

同“桦叶四书”齐名的还有张邵用以教书的“木橄榄”。张邵者，字才彦，安徽乌江人。他是建炎三年（1129）九月充南宋通问使出使金国的，比洪皓稍晚。张邵到金国后，因拒听酒乐而被囚于密州（今山东诸城）。次年，他被押送到刘豫的傀儡政权处，要任用他，又被他拒绝，金人就又把他囚禁起来，不久即押解北上，徙至上京会宁府。到上京后，金人多次想委之以重任，诱之以官职，均遭拒绝，再次将他软禁。后来，张邵稍获自由，便以教书为生，“金人多从之学”。会宁府没有纸张，张邵就让他的学生每人备一根断木，在木面上书写。写后诵读，待到能够背诵时，再将之刮削掉，重新书写。这种供书写的断木，两头尖细，中间圆鼓，像一枝橄榄，人称“木橄榄”。洪皓讲四书和诗词，张邵除四书外，还讲《易》，受到当地人的广泛欢迎。在上京，起初懂汉语的人不多，由于金人南侵，拓疆万里，尤其要安插地方官同南宋打交道，懂得汉语和熟谙汉人习俗文化的人奇缺，金人中懂汉语、了解汉习俗文化者，很快就会受到重用，所以金人子弟，包括在职的官员，无不踊跃听课学习。听张邵讲《易》的人非常多，他的钱米酒帛全可自给。张邵居上京，京都物资丰富，因而他的处境比洪皓的处境好得多。

洪皓在北地囚居，不忘使命，曾经九次冒着生命危险把金人的政治、

阿什河的冬天　王毅敏摄

军事信息暗中传给南宋，也把南宋高宗继位的情况，托人传给徽宗。流放冷山，洪皓仍笔耕不倦，曾作诗千余篇，当地人对他所写的诗篇“争相抄诵，求锓梓”。这里仅摘录一首《临江仙·怀归》词为记：

冷落天涯今一纪，谁怜万里无家。三闾憔悴赋怀沙。思亲增怅望，吊影觉欹斜。

兀坐书堂真可怪，销殢酒难赊。因人成事耻矜夸。何时还使节，踏雪看梅花。

洪皓是江南人，他身居涞流水（拉林河），对南方习以为常的梅花寄托思情。当时，混同江及其各支流地尚无人种梅花，北方的金人也很少知道梅花。洪皓居北地14年，想念家人故园，所以在他的诗词中，多次出现怀念梅花的句子。他还曾作有《江梅引》词四首，前面还有200多字的长序。序中说，北地人将该组词称为“四笑江梅引”，说明北方人对洪皓的诗词非常喜爱。

混同江地域中缺少梅花，只是因为金人未见到过梅花。现在，梅花在松花江地区已经广泛栽植了，梅花——当地人称干枝梅，差不多和黄色的迎春花一同开放，现已成为松花江畔公园中的一景了。

女真人广种芍药花，尤其是白芍药花，在混同江地区山坡上颇多生长。野生的白芍药，在张广才岭、大青山地区成片生长，花开时远望一片洁白，株高可及人胸，引来蜂蝶无数，上下纷飞，略有芬芳，近之则令人心旷神怡，远之则一片绚丽。这里的芍药花，无它色而仅有白色者，或许这也是此地人——夫余和后来的完颜氏女真人崇尚白色的又一个注脚。在中原人的医家手里，白芍药可以入药，也可以做调料。既如此，就有些好事的人家，采白芍药芽为菜，和在面中煎而食之。女真人在馆中招待客人和素斋时，亦用白芍药做食品，其味美而久香。

金地的另一特产是西瓜。西瓜原生回纥，契丹破回纥后，学会种西瓜，并由此而传至安出虎水及混同江各地。女真人种的西瓜，青翠欲滴，贮藏经岁，乃逐渐变黄，味如甜瓜，甘而多汁，其性冷，故可以解暑。洪皓居冷山地区14年，居燕一年后始归。归时便带了西瓜种子至南方栽种，却无故遭到南宋小朝廷的禁圃。此诚然荒唐可笑，却也愚顽“可爱”，足见南宋朝廷对金人记恨之一斑。俗语云“爱屋及乌”，此亦竟然“恨金及瓜”了。

就在南宋小朝廷“暖风熏得游人醉，直把杭州作汴州”，以及“商女不知亡国恨，隔江犹唱后庭花”之际，金人以议和后的“和平与安定”的大好时机，实行巩固政权和发展自己的政策，从而增强了自身的实力。每当南宋偶尔作试探性的进攻时，均以失败告终。

发展经济，增强国力，是金朝皇帝最关心的大事。

明昌元年（1190）正月，金章宗下诏说：“自古以农桑为本，今商贾之外，又有佛、老与他游食者，浮费百倍。农岁不登，流殍相望，此末作伤农者多故也。”章宗时代是金的全盛时代。这与章宗勤政和鼎新有关。辽时，崇尚佛事，有僧人300万，法事遍地，章宗引以为戒。金章宗下令全国严禁披发为僧或为道。这一抑佛限道的措施和辽时的情形形成鲜明的对照。这一年，据统计全国有693.3万户，人口4 544. 79余万，而粟产5 226.1

万石。这些粮食除去官兵两年储备的军粮外，若以每人每月用粮5斗计算，仅够吃44天。于是，皇上下令说："蓄积不多，是力农者人少的缘故。"便让其身边的文武百官进行大讨论，以确立使民务本广储之道，大力发展农业，满足国民所需。经过对平仓政策的"宏观调控"，金朝农业飞速发展，其情况果然大为改观。两年后的明昌三年（1192），全国已建粮仓519处，积粟3 786.3万石，可备官兵5年之需；积米810万石，可备4年之用；而库中的银钞，也足够两年所需。混同江、安出虎水地区当时有猛安、谋克民17.6余万户，总产量却高达247.6万石，每年收税粟20.5万余石，因该地区为全国的大后方，每年的支出才6.6万多石，是不折不扣的粮仓。鉴于混同江地区府库仓满，收多支少"卖粮难"的情况，尚书省认为，此地即使遇灾，亦足可赈济与自救。因此，金廷便决定在该地不再投资新建粮库，将节约下来的开支用于黄淮的洪泛区建设。

混同江、安出虎水地区农业收入之丰，在金章宗时是第一次见于记载，其数字当然是可信的。金以骑兵为多，也是马背上的民族，战斗力也最强。既然用弓马打天下，对马的饲养就特别重视。牛是耕田的力源，金人对牛和牛具的重视胜于契丹。金帝也搞捺钵，但时间短，多在春水和秋山二地，并未沉溺而不醒，捺钵也用马，故金人对马和牛的饲养是和国家兴亡相维系的。羊是金人除猪以外的又一种饲养的牲畜品种，曾被金人当作战略物资，严厉禁止进入榷场进行贸易。到大定二十八年（1188），金国已拥有马47万匹，牛13万头，羊87万只，骆驼0.4万峰。物质不可谓不丰了。金廷还有战时收集战中失散马匹并给予奖励的法令，所有这些都属于积极发展经济的措施。女真人统治北半个中国，并未造成经济上的后退，相反，是一种推动。

金朝的文化是一种混合文化，它是汉、女真、契丹等民族文化的综合。辽时，搞文化保守主义，严禁辽的汉文书契与契丹文的书契流入中原。而在金代，金占据了中原和黄河地区，域中汉族比女真和契丹人的总和还多。因此，尽管金廷中上层的统治者多为女真族人，但亦不乏汉人居高位者。而且，很多决策，如政治经济制度、榷场贸易制度、刑法、土地法等，均是前朝的继承或略作改动。唐宋以来的科举制度，既影响了辽，也影响了金。金代的官员，无论文武，也不论女真、汉或契丹人，都有机会进考场应试。以科场为例，金朝取士，科目有七，如辞赋、经义、策试、律科、经童，以及后来增设的试论与宏词科等。金世宗时，金人的文化已相当普及，习字的人相当普遍。政府还开设女真进士科，先考试策，后考试论。面对非常之士，又以宏词来擢拔。这样的措施，使民间知识分子都有机会崭露自己的头角。和南宋相比，民间知识分子出头的机会，一点也不少。

金朝的诗人、词家，比契丹——辽时可谓多多，以《全金元词》为例，金代词家有70人，其中完颜氏家族5人，耶律氏家族1人，此亦说明汉文诗词文化的魅力，足以让刚刚摆脱弓猎时代的女真人和契丹人折服。遗憾的是，中原文化多为金的贵族阶层子弟所接受，而少在金的平民中普及，故而一旦蒙古人崛起，女真人立刻默然不见了踪迹。

女真族毕竟是从渔猎农三业并举的氏族社会一步跨入封建社会的，杀人之风，未能随社会的进步而纳于法律控制下，有许多无辜者死于非命，就连许多优秀的女真族高层人士，也未能幸免。如著名开国元勋之一完颜希尹，本是女真大字的创造者，也在猜忌中被杀。死后三年平反昭雪，赠以邢国公，并予以改葬。完颜希尹曾官至尚书左、右相兼侍中。完颜希尹的家族墓地在今拉林河上游左岸支流细鳞河右侧丘陵山地中，南距北流松花江约50余公里，四周为松林所掩，此地山景极佳。从完颜希尹的墓葬情况看，除石函与近贵族墓相似外，其他情况，如墓道等，兼具女真与汉的混合文化特色。

金上层贵胄的石函墓在阿什河入松花江河口以下不远处，也有发现。阿什河口即安出虎水河口，位于哈尔滨东北郊。1988年发现，是金太尉、仪同三司、齐国王完颜晏夫妇的合葬墓。墓为石函，用杂有河卵石的沉积砂岩裁制，厚约12~15厘米，无木椁。此情和完颜希尹墓石函相同。自1998年以来，又在该地附近之荒山一带，连续发现金代的石像生，说明当年的安出虎水右岸，也有一处面积颇广的家族墓地。

许多金的贵族墓葬在混同江上中游地发现，说明女真人和混同江的关系，的确是儿女和母亲的关系，也就是“生为江之民，死为江之土”。唯其如此，在女真人的心目中混同江——松花江，才被看作是一条伟大的江，一条神奇的江，一条无与伦比的江。女真人把“白山、黑水”看作是自己民族的摇篮。他们对长白山如神灵一般的敬重，而对于源自这座神山的松花江，也如母亲一样亲切。

想当年，金国建都上京会宁府（今哈尔滨阿城区）于安出虎水之侧。上京会宁府就是中国北部辽阔地域上的政治、经济和文化中心，也是国家的神经中枢，一切号令都从混同江、安出虎水发往全国各地。此时，安出虎水何等光彩，混同江何等荣耀。金朝拓疆扩土以后，许多女真贵族从这里迁出，有的徙往宁江州，有的徙住鸭子河的泰州、长春州。与此同时，在攻克山西、燕赵之地后，又移其民以充实内地。所谓内地，即上京会宁府。上京的人口迅速增加，中原技艺到来后，便开始大兴土木，建屋盖厦，结束穴居生活。进屋居住后，人口的剧增又促进了垦殖，农业发展了，政府还给开荒的女真人以一定的奖掖，虽然真正干活的多是汉族奴隶，客观上却增加了农业的产出，促进了混同江地区的经济发展。

白山、黑水：女真人的佑国神

女真族人生活在白山、黑水之间，在他们眼中，长白山是他们的保护神，像父祖一样可以信赖；混同江——黑水则是养育他们祖祖辈辈，一代又一代的伟大母亲河。

长白山是神祇，松花江也是神祇。女真人一直这样说。

神祇是令人敬畏的，女真人在建国前并无宗庙。金的宗庙建于完颜阿骨打死后。天辅七年（1123）秋，金太祖完颜阿骨打葬于上京宫城西南，建宁神殿于陵前，按时进行祭奠。此后，五京皆开始建庙，在京师地称太庙。凡遇重大活动，如将徽、钦二帝押送京师，便要到太庙前行叩拜礼。

金人供奉的神祇很多，除太庙外，还有郊祀、五方的祭祀。所谓郊祀，在郊外举行，即拜天地之神。拜时，在南郊设坛，按辰位设十二陛，坛为红色，为拜天；在北郊设方丘，分三层，按子丑酉卯四正陛，是为拜

松花江右岸阿什河口附近出土的完颜晏墓之石椁。完颜晏将军曾挂帅亲征混同江地区的兀惹古城　范震威摄

地。除天地之外，还要拜日神和月神。拜朝日之神坛，即朝日殿，也称大明，在东南方向，设方丘之坛，当阙之卯地；拜夕月之神坛，即月殿，称为夜明，在西北方向掘地为坛，当阙之酉地。其时间是：冬至日合祀昊天上帝、皇地祇于圆丘，夏至日祭皇地祇于方丘，春分时朝日于东郊，秋分时夕月于西郊。

又设五方帝、日、月、神州地祇、天皇大帝、北极等，按严格的礼仪程序进行祭祀。

金人所有的祭祀礼仪，都是按《礼祀》及中原的古训设立的，说明女真人同汉中原文化融合的速度相当快。在金建国前，许多方面都是空白，捺钵受契丹的影响非常明显。因契丹对女真采取高压统治，女真人对契丹——辽的一些制度、习俗有一种发自内心的抵触情绪。金与南宋媾和后，金占据了中原大地，华夏的旧都长安、洛阳、汴京等，都在金的半壁江山里，因而学习、模仿汉人的风习，就成为顺理成章的事。

金人在大一统之后，除了坚持其兵民合一的猛安、谋克制以外，学习和起用汉唐之制，尤其是用汉唐之制来建立自己的国家机器，不仅是一条易于推行的捷径，更可以为国中的大多数人民和廷中的官吏所接受，对于巩固女真人在华夏的统治，真是有百利而无一害。

不过，女真人在汉化方面没有鲜卑人拓跋氏走得远。相反，女真人一方面接受汉文化，另一方面也在不断地维护自己民族的特色，不像鲜卑人那样，接受或改姓汉姓，女真人认为那是数典忘祖，不可学。在金统治中国的119年中，金政府就曾两次下令，不许女真人改称汉姓，甚至也不许将女真人的姓氏译成汉字，更不允许女真人脱下自己的民族服装而改穿南装。所谓南装，就是汉装。汉装比女真装轻快、方便、暖和，有许多优点。女真人为了保护民族自我所采取的这些措施，并不聪明。相反，在皇家中，所有的金帝都有汉族式的名字，官一套，民一套，这一点简直让人不可理解，当然这也反映了金统治集团的两难处境：既融合，又抵制。

为了让女真族的民族之本得以保留，为了让金的国基久存，金世宗还曾下令建立女真大学，培养自己可靠的接班人。在整个金朝，女真字、汉字、契丹字一度并用，后来下令停用契丹字，改为女真字、汉字一并使用。宣宗时特别强调，宣敕时要用女真字。

金的统治者，一方面艳羡契丹——辽时的四时捺钵——从辽那里承继下来的巡视制度，而更让其心向往之的，却是汉人皇帝坐龙辇、居皇苑，早朝理政，三呼万岁，以及后宫粉黛三千的封建帝王制度。所以，后来才有了海陵王迁都之举。在迁都之前，上京及其混同江地区，均可称为“内地”，而迁都之后，则下令不准将该地区称为“内地”。这反映了一种心态，也就是说，金的统治者不希望将其出身于偏远地域的“胎记”挂在嘴上，而最好是将之忘掉。但是，偏偏还有一种不可忘记祖宗的族训和祭祖、祭天地的礼仪，在时刻警醒着那些高高在上的女真统治者，不要忘本，不要忘掉白山黑水的故里家园。从这一点上说，完颜氏家族的自我保护意识，同北魏时代鲜卑人拓跋氏及匈奴别种混于鲜卑的宇文氏家族，对民族融合的宽容意识形成强烈的对比。

在这种矛盾心理的促使下，金的统治者学习汉人祭泰山、祭天等的祭祀方式，也建立了女真人对山神和水神的祭祀制度。

大定十二年（1172），金世宗完颜雍时代，有司建言说：长白山在兴王之地，礼合尊崇，应该封爵建庙。年底，金廷的礼部、太常、学士院等便按照敕令，封长白山为兴国灵应王，立即在北山建立长白山神庙。三年后，上奏得到批准，金朝确定了在长白山的封册仪物，以及为长白山神制有九旒的冠冕，绘有九章的服纹和其他的玉圭、玉册、函、香、币、册、祝等，然后遣使、副各一员到会宁府，行礼、散斋，陈设如仪，完成对长白山的祭祀礼仪。礼用三献，即用牛、羊、猪三牲，和祭泰山岱庙相同。

自此以后，每年要对混同江的源头长白山降香致祭。明昌四年（1193）十月，更封长白山神为开天弘圣帝。泰和元年（1201）闰月，遣使报谢长白山。

金世宗完颜雍大定二十五年（1185），有司言：“昔太祖征辽，策马径渡，江神助顺，灵应昭著，宜修祠宇，加赐封爵。”于是，乃封混同江神为兴国应圣公，其致祭和祭长白山的礼仪相同。

金帝国所册封的是混同江之神，作为一条水系的图腾化与神化之身，这在中国诸条江河之中，当是独一无二的。在长江、黄河所流经的地域，亦不乏祠庙，就以全国为例，在大定十九年（1179），就曾为卢沟河水势泛决而建庙，册封其河神为安平侯；大定二十七年（1187），又在郑州河荫县设庙，为使黄河安流，筑灵德善利之庙，册封黄河为昭应顺济圣后。对两条常泛滥的河，每年于春秋致祭，其目的十分明确，就是保一方水土平安，不肆洪为患。但对混同江的册封却与洪水泛滥无关，而是作为一个佑国之神来将之奉为神明的。女真人信奉的宗教是原始宗教，是萨满教，其中山、水、鸟、兽均有神位，是原始图腾崇拜衍化的神灵，女真人萨满教中的各种图腾化的面具，就是各种神灵的化身，因此在女真人眼中，这条数千里长的奔腾的大江，就是一个伟大的神灵。这个神灵不是别的，就是被称作母亲河的混同江，女真人是她的儿女。

进入金代，混同江的上游段落又出现了一个新的名字，叫宋瓦江。宋瓦江指的是北流松花江那一段，也就是以前的涑末江或粟末水。在金朝封混同江神的册文中，仍可以看出，当时在金人的眼中，混同江是源于长白山，经过帝乡上京后入海的。宋瓦江仅出现在《金史·地理志》中。不过宋瓦江这一江名的出现，距今日的松花江之名已经不远了。

和混同江一起被奉为神灵的，还有金的“护国林神”，将上京会宁府附近的山林册封为护国嘉荫侯，亦以牛、羊、猪三牲献祭告之。其册祝之文略具现代环保意识，不可不读：

蔚彼长林，实壮天邑，广袤百里，惟神主之。庙貌有严，侯封是享，歆时蠲洁，相厥兹荣。

大定二十五年（1185）册封护国林神之后，定于每月七日，上京会宁府的一员幕官，司职到庙中行香致礼。然而，若以今天的阿城市西南上京旧址为中心，以百里为半径所划出之方圆内，金代时的护国之林，已所剩无多，早已为一片农田所取代。护国林的消失，是金以后诸朝人毁林开荒以及乱砍滥伐的结果。随着金上京会宁府后来被东征的蒙古军队攻破，并一把火烧毁了金王朝的都城，护国林的嘉荫侯之庙也成为断垣残壁，最后圮成一抔土，没于蒿莱衰草之间，它连自身的命运都不能自保，何有力来

本书作者在长白山门前（2001）　柳成栋摄

保佑护国之林呢？倾巢之下，岂有完卵。金之后，安出虎水——阿什河中游的森林，也和整个混同江——松花江地域的森林一样，任人滥伐了。此是后话。

金世宗时代，除敬山、敬水、敬林、敬土外，应该公正地指出，这个由渔猎民族女真人建立的封建王国，在金世宗完颜雍的治理下，力除海陵王的弊乱，颁布了许多昌明的新措施、新法令，为全国的吏政树立了不少的新风。此前，在金海陵王时，已下令禁止军民用网捕猎禽兽和射雕养雕隼。而更引人注意的是金世宗的禁猎令，该禁令对野生动物的保护作用，无疑颇具现当代社会的生物多样性理念与环保意识。大定二十五年（1185），金世宗住在上京会宁府，五月庚寅，有平章政事襄和奉御平山等人，外出打猎，射杀了一只怀孕的母兔。金世宗闻讯后大怒，下令杖打平山30大板，对襄进行了诫斥，并发文通报全国。随即下诏令，“禁止射兔”。入冬，金世宗又下令，禁上京等地在大雪及动物怀胎时捕杀野兽。不久，又下诏说：“豺未祭兽，不许采捕。冬月，雪天以上，不许用网及速撒海，恐尽兽类。”也就是说，在天寒地冻之时，不准用网和套夹之类的猎具进行灭绝性的捕杀，以免将野兽杀绝。大定二十九年（1189）春正月癸巳，金世宗驾崩，金源郡王完颜璟即位。不久，有修起居注的完颜乌者和同知登闻检院的孙铎分别“上书谏罢围猎，上纳其言”。自金章宗即位不到半年，连围猎这种大规模的捕杀野兽的活动也禁止了。

无论从哪个角度上说，就是以今天的观点来衡量，金朝世、章两代皇帝的禁猎措施，都是具有积极意义的。他们在800多年前就已经意识到保护各种野生动物，不让其灭绝的重要性，在中国长达两千多年封建统治的数百个帝王中，其贤明卓识确属罕见。800多年前松花江地域生态环境的保护，得益于金世宗可谓多矣。实际上，对野生动物的保护认识，还可以溯源到金国创业初期对马的保护。金之名将完颜阿离合懑在病榻上对阿骨打建议说："马者，甲兵之用。今四方未平，而国俗多以良马殉葬，可以禁止之。"在建言的同时，这位比阿骨打还年长一辈的将军便"从我做起"，在弥留之际将平生所乘的良马献给"国家"，并将他最好的一匹战马献给后来成为金第二帝的完颜晟。自此以后，女真人以爱马作为殉葬的风习便随令中止，金人的战马数量也得以迅速增加。总之，虽然金的统治者对野生动物及战马的爱护有加，并非出于现代科学意识，但毋庸置疑，上述这些起自混同江地域而行之全国的法令与措施，其客观的生态学意义是不可低估的。

混同江水养大的女真族人对混同江一往情深，不仅表现在他们对混同江的神化，将之奉为护国的神明，而且在平时的言行中，也不时地表现出"以吾乡有此大江"为傲的豪情。例如，在金与南宋议和以后，金的显武将军完颜思敬于金天德元年（1149）任报谕宋国使。南宋苟安以后，对金自称侄皇帝。金的使臣来了，也就是伯皇帝派人来了，自然要迎送巴结。时值中秋刚过，恰为钱塘江大潮期，宋人以惯例，邀请完颜思敬观钱塘江大潮，以博一悦，然而，却遭到完颜思敬的谢绝。他说："我国东有巨海，而江水有大于钱塘者。"这位使臣以有混同江为傲，不屑于观钱塘江大潮，虽是一种外交姿态，却也反映出了混同江在金人心目中的美与崇高，绝非其他江河可比。或许，完颜思敬对混同江的敬畏同他在混同江随熙宗捕鱼时的一次救险有关。事情是这样的：金熙宗捕鱼于混同江，想不到网索突然断了。曹国王时在身边，乘着酒醉竟然鞭马入江去捞网，结果手引着系网的大绳，沉于江中。熙宗连忙呼人来救，左右莫有应者。唯完颜思敬跃入江中，将宗敏救出。这一勇敢的行动使熙宗赞叹不已，赏赉甚厚。这次经历在完颜思敬的一生中是一个亮点，从而激起对大江的崇敬，也属必然。

不论是迁都以前，抑或是迁都以后，金国的各代皇帝都常到混同江来搞春猎。以往，契丹的皇帝来混同江搞春捺钵，主要是游猎，其次是来视边，也就是亲自来听取关于东北方向旧渤海人，以及女真人、铁利人和室韦人的情况汇报。而对于金国的皇帝来说，混同江是金的祖地，是金的佑国之神，春猎的内容还要加上对乡土的眷恋与崇敬。尤其是迁都以后，更有一种回故土感受先帝创业艰难的激励作用。在金诸代皇帝的心目中，混同江是集家国于一身的指陈代称。这一点除了生于斯，长于斯，饮混同江水长大的斯子斯民有斯之感情外，其外乡人大概总是难以理解的。

金太宗天会十年（1132）四月，混同江暴涨，太宗完颜晟立即下令赈济在混同江边的戍边户，并将之迁走。而且对居于鸭子河，即嫩江、洮儿河下游的受灾居民，进行赈济。对居于上述地区居民与军士的赈济一直持续到下一年，有人建议赈济民士的钱粮，应该让各元帅分担一些，金太宗未予采纳，反而下诏说："官有府库，而取于臣下，此何理耶？其悉从官给。"其态度极为坚决明确。金太宗赈济混同江的灾民，不是金代混同江水灾的最早记录。混同江发生大洪水在金史上的最早记录在完颜氏人的创业之初。在《金史·腊醅传》中，时为辽代，具体年代不详。时值金世祖完颜劾里钵与麻产对战之际，"是岁，白山混同江大溢，水与岸齐"。但征战并没有因大水而止。这是金史上最早的混同江洪泛的记录。

金熙宗天眷元年（1138）二月，皇上到涞流河入混同江河口及其混同江右岸地视察，因沿涞流河和混同江岸边居住的护逻地居民常为江涨所苦，遂下令在这些地方“罢耕牧”，把禁苑的隙地分给百姓，将泄洪区退还给混同江及其支流涞流河。

上京会宁府所在的安出虎水，在金朝时也曾多次发生大洪水。安出虎水是一条规模不大的混同江一级支流，一般洪水均系暴雨所致。但天会八年（1130）安出虎水却在春天发生了大洪水。河水突然暴涨，溢出两岸，居于河之侧的金皇宫室进水。水退后，金廷调民工数万，移改河床，使河水改道。所以，现在的金上京会宁府遗址，并不在阿什河岸边，盖其原因就在此大水之后移改河槽所致。

安出虎水的另一次大洪水发生在天眷元年（1138）秋天，和混同江、涞流河一起发生水灾。其时，河水漫出河岸，虽改漕后未淹及皇城，却毁坏了不少民居，死难的人也不少。以上是安出虎水最早的两次大洪水的灾情记录。灾难发生后，金熙宗对灾民非常关心，下令赈济。皇统二年（1142），熙宗再次到涞流河春猎，并借机巡察灾后上京一带徙民的安置情形。

在混同江的史传上，她承受的灾难也是她历史的一部分，岁月将铭记这一切，直至今朝。

金世宗和他的上京情结

金上京会宁府——阿城（今哈尔滨市阿城区），是混同江中游最早开发和规模最大的城市之一。它枕着安出虎水，孕育了女真族人的金源帝业之梦。

在完颜阿骨打起兵攻辽之前，完颜氏女真的前几代首领，便已征服了混同江、长白山、青岭，以及向东濒海的大片土地，生女真的全部部落，都在他们的控制之下。

金国诞生后，率有北方大半个中国，东西疆域长达数千里，南北也达万里，与辽时的疆域差不多。金统领混同江并实行有效统治的时代，也是汉族和中原文化大规模进入混同江的时代。金一度将上京会宁府称为内地，彼时金太祖“每收城邑，往往徙其民以实京师”，采取的是和契丹——辽相同的政策。这是契丹人、汉人被逼迫向混同江、安出虎水移民之始，也是女真与契丹、汉等多民族在混同江地区共融的新阶段。《金史》中。汉人移入北地的记录有很多。比如：

天辅六年（1122），“既定山西诸州，以上京为内地，则移其民而实之”。

天会元年（1123），燕京豪族及工匠由松亭关从之内地。

天会五年（1127），金兵从汴京北撤时，“华人男女，驱而北者，无

金太祖陵　阿宣供稿

虑十余万”。

这些移居到上京安出虎水之畔的汉族富豪、工匠与平民，无疑是混同江大规模开发的先驱者。金上京会宁府都城的建设，主要由这些人来完成。一个大规模建设的时代，就这样随着移民的到来而开始。

金太祖完颜阿骨打起兵攻辽时，他仅是辽朝任命的一个管理生女真地区的节度使，其所居地安出虎水与涞流河地区，并无像样的都城。他们所拥有的仅是一片片女真人聚居的氏族村落，女真人称之为寨。当时，安出虎水畔有三个寨，一个叫阿触胡御寨，其寨名即源自安出虎水，是安出虎水河名的同音异译。因阿骨打久居此寨，此寨后来就被称为皇帝寨。另外两个寨，一名国相寨，一名太子寨，皆在安出虎水之畔。除安出虎水之畔，女真人还有不少寨建立在涞流河与混同江之畔。在混同江、安出虎水和涞流河流域之间，孕育着金源帝国的梦。而这个梦，最初竟是在寨或土围子中开始的。在这三河流域之间，女真人依山造屋，屋顶覆以木板、木檩和草，称为结庐而居。庐的四周植木为藩，多藩相连称为寨。女真人的特点是，儿子长大后便迁出为独立门户，因而寨在不断地向周围发展。女真人的“寨”和契丹人的“帐”不同，契丹的帐是以游牧和打猎为主的民族的居所，可以移动，可逐水草而居，迁徙仍是它的特色；而女真人的寨，表明了他们基本上已完成了向农耕时代的过渡，虽然在渔猎方面还有所投入，他们还未完全同营帐告别，但寨的出现表明了定居的特色，而只有行军作战和议论军国大事时，营帐还在起作用。

当然，女真人的寨也是有等级的，一般平民的寨（木蕃篱）比较矮小，高不过数尺，且占地也不大。而地位略高的谋克、猛安，以及更高的孛堇、勃极烈，所居则为大寨，其藩篱也高大，占地也广，且多建于山坡上，房屋也较高大，四周还设有岗哨之堡，好像一座小城池。这种建筑方式，至20世纪上半叶，在松花江流域的乡村中还多有存在，俗名土围子。土改、合作化后，逐渐消失。

早年，金太祖阿骨打的临政之所，也在他家的本寨，会议就在帐中或屋里的火炕上举行。晚年，才在安出虎水之侧修筑宫殿。大量工匠的移入，让金帝国的皇梦从寨子中灿烂到后起的皇宫里。不过，阿骨打并没有入住宫中，就死在行军途中了。继位的金太宗有幸住进皇宫里，而且自金太宗始，上京会宁府便开始大规模地兴建。

宣和末年（1125），宋派贺金使许亢宗一行到会宁府祝贺金太宗即位，亲眼目睹了金初皇城、宫殿及其他建筑物的兴建情况。后来，他在《宣和乙巳奉使行程录》中说：

次日，馆伴同行，可五七里，一望平原旷野，间有居民数十家，星罗棋布，纷糅错杂，不成伦次，更无城廓里巷。率皆背阴向阳，便于放牧，自在散居。又一二里，命撤伞，云近阙。复北行百余步，有阜宿围绕三四顷，北高丈余，云皇城也。至于宿门，就龙台下马入宿闱。西设毯帐四座，各归帐歇定。

……阖门使及祗坐班引入，即奉国书自山棚东入，陈礼物于庭下。……其山棚，左曰桃源洞，右曰紫极洞，中作大牌，题曰翠微宫，高五七尺。本建殿七间，甚壮，未结盖，以瓦仰铺及泥补之，以木为鸱吻，及屋脊用墨，下铺帷幕，榜额曰乾元殿。阶高四尺许，阶前土坛方阔数丈，名曰龙墀。两厢旋结架小苇屋，苫以青幕……日役数千人兴筑，已架屋数千百间，未就，规模亦甚侈也。

这是关于上京会宁府皇城建设的第一手材料，当然极为珍贵。文中所述金廷接受宋国书的场所“山棚”，左右分别称桃源、紫极，这同辽代皇帝设于广平淀行在山棚两侧的洞府名称极为相似，显然它们共同受到中原文化，尤其是道教文化和陶渊明《桃花源记》一文的浸润与影响。

不过，总的来说，金从奴隶制氏族社会进入封建帝制之初，草创与简陋仍是它的一大特色。这正如《大金国志》所描绘的那样：

城邑宫室无异于中原州县廨宇，制度极草创。居民往来车马杂沓，自前朝门直抵后朝门，尽为往来出入之路，略无禁制。每孟春击土牛，父老士庶无长幼，皆聚观殿侧。

都城草莱中的无序状态，既表示了一种繁荣，也显示了金初建时，皇帝还没有高高在上成为孤家寡人。太宗独享的乾元殿，四外栽柳，简直是个不起眼的草围子。其殿内有火炕绕屋壁而设，这种女真人独特的取暖方法，上承肃慎、挹娄，此后沿袭了数百年，直到今天，在松花江地区的乡村中仍在广泛使用。

金时，这些修筑了火炕的屋子，平时只用一把锁紧闭，待开钥时，君臣使都杂坐于炕上交谈，由后妃躬侍饮食。这一点也和中原的皇宫不同。汉人皇帝的皇闱，外人不可入内，研究军国大事，都是在早朝的大殿中进行的。换句话说，在早期金朝皇帝的办公之际，比之汉人皇帝少了许多排场和繁文缛节，仍保持着女真族人早年古朴的传统习俗。在女真人早期的生活中，帝王和平民可以同桌而食，甚至杀只鸡也可以让帝王尝一尝。女真人的这些风习，带有部落时代的印记，它使平民与帝王贵族之间的距离大为缩短。因此，在战斗中可以同生死、共患难，而战争之所得，除了分给功勋卓著者外，只余一小部分留归于皇族，多数都充为军饷和战争的支出。随金国事业的做强做大，周边的国家便经常派使臣到会宁府来谒见皇帝，京都的皇城及会馆越来越不适应发展的需要。因此，大兴土木，扩建上京则为情势所需。

在金太宗即位后，扩建的工作便开始了。可是，在金之初，许多决策都需要由“民主讨论”作出。金太宗完颜晟的这种做法便受到完颜宗翰等的质疑。问题一提出，就得到诸军大臣的一致响应，而金太宗在诸臣的诘问下，无言可对，只好甘愿受罚，并未求饶和反诘。结果，皇帝被左右侍从官从龙椅上搀扶下来，象征性地挨了20大板。然后，又被扶上宝座，继续当他的皇帝，继续主宰天下大事。在中国历史上的400多位皇帝中，金太宗无疑是被杖罚的第一个，当然也是最后一个。如果皇帝能够承认自己做错事而又能下“罪己诏”，并由皇帝亲自下诏布告天下，就会使臣民们感动得热泪盈眶，山呼万岁。当年，完颜阿骨打刚称帝时，许多勃极烈也效法宋朝礼节伏跪奏事，阿骨打连忙上前搀扶。他坚决不改民族旧风，让那些“部长”听了无不感激涕零。

然而，不管怎么说，上京会宁府的大规模建设还是要搞的，20大板改变不了金帝国快速强大的步伐。皇宫要扩建，官邸也要扩建，楼堂馆园都要扩建。建设需要人才，需要大批的木匠、瓦匠、石匠、铁匠……而这一切对于尚未完全摆脱穴居的生女真人来说，何等匮乏，这使从中原掳来的工匠们有了用武之地。而总体设计，指挥施工，更需要干练的行家来担任。

金上京会宁府扩建总设计师和施工总指挥是卢彦伦。卢彦伦是辽上京临潢的汉人，曾担任辽中下级官吏。天辅四年（1120），随辽将降金。后因保卫临潢有功，乃被重用。天会二年（1124），被委以建设会宁府新城的总官。《金史》称，会宁府新建时，由卢彦伦进行总体规划设计，民居、公宇皆有法，得到太宗和熙宗两朝皇帝的赏识。金上京于天眷元年（1138）末初步建成。此后，又建明德宫、五云楼、重明殿等，使上京规模日益扩大。前前后后，上京仅宫殿就建了 25座，其规模之大，可以想见。建好上京会宁府，海陵王迁都燕京，卢彦伦事先又被调到燕京，主持燕京的扩建。卢彦伦是金代超一流的建筑家，为金代混同江的文明开发，立下了不朽的功勋，堪称中国古代历史上功勋卓著的一代巨匠。由卢彦伦始，灰色的“秦砖汉瓦”式的建筑，才在混同江各地普及开来，对北疆的经济开发和城镇建设，他无疑是一位开先河者。

在上京会宁府的安出虎水岸边，建有两处皇家的游乐场所。一处叫锦云亭，另一处叫临漪亭。前者可以观山、观日出日落，后者可以观水、观鱼、观鸟兽。从现代意义上说，这是一家有真水真林的皇家公园。公园有流向西北的安出虎水，供观赏的珍奇动物有海东青、白鹊，以及大象、梅花鹿等。这个公园无疑是混同江地区最早开建的公园。

对于名猎鹰——海东青来说，以青灰或素白者为最珍贵。它既是女真人围猎时的助手，在它身上也体现了女真人作为少数民族，他们恒有的强悍、机敏和不服输的民族精神。女真人对海东青有特殊感情，在它身上更多体现的是女真人的崇敬、珍爱和神圣的膜拜。海东青猎取天鹅时的情景，正体现了女真人反抗辽国的压迫，不畏北宋强敌的战斗精神和不屈不挠的英雄品格。用人类学的观点看，海东青就是女真人的图腾。

海东青捕鹅的图案见于阿城市出土的鎏金带袴上。现时出土的有两种：一种是海东青噙住天鹅头部的搏击姿态，另一种是一只小天鹅回首小憩的身姿。两饰品皆为写实性浮雕图案，栩栩如生，海东青捕天鹅的奋力出击状，极为生动，尤其叫人喜爱，它们同是金代早期艺术品中的瑰宝。这两种雕有海东青图案的饰物，集中地表现了女真人强悍勇敢的民族神韵。

金上京会宁府的大规模扩建，为都城带来了空前的繁荣。会宁府为金之上京都城38年，自金海陵王迁都燕京后，迅速衰落。

先是金朝传至金熙宗完颜亶时，统治集团内部争权夺利的斗争越趋激烈。金熙宗滥杀无辜引起金廷内部的哗变，导致了平章政事完颜亮的谋反。金熙宗在皇统九年（1149）冬巡猎时，谋反突发，被买通的内侍将熙宗身边常备的佩刀移走，于是熙宗徒手被完颜亮所杀，死时年仅31岁。由完颜亮夺得了皇位，自称海陵王。海陵王母为大氏渤海人，但海陵王完颜亮从小受的教育却是百分之百的汉文化教育，熟谙中原的历史典籍，其谋反之心由来已久。因他特别向往汉文化，想做一个高高在上的中国皇帝，所以他登基三年后，便决定迁都燕京。迁都一方面显示了他对中原文化的渴望，另一方面也是为了自己进一步骄奢纵欲，并避开贵族元老对他的监督。他力求效仿隋炀帝的豪饮纵欲，秽乱宫里宫外，夺臣将之妻而谋杀其夫。凡他听说或见到的美貌女人，一个都不放过，甚至连他的姊妹姑嫂等亲戚都不放过，而且始乱终弃，弃之如敝屣。因他靠谋反暗杀起家，所以

松花江冰雪渐融，又一年季节轮回开始了，如此循环往复，岁岁年年，直到永远……　刘玉龙摄

最怕别人对他下手，他对一切可能对他构成威胁的人，大开杀戒。他杀掉金太宗子孙70余人，使太宗后嗣灭绝；杀掉完颜宗翰子孙30余人，使宗翰一族灭绝；杀掉左副元帅完彦撒离喝及子孙30余人；杀掉元帅完颜斜也之子——孛吉弟兄子嗣100余人；杀掉金兀术子孙，使其断绝后嗣；杀掉辽天祚帝子嗣30余人；杀掉徽、钦二帝子孙100余人。他滥杀无辜后又迁都。迁都时，拆毁了许多宫廷建筑和贵族的府邸，使上京会宁府失去了往日的“梦华”，却多了无数的废墟，从而使蒸蒸日上的混同江文明立刻陷入断崖式的萧条。他迁入燕京后的第一件事，就是从民间选出130多名良家美女，供他玩弄。

这位如此腐败透顶的海陵王，偏偏珍视自己的身后名。故而他苦心孤诣地为自己涂脂抹粉，在公众场合亮出假象，并以此来迷惑臣民，让臣民以为他是一个好皇帝。例如，他以吃鹅（不吃猪、羊）来提倡“节俭”，可每次游猎时，却又不断索取，以致造成全国鹅价上涨，在他要去而还没到的地方或京城附近，一只鹅数万钱才能买到。甚至为满足皇帝的吃鹑欲望，有时要用一头牛来换一只鹑，来缴纳贡奉。海陵王常将自己的一些破旧衣服展示给近臣，以表明自己不事奢华。有时，他特意将衣服上缝以补丁，为的是让写起居注的官员见到，将他的“廉洁”写进历史。这位靠宫廷政变上台的皇帝，更会故意“作秀”，他为了表示亲附于万民，偶尔还要和士兵们一同进餐，吃兵士们的大锅饭，而且每次还率先将这些粗糙的饭吃完。海陵王经常外出乘皇辇行于路上，若见到百姓的车陷于泥泞之中，这位皇帝必下令让自己身边的卫士下车，不管什么污泥浊水，非将陷车拖出后，他才离开。他熟读汉文经史，经常卖弄学问，以证明自己

今日哈尔滨阿城区街景　王文摄

饱学。他经常以中国古代帝王、圣贤的故事以自况。偶尔，他还要诌一两首诗词，让宫中那些捧臭脚的御用文人著文解读并赞颂之，以诵至全国。这位表面上一本正经，俨然为一代圣明的皇帝，除了将无数女人玩弄于股掌之上外，有时也故意和宫中的群小们寻开心。他事先将一块黄金藏在褥垫之间，叫偶然发现的人一阵惊喜。然后，他便将这黄金赏赐给那位“发现者”，让他拿走。海陵王的另一面，就是他性欲太贪而不择手段。史传上说他淫嬖不择骨肉，刑戮不问罪名。为建宫殿，一根大木可以花两千万钱，其木之大，要用500人来拉运。宫中装修，金粉如雪花在宫中纷飞。他还想“建万世功业”，在安出虎水的上京居三年后迁都燕京，迁都后大兴土木。兴完土木，便举兵伐宋，撕毁和约。为造大船当兵舰，拆毁民房征用木材，煮死人膏以为油，根本不管老百姓死活。他要“立马吴山第一峰”，雄峙天下，结果在战场上多次被南宋兵击败。

这位靠搞恐怖、搞暗杀上台的皇帝，最后被完颜氏族人杀死。海陵王死后，完颜阿骨打之孙完彦雍当上了皇帝，称金世宗。世宗生于安出虎水之畔，母亲李氏，是位汉人。他体貌奇伟，性仁孝、沉静、明达，善骑射，深得民心。他登位后，谥海陵王为炀，后又降为庶人。对海陵王毁掉的上京，后又修建。他贤明而行德政，同南宋重新议和。他对上京感情极深，自大定十三年（1173）起，便恢复了会宁府的上京称号。大定二十四年（1184）三月，金世宗率员东巡上京，回到混同江、安出虎水，回到他梦牵魂绕的家乡。东巡也是中国历史上的一个壮举，当时仅随员就带了2000多人。

在上京会宁府，金世宗重游童年时的故园，这片山林土地是养育他的大地母亲，也是养育他筋骨和逸趣的青春摇篮。他在北国的熹微晨光中读书习武，在月上柳梢时习字诵文，撷天地之灵秀，采日精和月华。而今到故地重游，他拜谒祖庙，告祭长白山神、混同江神和山林树神，谒朝日殿和夕月庙。他不仅在安出虎水中洗浴游耍，还入座漪春亭赏鹰。他眺望大青山林莽的郁秀，亦俯瞰海沟、安出虎水的清波，让朴实而熟稔的桑梓之风，沁入他的脾肺，那是他渴望已久的记忆中的儿少时代的甘甜。

在会宁府，他快慰地度过了一年，将国事托付给他的儿子，让自己被国事缠扰过久的身心得以放松。在休憩中，他和臣属们纵论古今的帝业，缅怀祖上的懿德和智勇。偶尔，他也参加勃野淀上的射猎，在绿草地上参与竞马，挥鞭弯弓，一展他的雄健与神采。让那些簇拥驻足的女真族人，尤其是青年男女，发出啧啧的赞叹。

大定二十五年（1185）四月，世宗带着依依不舍的眷恋，离会宁府返京，将新绿的柳枝插在车辇上，让春风在车后跟随。世宗回乡的目的，是对故乡和后方的抚慰，是为了调整北疆的防务体系，斯时蒙古已经雄起，他不能掉以轻心。他把混同江下游的女真人调来，充实嫩江以西的金源边壕的防卫。诸事一毕，他才放心地启程。临别的酒宴上，意兴正浓中，平日滴酒不沾的世宗，也开怀畅饮，并为群臣唱了一曲女真人的歌曲，将君臣的和谐融洽推向高潮。歌词是道王业之艰难，及继承之不易。当他唱到“慨想祖宗，宛然如睹”时，慷慨悲激，几乎不能成声，竟潸然而泪下。于是，诸将及夫人也歌女真之曲，使皇宴变成私家之宴会。在场诸臣无不感动得痛哭流涕，连呼万岁。

上京会宁府再次繁荣起来，混同江、涞流水、安出虎水及其周围地区的经济和文化，一直在蓬勃的发展中。海陵王的时代是一个插曲，一个反复，一个马鞍形的低谷。自金世宗拨乱反正，革新除弊后，金上京会宁府重新振兴。振兴中的上京会宁府及混同江一带的经济复苏，在金世宗的东巡时，进入一个新的阶段。许多中原的医生、工匠、艺人到这里来求发展，这是汉文化的再次注入。

北地路途遥远，繁荣的标志与条件是交通，即道路的通畅。以往，女真人的陆路交通，运货负载主要使用牛马，这比渤海国时代有了显著的进步。先是“以牛负物，或鞍而乘之”，后来便有了车。车辂在中国的出现非常之早，《诗经》中关于车的诗句简直俯拾即是，可传到金源的三河地区时已经是辽代，而大规模自己造车，则是在金代勃兴之后：“舍屋车帐，往往自能为之。”女真人的生活最初十分粗陋落后，但军事政治的勃兴，使女真族一步跨入封建社会，同时也很快地使制造技术得以快速发展。女真人会造车以后，交通畅达了，物资与文化的交流也畅达了，有力地促进了经济和文化的繁荣。

女真人早期对水路的使用，不用舟楫，多是“浮马而渡”。马浮水的能力虽强，但渡水时不可能负载太多，因此水路运输要受到限制。当时，他们已有梭舟，但多用于捕鱼。若想将车渡过河去，就得造方舟或用多舟相连才能实现。但直至完颜希尹掳回中原的工匠之后，北地人才掌握了造各类船的技术。金国的水军名将叫斜卯阿里，在阿里的指挥下，金兵打过许多漂亮的水战。第一次是在攻辽时，契丹与奚人聚舟千艘，将入于海。阿里以27舟邀战，虽两中流矢，仍星夜追击，终于获胜，将敌舟全部缴获。伐宋时，阿里于天会六年（1140）破敌船万余于梁山泊。史载，这位出身于长白山女真部落，在混同江上游（涑末水）边长大的杰出的、善于水陆两栖作战的金国大将军，自离家从军到海路追宋高宗300里，经历过大小数十次激战，几乎攻无不克，战无不胜，是一位历史上少有的水陆两军指挥奇才。他尤善于造船和水战，江淮用兵，他无役不从，人们誉之为水星。

在混同江与上京会宁府安出虎水之间，金代还曾开凿了一条运河。这条运河缩短了混同江输入上京粮米的里程。此河长约50余公里，当年初凿时，宽为50 ~ 100米，深15 ~ 30米，当地称“金兀术运粮河”。金兀术即完颜宗弼，是完颜阿骨打的第四个儿子。他是金和两宋战争中的重要人物。在以正统观念主宰的历史中，金兀术是南宋名将岳飞的主要对手，也是金将在民间知名度最高的人物，素以多谋、善战著称。这条运河就是在他的主持下开凿的。这条运河对金上京会宁府的繁荣也起到了重要的推动作用。元朝以后，此河逐渐淤塞，现只有局部河段尚有细流。但她记录了一个时代的历史，她是混同江流域最古老的运河，运河的桨声帆影里融进了金上京的繁荣，也融进了混同江那个骄傲的时代。运河中的落日消弭，也象征着金帝国的终结。

八、动荡而沉闷的江流岁月

啊，嫩江　王冰摄

嫩西：铁蹄弓马金长城

在人类历史上，往往一个民族和另一个民族的战争甫一停止，接下来则又一个民族的另一幕新的战争却又发端。

当女真族人强大起来，入主中原，实施其灭辽攻宋的宏图大略时，居于契丹之北、完颜女真西北的鞑靼蒙古人，正悄然兴起。

蒙古族的起源是一个极为复杂的历史问题。诸说纷纭，尚难以统一。

蒙古虽属多源相融的民族，但居于室建河（黑龙江古名）之南的蒙兀室韦，则是它的主源。雷纳·格鲁塞的《蒙古帝国史》说："我们今天几

金界壕起点在尼尔基，照片上方即为尼尔基水库　范震威摄

乎可以确定室韦诸部是蒙古种，他们在唐代，甚至在魏朝统治时代，已经占据客鲁涟河下游、兴安岭北边和嫩江发源之处了。”

蒙兀室韦居于嫩江和黑龙江之间的嫩江走廊地带，和东胡人、鲜卑人、契丹人、蠕蠕人、吠哒人、突厥人、靺鞨人等，都有着不可分割的密切联系。他们居于伊勒呼里山东北、小兴安岭西麓，中间是丘陵草原，有嫩江及支流穿过，这里是从黑龙江地区进入松嫩平原的唯一通道，即嫩江走廊。不过，走廊之北的地域，略嫌壅塞，对发展不利。传说中，有蒙古人的祖先原住在名叫额尔古涅昆的深山中，后来人多住不下了，遂鼓风烧山，冲出一条路，从山中出来，向西南方跋涉，进入大兴安岭之西的室韦草原，后来又移居到斡难河源（黑龙江北源）地带。另有一种说法是，蒙兀室韦沿室建河右岸上溯迁徙，到斡难河、怯绿连河、灵哥河及土拉河等地，以布尔罕山为中心，过着逐水草而居的游牧生活。

苍狼（勃儿帖赤那）与白鹿（豁埃马阑勒）的后代，即居住在布尔罕山的孛儿只斤族出了伟大的成吉思汗。凡与孛儿只斤有血缘关系的部族，通称尼伦，此即蒙古本部。尼伦的含义是圣洁。尼伦之外者，称蒙古诸部，居地甚广，主要居住在额尔古纳河、大兴安岭之间，也包括捕鱼儿海（贝尔湖）的塔塔儿人。塔塔儿即鞑靼，为靺鞨之一种。这个部族十分强大，金朝时多次犯边，蒙古人被笼统地称为鞑靼或达达，即由此而得名。在蒙古以南还有一个强大的部族克烈。克烈人接汪古人，汪古人（沙陀族的后人）与金相接。汪古人臣服于金，为金扼守北边要塞。汪古，即守卫边墙——全长城的意思。克烈部西北有乃蛮部，贝加尔西南有斡亦剌部，也都是蒙古人的构成部分。因此，蒙古族是一个庞大的混合民族。

金朝初年，蒙古和金多次发生争战。金世宗即位后，他重新检核对蒙古的政策，采取攻防结合的办法。在北、东与蒙古连境的广大地区，大筑“长城”，此长城不同秦汉长城，乃在大漠之中，挖堑筑墙，栽柳守堡，成为中国历史上的第二道“万里长城”。

这道长城，北起嫩江右岸的莫力达瓦达斡尔族自治旗以北的达里带石堡子（今尼尔基北之后七家子村），即后宜卧奇的嫩江之畔，然后沿嫩江西侧和大兴安岭东麓蜿蜒向西转西南延伸，越过嫩江右岸支流诺敏河、阿伦河、雅鲁河、绰尔河、洮儿河、霍林河，继续向南延伸。在洮儿河右岸附近，又增筑多层长达几百公里不等的外边壕，因这里有居于斡难蒙古本部及捕鱼儿海子的达达人。自霍林河，此长城继续向西南伸展，达庆州、鱼儿泺，又分南北两道，向阴山北部延伸。

这道长城，金代时称为“金源边堡”，也称金兀术长城或金长城，又称金边壕。是为金兀术与蒙古人作战时所首筑，但也有一部分，如罕察河至齐齐哈尔以西，大兴安岭以东的一段极长的土壁遗迹，称作成吉思汗边墙，这是俄考古学家B.包诺索夫起的名字。

早于金世宗在位的公元12世纪，东北及临潢一带，便已“土堉樵绝”。也就是说，自临潢（今巴林左旗）以北的金粟河（呼虎尔河）、霍林河，以及再向东北的洮儿河上游，金边堡经过的地方，自然环境便已相当恶化。在这些无水草的地方筑堡，由官方拨钱建屋，“放良人戍守”，而且由官方发给一年的口粮。在有水草的地方，分遣壮丁经营管理，以“开壕备边”。每堡为30户，大约为200人左右。泰州在洮儿河附近之洮安北，有9堡是官家筑屋置备的，这里距洮儿河入嫩江河口处约100多公里，在800多年以前，这里就因少水草而由官家出资筑屋。可见，嫩江中下游右岸环境的沙化由来已久，只是近年来沙化因人为的因素而日益加重而已。

此外，洮儿河源头以南的兀鲁灰河（即乌拉盖郭勒，郭勒者，蒙古语小河也）是一条内陆河，下游是一片洼地。在这里筑堡，是因过去的旧戍军舍少，遂下令让守护大盐泺的官方当局在直东堡附近的山中伐木3万株，然后，“每家官为构室一椽以处之”。整个金源边堡是在旧边堡的基础上连缀而成长城的，城墙由掘壕之土堆筑而成，在长达一万华里的东北—西南方向上实施的这一伟大工程，虽沿边壕栽下许多柳树，但也付出了不少毁林伐木的代价，孰轻孰重，只有历史才能掂出它的分量。

金末，蒙古族人称雄漠北以后，这道边墙不断地加固、整修，充实人力戍边。金章宗时，蒙、金之间关系更加紧张，在加固边防的同时，章宗

洮儿河中游右岸成吉思汗庙（召）院内的成吉思汗塑像　范震威摄

还曾命令夹谷清臣、完颜襄和宗浩等先后三次出边墙驱赶临近边墙的蒙古族人，结果是有胜有负，算是暂时性地维持了边境的安全。

金朝末年，蒙古军进攻中原地区，金招架不住，便急调混同江地区的兵力入卫中都，造成金的大后方兵力空虚。崇庆元年（1212），契丹人耶律留哥乘机在隆安、韩州一带聚众十余万。次年，自立为辽王。耶律留哥曾亲自觐见成吉思汗，联蒙攻金。贞祐二年（1214），金驻咸平的宣抚使女真人蒲鲜万奴，领兵40万进攻耶律留哥，结果大败而归。耶律留哥遂有辽东之地，建都咸平，号为中京。与此同时，成吉思汗命令木华黎向东进军，攻取辽西和辽东大片地区，混同江地区也很快便因兵力空虚而为蒙军所占，白山、黑水成了蒙军的属地，金在自己的发祥地的统治呈崩溃状态。

金东北路招讨使被迫从泰州撤至混同江以北的肇州。贞祐三年（1215）初冬，金辽东宣抚使蒲鲜万奴率兵攻咸平，赶走耶律留哥后见金大势已去，便据辽东自立，国号大真，并有部分女真人猛安、谋克加入。

蒲鲜万奴自立后，面对着金、蒙和耶律留哥三方面的进攻，于第二年便投降了蒙古，然而不久又背蒙自立。耶律留哥在万奴东略之际来攻，陷东京，连万奴的妻子李仙娥也被掳走。蒲鲜万奴在诸敌的夹击下，一度逃至海岛，后又登陆，重建政权，改称东夏，仍羁属于蒙古。不久，蒙军主力南下，东夏国得以偏安北地，沿袭金的治国之制，巩固政权，建立中央专制王国，很快进入繁盛时期。其都城原想建在阿城未果，后东进建都在速频路，即双城子（今俄乌苏里斯克）。

东夏国的详尽情况，因史料的缺佚而难以尽述。现仅知蒲鲜万奴曾辖转于女真人的白山、黑水故地，不断壮大，后曾徙都于上京会宁府，改称开元府，据有女真人的大片土地，但时间很短。最盛时，东夏国东达日本海，西达松嫩两江汇合处一带，北越混同江，达到呼兰河、桃温江（汤旺河），东北到混同江下游地，南达辽北和整个宋瓦江（北流松花江）地区。

蒙古于窝阔台时代着力讨伐东夏，公元1233年遣皇子贵由与诸王阿勒赤台等向东进军，杀死蒲鲜万奴及其儿子，使整个混同江地区政权易帜，女真土地全部为蒙古人所占领，蒲鲜万奴所建之东夏国（后称大真国）历19年而亡。

浯剌木连的兵燹之灾

成吉思汗远征归来，面对着扩充后的万里疆土，也考虑到如何管理的问题。成吉思汗二十年（1225），他将广大的疆域分给他嫡妻孛尔帖所生的四个儿子，并将他的大弟拙赤·合撒儿封在呼伦湖一带，包括额尔古纳河与海拉尔河地区。成吉思汗的二弟哈赤温，因早亡，他的封地由儿子阿勒赤歹所有。他的分地南及西拉木伦河、乌尔逊河、哈拉哈河流域及其以南地区，北近克鲁伦河，东地当嫩江中下游右岸及大兴安岭中部与南部。幼弟帖木哥·斡赤斤的封地，在嫩江和嫩江以东，以及松花江及松花江以北的大片土地，此地区正是女真人的发源地。

从此，在松花江母亲河的儿女中，除了女真人和后来移居的汉人、契丹人之外，又多了一族早年生活在嫩江上游的蒙古人。民族的融合，最初都是从杂居开始的，到了元朝时代，在汉与契丹与女真人的融合中，又增加了一支新的族源与血脉。在政权的更迭中，民族融合的速度也随之加快，其地域更广，而其间的血缘关系，也更复杂了。

成吉思汗对东部之地的分封，史称对东王之地的诸王分封。据《元史·博罗欢传》记载："昔太祖分封东诸侯，其地与户，臣皆知之，以20为率，乃颜得其9，忙兀、兀鲁、札剌儿、弘吉剌、亦其烈思五诸侯，得其11。"乃颜是成吉思汗最小弟弟斡赤斤的曾孙，他的家族封地占据着整个松花江流域，是东路诸侯中最大的王族。乃颜的父亲塔察儿曾因先后拥戴蒙哥、忽必烈为汗，立下大功，故在诸王之上，他的封地一度称为塔察儿国。

乃颜城在杜尔伯特之东北，在塔察儿国时期，该地域是蒙古族放牧的

甘南的金界壕遗址　王冰摄

场所。这里的牧民是混同江领域最早的蒙古族移民。后来，随着成吉思汗的分封，以及塔察儿王国的建立，这里的蒙古人才逐渐多了起来。

从斡赤斤传到乃颜，已过去了五六十年，父子、祖孙、兄弟雄踞女真人的故地，对当时的忽必烈汗所建的元朝甚为轻视，但又觊觎其地之富饶，故萌有推翻其朝廷以自代的野心。

忽必烈汗建立元朝以后，任用姚枢等一干汉人官吏，在治国方面多听臣言，使社会状况大为改观，甚至出现了路不拾遗、夜不闭户的太平景象。至元二十一年（1284），北京宣慰使亦力撒哈觉察到乃颜的狂妄野心，便密告忽必烈提防。忽必烈为了加强中央权力，逐渐削弱地方诸王的霸权。

至元二十四年（1287）四月，乃颜集结30万大军，从通肯河右岸的“京都”乃颜城（亦作乃延城，在今松花江左岸支流呼兰河支流通肯河一小支流上源之西，为拜泉县中兴镇东南地）出发，越过混同江，进军至西拉木伦河上游，即当年契丹人发祥地临潢之北，扎下大营，准备攻击元上都开平（今多伦）。与此同时，他还联通海都。海都是忽必烈的从侄，自以为是窝阔台儿子合申之子，大位当属于自己，常愤愤不平，故乃颜一举反旗，他便立马响应。乃颜发30万叛军，海都亦派兵10万助战。

忽必烈大汗听说乃颜等二侄谋反发兵，怒气不打一处来，他发誓说：“对此不忠不孝不义之徒，若不讨平诛杀，我永不坐此大汗之位！”于是，他下令秘密加紧备战。为不走漏消息，征兵就在大都周围进行。在10～20天中，除近臣外，无人知悉大战在即。很快，忽必烈大汗就集合了36万骑兵，10万步兵。这些兵士均为养鹰人和专职的猎户，武力超群，弓马娴

在山杜鹃盛开的山下，古桃温水——今汤旺河绕山而流　葛维举摄

熟，平时他务，战时为兵，这也是忽必烈的治国之道之一。

忽必烈集合了46万大军，立即北上。在出行前，他命令星占家进行占卜。星占家占卜后告之说，可以大胆出兵，必能克敌制胜。忽必烈听后大喜，遂率大军急行。因是秘密行军，神不知，鬼不觉，骑行25天，夜晚抵达乃颜军的驻扎地。行军途中，为不走漏消息，所经之路，皆令人防守，行人路过者，一律擒禁。所以，行军近一个月，乃颜其及部众没得到一点消息。忽必烈军抵达一山下，山背面即是乃颜的大营。忽必烈息军二日，再次命令星占家占卜两军胜负，星占家再次卜之为胜。

大汗自恃必胜，便于两日后的一个黎明，越山至乃颜军前。当时，乃颜尚未发出谍报探讯者，以为元军最快也得10天后才能到达，故放心大胆地睡觉，连哨兵也未安放。乃颜本人与一宠妻共宿于营帐中，惊醒之后仓促披挂上马，鼓角集军应战。忽必烈大汗当时并未下令攻营，而是坐在一个木楼上，楼脚为四象立承，象环甲革，不怕刀斧来攻。楼下密布弓弩手，楼上插着元朝皇帝的日月旗，从远望之，威严无比。

忽必烈将骑兵分为30营，每营有弓手万人，合为三军。攻时，一军为左翼，一军为右翼，两翼以钳形对乃颜军进行合围。每一营前有步兵500人，执刀矛以从。骑兵若退走时，步兵便跃至马上，坐在骑兵的身后，马停时再跳下马来，用枪矛作战。转瞬，两军布好阵列，双方号角齐鸣，随后双方唱起战歌。歌止，双方击鼓作战，大汗命左右翼先击鼓，鏖战之始，先命令弓矢手发弩射箭，箭如疾雨，敌方人马中箭死伤者不计其数。忠于乃颜的兵将虽殊死而战，然终敌不住忽必烈大汗之军。乃颜军卒至败绩，兵士失气溃逃。乃颜本人被围于军中，欲逃无路，被擒绑献于大汗面前。忽必烈大汗立即下令将其处死。

乃颜被擒杀，残兵败将落荒而逃。他们在科尔沁大草原上纵马飞奔，一路上绕池涉河，直逃至松嫩合流地才稍得喘息。

海都闻知乃颜兵败，才知道自己也不是忽必烈大汗的对手，急忙领军遁逃。大德五年（1301），海都被海山所率元军击败，卒于归途。

乃颜死后不久，其余党哈丹秃鲁干又举起反叛的旗帜，在涺剌木连地区再次同元军交战。哈丹亦为蒙古皇族，他是成吉思汗二弟哈赤温的孙子。乃颜死后，哈丹率部逃窜，过涺剌木连向北，返至乃颜故地，凭借纳涺木连和涺剌木连的天堑，胜则西出，败则东归，和忽必烈的军队在松嫩两江之间搞起了游击战。至元二十五年（1288）八月，哈丹再次率兵渡过纳涺木连，至洮儿河一带和元军对峙。哈丹显然不是对手，打不赢便逃。元军抢渡洮儿河追击，两军在纳涺木连下游一带连打数仗，哈丹且战且走，元军从北流松花江附近一直跟踪追击，直打到纳涺木连上游的灭捏该

（今嫩江市），以及纳浯木连以东的忽兰叶儿（乌裕尔河）一带，终被其逃脱。至元二十六年（1289），哈丹率兵进犯松嫩两江汇合处之胡鲁口（今肇源古龙镇），元军又来攻剿，哈丹率残部南奔至宋瓦江源以东即鸭绿江、图们江一带及滨海地区，终于日暮途穷。哈丹及其儿子均死于战途，元军俘哈丹的两个妃子以献。哈丹余党捏怯烈王盘踞在濠来仓（今巴彦县东之松花江北岸），元军继续征讨，劫掳其妻子畜产，捏怯烈残余东逃，渡桃温水而遁于小兴安岭密林中，逐渐消隐。

至此，历时5年的叛乱才告平息。这场叛乱，西起呼伦贝尔草原、大兴安岭、纳浯木连，南达西拉木伦河，东到鸭绿江及海滨，北及纳浯木连上游、乌裕尔河、通肯河、小兴安岭东部，东南达北流松花江及辽河上游，地域广袤，给浯剌木连流域的居民带来了深重的苦难。松花江儿女为兵灾所祸，民废耕耘，牧丧畜产。整个浯剌木连流域主要的居民是女真人和一部分契丹人与汉人，他们基本上不参加战争，但叛军过处，烧杀抢掳，不胜其扰，使得民生凋敝、人民四下逃亡。此次叛乱，是松花江流域元代时的最大祸灾。叛乱平息后，经过多年的休养生息，浯剌木连地区才逐渐摆脱动荡而沉荒的岁月，恢复了往日的容颜。

屯田经济与流放遣戍

乃颜与哈丹的叛乱被平定以后，宋瓦江、混同江流域被划归辽阳行

松嫩大平原景色　林久文摄

省，辖7路1府12州10县。

其中，混同江北源那兀江（嫩江），南源宋瓦江（北流松花江），以及两江汇合处与混同江中游的广大地域，皆为开元路所辖。而混同江的中下游，则为水达达路所辖，水达达路以北至混同江入海口、鞑靼海峡及骨嵬（库页岛）。开元路北域已越过外兴安岭不知其所终极，仅知其当地居民称北山兀者，其东亦及混同江入海口和以北更遥远的土地。

为加强对混同江流域女真人的控制，元朝在混同江入海口处之奴儿干设立东征元帅府，地处混同江右岸，距海口约100公里。奴儿干“道路险阻，崖石错立，盛夏水活，乃可行舟。冬则以犬驾耙行冰上，地无禾黍，以鱼代食”。那里还立了一座庙宇，名叫观音堂。元朝灭金而立，仍处处提防女真人的再次崛起，故而元朝政府又在混同江下游设立了兀者吉烈迷万户府。

元朝政府在平定北疆乃颜的叛乱以后，至元三十年（1293），元世祖忽必烈任命哈喇八都鲁为宣慰使，令其在两江汇合处的阿巴刺忽立城，移民屯田：

乃颜故地曰阿八刺忽者，产鱼，吾今立城，而以兀速、憨哈纳思、乞里吉斯三部人居之，名其城曰肇州，汝往为宣慰使。

哈喇八都鲁北上渡混同江，来到金代已经立城的肇州，扩筑城宇，按照忽必烈大汗的旨意，从黑龙江以北的贝加尔湖一带，将“林中百姓”兀速、憨哈纳思、乞里吉斯三部人迁出，越过斡难河（黑龙江）和那兀江（嫩江），来到靠近混同江的肇州，渔耕屯田。这三部人可以说是蒙古诸部北部的人，忽必烈之所以将其移至肇州，原因是乃颜叛乱之后，该地区的蒙古人大为减少，故而将北地的蒙古人移来，以充实对女真人故地的统治。可是，同一族人也不一定就可靠，乃颜就是一个例子，何况这三个部落所居之肇州，当年就是乃颜封地的一部分。为了互相制约，元政府在成宗元贞元年（1295）七月，又以乃颜不鲁古赤及打鱼水达达、女真等户于肇州近旁地进行开垦。其中，不鲁古赤人移来220户，水达达人移来80户，归附部移来300户，续渐增丁52户。上述的乃颜不鲁古赤，为乃颜捕貂者部，是由通肯河附近迁徙而来，目的当然是弱化乃颜城一带乃颜旧部的反叛势力；归附部指的是投降元朝的南宋军人，即四等人中最低的南人；水达达人，即原居于混同江下游以打鱼为生的女真人。由以上情况可以看

松花江之春　林久文摄

出，居于肇州的屯田者，是一个民族杂居的群体，任何一部人想反叛，都不可能成功地找到联盟者。

在肇州开始屯田的同时，蒲峪路万户府也实行了屯田政策。至元二十九年（1292）秋，以蛮军300户、女真人190户，于咸平府（开原）屯田。第二年，改而于茶剌罕（呼兰河中上游地）、剌怜（涞流河地）等处立屯。元成宗二年（1298），调蛮军300户，并入肇州万户府，其余190户女真人仍留在咸平府屯田，其屯田有400顷。而蒲峪路屯剌林，置司，安置490户，屯田400顷。

在屯田的同时，元朝政府对移民也给予一定的物资支持：至元二十八年（1291），元廷诏给蒙古人、内附者及开元、南京、水达达等3万人牛畜和田器。哈丹叛乱时，捏怯烈女真人也参加了叛乱的军队，至元三十年（1293），朝廷给予捏怯烈所属女真人200户渔猎户，发给耕牛和农具，让其改为农业生产。捏怯烈部原居混同江中游北岸，其地的农业自元朝政府大办屯田起，也得到了发展。与此同时，混同江下游地区亦大力屯田，至元二十二年（1285），有汉人名叫张成者，奉朝廷之命，携妻孥辎重，随千户岳公隶宣慰使都元帅阿八赤，来水达达路地面屯田镇戍，第二年便往混同江之东北边极地区屯营。

这样屯田的结果，使松嫩平原上的一些处女地得到了开发，若干在战乱中荒芜的田地也重新被开垦起来。在肇州，混同江北岸10公里的地方，屯田者还挖了一条运河，名叫九道湾，将江流改道后留下的一个新月湖和松花江连通。由于农业得到发展，混同江地区开始存有积粮，一遇灾年，所收获的粮食可以作为赈灾的物资进行调动，也就无须从中原调运了。

在农业发展的同时，混同江的渔业仍然兴旺。就在松嫩两江汇合处的肇州，定市安民的当年就捕到9尾上千斤的鲟鳇鱼，进贡给大都的蒙古皇帝。

混同江和黑龙江汇合处，水达达女真人仍以渔猎为主，以独木刳舟，善马弋猎，以桦皮为屋，在榛莽之中，不事耕种。这里的禽兽鱼都很多，丰富的自然资源，使当地的居民不愿意改变其旧有的生存方式，从而使这种原始的生存方式得以延续多年，直到清朝中末期，仍然如是。

混同江下游地直至濒海，造船技术发展很快。以往在渤海国时，渤海人就能造船渡海，同日本人进行贸易往来。辽金时，造船业一度停顿，到元朝时，因元军渡海东征日本，造船业又得到了发展。当时，除造东征日本的军用船只外，还造了许多内河航运船只。

和经济发展相同步的是，混同江地区还涌来了不少流放的犯人。元代

今日松花江下游绥滨过江的轮渡　范震威摄

对罪犯的处罚包括笞刑、杖刑、徒刑、流刑和死刑数种。其中流刑的处罚仅次于死刑，流放是终生的，若无赦免，便永远不能回到原籍。流放地有两处：一处是混同江流域，另一处是湖广蛮荒之地，两处的流人均以屯田为罚。

混同江地区成为罪犯的流放地，自元朝始。元朝时，被流放到混同江来的罪犯，除偷盗等刑事犯外，更多的是“违制”者、谏臣、“谋逆”者、弹劾遇害者等。流放的罪犯，有许多并非有过错，而只是拂逆了上边的旨意，对之进行惩罚。因此，这些流放的罪犯，只要熬过艰苦的时日，待到平反昭雪，也有返籍之日。但不管怎么说，混同江地域作为官方的流放地乃从元朝开始，以刑法和制度的名义固定下来，从此以后，混同江地域差不多便成了中原臣僚们谈之色变的荒寒之域了。

元朝来混同江的流放者到底有多少，史书没有记述，仅能从史录的文献中，窥见其一鳞半爪。

如浙江新城（富阳）人骆长官，因罪徙奴儿干。骆长官为人忠义，有友人杭州人孙子耕与其情同手足，遣戍之日，孙子耕不惧险阻，毅然相伴，送其数千里，直送到肇州，方挥泪而别，成为交谊史上的一个感人至深的实例。

还有广东番禺人陈浏，也因罪判流徙肇州。他的儿子陈韶孙年方10岁，不忍乃父孤独地在蛮荒之地度日如年，便向官府表示愿随父一同远徙。陈韶孙由此得以随父流放到混同江北的肇州。10年后，陈浏病死于肇州，陈韶孙在肇州又度过了10年，才奉诏放还，负父骸以归。

这些感人的事迹，只是流放者中闪烁着亲情与人性光环的个别例子，而那些戍死于流放地，没有留下姓名的遣戍者，何止千万。史册中没有留下他们的行止，只有混同江的星月莽林或许还记着他们，然而数百年以后，时光已将他们挤进岁月的深处，在日月奔流的大江上，已难以寻觅他们的影像了。

混同江地域的水陆交通

元朝疆域广大，社会矛盾和民族矛盾尖锐而又复杂。为了加强对乃颜、哈丹等叛乱余族以及女真各部落的控制，巩固其专制政权，除了派军

呼兰河流域曾是乃颜封地　王冰摄

队镇守和加强行政建制外，还在混同江地域开辟驿道，设立站赤，使混同江地域各地区之间连起了网络式的驿道和驿站，有力地加强了大都（北京）和混同江地域各地的联系。

以往，混同江上、中、下游各地同中原政府的联系，最早的路就是进贡者的路，自肃慎、东胡和夫余人入京始，混同江和中原政权的联系通路都是由混同江的儿女们在长期的生产生活中寻觅发现的，带有天然之路的特色。大约从海东盛国崛起于牡丹江中上游始，和中原唐廷的联系便紧密了，路径也得到了某种拓辟和修整。路的真正畅通，应是契丹灭渤海国建立东丹，遂又将东丹迁至辽中地区以后的事。

辽统治中国北部以后，由于巡猎和四季捺钵的需要，他们对辽皇出巡的路进行了整修，从而使混同江、鸭子河地区同辽上京临潢、燕京（北京），以及辽和中原间的道路畅达了，当然这其中也不乏军事上的目的。

然而，关于这些路，中原人所知甚微。

金灭辽，这些路无疑起到了一定的作用，但史书上仍无详记，直到金灭北宋，将徽、钦二帝押至混同江五国头城，混同江同中原的水陆交通路线，人们才得以窥见其一斑。

元朝统治时期，忽必烈大汗尤其重视拓展新路。而且，忽必烈还下令对所有的道路，不论是通衢大路，抑或是荒原之路，必得在道路的两旁种上大树，树与树之间的距离在二三步之间，这对行人极为有利，因为从远处望见路旁的双排大树，即可推断该处有路可走，这是忽必烈对道路管理的一个独创。

沿路种树，既利于观瞻，也易于识别。虽然那时在路旁种树其环境科学上的意义，人们尚不能知晓，但利于交通和途中小憩，却是人们的共识。忽必烈下令，对道路所经过的沙碛不毛之地，或是山岩石岭地不能种树木者，便改立标柱，以示路向。为了保持道路的畅通，还必须设立路官，对树木和标注进行管理。

元代时，混同江地域的陆路和水路已经交织成网。其主要的路径有以下数条：

第一条路是从燕京，即元之大都到混同江，往北偏东渡过拉林河，然后沿着混同江，直通到混同江入海口的征东元帅府奴儿干地，用今天的里程算，已超过2 500公里。这条路，过混同江、涞流河之后，从第四铺转肇州站开始，顺混同江（宋瓦江）流而下，走的全是水路，沿江的水路驿站有鹿鲁站、甫丹迷站、不牙迷站、撚站、哈散站、吾纳苦站，至塔海、斡朵怜和胡里改万户府，再沿江而下，经桃温万户府（蛮赤兴站），至脱斡伶万户府、孛苦江万户府，然后进入混同江和黑龙江汇合处（今松花江入黑龙江河口之同江），到达乐浪古隘口，以下进入混同江下游。

第二条路，是从大都南来，至宾州，不渡江而是沿混同江顺流（北流松花江段）向西北走，经过肇州万户府南渡口以西，逆水进入那兀江（鸭子河段，即今嫩江），经过塔鲁站、胡鲁口北上，经过朵因温都儿兀良哈千户所、牙剌站（齐齐哈尔北）、燃站、苦怜站、奴迷站，到达那兀江上游的失迷站，因为此站以上不能行船，乃弃船登岸，改为陆路骑马行走，经和伦站、海里站、果鲁母站、阿余站等北方驿站，到达黑龙江边的失宝赤万户府（今黑河南），渡江即可达镆宝直之地和兀者之乡。从失迷站至失宝赤万户府所经过的地方，乃是北朝时蒙兀室韦的旧地，也是蒙古人去斡难河发迹以前的故乡。因此，元朝的统治者特别重视对此地的管理与控制，至于渡江后，江北之地的兀者人和北山兀者人，也和蒙古族人有着一定的血缘联系，早已被元朝的统治者视为自己的大后方了。这条路后来亦改为陆路，即沿那兀江（嫩江）之岸走马，初为右岸，后为左岸，直到元以后的明、清，这条驿路一直受到中央政府的重视，它是进入黑龙江中游及江北水达达部的重要驿道，沿路的驿站，后来有的发展成兵站，也是为巩固边防的重要设置。

第三条路，是从大都经上述之路在到达宾州之前，从祥州（今农安北之万金塔古城）向西走陆路，经对斡母（满语，湖泊）至肇州南，奔往塔鲁、泰州、离怕含、迪石吉、吉答（齐齐哈尔），折向西北，经过雅鲁河北，越过边壕和大兴安岭，进入呼伦贝尔大草原，并由呼伦贝尔同斡难河地区相连。这条路也是当年鞑靼人与蒙古人和金朝边军作战的路，是一条

呼兰河支流诺敏河出自小兴安岭，元代时为乃颜封地　王宏波摄

沟通混同江与黑龙江上游的陆上交通线。

第四条路，是从农安（黄龙府）向东，大体沿混同江上游（宋瓦江）至唆吉站（今敦化），然后分三岔：一岔路通往牡丹江，亦即当年辽攻渤海国之路；二岔路通往绥芬河及海东各地，经盐州等海埠和日本隔海相望；三岔路是折向东南，过宋瓦江上游的几条支流，通往鸭绿江和朝鲜。

第五条路，是从肇州北走，经对青山、呼兰，并沿呼兰河继续北行，进入它的支流通步河，通往乃颜城（乃延城）。其实，这条道也是金人通往蒲与路（乌裕尔河）地区的旧道。到了元朝，对道路重建修筑，沿路种植了两排树木。

第六条路，是针对哈丹的谋反叛乱，在桃温万户府设府的同时，又拓路以加强同中原的联系。元朝在桃温河（也称陈河，今汤旺河）畔的桃温城一带，令水达达女真渔户在伯帖木儿度地，设立7所马站，为过路的驿马服务。因为混同江只有半年左右的通航期，另外半年为冰封期，船不能通行，交通还要靠马来完成，所以陆路比水路重要得多。即使夏秋混同江可以行船，也只是顺水行船速度可观，若溯流而上，其速度与牛车相仿，故而一切急事，尤其是军事情报，还得由陆路和驿马来传递。这条路实际上是混同江中下游水陆的很好的补充。每年冬岁，水达达路进贡给大都的贡品，如鱼、貂皮等，都是经这条陆路运往北京的。

最后一条路，是混同江、涞流河、安出虎水的三河地区，金时已有发达的水路，其中还有一条人工开凿的金兀术运粮河，因此，三河之间水路畅通。在三河地段的混同江南岸，也就是在涞流水和安出虎水入混同江的河口之间，今为哈尔滨市，元代亦设有水路驿站。据出土文物考证，金时安出虎水入混同江河口右岸是一处猛安谋克地，此地有完颜晏的家族墓地，故可推知其当时水路驿站规模一定很大。从此处至上江的肇州约200余里，至下江的宾县鸟河入混同江河口，大约百里，总计300里，是见于史书记载，也为出土文物实证了的驿路。由于金兀术运粮河的开凿，安出虎水入混同江河口的船只便比较少了，因而这个驿站的站名已经湮没。而宾县鸟河入混同江河口的站名，就是前面已经记录的甫丹迷站（亦作不答迷、伏答迷站）。在甫丹迷站上江不远处，即和安出虎水河口斜对的地方，还有呼兰河入混同江左岸的河口，因此，这里从水路上说，在辽、金、元时代，在混同江交通史上，它的地位仅次于肇州。肇州是联结混同江与辽东、中原、松漠地区和呼伦贝尔与黑龙江上中游地区的水陆交通枢纽，而哈尔滨之东的这处驿站则是三河地区通往混同江下游，以及蒲与路、通肯河的江岸枢纽。而在哈尔滨的西部，也有一个江岸码头，恰在肇州与甫丹迷站之间的松花江南岸，可惜站名已湮没了。这三站都是混同江上的水路驿站，可上下行，亦可渡江，平时备船5只，设有车马，也就是说，陆路不通，水路是三河地区，亦即原金上京会宁府周围的交通设置，延续到元朝，这里仍是混同江地区经济最发达的地区，当然也是元朝对女真人防卫最严的地区。

元朝幅员辽阔，和经济与交通相联系的是它的站赤制度。这项制度是元朝历史上规模最大、效率最高的制度之一。

所谓站赤，就是驿站的蒙古化。站赤分陆站和水站两种。陆站有马站、驴站、骡站、牛站、羊站、车站、轿站和步站等多种，混同江地区还设有狗站，那是冬天时在混同江下游地，在冰雪中用狗拉爬犁行走的驿站

牡丹江入松花江河口处，自古就是交通要冲，至今犹是　王毅敏摄

名。水站，就是舟站。

站赤之间一般的距离为数十里，相当于一天的日程。站赤建有馆舍，备有床、炕和被褥，以及器用和饮食，接纳招待往来的过客。每站一般备有役马一二百匹，大站可达三四百匹。这样的规模，人员当然不少。除了站赤的官员外，还有为站赤服务的站户。站户各有田地，既耕田、护树又喂马，也看守仓房、护路及其他役事。故而每个站赤的人数，少者数百人，多者可达两三千人。元时，中国境内有站赤1 400多所。站赤的任务是对驿站进行管理和守护，以便于传递公文、圣旨等。传递时，驿使带一种牌符作为凭信，如金牌、银牌、海青牌等。

此外还有急递铺，这是邮路站赤，专为传递紧急文书而设。急递铺之间相距10里、15里不等，最远者不超过25里。传递紧急公文时，将公文放在绢囊或皮囊中，再夹以木板，外加防雨的漆绢，以防雨雪浸蚀。传递快件的叫驿卒，要将包囊夹在腰带上，并系一些铜铃，一路上铃声不断，以防丢失。驿卒多接受过严格训练，有防身的武器，骑技亦佳。遇有急件时，夜间也需持火炬而行，路人闻铃声应远避。驿卒送信，一般是甲卒从甲站将公文传至乙站。交接毕，乙站派乙站驿卒将之送到丙站，进行交接。甲卒休息后返回，也有时带回件返回。偶尔在路途上发生马疲行慢时，驿卒有权在道上征换他人的马匹。由是驿卒所乘之马皆良马。按照规定，元朝的驿站使递速度为一昼夜400里。从大都将文件传至混同江站，大约需时7天。元朝的驿卒急递，是那时连接欧亚大陆和混同江与海南的重要信息线，其支线达于全国各地。但从西北极远的钦察汗国送达公文至元大都北京，则需200多天，若至混同江下游，差不多就得一年了。

站赤制度的推行，也使人口向边远地区扩散，农民可以依站赤建屋以居。元朝最突出的一点就是鼓励农民栽树。至元年间，农民实行一种农社制度，每社50家，不满50家的可与邻村合建。建社以后，政府对农社加以督导，田地要写上农社社员的姓名，以便于监督和抽税。农社中的每个农户，按人丁算，每年必须栽桑枣20株，不宜栽桑枣树的地方，可以栽榆柳或其他树木。而且每年检查时，要以成活的树为实数，栽后而复枯死，要受到处罚。对于近水之地，鼓励农家养鱼、鸭、鹅和种莲、鸡头米、菱芡等，以备饥年之需。农社设有社长，对其生产和组织负责。这是元朝有别于金和宋时代农村的行政生产建制，可惜实行不及百年，当明代崛起以后，农社制度也随着元朝的灭亡而消亡，在中国历史上只留下一个农耕史上的符号，几百年后，已经无人能记起了。

·魅力东北丛书·

松花江传

（下）

范震威 

黑龙江美术出版社

九、向统一多民族共融演进

同江零公里广场及纪念塔，左边即混同江起点，江中松、黑之水混合后界线分明（航拍） 王冰摄

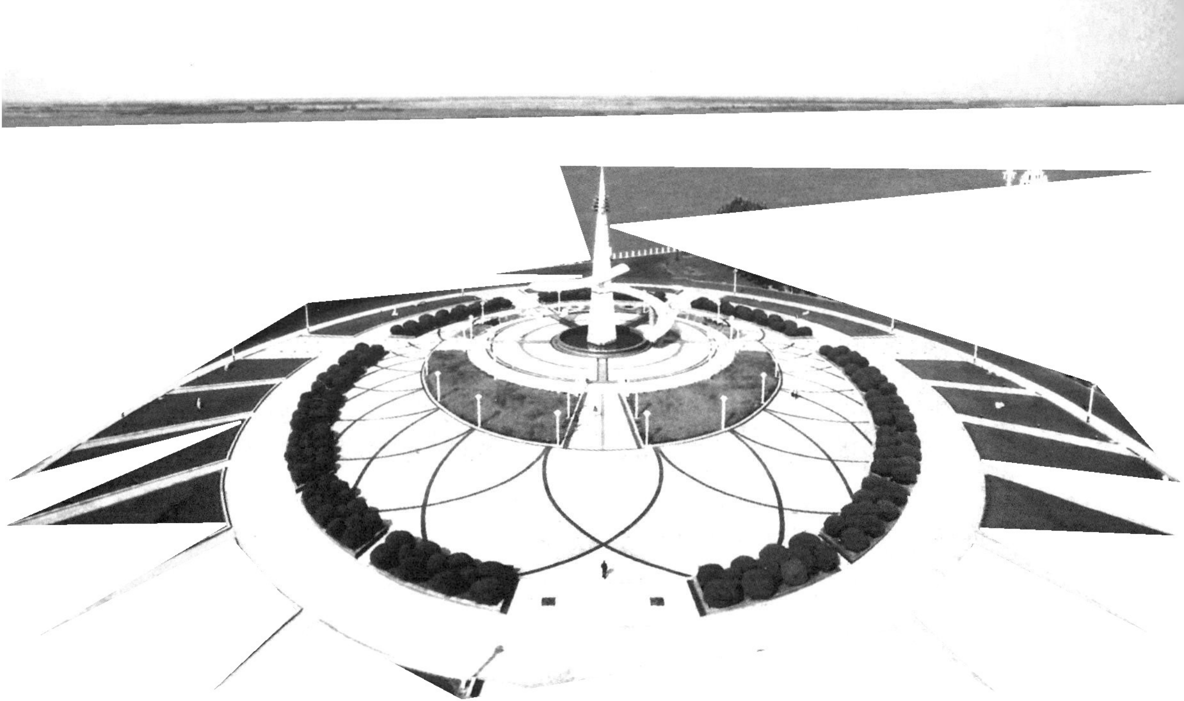

明廷安边与奴儿干都司

明太祖朱元璋在洪武元年（1368），推翻元朝的统治，建立了明朝政权。为了四方的安定，彻底扫除元军残部和北元在北方的盘踞，明朝政府在大漠和松嫩地区，采取了军事征讨击溃残余和招降抚安与羁縻相结合的政策，从而继元政府之后，对松花江和黑龙江流域及其以北的广大地区行使主权。在取代了元朝在北方的统治以后，在松黑流域及其以北的广阔地区，明廷设立了400多个卫所，由这些卫所形成的网络，对这一地区实施有

混同江下游地，通向奴儿干的驿路在边地延伸　金美伦摄

效的管理。

卫所是明朝在元朝兵制基础上的一种变制，它是一种军事设置单位。明朝统一中国以后，在要害地区设“卫”，下设千户所和百户所，并驻军。一个卫统率5600人，一个千户所统率1120人，百户所统率112人。所以下设总旗2个，小旗10个，大小连比以成军。其兵源有三：一为从征者，二为归附者，三为谪发从军者。明朝统一中国，蒙古人的势力北移，辽河流域、松花江流域，以及黑龙江流域便成了明朝政府重点防范的地区，而这些地区在明朝的200多年中，战火硝烟几乎从未停息过。

明洪武四年（1371），朱元璋派遣都指挥使马云、叶旺率师挺进辽东，接受了元朝旧吏辽阳行省平章刘益的归降，明设辽东卫。四年以后，改为辽东都指挥使司，全面承袭了元朝在整个东北地区的行政治理权。

元朝在松辽地区的残余势力是明初最大的隐患，其隐患之一是元初建国功臣木华黎的后代纳哈出。纳哈出居于辽河之北和松花江西南，即两水之间的金山地区，是元朝太平路（今当涂）的万户，曾被朱元璋的军队俘获过，后又放归。纳哈出逃至辽河以北，和当地的元朝残余力量相合，投靠北元政权。元朝末代皇帝元顺帝死于应昌后，皇后、皇妃、皇孙以及达官诸王，曾被明军俘获。被明军缴获的还有宋代玉玺、金宝、玉书、玉册、玉带、玉斧，以及无数的驼马牛羊，唯太子等数十人逃遁。顺帝之后，太子爱猷识理达腊嗣父位，洪武三年（1370）改元宣光，建立了北元政权。明军北讨时，爱猷识理达腊逃至和林，和辽、金两朝灭亡后遗留下的残局相似，北元是元朝政权的尾声。纳哈出被北元政权任命为太尉，拥众20余万，兵分三地：一处在辽河与松花江之间的榆林深处，另一处在养鹅庄，还有一处驻扎在一秃河（北流松花江左岸支流，今伊通河），那里土野肥美，兵强民富，适合于休养生息。北元多次招调纳哈出到漠北之地，他都拒绝前往。明太祖朱元璋也多次致书纳哈出："将军若能遣使通贡，姑容就彼顺其水草，自守一方。"此亦未得到纳哈出的响应，明朝的信使还被扣留。纳哈出以金山为基地，不时犯扰辽南诸地。

洪武二十年（1387）正月，明以冯胜为大将军，率师20万，征讨纳哈出。明军步步为营，稳扎稳打，进驻金山之西。纳哈出闻讯，率部避至金山西北松花江南岸的新泰州（今前郭尔罗斯蒙古族自治县），冯胜率师进驻金山，又北至女真苦屯。纳哈出无计可施，部下乃剌吾劝之投降，恰好冯胜也派人招降，纳哈出乃遣使请降。冯胜派右副将军蓝玉至一秃河受降，于是纳哈出在北流松花江以南的10万余众，闻风向江北溃散。冯胜又遣降将观童前往抚之，其众亦降，凡4万余人，并得到各爱马所部20万余人，军马驴拖载的辎重竟亘延100多里。冯胜携纳哈出等旋归，至一迷河（北流松花江左岸支流，今饮马河），收其残部兵率2.4万余人，车辎4.9万辆，马数千匹。明朝授纳哈出为海西侯，升乃剌吾为千户，其所部官属亦都授官。纳哈出的归降是明朝政府为解决松花江以南地区元朝残部所获得的一次重大胜利，也是明朝政权统辖东北边疆迈出的第一步。

解决了纳哈出之后，盘踞在大漠之北和蒙元肇兴地带斡难河的北元，仍是明朝政府的心中之患。转年，明廷又任命蓝玉率领马步兵15万，由大宁（宁城）出发，北上征讨盘踞在嫩江和大兴安岭及其以西捕鱼儿海（贝尔湖）的北元之主脱古思帖木儿（元顺帝之孙）。农历四月，正是大风扬沙天气，北元主闻明军来讨，认为路远难行，故防备不足。蓝玉命王弼为先锋，以急行军突至敌前，打个猝不及防，元军大败。蓝玉以精骑追之，获北元主次子地保奴、妃、公主以下百余人，以及各级官属3000多人，招降部众7万余人，获马、牛、驼、羊15万余匹。北元主脱古思帖木儿以及太子、丞相数十骑逃亡遁去。北元主在逃奔中，于土拉河被阿里不哥的后裔也速失儿所杀，政权易手。至此，明廷获捕鱼儿海大捷，遂将嫩江以西、大兴安岭地区、呼伦贝尔草原和黑龙江上游右岸平定。

北元灭亡后，蒙古分裂为鞑靼、瓦剌和兀良哈三部：鞑靼在今鄂嫩河、克鲁伦河及贝加尔湖一带，瓦剌部在和林以西之额尔齐斯河、准噶尔盆地一带，兀良哈在大兴安岭以东、松花江以西以南、西拉木伦河以北一带。

明军在征讨捕鱼儿海时，兀良哈、朵颜等相率投降。洪武二十二年（1389），明廷在兀良哈之地置泰宁、朵颜、福余三卫指挥使司。其中，泰宁卫在霍林河下游和嫩江下游右岸的洮儿河下游南北，朵颜卫在洮儿河中游以北、朵颜山和嫩江中下游一带，福余卫在嫩江中游东西两岸及福余河（今乌裕尔河）一带，分别以阿札失里、脱鲁忽察儿和海撒男答溪守之，所管之地为西拉木伦河以北，北至大兴安岭中段，亦称朵颜三卫，隶属于大宁都司，至此，松嫩平原西部和西南部也被明廷绥定。

洪武二十八年（1395）夏，明总兵官周兴等征讨故元的女真部落酋长西阳哈。其所率领之水军沿嫩江而下进入松花江，至忽喇温江（今呼兰河）分三路进攻忽喇温流域的西阳哈诸部。一路由西部支流同河（今通肯河）进军至阿阳哈寨；另一路由戳卢口（今少陵河入松花江口附近）沿河进入蒙古山寨（今木兰县西北城子山古城）；第三路由忽喇温江（呼兰

本书作者站在松花江左岸支流汤旺河桥上眺望小兴安岭山水（2001）　魏铭摄

河）进入铜佛寨（今木兰县东北之钮勤城），以及者迷河（呼兰河上源依吉密河）和小兴安岭南麓之黑松林等地。由刘真率领的明军自斡朵里（今依兰）追击西阳哈的残部，追至松花江南岸的甫答迷旧城（今宾县鸟河古城）。原来西阳哈于二月松花江封冻时过江，比及明军追至南岸时，西阳哈早已率部逃入山中。明军俘获女真镇官3人，民众650余口，马400余匹。数年后，西阳哈归顺，入朝贡奉好马130匹，被明廷任命为兀者卫指挥使。至此，干流松花江中游南北，自哈尔滨呼兰至依兰及入黑龙江之河口，均正式绥定成为明朝的版图。

对松花江地区的女真人，明朝不得已时才使用武力，在一般情况下尽量采取招抚羁縻政策。嫩江地区的兀良哈部有哈喇兀者，是元军的残部，仍和明军对抗。明燕王朱棣率军北至彻彻儿山讨之，将哈喇兀击败。明永乐元年（1403），明成祖朱棣诏谕兀良哈诸部，决定仍设三卫，令其头人统属军民，镇守边境，世居本土，安生乐业。这年，明成祖还置建州卫军民指挥使司，亦称建州卫，招女真首领阿哈出为建州卫指挥使。下一年，又从忽喇温（呼兰河）地区的兀者卫中，分出兀者左卫，以脱脱哈为指挥同知，同年又别设兀者右卫和兀者后卫。

永乐四年（1406）至永乐十三年（1415）的10年中，明朝政府又在松花江和黑龙江地区设立卫所。仅在松花江地区就曾设立兀者卫、屯河卫、塔山卫、塔鲁木卫等33个卫，从而使松花江流域的驻军遍及流域各地。

永乐七年（1409），在松花江和黑龙江的史传上，都是一个极重要的时间丰碑：其时，明政府在混同江下游入海口前150公里的特林西北方之右岸，设立了奴儿干都司。这是明政府对松花江和黑龙江两大流域及其周边地区实施的行政控制，它标志着明政府对整个东北边疆的经营建设的扩大与深化。

原来在这一年的夏初，奴儿干地区的首领忽喇冬奴等来朝，奏请明成祖，要求在奴儿干地区设立“元帅府”，以加强对该地区的管理。奴儿干，满语，亦作纳尔干、弩尔哥，意为国画，表示混同江下游风景美丽如画。明政府顺应形势的发展，考虑到元朝已在奴儿干设立过东征元帅府的事实，为了进一步稳定东北边疆，明政府便于闰四月决定在奴儿干设立都指挥使司，并指派康旺、王肇舟、佟答剌哈为都指挥同知、指挥佥事等官，由钦差内臣亦失哈率领，经过驿路马行和松花江水路，出河口沿混同江船行到奴儿干莅任。与此同时，于船行之际，又沿松花江和黑龙江增设驿站，以便于传通文报和运送给养与物资。两个月后，又在都司下置设经历司，令刘兴为经历官。奴儿干都司设立后，明廷便派军于其地驻扎镇守，最多时曾驻军3000多人，少时为500多人，轮番戍守，逾二年遣还。钦差内官亦失哈与都指挥康旺等在其任内的20多年中，为述职等往返于奴儿干和北京之间达10次，许多重要的军事、政治和经济情报也由此频频发往京师，给明廷在决策时作为参考。

在奴儿干都司即特林的原混同江岸的峭壁上，曾建有明永乐年间和宣德年间镌刻的奴儿干永宁寺碑。永宁寺建于永乐十一年（1413），为亦失哈奉命第三次来奴儿干时，在都司城西南原混同江支流恨古河（今阿姆贡河）口对岸的山壁上建立的。宣德七年（1432），亦失哈第十次到奴儿干时，见到永宁寺已毁，遂又于次年委任官员重建。两次建寺，均立碑于寺前，寺碑额题为“永宁寺记”，碑文首行为“敕修奴儿干永宁寺碑记”。碑阴刻有女真文、蒙文，碑侧刻有汉文、女真文、蒙文和藏文。后者额题为“重修永宁寺记”。两碑记述了设置奴儿干都司的经过和亦失哈等多次来奴儿干宣谕镇抚其地的情况。

453年以后，清代著名地理学家曹廷杰，曾在吉林以候选州判的身份督办边务。他只身到原混同江及其支流乌苏里江一带视察边情和山川地理。曹氏的《西伯利东偏纪要》，记述了明廷两次修建永宁寺的始末，并拓印了碑文。在永宁寺碑记中还记有一座奴儿干的观音堂。永宁寺和观音堂都是中土佛教建筑。它说明，随着明政府对奴儿干地区管理的加强，佛教也随之传到混同江下游了。永宁寺和观音堂，就是为了适应佛教教事的需要而修建的。随着明代混同江政治和文化的不断发展，整个东北边疆的军事驻扎也不断加强，到万历年间，明在松花江、黑龙江两江流域及其周围地区，已设卫384个，所24个，地面与站14个，寨1座，通常简称384卫。

奴儿干都司所辖之境甚广，东境濒鲸海（日本海）、鄂霍次克海以及库页岛诸地，北境为居于外兴安岭的北山女真部，西境为兀良哈三卫，西北境为斡难河卫，南境为建州卫和虎儿文卫，亦即建州女真部，东西向、南北向都超过2000公里，是一块包含松花江、黑龙江和乌苏里江三江流域及其周边地区的广阔土地。

松花江下游古肃慎地，明代起养牛业开始勃兴，而今已牛群遍野　王毅敏摄

松花江的驿路与经济

奴儿干都司设立之后，松花江和黑龙江都成了明朝的内陆河。随着奴儿干地区卫所的不断增多，在松、黑两江流域，即奴儿干所辖之地，便形成了两大交通驿道。

第一条称“海西东水陆城站”，第二条称“海西西陆路”。这两条驿路，南与辽东都司境内的驿路相通，可以通过辽东都司之境，直达北京。

第一条东行驿路，起点为“海西底卜失站”，当在今哈尔滨双城市石家崴古城（花园大半拉子古城）处。此为纳邻河（拉林河）下游几近松花江河口。由此向南可与辽金元时期通往燕京的陆路驿道相连。向北东行，经陆路又可沿松花江水路，直达奴儿干都司。这条路始于奴儿于都司建成的1404年，是明朝经略两江流域的经济干线和生命线，也是海西女真、野人女真进京的必由之路。全线连通10城45站，合称55城站。它们依次是：

底卜失站（双城石家崴子）——阿木河站（当在双城或五常境内）——上京城（上京站，阿城区之南的白城）——海胡站（阿城区海沟河畔之海沟镇）——鲁路吉站（宾县蜚克图河边）——伏答迷站（伏答迷城，宾县鸟河入松花江之河口）——扎不剌站（宾县枷板河站）——伯颜迷站（松花江北岸之白杨木河口附近）——能站（通河以东之浓河镇）——哈三城（哈思罕站，今通河县三站）——兀拉剌忽站（今通河县乌拉浑河入松花江口）——克脱亨站（通河县大古洞河下游左岸地）——斡朵里站（依兰县松花江南岸之马大屯）——半山站（汤原舒乐镇附近）——托温城、满赤溪站（汤原县西南之固木纳城）——柱邦站（汤旺河入松花江河口处之汤原城）——阿陵站（佳木斯西松花江南岸之敖其镇）——弗思木城、古弗陵站（桦川县松花江下游南岸之万里河）——弗踢奚站、弗能都鲁站（富锦市西古城）——奥里米站（绥滨县奥里米古城）——考朗兀城（富锦市松花江下游南岸之图斯科城）——可木城（同江市之松花江南岗之科木，此即松花江入黑龙江之河口）——再向下游，船行便进入黑龙江，驶向黑龙江的出海口了。从底卜失站始，到黑龙江入海口，当时需要走一个月。

第二条是北上的路，即“海西西陆路”，它始于肇州，全路共10站，全在嫩江流域中，其路一半为嫩江走廊。它们是：

肇州（今肇源县茂兴镇南，松嫩两江合流处之嫩江段北岸吐什吐古城）——龙头山（今址不详）——哈剌汤（今址不详）——洮儿河（即塔儿河卫，位于洮儿河入嫩江河口前附近）——台州（即泰州，今洮南东北古城址；一说为今泰来县西北之塔子城）——尚州（今址不详）——寒寒寨站（今海拉尔区）——扎里麻（今呼伦贝尔市海拉尔区附近之扎罗木德）——哈塔山（今址不详）——兀良河。

这条路主要从松嫩两江合流处通往兀良哈三卫和呼伦湖、贝尔湖，乃至通向鞑靼和斡难河方向，明成祖朱棣五次亲征，后两次均经略此地。

上面所述的东西两线是沿松花江北源嫩江和松花江干流的交通线与经济线。交通的畅达带来了经济的发展。例如，松花江干流下游的弗踢奚站，是明弗提卫和玄城卫的所在地，是松花江入黑龙江河口前的交通要冲，也是一个物资集散地，海西女真北部的女真人多来此进行易货贸易。永乐十二年（1414）九月戊子，明成祖闻知该城附近土地肥沃，便命令指挥塔失往治弗提斤城，而让该地的渔猎之民和商贾往来交易。自弗提斤城（今富锦市）建立后，逐渐集聚人口，成为松、黑两江之间的重要据点和商业中心。

松花江流域水陆交通的畅达，也促进了人口的迁徙和重新分布。在辽金以前，松花江下游自古以来就是肃慎——挹娄——勿吉——渤海——女真人的原居地。元朝时，因为元军征东和攻打日本，蒙古人才逐渐东徙。而到明朝时，女真人有一部分已经南移，迁徙至当年渤海国之南境，如松花江南源支流辉发河的上游（明时称灰扒江）和浑河之源处，成为建州女真。女真人的部分南移，为蒙古人东移提供了机会。白元末始，蒙古人东移就已开始，进入明代以后，明政府对蒙古族人采取征讨和招抚相结合的政策，对归附者加以安抚，只要提出要求，朝廷便允许他们迁徙。蒙古族的原居地不如松花江、嫩江地区土地肥美、气候适宜，故而在松嫩流域的西部与西南部，蒙古人越来越多，并且不断向东迁徙，甚至连奴儿干地区，即混同江下游地区，也出现了蒙古部落。

蒙古部落的东移，也和女真人的某些部落南迁有关。换言之，女真人的南迁，为野人女真南迁和蒙古人东徙提供了可能。当然，这种迁徙及补充，也不时地夹杂着民族部落集团之间的冲突，而冲突的最终结果仍然是民族的融合。松花江流域本是女真人的原居地，涌来数量不等的蒙古人以及汉人，本身就昭示着民族融合的历史大趋势还在继续着。

明正统七年（1442），松花江下游的玄城卫（今富锦市城东，在松花江南岸）指挥撒什哈等，向北京的明政府奏请称“臣等40卫，无识女真字者”，要求明政府发布敕文时使用“达达字”（即鞑靼字——蒙古字）。也就是说，在松花江中下游到黑龙江下游的40个卫所中，其官员多为汉人和蒙古人。官员要阅读文书，而且有时还要布告民众，从这一奏请中也可以看出蒙古人的增加。对于女真人来说，经过元朝100多年的统治，对蒙古文字也不陌生，所以玄城卫指挥撒什哈才向明廷提出奏请。这项建议很快便得到了明朝政府的批准和执行。

在奴儿干建成的永宁寺，初建碑和重建碑的两个碑的碑文，除了用汉字和女真文字外，还使用了蒙文和藏文，这也说明了在奴儿干、在混同江地区、在海西和海东地区使用蒙古文的人增多。元朝时，推崇藏传佛教——喇嘛教，永宁寺碑上刻写藏文，说明了随着蒙古人的东徙，连蒙古人所信奉的藏传佛教也随之迁入了，或许永宁寺中已经有了藏族人的喇嘛。

蒙古人东移，除了“逐水草而居”的迁徙外，和蒙古诸部中某些部落的入侵也有关。以军事行动作为民族迁移的推进器，并不罕见。正统十四年（1449），蒙古人瓦剌部的军队，大败明军数十万于土木堡，因宦官王振的瞎指挥，不懂军事的明英宗成了瓦剌军的俘虏。之后，瓦剌人的军队更加猖狂，又来攻辽东和海西。海西女真部落的许多首领都被瓦剌部落首领脱脱不花杀害。明廷赏赐给海西——松花江流域女真的印玺和诏书，也都被瓦剌人抢走，致使后继首领只好无证无印承继。明廷责其失职，也不补发。这些后继者入京进贡，虽送上丰厚的贡品，因无证而不能进入御宴的上席。他们被称为舍人，所得到的朝廷的赏赐，也大为减少。因此，怨声渐起，女真诸部和明朝政府的关系逐渐恶化，自此，也可以说为明朝的灭亡埋下了祸根。

明朝政府为改善这种状况，不断进行安抚。以往进贡海东青是岁岁纳贡。自辽至元，已成为海东女真人的沉重负担，明廷一改以往的方针，对是否进贡海东青悉听尊便，多少还是减轻了女真人的岁贡负担。松花江地区的蒙古人和女真人，以进贡为名入北京游玩和寻求赏赐者，并不在少数。有时进几匹马，就进京二三百人，一路上给驿路增加了负担。有的女真诸部入京进贡，人数更多，“动以千计”，行李过多，使朝廷的赏赐和沿途卫所、驿站的军民不堪重负。于是，明朝政府只好下令，规定建州、

松嫩怀抱中杜尔伯特疏林草原上的羊群（《自然神奇的黑龙江》）

毛怜等部，每次进贡不能超过100人，而海西、兀者诸卫的女真人，进贡时只允许10人以下，与此同时，还规定了兀良哈三卫，每年可进京入贡两次，海西女真每年进京入贡一次。虽然如此，进京入贡换来的物资仍是其他部落人觊觎的“珍宝”。边远地区的部落，如新近强大起来的鞑靼别部酋长那孩，居大兴安岭中部以西，于明成化二十三年（1487），攻入老哈河、金山等地，杀死兀良哈三卫头人伯颜等，抢走牲畜等数以万计，而在此前，兀良哈三卫也曾联络海西女真，入辽东抢掠。抢掠的结果，明廷应兀良哈、海西、建州女真首领的要求，重开关闭的辽东马市，许多铁制农具与铁锅和日用品得以在易货贸易中进入边远地区，这在一定程度上为安定边民起到了一些作用。据《明实录》记载，明中期以后，海西、建州女真的衣服、食物皆易自内地。

民族融合，在明代的276年中，仍然是松花江流域民族关系的主流。鞑靼、瓦剌和兀良哈三部蒙古人，从呼伦贝尔、大兴安岭和嫩江地区向东向南一次次扩张，被挤迫的女真人只好向东南方向迁居，从而使建州女真人的人口密度不断增加，这样就为以后崛起的努尔哈赤提供了物资源和兵源。而同时，中原的富有，也成为一种物质诱惑。

明代，松花江流域的女真人，按居地已分为三大板块：一是建州女真，他们是女真人中最趋于汉化的。他们从事农业生产，几乎家家有耕地，耕地用牛，效仿中原的耕作方法，从而使建州地区的农业达到相当的水平。二是海西女真，海西是元代的旧称，海西女真主要指的是松花江全流域的女真，他们中的人因不断南迁而成为建州女真的归附者。海西女真也从事耕种，言语居处与建州女真基本相同。由此可知，在松花江流域的海西女真已经告别了元朝时该地女真“无市井城郭，逐水草为居，以打猎为业”的传统生存方式，而进一步向农耕文明演进。但在松花江下游以北和黑龙江下游野人女真的居住区，不识五谷，以渔猎为生，仍是他们生活的主要特色。野人女真中，又有使犬部和使鹿部之别。野人女真部落渔猎时，“率以20余人为群，皆于郁密处结幕，每一幕三四人共处，昼则游猎，夜则困睡”。这里的幕，就是林中的狩猎小屋，俗称山幕。野人女真的特点可以概括为：以桦皮为屋，独木为舟，以毛皮为市，以貂鼠为贡。貂鼠外，还有白兔、黑兔、黑狐等。总之，野人女真所猎获的貂是名贵的毛皮动物，也是上等贡品。其他的山产品如人参、木耳、蜂蜜、松子、蘑菇等，也在辽东马市上易货出售，后来也都成了贡品。

居于松嫩地域的蒙古人，由牧区进入农业区，除放牧外，也学习从事农耕之业。不过，他们一开始并不懂得精耕细作，他们所从事的农业是粗

松花江下游左岸支流梧桐河　韦光摄

放犁的，非常原始。据《李朝实录》记述说，“蒙古人春耕时，多聚集人马于平野上，累累使之践踏粪秽后，播黍、稷、粟、蜀秫诸种，又使人马践踏，至耕治收获时，令军力齐力云”。这是明末时蒙古人农耕的情景，可见在明代时，牧业仍是蒙古人的主要生产手段，农业仅仅是初步学习，和中原农业与女真人的农业生产仍有很大的距离。

除农业以外，在松花江流域，马、牛、羊的饲养也随着蒙古人的迁徙而遍及各地了，畜牧业的发展也促进了部分女真人，尤其是海西女真对马、牛、羊饲养的兴趣。

畜牧业的发展，促使了马市的兴隆。马市本为官属，官员收税，入市者带来自己的产品，然后和其他人交换。来自松花江流域的，有貂皮、鱼皮、人参等，来自中原的货物有耕牛、驴骡、绸缎、棉布、铁锅、铁剪、犁铧、镰锄和生活日用品等，而来自蒙古兀良哈三卫的，则多是马匹、羊皮等。海西女真由于所处的地理位置和丰富的物产，而成为马市贸易的主要角色。马市的长开，为繁荣经济、促进社会进步发挥了很大的作用。

明朝的航海业极为发达，制造出当时世界上最大的海船，以郑和为首的航海家到西亚和非洲去航访。明朝政府又在北流松花江中游建立船厂，发展内陆航运。船厂的位置在吾也吾卫附近，即今天的吉林市江南乡一带，自此以后这里的造船业开始发展起来。

女真英姿与船厂序曲

明朝时期女真族逐渐进入自渤海国和金朝以来的第三个繁荣昌盛的时代。

明灭元统一中国后，明朝政府“遣行人邢枢和知县张斌往谕奴儿干”，招抚奴儿干各地的族人。《皇明四夷考·女真》说：女真各部居于“混同江东，东濒海，西接兀良哈，南邻朝鲜，北至奴儿干”一带的广大地区。明时之混同江，即指松嫩两江合流处以下，包括东流松花江和黑龙江下游至入海口的长段，视为一条水系，所以“混同江东”这四个字所涉及的地域相当广阔。

明初，居住在松花江流域的女真人，已形成三大部落集团：第一是建州女真。明初居松花江中游南岸，原称火儿阿部。永乐元年（1403），明廷在火儿阿部设建州卫军民指挥使。建州之名源于渤海国时的建州，但渤海国时此地为铁利府，向南为郢州和渤州，而建州在其东南，即绥芬河流域地，此地为牡丹江入松花江河口岸边。牡丹江，唐时称忽汗河，金时为胡里改江，明时称忽儿海河，居于此地的女真部落称火儿阿，实际上就是忽汗、胡里改、忽儿海等名的别译，均源于江名。但自从设立建州卫之后，这部分人就以建州女真为名了。

火儿阿的部落酋长叫阿哈出，任建州指挥使，统辖建州女真诸部，明廷赐李姓，名思诚。李思诚死后，他的儿子释家奴，亦赐汉名李显忠，继任为建州卫指挥。明宣德年间建州女真受到来自松花江中游支流忽喇温江（呼兰河）女真部落的进犯，便由李思诚的孙子李满柱酋长带领部落族人沿忽儿海河（牡丹江），向上游迁徙、避难，居于忽儿海河中游左岸和支流海浪河一带。未几，又向南迁徙，直越过松林密布的松花江上游和鲜花遍野的山中谷地，来到松花江上游南支流灰扒江（辉发河）上游诸支流和婆猪江（鸭绿江右岸支流浑河）上游以及苏子河（浑河左岸支流）上游一带。他们虽避开了忽喇温江女真人的威胁，但又常受到朝鲜人的侵略。这部分族人经过一段奋斗，终于在建州新卫地站定脚跟。另一支居于忽儿海河下游的原建州女真的斡朵里部，在其酋长猛哥帖木儿（亦称孟特穆）的带领下，于永乐八年（1410）也因野人女真的侵扰而率部南迁，辗转多年之后，于明正统元年（1436）离开了松花江中游而移至上游灰扒江（辉发河）。于是，在灰扒江、婆猪江和苏子河三水上

阿什哈达摩崖的刻石，如今已被保护起来　王福兴摄

游地区，相继出现了建州口、建州左卫、建州右卫三个卫所，合称建州三卫。建州三卫的女真人受到辽河地区汉人的影响，转为农业生产，兼及渔猎，在经济逐渐上升的同时，军力最也强大起来，后来成了明朝的心腹之患和掘墓人。

第二是海西女真。海西之名源于元代，明代的两条驿路，均以海西为始站，如通往奴儿干之北线，以双城的底失卜为始站；通往嫩江大兴安岭的西北路，以肇州为始站。由此可知，其松嫩两江合流处为海西之西端，在此一带，均可称为海西。那么海西的东界在何处呢？一般以为，应以阿速江（乌苏里江）为界，在阿速江入黑龙江河口以下（即大海之西），两岸汇流处之右岸也有一部分海两女真人的部落，其他地方均属于吉烈迷人所居，因此可以说，所谓海西女真恰是松花江中下游流域的女真诸部落。海西女真人的主要聚居地是安出虎水（阿什河）、纳邻林（拉林河）与松花江之间的所谓三河之地。有的史书将牡丹江入松花江河口以上之松花江，还称为海西江。总之，海西地区东以松嫩两江合流处为西端，以松花江下游地为东界，东南达牡丹江流域，远可接建州女真，南为北流松花江流域，北为忽喇温江流域。海西女真包括山夷和江夷两部分，山夷称熟女真，如完颜部的余人，亦知农耕，他们依山筑寨，俗称山寨夷，以居三河之地者为多。所谓江夷，原居混同江下游，到明初以后，不断地沿江向南迁徙。建州女真也是熟女真，他们南迁以后，江夷即向南来占据建州女真的原居地，从而进入海西地区。海西女真有四个部落集团，哈达与叶赫部居于松花江中上游，称山夷；而居于辉发河的辉发部则为江夷，居于忽喇温江的乌拉部，也属于江夷。一般说来，江夷农耕欠发达，渔猎仍是他们的重要谋生手段。以上四大部落集团，亦称扈伦四部，明代晚期被新崛起的努尔哈赤氏征服，从而成为进攻中原的重要力量。

和海西相对应的是海东。海东的地理概念是“海西之东”，即东濒海，而西界有时也可以达到松花江流域之东。海东也住着女真人，被称为东海女真，明时亦称为野人女真。从名称上看，他们虽亦是松花江儿女们的姻亲手足，但开化得比较晚，故而被称为野人女真。野人女真除东濒海的大片地区外，也居于松花江下游和黑龙江下游广大地区。东海女真亦称东海窝集部。窝集即山林之意，也就是说，东海女真是森林中的女真人。东海女真也分为四大部落集团：一是萨哈连部，主要居于松黑两江合流处一带。二是呼尔哈部，居松牡两江合流处附近一带，呼尔哈这一部落名，亦源于牡丹江之名呼尔哈河（汉名别译），以松花江为界，呼尔哈部还分南北两部。而乌苏里江、绥芬河一带的女真人，有户野、绥芬、木伦、鸦兰、细林、额里库伦等六部，合称瓦尔喀部。长白山以东到海滨之呼尔哈部，也称库尔喀部或库雅喀部。建州女真迁走以后，尚有留居未走者，仍称为呼尔哈部，是诸申（即肃慎之异译）诸部之一，居忽儿海河（牡丹江）与兴凯湖之间，其发展情况，大体和海西女真相近。总之，若以原混同江为参照，沿混同江顺流而下，直到入海，离松花江和黑龙江两江合流处越远，其地区的经济越欠发达。

野人女真也称生女真。据《开元新志》记载，上自海西，下至黑龙江，所谓生女真，略事耕种，聚会为礼，人持烧酒一鱼胞（泡），席地歌饮，稍有纷争，则弯弓相射。从上边的记述中，可以看出，生女真人装酒的容器是鱼胞（泡），酒为女真人用黍或稷米土烧，满语称酒为“阿刺吉”。女真人用的弓箭同两三千年前肃慎人进贡的楛矢并无太大的改变，至明代时，女真人的箭镞仍为木变石所磨制。木变石产自混同江入海口处，“江口有石，名木化石，坚利可锉矢镞，土人宝之”（《明一统志》）。此石，女真人称之为“昂威赫”（意为木变石）。

不过，生女真的发展水平也不一样，以可木为界（可木即科木，位于松花江入黑龙江河口处之右岸，今同江市街津口附近），可木以下（指下游），以桦皮为屋，行则驮载，止则张架以居，养马弋猎为生。其阿速江（乌苏里江）至散鲁站，颇类可木，乘五板船，疾行江中，以渔为生。他们事耕种养马弋猎，刳独木为舟，以毛毳为布，以貂鼠为贡。阿速江至散鲁温为迤西，其耕作射猎、饮食居住类可木，出入亦乘五板船，头置桠杈木根，如鹿角状，两弦荡桨，疾行江中，谓之广窟鲁。而可木以上，在松花江流域，是以农耕为主的生活区，女真人在这里种五谷，养牲畜。由此可见，在明代的东北边疆，以松黑两江合流处的可木站为界，是女真人渔猎和农耕的分界线。

沿着松花江溯流而上，从可木附近的松花江口到松嫩两江合流处的三岔河，松花江之间的中下游地，都是女真人的农耕区。过了三岔河，再溯北流松花江而上，西为农牧混合区，即兀良哈三卫的南部。向东南，沿江则为农耕区，尤其是拉林河与阿什河及松花江之间的三河地区，女真人的农业已相当发达了。若沿江向上，到了中游，即到了船厂（今吉林市）。

船厂的设立，表明汉人已大量进入松花江流域。实际上，在船厂建立之前，为筑卫所修城池，许多汉人工匠就已经进入松花江地区了。混同江下游两建永宁寺并刻石立碑，也都是汉人工匠的劳动创造。

北流松花江中游的吉林市郊区江南乡阿什村，松花江南岸的山崖石壁上，至今还遗留着两处明代的石刻，从刻文可以看出，从永乐十八年（1420）至宣德七年（1432）的12年间，明骠骑将军、辽东都指挥使刘清，曾三次奉钦命来此地造船。刘清是有史以来松花江上的第一个造船专家。但刘清首先是一位军人，是骠骑将军和辽东都指挥使。他的业绩主要在军事方面，造船只是他军事业绩的一个重要构成而已。

刘清，安徽和州人，洪武末年在富峪卫（今河北省平泉县）军中任千总之职。建文元年（1399）燕王朱棣起兵“靖难”时，刘清随军征战三年，被提升为宣府中卫指挥佥事，后又升任都指挥同知。再后又因参与征南有功，升任陕西都指挥使。大约在永乐十四年（1416）因“私通外境，激变番夷，僭用服饰”等罪名，贬谪至辽东，四年后复职，留任辽东都指挥使。永乐年间，明朝政府积极经略松花江和黑龙江的边防事宜，建奴儿干都司。为了给京师、辽东和奴儿干之间提供军运给养，以及运送贡品等的需要，朝廷决定在松花江“造船运粮”。

松花江中游之吉林，地处吉林哈达岭之北，老爷岭之南，西为大黑山，各山均多松林，松木是最好的造船材料。所以，便选在北流松花江中游左岸建船厂，这里江流辽阔，江水也深，是松花江南源汇合诸支流后水势雄达的最佳选址。

船厂选址确定以后，已是秋冬之际，数千官兵，从辽东调来此地，先是伐树建营地，筑船厂，搭建造船用的船台。大概为此还从辽东调来一批造船的工匠。明时造船，不用图纸，而是先按长官意图做出船之模型，再按长官及各方面的意见修改模型，将模型修改完毕，得到开工的命令后再造，按照传统习惯，在放大样造船之前还要举行仪式，告祭龙王。因此，在筹建船厂的时候，还要建一座龙王庙。必要的仪式都办好后，伐木者伐木，造船者造船，船厂便这样开张了。第二年正月，又在摩崖上刻石以记其盛事。

这次造船持续了多少时间，造了几艘船，史籍已无记载。

洪熙元年（1425），刘清再次奉命来船厂，第二次主持造船。第二次造船的情况，也没有留下文字记录，详情已难以考释。后来，由于路途遥远，“军民转输大困”，“烦扰军民”，明廷感到“造船不易”，“所费良重”，故而于宣德四年（1429），“罢松花江造船之役”。

第三次造船是宣德六年（1431），内臣亦失哈再次从水路松花江去奴儿干巡视，需要船只，因此，大内又命镇守辽东的太监阮尧民和辽东都指挥使刘清，第三次到松花江边主持造船。于是，他们重修龙王庙，再次在崖壁上刻下第二块摩崖刻石。

不过，第三次造船，似乎还没有完成，就发生了驻军与当地女真居民冲突的事件，阮尧民与刘清被捕下狱候审。事情的起因是，镇守辽东的总兵官巫凯向明廷上了一个奏章。奏章上告说，“尧民同清等督兵造漕舟于松花江，并捕海东青，因与女真市，辄伤其人，女真衔之。尧民等征回京，女真部落沿途攻截，骑卒死亡者八九百人”（《明英宗实录》）。此外，还有500多军士逃亡到海边。这样大的事，当然瞒不住，朝廷命刑部着审。审问的结果，不过是“领军官护船料、粮米，往松花江，为女真人所掠”，是过失，而非罪，故刘清等得以免死，乃贬谪戍甘州。他本自西北来，又回西北去了。由刘清的悲怆经历，人们可以看出，在明朝中早期，政府军和女真部落之间的矛盾早就相当激烈，明朝责官的法纪不能说不严，但是仅以法纪责官来平息民族的不满情绪，或解决民族的冲突，仍然不能奏效。实际上，这些都是明末女真人构成明朝威胁的先兆。

多次在松花江边造船，说明了视边、戍边等防务的重要性。明朝政府已经觉察到东北疆边防的重要意义了。

大风起于青萍之末，松花江畔的黄沙白草，在萧瑟的胡笳声中摇曳着，女真人从松花江流域起步，再次问鼎中原，造船的锛斧声、锯刨声，湮没不了历史悲歌的再次孕育。

后金——满洲的雄起

要追问一个国家或一个民族的历史，往往越往上追越迷茫，说不定最后便要进入神话传说中。神话传说虽也有历史的成分，无奈这传说越传越神，其中也就难免有荒诞杜撰的内容杂于其中。对于清皇室家族爱新觉罗氏来说，它的源起，不幸也和神话传说融为了一体，甚至连《清史稿》这样的正史，也接受了其家族始祖为仙女所生的神话传说。

相传，爱新觉罗氏源起于松花江南源之长白山。长白山，满语叫“果勒敏珊延阿林”。长白山东北的布库里山中，有一个小湖叫布勒瑚里。很早的时候，从天上降下三位仙女，来到这里洗浴。她们浴毕登岸时，有一神鹊衔一朱果，放在三位仙女中最小的仙女佛古伦的衣服上，果色鲜丽，

天女浴躬池碑　佚名摄

佛古伦爱不释手，遂衔进口中，竟在穿衣之际，将朱果吞入腹中，遂感而成孕[1]。怀孕后，生一男孩。男孩生而能言，倏尔长成。母嘱子说："天生汝，实令汝以定乱国。可往彼处，将所生缘由，一一详说。"言讫不见。其子遂乘母亲天女所给之舟，并按母亲的指点，顺松花江源流而下，至于人居处。彼时，长白山西北松花江中游地有城名鄂多理，城中有三姓部落，争为雄长，终日互相残杀。恰有一人来水边取水，见一男子弃舟登岸，其举止不凡，相貌魁伟，便回至争斗之处，告于众人。经过一番言说，三姓人闻言止战，同往水边观看。及见，果非常人，异而问之，彼答曰："我乃天女佛古伦所生，姓爱新觉罗，名叫布库里雍顺，天降我定汝等之乱。"因将母亲所言讲与众人，众人先是惊异，后乃表示息战，拥戴布库里雍顺为酋长，以百里女妻之。

这就是爱新觉罗氏始祖的历史。这个传说之所以为清王室所钟爱，正是因为其始祖为天女所生，应为天子，才合该为中国的皇帝家族，虽为满

[1] 关于三仙女吃朱果怀孕生下儿子布库里雍顺（满语，意为英雄）的传说，其地还有镜泊湖与黑龙江以北二说。长白山圆池说，载于《清史稿·太祖纪》。镜泊湖说，见于民间野史杂著。布库里山于黑龙江以北说，见于《满文老档》。戴逸《简明清史》中有释文。本书作者在《黑龙江传》中曾对一、三之说有详释，可参阅。

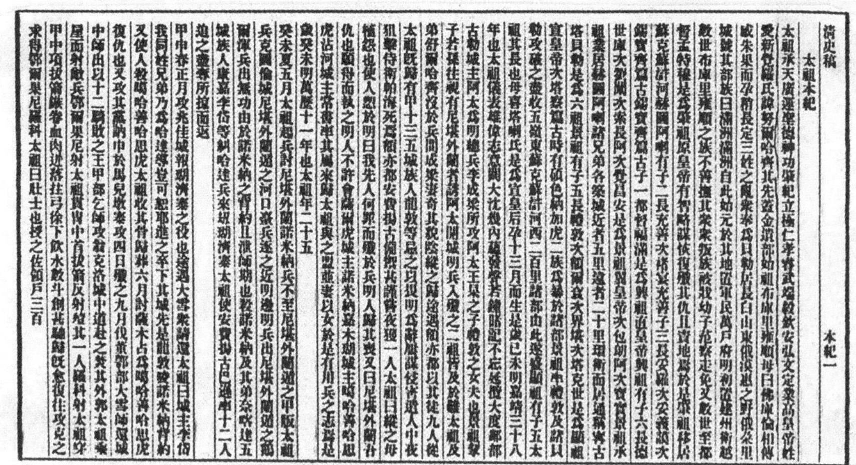

清史稿　　本紀一

太祖本紀

太祖承天廣運聖德神功肇紀立極仁孝睿武端毅欽安弘文定業高皇帝姓愛新覺羅氏諱努爾哈齊其先蓋金遺部始祖布庫里雍順母曰佛庫倫相傳感朱果而孕稍長定三姓之亂衆奉爲貝勒居長白山東俄漠惠之野俄朵里城號其部族曰滿洲滿洲自此始元於其地置軍民萬戶府明初置建州衞越數世布庫里雍順之族不善撫其衆衆叛族被戕幼子范察走免又數世至都督孟特穆是爲肇祖原皇帝有智略謀恢復殲其仇且責地焉於是肇祖移居蘇克蘇滸河赫圖阿喇肇祖有子二長充善次褚宴充善子三長妥羅次妥義謨次錫寶齊篇古錫寶齊篇古子一都督福滿是爲興祖直皇帝興祖有子六長德世庫次劉闡次索長阿次覺昌安是爲景祖翼皇帝次包朗阿次寶實景祖承祖業居赫圖阿喇諸兄弟各築城近者五里遠者二十里環衞而居通稱寧古塔貝勒是爲六祖景祖有子五長禮敦次額爾袞次界堪次塔克世是爲顯祖宣皇帝次塔察篇古時有碩色納加虎二族爲暴於諸部景祖率禮敦及諸貝勒攻破之盡收五嶺東蘇克蘇滸河西二百里諸部由此遂盛顯祖有子五太祖其長也母喜塔喇氏是爲宣皇后孕十三月而生是歲己未明嘉靖三十八年也太祖儀表雄偉志意闊大沈幾內蘊發聲若鐘睹記不忘延攬大度部古勒城主阿太爲明總兵李成梁所攻阿太王杲之子禮敦之女夫也景祖挈子若孫往視有尼堪外蘭者誘阿太開城明兵入殲之二祖皆及於難太祖及弟舒爾哈齊沒於兵間成梁妻奇其貌陰縱之歸途遇額亦都以其徒九人從太祖既歸有甲十三五城族人龍敦等忌之以提明爲辭屢謀侵害遣人中夜狙擊侍衞帕海死焉額亦都安費揚古偵得其謀夜獲一人太祖曰縱之毋植怨也使人愬於明曰我先人何罪而殲於兵明人歸其喪又曰尼堪外蘭吾仇也願得而執之明人不許會薩爾滸城主諾米納嘉木瑚城主噶哈善哈思虎沾河城主常書率其屬來歸太祖與之盟蒞妻以女於是有用兵之志焉

歲癸未明萬曆十一年也太祖年二十五

癸未夏五月太祖起兵討尼堪外蘭諾米納兵不至尼堪外蘭遁之甲版太祖兵克圖倫城尼堪外蘭遁之河口臺兵逐之近明邊明兵出尼堪外蘭遁之鄂爾渾兵由無功由於諾米納之背約且泄師期也殺諾米納及其弟奈喀達五城族人康嘉李岱等糾哈達兵來掠瑚濟寨太祖使安費揚古巴遜率十二人追之盡奪所掠而還

甲申春正月攻兆佳城報瑚濟寨之役也途遇大雪衆請還太祖曰城主李岱我同姓兄弟乃爲哈達導豈可恕耶進之牟下其城先是龍敦唆諾米納背約又使人殺噶哈善哈思虎太祖收其骨歸葬六月討薩木占爲噶哈善哈思虎復仇也又攻其黨訥申於馬兒墩寨攻四日殲之九月伐董鄂部大雪師還城中師出以十二騎敗之王甲部乞師攻翁克洛城中道趨之焚其外郭太祖乘屋而射敵兵鄂爾果尼射太祖貫胄中首拔箭反射殪其一人洛科射太祖穿甲中項拔箭鏃卷血肉迸落拄弓徐下飲水數斗創甚馳歸既愈復往攻克之求得鄂爾果尼洛科太祖曰壯士也授之佐領戶三百

《清史稿》以三仙女洗浴开篇

人，但入关灭明，入主中原建立王朝，则是天经地义的，容不得半点怀疑。

长白山顶峰有一个方圆9.8平方公里的火山口湖天池，天池水溢流而下成为松花江、鸭绿江、图们江，是三江之源。在天池以下，有好几个幽绿的深潭，传说长白山东侧红土山下的圆池，就是当年仙女洗浴处。此圆池如今被称为天女浴躬池，池畔有座天女浴躬碑。长白山既然成了爱新觉罗氏家族的发祥地，当然得进行祭祀，清朝两个最杰出的皇帝康熙和乾隆，都曾先后来到松花江边，对长白山、松花江进行祭祀。有一株“高9丈的白桦树”，因其枝繁叶茂，树壮根深，高擎云盖，即被命为神树，在祭山、祭江的同时，亦祭神树，俗称祭三神。后来，这种祭祀便固定成一种规定的仪式，每年春秋各举行一次。

其实，爱新觉罗氏先祖的发祥地根本不在长白山，而在松花江。而祭祀长白山，封长白山、松花江和安出虎水附近的一片林地为神，早在完颜氏所建立的金朝时就已经进行了。清政府对长白山、松花江以及白桦神木

牡丹江注入松花江河口　王毅敏摄

的祭祀，不过是将金朝时女真人对山川秀木的崇拜重新捡起来罢了。至于神鹊衔朱果的传说，则是女真人上古时代对鸟图腾崇拜的一种演绎。海东青一直是女真人喜爱的鸟，女真人的鸟图腾便是海东青，有的史学家甚至认为，肃慎、女真等族名，均来自海东青读音的讹变。此说虽未为史学界所接受，但至少说明，除长白山、松花江、大森林（树木）和女真人有着深切的渊源外，该地区的猎鹰海东青，作为一种珍禽和女真人的生活亦十分密切。

爱新觉罗家族先祖的发祥地为松花江流域，即松花江中游，在牡丹江入松花江河口附近。元代，蒙古将居此的女真人分为三卫，称“依阑豆漫”，即三万户之意。“依阑”为三，“豆漫”为万户。

元初时，这里曾设置过五个万户府，即合兰府水达达路五个女真人的

马大屯——鄂里多城故址，松花江右岸即布库里弃舟登岸落脚处，后属三姓贝勒　王毅敏摄

万户聚居地，它们是：斡朵怜万户府、桃温万户府（今汤原松花江左岸固木纳古城）、胡里改军民万户府（今依兰县牡丹江入松花江河口附近之喇嘛庙）、脱斡邻军民万户府（今桦川县东北松花江右岸之宛里古城）、孛苦江军民万户府（富锦市松花江右岸古城）。到了元末，经过近百年的时间演变，人口流徙，在牡丹江入松花江之河口处，形成了三个相互鼎立的军民万户府：一个是斡朵里（即斡朵怜，汉字异译）、一个是火儿阿（即胡里改，源于牡丹江之名忽儿海河，汉字异译）、一个是托温（即桃温，源于汤旺河之名忽喇温江或桃温水，亦是汉字异译）。这三个万户府，即前述史籍中的“依阑豆漫”。其中，斡朵里万户府即由女真头人猛哥帖木儿主掌。从猛哥帖木儿的名字来看，他的名字显然是受到了蒙古文化的影响，这既是元朝统治松花江女真人的遗迹，也是民族相融合的印痕。这位

猛哥帖木儿也叫孟特穆（汉译异写），就是后来统治中国267年的清皇族王室尊奉的始祖。清朝王室官方编修的《满洲实录》中，记述了斡朵里部落的演变，而斡朵里万户府所在的鄂多理城（即吾都里城，也称斡朵里城或斡朵怜城），在上述的神话传说中，把该城从松花江中游移至长白山东南。考古学家们曾在长白山和松花江流域各地寻觅这座清皇室发祥地名城多年，终于在2000年10月，在依兰县马大屯发现了斡朵怜故城遗址，这里出土了一枚八思巴文印（残高2.7厘米、残宽0.8厘米、残长2.7厘米），该印为篆书石质；另一出土文物为明代双夔耳玉杯。加上对该城城墙及老榆树的辨识等，已初步认定了斡朵怜（鄂多理城）城在其地。由此可知，元朝时，爱新觉罗家族是生活在松花江中游的一个女真部落，他们是松花江母亲河养育的儿女，是中华大地诸多江河养育的儿女中的一员。

大约在明朝的英宗、景宗时期，建州三卫的女真人，主要有六大部落：爱新觉罗部（本姓佟）、苏克素护河部、浑河部、栋鄂部、哲陈部、完颜部，史称建州六部。建州三卫六部的北方，居住在海西卫辖区的女真人，称忽喇温部，亦译为扈伦部。扈伦是一个部落群，内中又分为叶赫、哈达、辉发、乌拉四部，亦称扈伦四部。另外，在建州东北，还有长白山女真部落群，以下也有三部，即纳殷部、鸭绿部和珠哈嘿部。在松花江下游之东，有东海部女真，实由野人女真部落组成，计有三部落：瓦尔喀、库尔哈、渥集三部落。若以建州女真之六部为中心，则扈伦、长白与东海，可谓建州女真的邻部，亦称为女真诸部。因后来建州女真坐大，故也称建州诸部，即后来的满洲诸部。这同当年斡难河上的蒙古强大以后，其周围邻近部落均称蒙古诸部一样。

北流松花江，清初也称海西江或乌拉河　王冰摄

起初，女真诸部中以扈伦四部为最强，而且和明朝政府的关系最好，常为明军的外援。明廷为了防止蒙古人东山再起，一直对松嫩两江之西的兀良哈三卫和西北的鞑靼部加强防范，曾在松嫩两江西南筑起一道边墙，以防止蒙古与兀良哈诸部对松花江和辽河地区的侵扰。扈伦四部中的叶赫部，居辽河（开原）东北，哈达部居开元东南，为松花江南源诸支流地，同建州女真为邻。因有边墙，故明时称叶赫为北关，称哈达为南关。哈达人对明廷极为效忠，而明廷对哈达人也多加保护。

明朝英宗以后，建州三卫很散乱，而三卫同明朝的关系，也是时好时坏。这样沿辽河中游的边墙，从开原又向东南延伸，将建州三卫隔在边墙之外。

李成梁做辽东总兵时，时常带兵到边关外扫荡叛离的女真部落。万历二年（1574），建州右卫指挥王杲入寇，被李成梁击退，王杲辗转逃奔哈达部。哈达部将其扭送给明军，被李成梁杀死。王杲之子阿台要为父亲报仇，便联络和哈达部不和的叶赫部，共同进兵攻击哈达部。李成梁出兵协助哈达部又将阿台击败，并一直追击到阿台退守的古勒城（亦称古埒城）。建州女真苏克素护河部图伦城城主尼堪外兰，为李成梁做向导，攻破古勒城，大肆屠杀。这时，又有建州左卫猛哥帖木儿的一位后裔觉昌安，为赫图阿拉城寨主。此人的孙女嫁与阿台，便率军同他的儿子塔克世、孙子努尔哈赤（亦称努尔哈齐）等，前往援救，亦想从中调停，因觉昌安同李成梁关系一直不错。不料，城破之后，在混战中阿台阵亡，觉昌安与塔克世也死于乱军之中，努尔哈赤则成了明军的俘虏。李成梁念及过去，对努尔哈赤父、祖之死也很怜悯，便将其厚葬，又将觉昌安遗下的13副甲胄和几十骑人马交给努尔哈赤，好言将其遣回。努尔哈赤时年25岁，一直对祖、父之死耿耿于怀，发誓欲报仇雪恨。在所有族人的反对声中，努尔哈赤遭遇种种挫折，报仇之心却矢志不变。先是，努尔哈赤人少力微，不敢加怒于明军，就寻隙攻打图伦城，追杀尼堪外兰。尼堪外兰遭到追杀，连破二城，逃入边墙之内。努尔哈赤追至边关，向明廷索要尼堪外兰，明军不愿以此事再得罪努尔哈赤，便将尼堪外兰捉杀。努尔哈赤报仇雪恨以后，军威大振，明廷又让其承袭了建州卫都督佥事之职，使之如虎添翼。

在明万历十五年（1587）前后，努尔哈赤用了六年的时间，统一了建州六部，雄峙于建州，自称建州可汗。可汗一名本为匈奴—东胡—蒙古族的大酋长之称，受元朝统治近百年的影响，女真部头人也接过了“可汗”

这个蒙古头人的称号，可见民族融合的历史诱惑，是在不知不觉中进行的。

明万历十六年（1588），明廷开抚顺、清河、宽甸和叆阳四关与建州互市，努尔哈赤竟以一个“国家”的身份同明分庭抗礼。在这以后，努尔哈赤又同女真诸部发生了多年的残酷战争，特别是李成梁因骄纵贪黩，苛索殃民，被参奏去职后，哈达、叶赫等诸部失去依靠，尽为努尔哈赤所征服。万历四十四年（1616），努尔哈赤统一女真诸部，正式建国称尊。在此之前的万历二十四年（1596）起，努尔哈赤的国号曾五变。最初系称女直，旋改女真，又改建州，后又改后金，最后改称金。

称可汗后，努尔哈赤从费阿拉城移至新都赫图阿拉。赫图，满语为横岗之意，后定名兴京。努尔哈赤以遗甲13副起家，南征北讨30余年，拓地数千里，松花江流域的女真人，嫩江以西的蒙古人，黑龙江地区的野人女真和其他族人，以及库页岛上的苦兀人，已是以辽东和松花江流域为核心，南北西东，俨然演变成为一个大国。万历三十七年（1609），努尔哈赤命令额尔德尼和噶盖创制满文，即用“蒙古字制为国语，创立满文，颁行国中”（这种文字称老满文，使用33年后，发现许多问题，故又由巴克什达进行了改进，酌加圈点，遂成新满文）。两年后，又创建了八旗制，遂有八旗军。届时，他拥兵15万，对明朝的进攻，已是箭在弦上，迟早必发了。

16~17世纪的战争风云

松花江南源，即北流松花江，在明朝中叶时，又有了两个新的名字。一个叫海西江，此名源于海东、海西这两个地域之称，海西因有海西女真而闻名，而海西女真恰居于今吉林省北流松花江上，故有些史籍往往将这段松花江称为海西江。此江的另一个名字叫乌拉河，此名源于明之船厂下游不远处的乌拉城（今永吉县松花江右岸之乌拉街满族镇），该城是海西女真乌拉部的都城。这两个江名，对松花江的历史来说，所用之时间起止期不很清晰，显然使用的时间也很短，但毕竟打上了一段历史的痕迹。

海西女真包括叶赫、哈达、辉发和乌拉四部，也称扈伦四部。四部的生活圈，在努尔哈赤雄耀于世时，东邻建州女真，即和努尔哈赤氏的爱新觉罗家族集团相邻，西邻嫩江中下游的蒙古科尔沁部和郭尔罗斯部，南及开原，北至松花江干流附近。努尔哈赤在跃跃欲试进攻海西女真实现统一东北全域时，正好钻了明政府内外交困的空子。彼时，日本向外扩张，攻击朝鲜，战火在朝鲜半岛上燃烧，朝鲜国王向明廷告急，明廷派兵援朝，同倭寇展开了激战。同时倭寇亦不断侵扰中国的海疆，有时甚至进入长江口进行烧杀抢掠。抗击倭寇的战争，历时甚久，已成为明朝政府沉重的财政负担，故此时放松了对东北疆新雄起的努尔哈赤的控制。而努尔哈赤本人又是一位杰出的政治家和军事家，他的扩军建国计划是逐渐形成的。在日军攻朝鲜，朝鲜告急时，努尔哈赤当时也曾禀报明廷兵部尚书石星，请缨领兵驰援。那时，努尔哈赤有骑兵三四万，步兵四五万，皆是精勇惯战之师，可是却遭到朝鲜和明廷两方面的拒绝，而是派“如松提督蓟、辽、保定、山东诸军”，渡江赴朝作战，这样在抗日援朝的六年战争期间，全辽空虚，为努尔哈赤进军海西女真，将家族的霸业扩大，提供了极好的机会。

努尔哈赤统一建州女真后，引起了扈伦女真四部酋长的不安。最先作出反应的是哈达部。哈达贝勒扈尔干将女儿送与努尔哈赤为妻，企图以联姻来为自己带来安全。孰料，政治联姻这一理念，对努尔哈赤根本构不成约束。努尔哈赤为巩固自己的政权，杀弟又杀子，他怎能为一个排在诸妻之后居第七位的妃子，而对其娘家大发慈悲呢？扈伦四部中的叶赫部，其贝勒纳林布禄，在哈达贝勒将女儿送给努尔哈赤五个月后，把自己的妹妹也送给努尔哈赤为妃子。为了限制努尔哈赤的实力扩张，遂想出以向努尔哈赤索要土地的办法，抑制其势力的增长。于是，便派使臣向努尔哈赤要额尔敏、扎库木二地中的一块，当即被努尔哈赤拒绝。

叶赫贝勒纳林布禄碰了钉子以后，又联合哈达、辉发以及乌拉三部落同时派使臣，去建州索要土地。酒席间，叶赫部使臣图尔德，以要地发出战争威胁，可是努尔哈赤根本不听他这一套，当即给予了一顿训斥。于是，双方之间剑拔弩张，一场战争已不可避免。

叶赫部、哈达部、辉发部和乌拉部，决定先进行一次试探性的攻击，以摸清努尔哈赤的实力。万历二十一年（1593）夏天，扈伦四部共同出兵去劫努尔哈赤的户布察寨。努尔哈赤亲自披挂上阵迎敌，激战中几乎丧命的努尔哈赤，却奇迹般地扭转了战局，杀敌12人，获甲6副，马18匹。在当时，建州女真尚不能制铁，更不能制造铠甲。战争用的铠甲，一是靠在马市上通过贸易购得，另一个方法就是从战争中缴获。缴获铠甲6副和战马18匹，对刚发迹的努尔哈赤来说，无疑是一大胜利。

叶赫等四部通过夏天这次小小的试探性攻击后，知道努尔哈赤并非不可敌，便在是年秋天，纠集四部以及长白山朱舍里、讷殷二部，兼及嫩江流域的蒙古科尔沁、锡伯、卦尔察三部共九部人马，合兵3万，分三路向建州女真的苏克素浒河进发。努尔哈赤据古勒山，以逸待劳，处于有利的地势。九部之兵，先攻扎喀城不克，又攻黑济格城，也未果。进不能进，退又不甘心，于是两军在古勒山一带展开了激战。结果是，叶赫部贝勒布斋亡于战阵，死4000人；乌拉部贝勒满泰之弟布占泰被擒。努尔哈赤缴获战马3000匹，铠甲1000副。努尔哈赤大获全胜。自古勒山一战，努尔哈赤便雄踞于女真各部之上，随后就是努尔哈赤扫平诸部的转守为攻的战役了。

哈达部据哈达河（今清河）地，万历二十七年（1599）秋，努尔哈赤征哈达，经过几个昼夜的激战，将哈达城攻破，生擒哈达贝勒孟格布禄。孟格布禄匍匐于地觐见努尔哈赤。努尔哈赤以好言相慰，将其带回费阿拉，并赠之以貂帽豹裘，将降民编入自己的户籍，又把自己的女儿莽古姬嫁给孟格禄布为妻，以后又找理由将孟格禄布杀掉，复将女儿嫁给孟格禄布的儿子武尔古代为妻（子妻后母，亦是女真人自古以来的习俗）。不久，努尔哈赤又将武尔古代囚禁起来，后在明廷的干涉下，才将武尔古代放回。其时，哈达部因天灾人祸发生饥荒，该部本以农业为主，但战争损

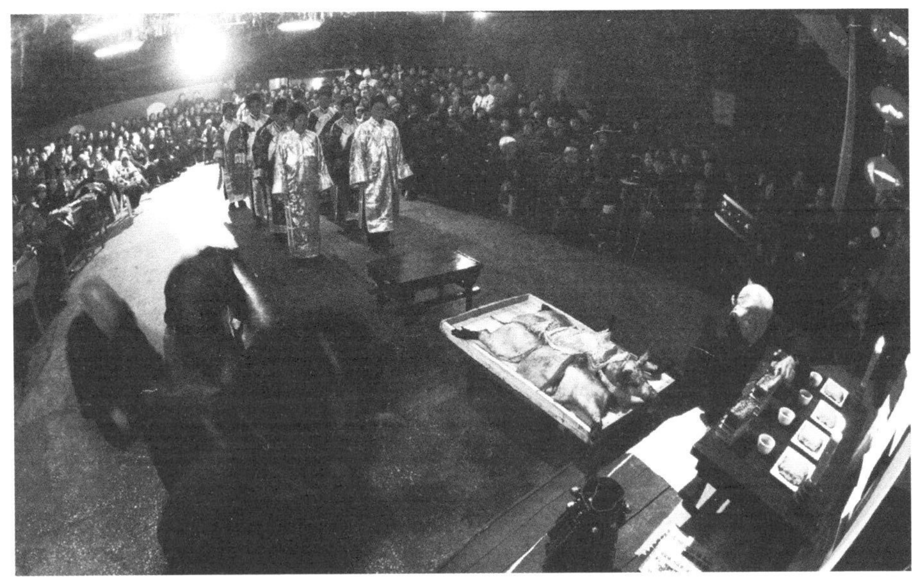

松花江、牡丹江流域传承久远的女真——满族人的杀猪祭祖仪式　袁志柱摄

失劳力，又因天旱颗粒无收，便向明廷求援，明廷不理。努尔哈赤再次出兵，将哈达部灭掉，并其部众，夺其敕书，终于将居于边关南关的女真部落纳于自己的版图之下。

拿下了哈达部，努尔哈赤为成功的喜悦所激发，开始筹划攻打第二个目标——辉发部。辉发部原为野人女真，居于混同江下游，后沿混同江迁徙至松花江南源支流辉发河（灰扒江）流域居住。其部先姓益克德里，后改姓纳喇氏，其城筑于辉发河畔的扈尔奇山上。辉发部头人拜音达里贝勒为了争夺部落大权，曾杀掉了他的七位叔叔，造成堂兄弟率族人纷纷外逃到叶赫部。辉发部从而投靠建州。叶赫部贝勒派人告诫说，你的族人都在我手里，你若离开建州，我就送还你的族人。拜音达里贝勒信以为真，反过来又投靠叶赫部，可叶赫部并未兑现诺言。于是拜音达里又来求努尔哈赤，称努尔哈赤为“淑勒昆都仑汗”，并要求大汗原拟嫁与常书的女儿，改赠与他为妻。努尔哈赤同意了他的要求，把女儿改嫁给拜音达里。可拜音达里怕得罪叶赫部，又不敢迎娶。拜音达里的反反复复，激怒了努尔哈赤。万历三十五年（1607）秋，努尔哈赤以背约不娶为由，将辉发部灭掉。

努尔哈赤的第三个目标是乌拉部。乌拉部姓纳喇氏，居于乌拉河（北流松花江中上游）一带，也因水得名。乌拉与哈达同祖，数代后已分成两个部落。乌拉部在建州以北，以往因地远而无争，唯古勒山一役，乌拉部贝勒满泰之弟布占泰被擒，囚于建州女真三年后才放回。其时，满泰初死，其叔欲争权谋杀布占泰。布占泰在建州女真的支持下，得继王位成为新贝勒。为此，两方友善，并五次联姻，七次盟誓。但布占泰内心并不服输，更没瞧得起出身微贱的努尔哈赤，于是双方终于诉诸武力。万历三十五年（1607）正月，双方陈兵于松花江上游和图们江上游之乌碣岩，进行了一场大战。乌拉部大败，死3000人，损失马5000匹，铠甲3000副。乌拉部经营多年的老本几乎输光，损失惨重。努尔哈赤对待乌拉部采取打、柔相济两种政策，历时20年，可谓具备了杰出政治家的深谋远虑。万历四十年（1612）秋天，乌拉部的布占泰贝勒以鸣镝射杀妻子，即努尔哈赤的侄女娥恩哲。在女真人看来，已嫁出去的女子被婆家，尤其是被丈夫用鸣镝射杀是一种奇耻大辱，是绝对不能接受的。故以此为借口，努尔哈赤对乌拉部发兵，再次对布占泰进行征讨。建州女真的军队沿松花江自上游而下，一连攻克了乌拉部的四座城池，直攻到它的都城乌拉城对岸的江畔上。这时，布占泰才知道建州之师不可抵御，便乘独木舟到松花江中，向着水没马胸的努尔哈赤叩头如捣蒜般地求饶，直到布占泰送人质到建州，并答应让努尔哈赤在乌拉城驻军千人，努尔哈赤才答应撤兵。

转过年来，战争风云再次笼罩到松花江的上空，努尔哈赤组织精锐之师攻打乌拉部。其理由有许多，而最重要的一条是乌拉贝勒强娶努尔哈赤所聘之叶赫贝勒布斋之女。这一次发生在正月冰雪中的激战，努尔哈赤击溃乌拉部军队3万人，斩杀1万人，获铠甲7000副，乌拉部随着乌拉城破而被宣告灭亡，布占泰亡命，投叶赫国而去。十里江雪，尽为血色染红，在夕阳的辉映下，成千上万的乌鸦凄惨地啼叫着，松花江上，一片哀鸣。

布占泰投奔叶赫，又为努尔哈赤再次征讨叶赫部找到了借口。叶赫，满语为插盔缨的皮筒。叶赫部都城在叶赫河（今通河）畔，它的地域恰在松花江与辽河之间偏北，因其都城距明廷的北关不远，所以也将叶赫称为北关，其实叶赫部的人，都位于明的边堡之外。叶赫部的东北为乌拉部，南为哈达部，西为蒙古科尔沁部，西南与明廷的开原相望。自明廷囊括松花江、黑龙江流域以来，叶赫作为海西女真中最强大的部落，和明廷的关系时好时坏。叶赫部的先世姓土特默氏，也是从混同江下游迁徙来的一个野人女真部落群。乌拉部被努尔哈赤灭掉，布占泰无路可逃，只好投奔同姓之叶赫部。以往，叶赫部同哈达部长久以来一直不和，而明廷稍偏向哈达部，曾10次征讨叶赫部，在叶赫部同哈达部的斗争中，明廷先后杀死叶赫部五六千名兵士，使之元气大伤，从而为努尔哈赤征服叶赫部扫清了道路。

叶赫部自古勒山之败以后，卧薪尝胆，作韬晦之计。它南与明廷官员继续修好，西联嫩江下游的科尔沁、扎鲁特等蒙古诸部，北联乌拉，企图继续同建州女真抗衡。同时，它又与建州结盟。叶赫部的酋首布扬古愿贝勒，将妹妹嫁与努尔哈赤为侧妃，以争取时间强大自己。但努尔哈赤比布扬古愿更胜一筹，他事明廷甚恭，又结好东邻朝鲜，在灭掉哈达、辉发和乌拉部略达海东以后，扈伦四部就只剩下叶赫一部在孤零零地与其对抗了。

万历四十一年（1613），乌拉部的亡国之君布占泰逃往叶赫部，努尔哈赤三次遣使让叶赫将布占泰交出，都被拒绝。是年秋天，努尔哈赤发兵4万，进军叶赫部以北的苏完部，以期绕道至叶赫部的后方，出其不意地进行偷袭。苏完部居北流松花江左岸支流伊屯河（今伊通河）、伊勒们河（今饮马河）中上游地，被“努军”连下兀苏城等大小19座城寨，努尔哈赤对开门投降者赐以东珠、金佛帽、衣裘和美酒，但此时见叶赫部有备，乃半途引军而回。这时，明廷为了维持边关，对女真实行分而治之的政策，向叶赫派兵1000，使努尔哈赤难以下手。努尔哈赤致书明廷李永芳，为自己攻叶赫陈述理由，但未能获得明廷的首肯。

明万历四十七年（1619）正月，努尔哈赤第三次征讨叶赫部，尽焚叶赫大小屯寨20余处，抢掠了大量居民的粮畜，得胜而归。是年秋天，努尔哈赤率倾国之师再次攻讨叶赫部。叶赫部有两座都城，一曰西城，一曰东城，相距3里许。叶赫部金台石贝勒驻兵东城，努尔哈赤率兵攻打东城，双方展开一场激战。东城被炸，努尔哈赤兵攻进城内。金台石等携妻小登上禁城的八角楼。努尔哈赤的儿子皇太极匆忙从西城急驰而来，劝舅父金台石投降。原来，皇太极的生母，即叶赫纳喇氏孟古姐姐，是叶赫部酋长杨吉砮的女儿，14岁嫁给努尔哈赤，因生皇太极后被封为高皇后，29岁时病故。故而金台石是努尔哈赤的妻兄，是皇太极的亲娘舅。金台石走投无路，便对皇太极说："只要你答应收养我，我就下来，否则宁愿一死！"皇太极答以"生杀大权唯父命是从"，金台石仍拒绝投降。皇太极又找来金台石的儿子德尔格勒劝降，也未果。皇太极要杀他，被努尔哈赤所止。金台石三次拒降，已决心一死，他的妻子带幼子沙浑下楼投降。金台石走投无路，引火自焚未死，被俘获后仍被杀。

东城一陷，西城开门投降。其贝勒布扬古虽投降，也被努尔哈赤伺机缢杀。至此，传8世，历11贝勒的叶赫部遂亡。努尔哈赤征服扈伦四部的计划，经过26年的征战，终于实现。

然而，努尔哈赤并未就此止步。他的雄心更大，他要征服大明，干一番更大的事业。他立国号为金，其目标就是走完颜氏女真先人建立更大王朝的伟业之路。为此，他首先要解决掉后方的一切敌手。于是，他将目光转向松花江，转向这条养育了他祖先的大河。

努尔哈赤的下一个目标是统一生活在松花江流域的海西女真。早在万历二十六年（1598），努尔哈赤派其五弟巴雅喇、长子褚英等领兵1000，进攻松花江中游拉林河北一带的安储拉库路，一连攻下20多个屯寨，将安储拉库路和附近的内河路收降。第二年，东海渥集部的虎尔哈路（牡丹江与松花江中游一带）路长王格、张格，归服努尔哈赤，贡纳黑、白、赤三色狐皮和黑、白二色貂皮，以后便每年进贡。努尔哈赤还应其部落六酋长之请，将自己手下六位大臣的女儿嫁给其六位酋长。

自此以后，经过20多年的征讨，归附者抚之，不服者攻杀之，努尔哈赤终于将松花江与黑龙江汇合处以下，如萨哈连部、使犬部、使鹿部等征服，全部都成了他的臣民。

与此同时，努尔哈赤同嫩江流域的两大蒙古部——科尔沁部和扎鲁特部，捐弃前仇，以联姻的方法，和其结盟。努尔哈赤娶了科尔沁两贝勒的女儿为妻，他的四个儿子也相继娶了蒙古王公之女为妻。不断联姻，使努尔哈赤不断地扩大了自己，使他的霸业在松嫩两江合流处以西、以北和西南，都有了可靠的蒙古盟友。努尔哈赤又从松嫩两江合流处向西南延伸，先是进入霍林河流域，同扎鲁特部结盟；又经过出兵援助科尔沁部，将来犯的察哈尔部击退，结交了喀尔喀部；又以联姻的方法，终使喀尔喀部与建州（时已称后金）结好，对天地盟誓。

在漠南称雄的蒙古察哈尔部，一直是后金的威胁。努尔哈赤死后，接替父位的皇太极（亦称黄台吉，系汉语皇太子的译音），秉承父亲的遗愿继续展开对察哈尔部的战争，以确保嫩江地区归附于后金的蒙古科尔沁等部的安全，实际上也是等于为后金消除又一个争雄的对手。由于对察哈尔部的远征已经超越了嫩江的土地，故本文只得略去，仅介绍一下征战的结果。

结果以后金的胜利告终。察哈尔部的林丹汗，是成吉思汗的第22代嫡孙，是明末时最强大的蒙古部落，如今亡于后金，使后金在长城以北成为独一无二的霸主。为此，大臣们在庆祝胜利的宴会上，以代善为首的大贝勒一致要求皇太极娶林丹汗败亡后归附过来的窦土门福晋。窦土门福晋年轻美貌，文武大臣一致认为，只有皇太极才有资格娶她。如果将她赐给下边的贝勒，必然会引起猜忌和内争。皇太极本有他珍爱的宸妃，可是这种政治含量极高的婚姻，对抚平蒙古诸部十分必要，皇太极在假心地推辞几次之后，只好听从了大臣们的意见。在娶了窦土门福晋以后的第二年，皇太极故技重演，在推辞几次之后，又娶林丹汗的正妻多罗大福晋为妻，后封多罗大福晋为西宫麟趾宫贵妃，封窦土门福晋为次东宫衍庆宫淑妃。与此同时，皇太极又把自己的次女玛哈塔公主嫁给林丹汗的儿子额哲为妻。这种亲上加亲的政治联姻，使后金的势力不断壮大，尤其是对蒙古的征服，为后金灭明起到了不可估量的作用。

征服林丹汗部的更重要一点是，从察哈尔部林丹之子额哲和他的母亲苏泰太后手中，夺得了元朝的传国玉玺。玉玺落到皇太极手里，举国上下一片轰动，诸贝勒纷纷上表劝进，认为这是天命所赐，不可推辞。于是，在后金天聪十年（1636）农历四月十一日，皇太极率诸贝勒及麾下的文武百官，举行了隆重的祭天地之大典，随之按中原各朝的仪式登基称帝，正式建国号为清，改元崇德。

中国历史和清朝历史上的新纪元开始了。

松花江的女真人的后裔，第二次建立了一个庞大的封建家族王朝。

十、清代北疆风景线

大江沃土待人耕　宁嘉宝摄

大江土地的诱惑

清兵入关前，明朝已亡于大顺——李自成之手，所以这使清兵入关后省却了许多麻烦。清兵遇到的多是地方武装以及南明的反抗，明朝作为一个政治实体和军事机器，已经灭亡，加上洪承畴、吴三桂等人的投降，可以说清兵最后统一中国，比之蒙古人统一中国似乎顺利一些。

松花江流域作为清王朝的大后方，显得平静和空旷起来。在辽河流域，基本上是满、汉、蒙、朝等各民族混居，入关以后，许多人随着清八旗军进入中原；在松花江流域，随之入关的有原扈伦四部改编的八旗军，也有科尔沁等蒙古部改编的蒙古八旗军，因此，在清统一中国之时，松花江流域的人口，并无显著的增加。相反，作为清王室的后院，中原人如果想逃避兵灾与荒灾奔往关外，在山海关处会受到阻拦。清王室吸取辽、金、元三代王朝的兴衰经验，总想为自身保持一块进可攻、退可守的皇天后土，因而出入关受到严格控制，没有官方的路牌，是无法通行的。

松花江流域的广大地域空间，继续荒寂着。

但这种荒寂很快便被从西而来的罗刹人打破。1644年，即顺治皇帝由沈阳迁入北京，第二次继皇帝位这一年，沙皇政府命令雅库茨克行政长官：如不能用“文雅手段”将“新土地”居民置于俄国统治之下，就要用武力加以镇压，使其地变成废墟。于是，沙俄向东部的扩张进一步扩大规模。随着清兵向南追击明代的残余势力的战火燃于全国各地，罗刹人正虎视眈眈地盯着清廷的后院。初来的罗刹人，多是冒险者、投机商和野心家。他们同沙皇官方相勾结，在官方的资助下，或骑马，或乘船，越过贝加尔湖地区，到远东来实现他们入侵的美梦。他们打着经商和探险的幌子，一心要将沙皇的势力直达黑龙江口和鞑靼海峡。他们伐木造船，沿黑龙江向下游行驶，一路上侦查村庄的居民人口，清军的守戍，以及各支流沿岸的情况，随时向沙皇报告。这种起初由流民商人的零星抢掠，最后转化成沙俄官方的领土扩充，引起了清政府的高度重视，对此顺治和康熙两代皇帝多次御批加强北疆的边防。

罗刹的强盗之火已经燃至松花江和黑龙江的汇合处，清廷的后院不再平静。

清顺治八年（1651）初冬，俄商哈巴罗夫斯克窜至松花江与黑龙江汇合处的朱舍里人的住地，打死许多居民，把妇女和小孩及牲畜掠为己有。随后，又去乌苏里江口进行抢劫。

第二年夏天，哈巴罗夫斯克一伙在松花江口再度实施抢劫时，被清军击走。哈巴罗夫斯克和另一队团伙相会合，又沿江上行，至精奇里江口一带继续进行烧杀抢掠。这里土地肥美，物产丰富，景色壮美如画，自西而来的罗刹人，对之早就垂涎三尺。不管当地人民如何反抗，他们怎样到处挨打，这伙强盗都死不回头。

顺治十年（1653），清皇命镶蓝旗梅勒章京沙尔虎达为昂邦章京，任命海塔、尼哈礼为梅勒章京（章京是一种官名，使用极其广泛，但多用于军职，昂邦章京为都统，梅勒章京为副都统），令其继续镇守宁古塔，以管辖松花江、黑龙江和乌苏里江流域以及黑龙江上游石勒喀河流域，乃至库页岛与附近诸岛的一切事宜。宁古塔位于牡丹江中游，令其管辖东西南北数千里的广大地域，实在是力不从心。然而，这也从另一个侧面看出，清廷一直是将松、黑两江流域当作自己的后院来看待的，对来自西方领土扩张的野心，估计不足，只求安邦守土，而不是拒敌于国门之外，因此总处于被动的防御。

就在沙尔虎达担任昂邦章京，坐镇宁古塔这一年，接替哈巴罗夫斯克的斯捷潘诺夫率部窜入松花江口，在松花江口附近各地继续抢掠骚扰，甚至强征贡税，并造船筑屋，为扩大侵略作准备。斯捷潘诺夫此举立即得到沙皇的嘉奖，并被任命为所谓的大阿穆尔——新达斡尔地方长官，俨然以占领者自居了。松、黑两江地区过去过着猎耕自给生活的沿江居民，由于受到侵略者的轮番洗劫，变得一贫如洗，无法安居，只得四下逃亡。许多人沿着松花江溯流而上，追寻当年野人女真南迁的行迹，向松花江的中游和牡丹江流域迁徙。富饶的黑龙江下游和松花江口一带，变得废墟累累。

第二年，斯捷潘诺夫在得到以卡申采夫为首的50名哥萨克的增援后，率370名武装匪徒，驾船驶入松花江口，逆水而行了三日，沿江实施侦查抢劫。抢劫的主要目标是貂皮，因为貂皮在彼得堡出售时价格昂贵，多为沙俄时代的贵妇人所喜欢。于是宁古塔昂邦章京沙尔虎达率领600名清军官兵，和清廷不久前调来的100名朝鲜族人的鸟枪手，共同出击迎敌，在松花江口一带进剿以斯捷潘诺夫为首的这股匪徒。经过三天的激战，入侵者仓皇而逃，窜至黑龙江上游的呼玛尔河口，继续筑堡抢掠。

清军的出击鼓舞了沿江居民的士气。第二年，朱舍里人自己也组织起来，在松花江口截袭了一股300人的入侵者，击毙40人，余众因无食品可继，悉尽饿死。

顺治十五年（1658）夏天，清军1400人在松花江口与斯捷潘诺夫一伙的500人军队遭遇。双方展开激战，俄军不支，有180人驶出松花江口逃窜，其余的300多人弃船登岸，被打死270多名，余皆逃脱，双手沾满松、黑两江居民鲜血的俄酋斯捷潘诺夫被击毙，这是在松花江下游和松花江口清兵取得抗俄斗争的一次重大的胜利。

在松花江口逃脱的180名俄军士兵，沿黑龙江上溯时，找到了沙俄督军帕什科夫派出的以波塔波夫为首的30名俄军，夺走其火药和粮食后，又向黑龙江下游驶去，并在那里越冬，抢掠了费雅喀人的18袋貂皮。第二年春天，清军侦知罗刹的行动，在松花江口下方至乌苏里江口一带设伏，终于在古法坛村斩杀罗刹之首60余级，淹死者不计其数，解救出妇女47人，并缴获火炮、盔甲、枪械等多种物资。

第二年夏天，宁古塔总管巴海再次于上述地区“治师东伐”，破罗刹之师于江上，此即“黑喇苏密”之战。自此以后，松花江口一带因清军的奋力进击而稍得安宁。

松花江口稍得喘息以后，俄军又从陆路进攻位于嫩江中游的齐齐哈尔。清康熙七年（1668），俄军头目切尔尼柯夫斯基派70名罗刹匪徒，由嫩江走廊深入到齐齐哈尔一带，实施抢劫、焚掠。在两个月的时间里，两次进行烧杀抢掠。被抢的疏报报到清廷，朝官中多有主张派兵征讨者，但清廷以“路远劳民而止”。年底，清廷派使臣沙拉岱等到尼布楚，向沙俄督军阿尔申斯基提出抗议，要求沙俄当局制止这类侵略行径。

流放者的土地与流放者

松花江是北方中华儿女的母亲河，当她的满族子女掌握了中华大地的皇权以后，她还要养育那些被当权皇族判定有罪的流放者，那些含冤流泪的寄寓者。

流放者的土地遍布辽河、松花江和黑龙江三大流域，而其中以松花江流域的流人最悲苦，生活也最凄惨。

松花江流域最重要的流放地就是松花江中游支流牡丹江中游的宁古塔。宁古塔也是清王室的发祥地之一。清王室的女真先祖从松花江中游牡丹江河口之西的鄂多理城西南迁的时候有兄弟六人，曾经在宁古塔旧街一带的地方盘桓多年，嗣后才又南下去灰扒河与苏子河，组成建州女真三卫六部的，后来便将旧街称为宁古塔。宁古塔旧街地处牡丹江左岸支流海浪河边，平时流急水浅，难以行较大的船。宁古塔的昂邦章京掌管着北疆的防务，取路出行都不大方便，后来便将旧城废弃，迁至牡丹江中游左岸，仍用宁古塔之名，谓之新城。这时也正是宁古塔的流放者数量最多的时候。流放者多是江南士子，从地名看以为宁古塔应有一座塔，其实那只不过是文人的一种联想。“宁古塔”是满语“六”[1]的意思。故清人记述宁古

---

[1]满语的“一，二，三，四，五，六，七，八，九，十”，其发音的汉字，可标注为：“额木克/一，卓/二，依兰/三，都音/四，孙扎/五，宁古塔/六，那丹/七，扎昆/八，乌云/九，专/十。”

塔流放地的文字，常有“宁古塔，其实无塔”的说明。

顺治十六年（1659）夏末秋初，宁古塔迎来了它的第一批流放者。

清初，满族人爱新觉罗家族以兵马入关，成为中国的最高统治者，虽经过“留发不留头，留头不留发”的一次全国性的满族化运动，其实这种不留额发而蓄长辫子的满族化，只是形式上的屈从，真正从骨子里服膺清廷统治的汉人，仍是少数，多数人默不作声。从明末走过来的知识分子，尤其是江南的士子，他们和辽左的汉人不同，除了从历史上了解女真人以外，对入关以前的满族人所知无多，因此，对入主中原的大清朝廷充满了鄙夷，真正死心投靠清廷的人，最初并不多。随着天下厘定，海县清一，许多知识分子为了寻求出路，逐渐向朝廷靠拢，朝廷亦出台了某些优惠政策来吸引他们。于是，像洪承畴、徐乾学、高士奇、毛奇龄、钱谦益、陈元龙等，死力投靠清廷者有之，像黄宗羲、顾炎武、朱舜水、王夫之、李颙、孙奇逢、傅山、黄道周等，表现一种高风亮节，誓不与清廷合作的人亦有之。

面对这种尴尬的局面，清廷决定重开科举，以便吸收、笼络和重用更多，特别是年轻一代的知识分子，给他们以进身之阶，给他们以更多的希望之路，来为清廷的统治服务。在科举政策的实施中，清廷采取怀柔与刑戮兼施的方法，一方面以科考与博学鸿儒科来给知识分子以期望，消解他们心中的反清意志，造就一批奴才，一批驯服的鹰犬；另一方面，凡对清朝的统治表现出一丁点儿反抗意识的士子，敢于悄声说“不”，或不小心冒犯了某种律条，甚至根本无罪的人，只要需要，都要给予治罪。康熙、雍正、乾隆三朝，是中国历史上文字狱最残酷的时代，其被诛杀与株连九

宁古塔地起高楼　王冰摄

族者，多得至今亦无法统计。

顺治十四年（1657）秋，先是北闱科场案事发，受贿考官李振邺、张我朴、蔡元禧等多人被斩。复试后，182人允许会试，其余买通关节者及斩犯家属等，前后约200人，悉发柳边北关，与原叶赫部相邻的尚阳堡流放。

如果说，北闱科场案反映的是清代科考中的腐败与黑暗的话，那么南闱科场案所收拾的就是一群优秀的江南士子了。北闱科场案发生后一个多月，又有人上本参奏皇上，"揭发"南闱主考官方犹等弊窦多端，如取中的方章钺，是少詹事方拱乾的第五子，主考与考生都姓方，两家为联宗，理应回避而未回避，致使物议鼎沸。顺治帝闻奏后，立刻下旨，将主考方犹、钱开宗并一干考官，以及中试的举人方章钺，差刑部审问，并责令方章钺的父亲方拱乾，同时说清楚。

方拱乾是桐城人，同主考官方犹从未联宗，但清廷本想借此制服这些士子，根本不听案录，审讯成为走过场。最后的结果是，经过一年的审理，案子才得以了结。御批主考方犹、钱开宗立斩，妻子家产籍没入官；其他处绞者，有叶楚槐等17人，妻子与家产，亦籍没入官。连已死者的妻子家产，亦如是处理。所谓入官，就是沦为奴隶了。考生方章钺等17人，责40大板，家产籍没入官，父母兄弟妻子，俱流徙宁古塔。于是，方拱乾一家数十口，全都被发配到牡丹江中游的宁古塔来。

和方章钺一起被判流徙宁古塔的7人中，另一著名江南士子是吴兆骞。吴兆骞，江苏吴江人，其父吴晋锡是明末遗臣，吴兆骞生在一个"兄弟皆名士"的书香门第和世代显赫之家，自然是个地方上的名人。吴兆骞才显弱冠，在同江南一带的文士交往中，曾自诩诗词为江南独步，故而在结社酬交方面得罪了人。在南闱科场案中，吴兆骞因仇家的一纸谤书锒铛入狱。后经刑部复审，并无情弊事，但也被流徙至宁古塔。顺治十六年（1659）夏，经过千辛万苦，才抵达宁古塔，同案犯的7人中，一个叫吴兰友的难友，竟死在半途的抚顺。根据吴兆骞的回忆，他们从沈阳到抚顺，再到宁古塔，走的是长白山西部，即松花江上游各支流的山路，一路上山高林密，虎啸熊吟，林黑风吼，崎岖难行，等到了宁古塔时，这群在阳春三月、江南草长、杂花生树、群莺乱飞中长大的江南士子，都变得形容枯槁，破衣烂衫，像被鬼剥了一层皮似的。

吴兆骞初到戍所，手无分文，连吃饭都很困难，这位在江南过惯了优

清代宁古塔旧地的风雪之乡　陈丹青摄

雅生活的青年诗人，这时也只好自己劈柴，自己引火为灶，自己凿冰，以冰水煮稗子米做饭。幸得各位难友相帮，才得以维持生存。四年以后，吴兆骞的妻子葛采真带着两三个婢女长途跋涉，来宁古塔和丈夫相会，吴兆骞的生活才算安定一些。一年后生下儿子吴桭臣，吴兆骞开始设馆教书，流放者的子女，以及满族官员的子女，多拜在他的门下，宁古塔地区终于有了书声，这也是有清一代，松花江流域教育史的开端之一。康熙五年（1666），宁古塔将军治所迁至宁古塔新城。新城坐落在牡丹江西岸，风光优美，吴兆骞迁居于新城的东门外，生活也比之初来时略有改观，一代流放者，也只好认命，年年难过年年过，天南地北都是家。

方拱乾嗜诗如命，虽流放东隅，仍无一日不诗吟。方拱乾研学杜诗和韦庄诗，其诗有独特的韵味，流徙宁古塔三年，得诗近千首，辑为《何陋居集》。后被放还，在返南途中，又写了五六百首诗，辑为《苏庵集》，这些写于宁古塔的一千多首诗，是松花江流域中现存最早的流人诗集。从方拱乾的诗中，人们可以读到宁古塔流放者土地上的风光神采，这也是松花江史传中，弥足珍贵的诗的记录。诗为心史，此亦是流放的土地上流放者心中悲喜的可靠记述。

《立夏日步河滨》是方拱乾顺治十七年（1660）立夏日写于宁古塔旧城的七律，诗中的河滨即牡丹江支流海浪河滨。现在，人们从诗中仍然可以领略到其地的自然景色：

知春才去急寻春，料有遗踪在水滨。

乱石激湍清带雪，平芜浥露浅如茵。

几山云影疑为马，三里柴篱不见人。

应是东风吹土润，短犁牛力晓来新。

方拱乾还有写于顺治八年（1651）仲夏之日的五律《晴》。这首诗写其操农的生活，有如置身于田家乐的非罪戍之中，这从另一方面也可以看出历经变乱的方拱乾，对待生活的达观态度。方拱乾曾被李自成的起义军俘获过，但以贿得脱，故而对流放者的艰苦并不畏惧。其诗如下：

骄阳雨后媚，蛱蝶菜畦忙。

山远推穷霭，窗低进野凉。

眼看花吐蕊，手剥豆生香。

黄犊归何早，重阴下午墙。

顺治十八年（1661），方拱乾全家以认修前门工赎罪，被上赦归。这一年，还有两件大事不能遗漏。一是四年前同安侯郑芝龙以寄书的方式招降其子郑成功未果，郑氏一家尽遣戍宁古塔。此年初冬，郑芝龙及其子郑世恩、郑世荫等，被族诛。二是著名批评家金圣叹等18人为民请命，进揭帖请逐吴县酷吏任维初，于苏州哭庙案中，被杀害。金圣叹的妻子与儿子金释弓，被遣戍宁古塔。在宁古塔的流放者中，文人、武人和其他刑事犯，应有尽有，已记不胜记，而真正让人难以忘怀的，是那些善诗者。

在流放者的吟咏中，著名诗人吴兆骞略胜一筹，他应邀而写的《高丽王京赋》后来蜚声朝鲜。其另一篇《长白山赋》更是名震寰宇，而他的诗也自成格调，成为松花江流域诗歌史上的绝唱之一。现在，我们来读他的咏松花江诗《混同江》：

混同江水白山来，千里奔流昼夜雷。
襟带北庭穿碛下，动摇东极蹴天回。
部余石砮雄风在，地是金源霸业开。
欲问鱼头高宴处，萧条遗堞暮潮哀。

其诗以散点放射的方法，书写了混同江（松花江）的历史，应是题写松花江诗中的第一篇好诗。另一首写牡丹江的诗，也是古今头筹。题目是《可汗河晓望》，可汗河即忽儿汗河的又称，即今日之牡丹江。从这首诗中，人们仍可以从中读出一代流放者，身居逆境仍念念不忘抗击罗刹入侵的爱国赤子之心。其诗如下：

长河泱漭抱孤城，河渚苍苍牧马鸣。
旌旆晓迷鸦岭色，风涛春走雁沙声。
近边亭障千年迹，出塞星霜万里晴。
羁戍自关军国计，敢将筋力怨长征。

在宁古塔其地的流放者中，除方拱乾官职较高之外，还有曾担任过明兵部尚书和清工部右侍郎的张缙彦。张缙彦为河南新乡人，崇祯四年（1631）中进士，是受过明廷之恩的知识分子。进入清朝以后继续做官，清廷对他总是画一个问号。

清代宁古塔流人，诗人吴兆骞（左），学者张缙彦（据《中国流人史》）

顺治十四年（1657）十二月初四，刑部右给事中朱绍凤的一纸劾奏，揭开了河南闱科场案的又一大案。这次是主考官黄钋、丁澎二人违纪。

黄钋是吴兆骞长兄吴兆宽的朋友，丁澎是张缙彦的朋友，想不到他们都在科场案中葬送了自己。

丁澎流放尚阳堡时，张缙彦曾来送行。孰料三年后，张缙彦也遭同样的厄运。张缙颜路过尚阳堡时，见到丁澎，丁澎又给他送行。两个戴罪之身相见后，感慨万端，相赠的只有友谊和情感，其载体是诗：

老去悲长剑，胡为独远征？
半生戎马换，片语玉关行！
乱石冲云走，飞沙撼碛鸣。
万方新雨露，吹不到边城！

丁澎的这首《送张坦公方伯出塞》，有明显的唐诗遗风，至今读来仍叫人感慨系之。

在宁古塔流放的张缙彦，坐拥书城万卷，面对悲苦，以诗文为事，虽在边荒，不废风雅。四年后，张缙彦召集吴兆骞、姚其章等多位有名望的流放文人，在牡丹江畔结成七子之会，成立了松花江流域中的第一个诗社。他们寄情北疆塞外的山水，诗酒唱和，为牡丹江和宁古塔的山水留下了许多美丽的诗篇。宁古塔新城的西吉峰下，有一个泼雪泉，题名三字即为张缙彦所题。在距宁古塔不远的渤海国上京龙泉府遗址，有一座寺庙。有一天，佛像忽然坠地，弃于草莽。张缙彦闻讯后，给予修复，也成为佳话一段。

张缙彦对宁古塔的贡献是，他流放至该地时，曾带来许多菜蔬与花卉的种子。他将这些籽种种植在自己的舍下，还将之送给其他的流放者，让果蔬和鲜花在牡丹江畔飘香。在花丛和菜蔬的香醇中，伴着潺湲的水声，张缙彦写下了松花江地域不朽的名作《宁古塔山水记》，这和后来由吴兆骞的儿子吴桭臣写的《宁古塔纪略》等，都成为那个时代斯地的风土见证，是不可多得的珍贵史料。

另一个被遣戍到宁古塔的祁班孙，也是名人。祁班孙是明廷苏松巡抚祁彪佳的第五子，也是一位青年诗人。清顺治十六年（1659），郑成功、张煌言领导的海上义师举兵入长江，兵围南京，打了几个胜仗后，复又兵败。祁班孙秘密加入了海上义师的反清复明组织，后被无赖敲诈告密，祁班孙及其同道者多人均遭逮捕。康熙元年（1662）此案被判为逆案，祁班孙、杨越、李兼汝等，作为通海案案犯，被长流宁古塔。次年春三月，他们渡过“渊深沙照白，泛滥日沉黄”的松花江，抵达宁古塔。康熙三年（1664），罗刹入侵混同江诸地，宁古塔地区的强壮之丁，供役军中，年轻体壮的祁班孙、杨越、李兼汝等，均应召入伍，调至吉林乌喇，充军水师。祁班孙写有许多诗记述他在宁古塔流戍和入水师时的心情。清廷对这些流人看守并不严，祁班孙竟然贿其守将得以脱逃，把一个年轻而又貌美的妾只身丢在了宁古塔。祁班孙逃脱后，辗转回到江南，剃发出家，居苏州尧峰山寺，39岁圆寂后，人们从他的遗著《东土风俗记》和遗嘱中，才知道了他的身份。

在浙江通海案中一起被发遣至宁古塔的，还有杨越、杨宾父子。杨越是浙江山阴人，父亲杨蕃为明京口副总兵，故杨越从小就读书任侠，文武兼备。通海案中，案犯钱缵在狱中作书，将幼子托付给杨越、李兼汝，事泄，钱缵遭毒打以捕其同党，杨越闻后自首，结果成了同案犯，流徙宁古塔。是年冬天，杨越发戍出塞，有夫人范氏相随。一路上寒风彻骨，万木遮天，雪拥边关，马蹄踟蹰。但杨越却凝睇山川，度审厄塞，夫人恸哭，丈夫长啸，凛然雄傲，揽辔吟咏。抵宁古塔后，他与吴兆骞结邻，联吟共酌，两家建立了深厚的流人情谊。康熙三年（1664），杨越亦入伍调至吉林乌喇，编为水军，以后又返回宁古塔。在宁古塔地，杨越将耕贾之事传与当地的土著居民。当地的土著居民属于野人女真的后裔，居无屋，掘地为室，杨越教他们破木为屋，屋顶覆上桦树皮御寒，他既教贸市，又教耕稼，为宁古塔地区播扬中原文明作出贡献最大的流放者。杨越带来的《五经》《史记》《文选》和《李太白全集》，也传阅给诸人，成为传播中原文化、推动满汉文化相融的最早的流放者之一。

杨越身居逆境，尚能自安。杨越的儿子杨宾，在父亲遭难时，年方13岁，兄弟姐妹四人在叔父家长大。康熙二十八年（1689），终身不仕的杨宾年已40岁，在康熙帝南巡时，多次叩请“率妻代父戍”，因为其父为谋反罪而不允，遂决心远赴宁古塔看望已在牡丹江畔流放了27年的父母。杨宾是自由身，于这年秋末冬初启程，由于路径不熟，加之当时松花江上游地的原始森林未遭到破坏，杨宾在崎岖难行的山路中，踏冰雪，惊虎啸，历尽九死一生，方才到达宁古塔。在宁古塔地区，杨宾陪同父亲杨越游历了宁古塔地区的山水胜迹，做了许多调查走访，记下了许多珍贵的记录。杨宾在宁古塔和父母一起过了年。正月十五是上元节，此节虽“城头画角不闻喧”“相看独有天边月”，可“夜半村姑著绮罗，嘈嘈社鼓唱秧歌”，节日过得尚算差强人意。当时满族人在正月十六日晨，有“走百病”的风俗，也就是这天清早，满族妇女到野外荒郊或平地沙原上行走，连袂打滚，脱去一冬的晦气。因冬日天寒，当地的满族人平时很少出门，都闷在家中，正月十五之后，天气转暖，可以多到户外活动，故称脱晦气。就是到了晚上，脱晦去百病的风俗，也很盛行。松花江、牡丹江地区的风土人情给杨宾留下了深刻的印象，故多述于笔端。三个月后，杨宾离开宁古塔，骑马蹚过水深及腹的松花江，带着对边塞生活的深刻印记，前往京师，为谋求赎回父亲而奔走，结果到处碰壁。一年后，杨越在宁古塔病逝。杨宾让弟弟杨宝出塞，到宁古塔迎母，扶父柩而返南。康熙四十六年（1707），杨宾根据亲身所历所记写下的《柳边纪略》完稿。这是一部记述清代康熙年间辽河、松花江、黑龙江三水流域风土人情、边关古迹、城堡驿站等各方面情况的边徼地理的学术名著，直到今天，就是笔者此时为松花江作传时，仍是一部重要的史料文献。

流放至宁古塔的许多流人中，还有张贲亦值得记上一笔。

张贲是江南钱塘人，明末出生，少时即以能文名于世。顺治十四年（1657）以北闱科场案牵连入狱，后拟遣戍柳边尚阳堡，不知以何法得脱获释。康熙九年（1670），再次谪戍宁古塔，住三年后，改徙乌喇，两年后死于戍地。

乌喇地处松花江上游，也是著名的流放者的土地。有一流人姓樊，江苏仪征人。顺治十六年（1659）因事牵获罪，被遣戍吉林乌喇。樊某在流放时，幼子樊莹尚在襁褓中，故而免戍。30年后，樊莹的母亲已经去世，父亲远在松花江地区遣戍不归，儿子便渡淮北上，由蓬莱过海，从辽东的金州寻至吉林乌喇，打探父亲的情况。樊莹的父亲，在戍地已另娶妻，并生有一子二女，结果经过交涉，他只能迎父而归，庶母及弟妹却不能南行，他只好奉父而还，将离别的苦泪洒在了松花江岸边。

西满流人与嫩江风情

清军入关中原逐鹿，一拥天下，成为中华大地的主宰，除了清军的勇猛，多尔衮、多铎等一班官员的杰出才干外，亦有赖于明朝的四大降将吴三桂、尚可喜、耿仲明和孔有德之功。

这四人原都是辽东的明将，因各种情况最后都投降跟随了清太宗。

嫩江冰雪流逝了几代流人的梦　梁淮海摄

清太宗为征服全国，重用了这几位降将，委以重任，在入关以后，采取以汉攻汉的政策，为清廷厘定天下，扫除了许多障碍。因孔有德无子嗣，及至天下一统之际，清廷以吴三桂王云南，开府昆明；尚可喜王广东，居广州；耿仲明和儿子均已去世，耿的孙子耿精忠王福建，开府福州（原与尚可喜一起居广州，后移福州），成为三藩之霸。吴三桂居昆明，住在前明永历皇帝的行宫中，修缮扩建，成为一时之盛。吴又接受了前沐国公的庄田700多顷，征收当地少数民族土司的金银财宝，开矿卖盐，自铸钱币，富极人臣，成为西南的一个地方霸主。吴三桂的儿子吴应熊，娶了公主，官至少傅，所以和朝中诸路官员，也常通关节。

吴三桂列土分封，坐地称大，除征税聚敛以外，每年还得要清廷拨银2000万两养他，这所谓的边防费用，久之便成了皇上心中的一块病。自康熙亲政后，见三藩日盛，便有意要设法除掉，只是一时无机会下手。天下廓清，养兵不宜过多，清廷的意图逐渐为三藩所觉察。这时尚可喜年老多病，不喜欢南粤的湿热气候，便上书自请撤藩，愿归乡海城，颐养天年。兹时，广东的军务由其子尚之信代理，这厮不服管教，暴戾酗淫，尚可喜对儿子心怀隐忧，才出此策，当即得到康熙的批准，令其率部回归故里。

听说撤藩，吴三桂和耿精忠心中一震，随后也一同上书，请求撤藩返乡，康皇也都照准，并委派枢大使分赴三地促其接交。吴三桂得旨后脾气大发，便将前来催办撤藩的云南巡抚朱国治杀死，率部造反。吴三桂一反，便蓄发更服，打出了讨清复明的大旗，结果三藩都反，并得到川、桂、黔、湘、陕等多省的响应，一时间声势大震。康熙虽然年轻，却坚决予以镇压，乃派兵征讨吴三桂及其归附者，一时兵火在南国燃起。

经过10年的讨伐征剿，清政府终于将三藩之乱平定，顺手还攻下了和三藩互为呼应的台湾，灭掉了郑氏集团，将台湾正式列入清的版图，划归福建省管辖。

三藩之乱的发生，主要原因还是民族矛盾激化的结果。吴三桂当年因陈圆圆被李自成属下的刘宗敏据为己有，而引清兵入关，及至削藩之事起，方知富贵难以保全，奴才总是难做，所以才蓄发易服，拥兵自立，反清复明，而应者之众，也反映了清初时民族压迫政策下，下层草民反抗意识的普遍性。

民族对立的潜意识，清廷时刻都在警惕着，所以，在清廷统治中国的267年里，文字案、谋反案层出不穷，其治罪之严，都源自民族矛盾。三藩之乱平定以后，根据李兴盛《中国流人史》的估计，三藩之乱的兵丁、家属及其株连者，至少有20万人。这些人，作为流放犯，最后全部发往关东各地，成为各路驿站的当差、驿卒，有的干脆就在驿站附近筑屋安家，成为驿路上的拓荒者。

在松花江流域，主要的驿路是从吉林乌喇到黑龙江城（瑷珲城），前后有25个驿站，其次还有从肇源，即郭尔罗斯后旗到呼兰，再由呼兰通往松花江下游的驿站，以及从伯都纳（扶余市）到阿勒楚喀（阿城）的驿路，吉林乌喇通往宁古塔的驿路，有驿站7个。在这条驿路上，身穿破衣烂袄、在风雪泥泞中跋涉的马车夫，以及骑快马送关报的驿卒，都是三藩之乱后发配到这里来接受劳役改造的罪犯，驿站的头人多由满族人或蒙古人来担任，也是罪犯的管理者。流放者中，在罗刹入侵时分守各台，称台丁；在松嫩两江各驿站者，称驿丁或站人。《辽左见闻录》里有一个戏剧性的场面，可以作为驿路流放者的一个镜头：

逆藩家口充发关东者，络绎而来，数年殆尽。皆发各庄头及站道当差，曾见两车夫敝衣破帽，驱车于风雪中，相遇彼此称大老爷。询之，则一伪侍郎、一伪总兵也。

吴三桂造反后，曾称帝改元，数月后病死。所谓伪侍郎、伪总兵，都是吴三桂麾下的官员。流放，是一种非死罪的惩罚，也算是给出路吧。这两个人，可惜未留下姓名。

不过，有些更重要的人物，是要由皇帝亲自审定批准流放的。三藩罪犯中的要犯，流放于辽左、尚阳堡者有之，而更多的是流放到宁古塔和嫩江中游的卜魁，以及黑龙江中游的瑷珲城。最初的流放地还有席北。席北即锡伯，也就是锡伯人部落。锡伯人是黄头室韦的后裔，也被称作是鲜卑人的异称异写，主要居嫩江右岸支流绰尔河一带和呼伦贝尔草原南部。但自三藩之乱始，刑部便不再向席北遣戍流放者，而将之集中发往嫩江流域。

在三藩之乱的流放者中，最著名的是所谓“附逆”犯陈梦雷。陈梦雷，晚号松鹤老人，福州人。康熙九年（1670）进士，授庶吉士。两年后，授翰林院编修，是大清政权时代擢拔的知识分子。康熙十二年（1673）春，三藩叛，耿精忠据福州反清，陈梦雷被执，逼受伪官，陈称病不出。同科进士李光地也在福州，两人即合谋，探敌情，并将之写好封于蜡丸。陈留于福州，李光地进京奉上蜡丸，不再提陈梦雷做内应的事，将蜡丸揽为己功，从而得以青云直上。而陈梦雷被诬为“附逆”伪学士。康熙二十一年（1682）正月，被判流徙盛京。其时，奉天正在修《盛京通志》，奉天府尹高尔位便将陈梦雷调去编撰《盛京通志》。两年后，志书修成。随后，又参与了《海城县志》《承德县志》《盖平县志》的编修。康熙三十七年（1698），皇帝东巡至盛京，陈梦雷因献诗称圣而释归北京。回京后，陈梦雷奉旨侍从诚亲王允祉。诚亲王命令他分类编排汇辑古代的经籍，编成中国历史上著名的大型类书《古今图书汇编》一部，于康熙四十五年（1706）编成，从而受到皇帝的赏识。康熙皇帝赐宅城北，并亲自到其书斋，为陈梦雷题写了“松高枝叶茂，鹤老羽毛新”一联，陈梦雷获此殊荣便将书斋命名为松鹤斋，又自号松鹤老人。陈梦雷又引荐精通西洋数学、天文学的杨文言。杨文言在诚亲王命令下，又编成《历律渊源》一部。这两部类书为诚亲王带来巨大的声誉，相比之下，雍亲王脸上却少了光彩。孰料，未几康熙驾崩，四阿哥雍亲王当上了皇帝，是为雍正。雍正心黑手辣，勤于治国，行的却是酷政。不久，诚亲王便被下狱治罪，陈梦雷虽年已古稀，亦被遣戍嫩江中游的卜魁城。曾为耿精忠部下幕客的杨文言，也同案被流放。卜魁城建于康熙三十年（1691）的嫩江东岸之卜魁村，与齐齐哈尔村为近邻。当时的主要居民是索伦人、达呼尔人、蒙古人和少量的满人与汉人。兵丁多从索伦、达呼尔和蒙古人中征集。陈梦雷等被流放后，雍正帝下令，让蒋廷锡等重辑，实际上是将诚亲王的文化成果窃为己有，改名为《古今图书集成》，雍正四年（1726），以铜活字排版印刷，制64部。全书1万卷，仅目录就达40卷，蒋廷锡就是浑身是手，也不可能在4年内将陈梦雷等花了23年时光完成的巨书重编，由此亦可见雍正帝在大量地制造文字狱的同时，亦不忘将文化的光环戴在自己头上。

《古今图书集成》出版之日，恰是它原来的主编者在嫩江荒漠的土地上遭遇病寒疾苦之时。一代文化巨擘陈梦雷，这位喝闽江水长大的多难者，最后魂撒嫩江。松花江何幸，竟在历史的机缘下，使陈梦雷成为自己北源支流地的子民。卜魁，作为松花江西北地隅的风沙肆虐的风口，自斯始，湮没了多少悲怆的呜咽和苦泪啊！

陈梦雷是嫩江流放地上最重要的罪犯，而早在陈梦雷发遣卜魁之前，二次流放的方氏家族成员，早就踏上了这片多风沙的土地。

当年，流放宁古塔的方拱乾及其儿子方孝标等，奉诏赎还。方孝标去贵州探亲访友，时值三藩之乱，被吴三桂聘为翰林学士。他惧祸装疯，逃至湖南，一度削发为僧，后在湖南归顺大将军裕亲王，遂返归故里闲居，以《滇黔纪闻》追记他在云贵间的见闻。方孝标在桐城有一青年朋友戴名世，为桐城派先驱，亦是一大明史专家。戴编明史，主张保留南明弘光诸帝年号，又采方孝标《滇黔纪闻》中所记载的永历事。康熙五十年（1711），戴名世因在所著之《南山集》中使用南明年号，真实地记录了明太子死于狱中的史实等，被左都御史赵申乔参劾。其时，已对文字之禁略有放宽，但禁忌仍然不少，而南明政权实为明廷余绪，恰是清兵的对手，其年号、史迹等均是敏感的政治神经末梢。戴名世要以春秋之笔，昭示于后世，触犯了清廷的大忌，于是，遭至灭门大祸。

戴名世案因其《南山集》一书，竟然像滚雪球一样，构祸波及到排版、印书、售书、购书和读过此书的数百人。其时，方孝标已死，案非及他的儿子方登峄、方云旅等人，连作序、藏版的许多人，都成了阶下囚。康熙在自己执政的60年大庆之际，不愿看到牵连太多的诛杀，于是略作从轻发落，方登峄、方云旅等及妻子儿女全部发往黑龙江，流徙卜魁。

方登峄等一家，重走父祖流放松花江的老路，一路上风餐露宿，到伯都纳后，不去宁古塔，而是沿松花江北源支流嫩江之畔的驿路北上。一路上所遇到的驿站的站人，都是从云南遣戍来的三藩羽翼，相互虽不敢问询，却也相安无事。他们从北京出山海关，至伯都纳，又由伯都纳至松花江与嫩江相汇处，溯流渡江（当时嫩江亦称脑温江），进入卜魁的辖地。一路上风沙衰草，引发了方登峄之子方式济的诗兴，遂写有《望见卜魁城》一诗：

一片沙昏数尺墙，断碑烟景亦苍苍。
怪来战马防秋地，说是书生送老乡。
五十三亭燕树隔，六千余里楚天长。
劳肩息后寻诗料，雁月笳风拾满囊。

在嫩江的流放者中，先期来的方登峄和后来的陈梦雷成了好友。方登峄写有《赠省斋》诗，省斋即陈梦雷的字，此诗对陈梦雷的遭遇发出了无奈的悲鸣：

五十年前旧史官，谁从荒漠识衣冠？
邹枚作赋名空老，歆向仇书墨未干。
过眼几经风浪恶，扪心长抱雪霜寒。
新仇往事纷如许，白发青灯话夜阑。

这种悲鸣也是嫩江流放地上，由流放者向莽莽长天发出的诘问和感叹。

这种感叹并不能引发当权者的慈悲之心，嫩江流放地迎来了一代代的流放者。乾隆五十四年（1789），清廷鉴于新疆的流放犯多达万人以上的实际情况，为避免流放犯聚众闹事，即决定："情重军、流人犯应从重外遣者，毋庸改发新疆，即分发吉林、黑龙江，均匀派拨所属各地方，分别为奴、当差。"到了嘉庆时，更下令将流放犯发遣到嫩江地域的卜魁，给索伦和达呼尔为奴。

在一拨又一拨流放犯中，遣戍至卜魁的刘凤诰，也是在科场案中，因代办临监，与考生有徇情事被参奏发遣的。刘凤诰文名早著。嘉庆十四年（1809），到卜魁后，不但未受刁难，反而自将军至佐校，"咸宾敬之"。在戍所里，刘凤诰和银库主事西清结成好友。当时，西清正在写《黑龙江外纪》。刘凤诰来卜魁的第二年，即1810年，《黑龙江外纪》完

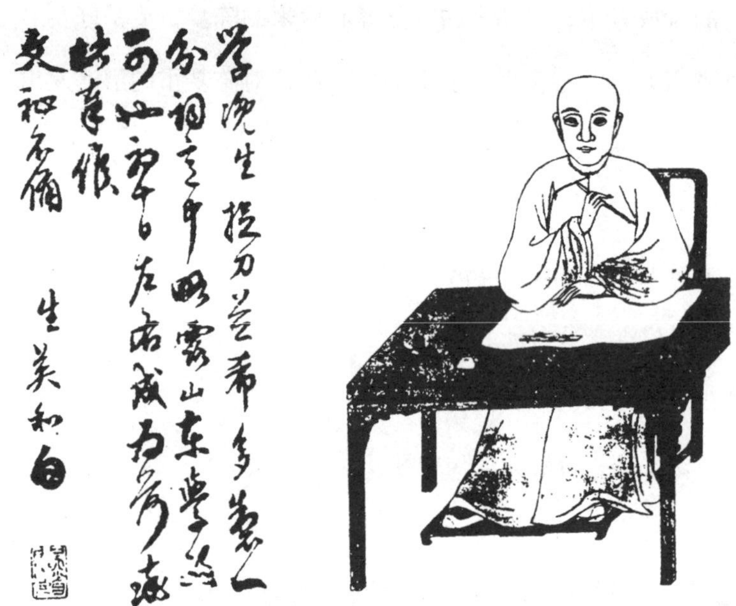

嫩江卜魁流人英和及其墨迹（据《中国流人史》）

稿，刘凤诰为之作序，对该书书体、取信均给予高度肯定。刘凤诰在卜魁流放了四年，嘉庆十八年（1813），赦归故里，数年后复诏入京，以编修职去京供职。

自康熙、雍正以后，谪戍北疆的流放者，多遣发至卜魁从军，原因是这里正处于赴黑龙江的道中，当时罗刹屡侵，边事告急，用人很多，这些遣戍者无疑是最合适的“军奴”了。嘉庆以后，流放在卜魁的人仍然有增无减，其中著名的有贵庆、程焕、英和父子、朱履中、张光藻等。这些流放者均由伯都纳而来。两江之南为郭尔罗斯前旗，两江之北即原肇州地，称郭尔罗斯后旗。流于卜魁的张光藻，有写于该地的诗《郭尔罗斯道中》，张以天津教案罪遣戍。其诗云：

塞外西风乍觉凉，眼前秋色胜春光。
席箕草长千屯绿，荞麦开花一路香。
车过平林飞燕雀，山低夕照下牛羊。
只今胡越成中土，天意何曾限大荒！

流人过松嫩两江合流处之后，来到嫩江驿道首站茂兴站，流人英和有《晓行茂兴站》一首咏之：

翻墨阴云顶上遮，东方依旧灿金霞。
野花也识归人意，含笑先开送别花。

茂兴站在松嫩两江合流处之北岸，至今那里仍多湿地，自茂兴西北行，可抵达杜尔伯特。杜尔伯特即是扎龙湿地沼泽之畔的小城，有张光藻的《雨后自温托河站晓行过蒙古杜尔伯特境》诗一首，不过当时诗作者的行走方向是自北至南，但从诗中仍可窥见其地方风物之一斑：

鸡声催客起，侵晓向南征。
风转黑方散，雨收红日明。
草肥知土活，野旷少人耕。
自古牛羊地，无须五谷生。

诗名中的温托河站，是临近卜魁——齐齐哈尔的一个驿站名，其名为温托晖，亦在湿地边缘。

关于流放者的土地卜魁，诗吟良多，现录方式济次子方观承来卜魁省亲时所作之《卜魁竹枝词二十四首》之一：

诺尼江上水潺潺，五月冰消艾浑山。
流到混同天更碧，松花一派白云间。

诗中的诺尼江，快读即嫩江，是嫩江之名的异写。艾浑山，指大兴安岭，意指嫩江之源。

卜魁城因为流人的增多和兵戍的加重，人口也在增加，故开荒拓垦之事也连年不断，方观承的竹枝词，也有所录，且看其烧荒的农事：

边天春事近为农，野烧荒荒二月风。
千里火云吹不断，满城都在夜光中。

随着农业的繁荣，集市也兴旺起来，佛事随后就到，这些在诗中也有反映。在集市中，卖马者很多。奇怪的是嫩江布特哈（布特哈为满语渔猎之意，汉译为“打牲”）的市场上，每年农历七八月间，有一种名叫“黄豆瓣儿”的鸟，其声独特，不论什么马，一听到这种鸟鸣，立刻断食不吃，挣断马缰，向远处逃遁。这种鸟羽毛为黑色，肚皮为金黄色，俗称黄豆瓣儿，索伦语（即鄂伦春语）称“达克登郭尔”。此鸟引起很多人的好奇，诗人多诵于诗中，因篇幅所限，现录一首短诗《咏黄豆瓣儿鸟》，作者为朱履中，嘉庆二十二年（1817）流来卜魁，后被吉林将军聘至吉林白山书院讲学，道光元年赦归。其诗如下：

绝尘良骥自生威，白草粘天去打围。

黄豆瓣儿一声出，可怜绝靮又思归。

诗后有原注说：“呼伦贝尔、布特哈马养于他处，秋日闻黄豆瓣儿鸟声，辄腾踔思归，防之不严，脱靮而去。”

这就是黄豆瓣儿鸟，如今在布特哈嫩江一带的草原上，由于人口猛增，这种鸟的悲凄叫声，已经很少耳闻了。

康熙大帝：东巡与祭祀

平息三藩之乱以后，踌躇满志的康熙大帝决定东巡。

东巡是康熙筹划已久的事。早在康熙十六年（1677）的夏天，康熙就曾派内臣觉罗武（也称武默纳）和亲随侍卫耀色等四人，由北京去乌喇，在当地官员巴海的帮助下登上长白山，莅临天池探望。觉罗武等四人对天池的探视，是有史以来第一次莅临天池并留下记录的一件盛事。此事载于清代史料笔记——王士禛的《池北偶谈》。觉罗武的这一举措，实际上是康熙皇帝东巡的前奏，也是为东巡作探路的准备。

东巡的目的，第一是拜谒祖陵。对于康熙而言，之所以有今日之盛，全赖祖宗保佑，全靠祖宗的荫德。所以，在清朝的帝胄皇族中，张口闭口“祖宗”二字。一直沿袭着原始祖先崇拜的女真——满洲人，对自己祖先

吉林附近的松花江。公元1682年初夏，康熙大帝北巡来此泛舟　李继强摄

的敬畏与感佩，让这位年轻的清廷大帝跃跃欲试：一定要到东方的盛京，到祖业的发祥地去拜谒一番，同时看一看女真——满洲人所崇敬的长白山、松花江，并为之祭祀。如此煌煌伟业，全凭天地神灵所佑，作为一代帝王，难道不应该率先对天地神灵进行拜谒吗？

东巡的第二个目的，是对边务进行巡视。罗刹对边境屡犯，边报像雪片似的飞向京城，这位年轻的皇帝显然要大干一场，像他杰出的祖先努尔哈赤、皇太极一样，精文尚武，功盖万世。他还要像明成祖那样御驾亲征，将强敌击溃于国门之外。于是，他便要趁此东巡的机会，对边境防务认真地加以安排，做好各方面的准备。只有经过精心准备和对敌情了如指掌，才能克敌制胜。

康熙二十一年（1682）春天，这位年方29岁的清皇大帝，在批准穆占为蒙古都统和批诛了一位作乱的妖人之后，便于二月十五日，率皇太子，亲辞两宫，由东长安门出东直门，向山海关进发。

三月壬子，御驾抵达盛京（沈阳），时正微雨，观者如堵。是日，康熙帝谒福陵（努尔哈赤陵寝）、昭陵（皇太极陵寝），并入城参观了清入关前的旧时宫殿。随后，又于癸丑日谒祭福陵，于乙卯日谒祭昭陵，随后又择日告祭。三月己未日，又至兴京告祭永陵（努尔哈赤父、祖之陵墓）。自三月庚申日起，康熙帝在省睹祖宗开创帝业之艰难后，登石入山。这一天是谷雨，康熙帝命汲山泉以煮龙井茶啜饮。

次日，行于万山之中，周围的山岭密林皆长白山余脉。此时北上所走的路，正是当年努尔哈赤征海西女真时所走的路。路很窄，很简陋。为了这次东巡，在先已经将路进行了平整和加宽。

走到哈达城附近时，皇上来了兴致，非要在这片松辽二水分水岭的山林中行围打猎不可。其实，这种打猎随时都在进行，有时沿路而猎，有时便离开大路进入莽林，以便于尾随和追踪猎物。这次行围之后，皇上大发慈悲，下令说，时方春深，禽兽孕育，在行围中禁止射杀牝鹿。此亦可见皇上“仁民爱物”之心。

在通往吉林乌喇的驿道上，黑土地上地湫湿润，积雪渐融，汪而成泥，深浅不一。两山之间积水潺流，山谷之间淀水停潴，遂成湿地，积草凝尘，尘中生草，新者上浮水际，腐者退入淤泥，草根牵积，累成草墩，马蹄踏于其上不陷，失足者滑而入水，有人干脆下马而行，以免于跌倒。此处的土人将这些长了草的东西称为“塔儿头”，人们从这片湿地的草丛中经过，呼吸着黑土和春草的芬芳，感受着春风轻柔地拂面，聆听着南来候鸟的婉转啼鸣，一股惬意的殊荣感动着随行的每一个人，而每一个人又都为这年轻而杰出的皇帝所鼓舞。

如此住住行行，涉水越山终于来到松花江的岸边，将到吉林乌喇，皇上从马上下来，改乘銮舆，率领太子、诸王，以及各大臣、侍从官等，径直地来到松花江畔。在江之畔，皇帝亲率众人对着东南方，也就是向松花江的源头，长白山主峰天池的方向，行三跪九叩大礼。礼毕，一行人才乘銮舆鼓吹入城，进入吉林将军的署内歇息。

小憩中，人们向皇上讲述起五年前大内侍卫官武默纳攀登祖宗发祥地长白山的情况，以及封长白山为山神之后，几年来未曾间断的祭祀活动。

康熙皇帝听了诸大臣的讲述，点了点头说："长白山是隆兴之地，祭祀不可废，龙业方能兴，白山黑水是我祖业的神脉，俱当以神视之。"

在诸臣的万岁声中，康熙挥了挥手，众人退下，皇上来到书案前，好像早已成竹在胸，未几便挥洒出一首《望祀长白山》的诗来：

名山钟灵秀，二水发真源。
翠霭笼天窟，红云拥地根。
千秋佳北启，一代典仪尊。
翘首瞻晴昊，岧峣逼帝阍。

皇帝将祭祀诗写毕，然后又遍示群臣，立时忙坏了身边的大臣，人人争诵，个个称誉，只有少数有身份、有资格的臣子才能奉和，这样的机会不多，既有当然不能放过。《扈从东巡日录》中录下了高士奇的一首《奉和御制长白山》诗，其诗如下：

满族人的祖地——圣山长白山远眺　付刚摄

神区当紫极，毓秀敞珠宫。
典祀云亭外，灵祇陟降中。
黑河流不尽，清海气遥通。
封禅宁劳颂，升歆拜舞同。

康熙诗中的“二水发真源”中的二水指的是松花江和鸭绿江，而奉和诗中的“黑河流不尽”句，其黑河即松花江。这里作者也是将松花江和黑龙江下游入海一段看作是一条水体了，故而有“流不尽”的言说，是称其悠远绵长之意。其时，黑水的下游，多数人都没有去过，只有守成在此的宁古塔将军去过，从吉林这里乘船，到达入海口，需要顺水船行驶40多天，可见松花江多么长，多么地源流绵邈啊！

康熙当日在吉林乌喇驻跸，次日休息了一天，当即召见地方官，询问了一些边疆防务上的情况，并一一加以安排，虽然才29岁，在国事方面，早已成竹在胸了。康熙所做的一切，都是为驱敌于国门之外，为雅克萨战役——未来的战斗作准备。

乙亥日，康熙冒雨登船，沿松花江顺流而下。向下游行驶了80余里，来到大乌喇虞村。这里是一座小城，有住户2000多户，都是八旗的壮丁，夏取江珠，秋取山参，全年还要驾舟捕鱼或冬捕，或入山采桦树皮。他们穿戴都十分粗鄙、简陋，富者穿羊羔裘、纻丝和细布，贫者只能着粗布，以及猫、獐、鹿、牛、羊之皮，偶尔也可以看到身穿鱼皮的人。

四月朔戊寅日，康熙帝仍驻跸大乌喇虞村。这一天，风和日丽，江暖心惬，望松花江两岸，水汽氤氲如烟，洲渚之上，芊芊绿草，依水而立，在微风中轻轻摇曳，水鸟江鸥，在天空中盘旋飞升起落，闪亮的翅影，给人一种惊喜。几日雨后，天晴成蔚，流云在蓝天上疾走，康熙帝泛舟松花江上，看草舍渔村，映带埠冈，岸沚汀兰，郁郁葱葱。野花竞放，绿野如茵，如不看身上穿戴的重衣，仿佛置身于杏花春雨的江南小舍，哪里会想到这是在荒野苦寒的东疆边塞之地呢？不调帆樯，不操桨橹，除舵手精心地掌舵外，一任船儿自走，如闲庭信步，舒心畅怀，惬意无比。皇上坐在船上，看水天一色，浪缓流平，又诗情大发，乃展笺于船儿之上，挥毫于兴致之中。未几，成诗一首，题目是《松花江放船歌》：

松花江，江水清，
夜来雨过春涛生，
浪花叠锦绣縠明。

采帆画鹢随风轻，
箫韶小奏中流鸣，
苍岩翠壁两岸横。

浮云耀日何晶晶？
乘流直下蛟龙惊，
连樯接舰屯江城。

貔貅健甲毕锐精，
旌旄映水翻朱缨，
我来问俗非观兵。

康熙大帝（国家博物馆藏画）

松花江，江水清，
浩浩瀚瀚冲波行，
云霞万里开澄泓。

诗中，除了内涵里的皇恩关切之外，全诗描绘了伟大的松花江这条东疆多民族儿女的母亲河的壮美景色，是一篇关于松花江，从而也是关于祖国的激情澎湃的颂歌。

康熙帝从大乌喇虞村又下行80多里，猎鱼于冷堋，这里是产鲟鳇鱼的地方，观看渔人捕鱼。一网上来，获鱼颇多。

为此，康熙写了一首《松花江网鱼最多，颁赐从臣》的观渔诗：

松花江水深千尺，捩柂移舟网亲掷。
溜洄水急浪花翻，一手提网任所适。
须臾收处激颓波，两岸奔趋人络绎。
小鱼沈网大鱼跃，紫鬣银鳞万千百。
更有巨尾压船头，载以牛车轮欲折。
水寒冰结味益佳，远笑江南夸鲂鲫。
遍令颁赐扈从臣，幕下燃薪递烹炙。
天下才俊散四方，网罗咸使登声廊。
尔等触物思比托，捕鱼勿谓情之常。

康熙原打算乘船到出河店去看一看，看看天色不佳，沿松花江下行的打算也就作罢。多日连雨，江流急湍，松花江已经上涨。康熙办完公务后决定南返。大队人马便于四月申日起身，雨过天晴，銮舆晓发。归程与来路，略有不同。

在过英儿门河时，皇上还亲理舟楫，渡诸臣过河，这也是中国历史上第一个以皇帝之身于松花江支流上的摆渡者。是夜，在英儿门驻跸，再次见到柳条边。此时的柳条边已是农业区和牧业区的大致分界线，边堡虽在，已非昔日可比，但绿墙依旧，条沟尚存。康熙帝对柳条边的风景线情有独钟，于是挥毫又写了一首短诗《柳条边望月》：

雨过高天霁晚红，关山迢递月明中。
春风寂寂吹杨柳，摇曳寒光度远空。

第二天，大队人马继续朝西南方向行进，走了一天见到一座废墟，原来这就是著名的叶赫部废都，当年征海西女真四部时，被努尔哈赤烧毁。康熙望着长满了繁草野花的废城，心中一动，趁午睡小憩时，竟成五言绝句《经叶赫废城》：

断垒生新草，空城尚野花。
翠华今日幸，谷口动鸣笳。

小憩后，人们继续南行，一边吟诵着皇上的新作，一边蹚过湿漉漉的草地。小河在脚下的土地上熠熠闪光。

两天后，这支7万人东巡的大队人马终于走出了松花江流域，越过松辽分水岭，行走进入辽河大地的臂弯中。人们看见在玫瑰色的曙光里，康熙皇帝骑着一匹枣红色的骏马，在松花江左岸支流的大地上，为历史留下了一个伟岸的身影。

后来清朝的另一个杰出的皇帝乾隆，也步其祖父的后尘，来松花江东巡，时间是乾隆十九年（1754）。乾隆也来到吉林驻跸，也对长白山神作了望祭，同时也祭祀了松花江神。

吉林小白山主峰，康熙、乾隆二帝北巡时来此，对长白山、松花江祭祀　王福兴摄

事实上，清皇对松花江的祭祀比祭长白山略晚。康熙二十六年（1687），有大臣建议，请将祭北海的祭祀移地到松花江边一同拜祭，得到皇上的批允。于是，清政府在吉林乌喇以东的小白山建望祭殿，从此以后在小白山上，以春秋二季对长白山、松花江殿依神祭祀之。这就是吉林小白山松花江神庙的由来。

松花江——关东三件宝

松花江有三件宝：东珠、鳇鱼、靰鞡草。

三件宝中的第一件东珠，也就是珍珠，由于产自中国的东北疆，所以称东珠或北珠。松花江流域所产的珍珠，自汉代的夫余国时，便已闻名遐迩。

松嫩两江汇合处——昔日盛产珍珠，今日河蚌正在遭受厄运　张可佳摄

珍珠也称真珠，它是软体动物生成的一种结核体，由与软体动物之壳相同的物质构成，这种物质被称为珍珠质或珠母质，是一种极有价值的宝石。

珍珠的特点是具半透明性，有光泽，这种光泽被称作珠光，是类似于虹彩的一种变彩，有时还似隐似无。珍珠的光泽和形状有关系，其形状越完好，越成理想球状或滴状，其光泽越强，其价值也越高。松花江的蚌蛤，壳内衬有珠母质，因此生成的珍珠，光泽很好。由于松花江流域自古以来人口稀少，历代的捕蚌采珠量并不大，自然繁殖的增加，基本上可以保证每年的生产。

进入清代以后，由于与各级官员、官服、朝服相配套的还有挂珠，所以珍珠的需求量大增，使得松花江不胜负荷。对此，乾隆皇帝来松花江东巡时，曾制有《东珠》诗一首，其诗前有诗序说："东珠出混同江及乌喇、宁古塔诸河中，匀圆莹白，大可半寸，小者亦如菽颗。王公等冠顶饰之，以多少为等帙，昭宝贵焉。"从乾隆的《东珠》诗序中，可以知道，在清代不同的官员所挂的挂珠也不同，挂珠是职务级别的外在象征，要判断一个清廷官吏职务的大小，除官服外，与官服配套的挂珠也是很讲究的。据沈从文考证，王公贵族身上的挂珠，最昂贵的需要数千乃至上万两白银才能制成，可见其使用的珍珠是何等珍贵。在满族没入关前，他们所使用的珍珠多产自松花江诸河，入关以后才开始使用国内其他地方出产的珍珠。

清廷规定，在打牲乌拉（即吉林乌喇）上三旗中设采珠点（也称珠轩）59个，每个采珠点每年上缴东珠16颗，共需上缴贡品944颗，严禁个人采捕。一般的情况是，夏七月即由总管向奉天、吉林、黑龙江三将军备文奏请，安排明年的采珠事宜。如明年下令停采（停采与否由中央政府决定），即由三将军在所辖各江河两岸派兵巡逻，以防民间偷采。

采捕之年，从长白山松花江及各支流的发源处起，下至三姓、阿勒楚喀（阿城）、墨尔根（嫩江）等地分地采捕。那时天寒水凉，早春采珠是相当艰苦的营生。

凡捕得头等珠者，可以折算成标准珠颗数，最大的可以折算成标准珠5颗，依次为4、3、2递减，而5等珠即标准珠，一颗顶一颗上缴，最后以多少进行赏罚。到松花江天冷封冻，采珠才算完毕，然后由总管会同将军合办，遣翼领以下官员及营民护送至北京，交至内务府核差。

松花江的第二件珠宝是江中所产的鳇鱼。

鳇鱼，也称达氏鳇，俗称腊子，个体甚大，是淡水鱼中最大的鱼类之一。大的个体长可达3.9米，最重的鳇鱼可重达1000公斤。鱼体为圆形，前粗后细，呈延长的锥状体，腹面扁平，头部前端的吻呈三角形，口为月牙

松花江、黑龙江特产鲟鳇鱼　王积信摄

状，位于头的腹面，口前方有触须两对。鱼身无鳞，上面有5列菱形的坚硬的骨板，背上有一列，其余为两侧各两列。背鳍位于体后部，接近尾鳍。尾鳍上叶尖长，下叶钝缓，上叶长于下叶。

鳇鱼终生在淡水中生活，在江中不作远距离的洄游，系底栖型鱼类，平时喜欢在江中夹心岛或江汊处，底质为砾石，水流较缓的水域分散活动，产卵期为5~6月之间。

鳇鱼是一种凶猛肉食性鱼类，主要食物为松花江中的雅罗鱼、鲤鱼、鲫鱼、白鲑以及洄游的大马哈鱼等。鳇鱼寿命长，可达50年。

鳇鱼在明清及其以前时代的松花江中十分普遍，当时的嫩江下游、松花江上中下游，均可捕捉。清时的过度捕猎，使鳇鱼大量减少，后来停止贡鳇鱼，是清廷很明智的举措。

松花江中还产有鲟鱼，学名长江鲟，因松花江中的鲟鱼和鳇鱼非常相似，而且其自然杂交种也不在少数，所以自古以来，在松花江中对这两种鱼连而呼之，称为鲟鳇鱼。在清代，鲟鳇鱼是宫廷宴中的上品，多用于祭祀祖先和神灵时用，其次是赐宴外藩使臣。此鱼味美异常，食而齿香，历久难忘。

被流徙到嫩江中游卜魁的英和，曾写有《龙沙风物十六咏》诗，其中第四首就是“咏黄（鳇）鱼”诗：

森森三千里，江天一任游。
捕防身硕大，嗜为骨轻柔。
作客罢弹铗，烹鲜啮下钩。
要知贵公子，终是钓鳌俦。

从英和这首诗可知在清代初期，嫩江中游也可以猎取到鲟鳇鱼。辽代皇帝在嫩江下游搞春捺钵时所猎的牛鱼，亦即鲟鳇鱼。

松花江的第三件宝是靰鞡草。

靰鞡是一种用猪、牛、马皮制成的防寒鞋，多用于在松花江地区的冬天雪地上行走。这种鞋先在满族中使用，后来从关内移居来的汉族人也穿用它。这种鞋用皮革做帮底，做得较宽肥，穿时在布袜和鞋之间包衬一层草，这草就叫靰鞡草，多生长在松花江边的湿地草原上，也写作乌拉草。乌拉在满语中是“江或江岸”的意思，故靰鞡也写作乌拉。原来野人女真乌拉部的人，冬天在风雪中或冰封的大江中渔猎，穿的正是靰鞡。由于鞋

昔日出售靰鞡草的小贩（据《画说哈尔滨》）

中絮进柔软的靰鞡草，不仅保暖防冻，而且还防潮防滑，行走起来也轻快。笔者少年时代，靰鞡和靰鞡草，在市场上还有出售。

除了民谚中的松花江三件宝之外，松花江还有一件宝，那就是松花江中盛产的玉。《后汉书·挹娄传》中说，“挹娄出赤玉”。在夫余国时代，夫余库中有玉璧、珪瓒，是传之数代的珍宝。《魏志》亦说，“挹娄出青玉”。《明一统志》中说，“宁古塔出青玉，今乌拉、宁古塔赤玉不多见，冻青玉则间而有之。”总之，松花江流域中产玉，从历史上看是有迹可寻的。

松花江所产的玉，称松花玉，也叫松花石，出于混同江边的砥石山。玉色净绿，光润细腻，可充砚材，品埒端歙。用松花江石制作的石砚，称松花江砚，其石温润如玉，绀绿无瑕，质细而坚，色嫩而纯，滑不拒墨，涩不滞笔，能使松烟浮艳，毫款增辉。故人们所称的好砚之神妙，松花石砚无不兼备。对此，乾隆帝曾有《松花玉》诗一首，吟咏其事：

长白分源天汉江，方流瑞气孕灵庞。
琢为砚佐文之焕，较以品知歙可降。
起墨益毫功有独，非奢用朴德无双。
昨来偶制龙宾谱，宝重三朝示万邦。

此外，松花江还产宝石，在混同江边，可以采到五色石；在宁古塔诸河边，也就是牡丹江及各支流中可以采到绿端石；在松花江北支流汤旺河上游及支流中可以采到玛瑙石。

松花江三件宝的说法还有另外一种版本，就是：人参、貂皮、鹿茸角（靰鞡草）。确切地说，应叫关东三件宝，因为这三件宝的产地，主要集中在松花江干流以南及其以东的山野，如长白山、吉林哈达岭、老岭、老

小兴安岭养鹿场里的梅花鹿　葛维举摄

东北虎　付刚摄

爷岭、哈尔巴岭、张广才岭、大青山、龙岗山、牡丹岭等地。

人参属五加科，是健身壮体的天然珍品。和采珠、捕鳇鱼一样，清廷对人参的采掘，也进行了严格的管理。管理人参事务的机构称“官参局”，坐落在吉林局子街。清朝中晚期，吉林省应征的土税共36宗，其中油、蔗、青靛等连年歉收，抽不上税来，大宗的税收全靠人参、鹿茸和毛皮（貂皮为主）。

事实上，人参问题自明末以来就已成为官方所关注的一项重要事务。明时，在柳边内开设集市，人参就是集市上的重要商品，每次开集之日，都有来自山海关以内的药材商来集市上选购。由于经营人参业利润颇为丰厚，故有许多居于辽地的汉人亦出柳边，进入长白山，即松花江上游各支流地的山中挖采人参。

清廷统一中国之后，出于进贡和抽税等各方面的考虑，便将采参业纳入官方的管理之中。但采挖人参和采珠不同，难以跟踪管理，后来便采用统一发参票的办法给以额定管理。所谓参票，就是采参许可证，用银两购买。没有采参票而采参者，定为非法采参，要给以严厉的惩治。虽然如此，私采参者仍难以禁绝，原因是地大参多，根本无法监控，只能在集市上、关卡上，按参票买卖之法加以监控，其弊端已不言自明。

大规模的采参人员进山，使野生山参资源遭到严重破坏。山参殆尽，便用家园栽种的人参来代充。人工栽培人参，即秧参的出现，是过度采挖人参，使人参资源面临枯竭的必然结果。人工栽种人参也自清始。

关东三件宝中的第二件宝貂皮，差不多也重复了人参的故事。而且，更为严重的是，罗刹入侵，他们首先掠夺的就是貂皮以及其他贵重毛皮。貂皮的紧缺比人参发生的还要早，因为在清代中晚期时，就出现过貂皮不够贡数可由人参来顶替的法令，当然这个法令实行时间不长便行不通了，因为人参也成了紧俏商品。

关东三件宝中的最后一项鹿茸角，其情况也不乐观。

鹿茸是指雄性梅花鹿和马鹿等尚未骨化的幼角，是补精壮体的良药。其实鹿身全是宝，除鹿茸外，鹿鞭、鹿脯、鹿皮等，都是宝贵之物，尤其是鹿茸、鹿胎、鹿鞭和鹿尾，都是中药中的滋补佳品。所以，自古以来鹿就是珍贵的野生动物。

由于鹿如此珍贵，除官方有组织的猎杀外，民间的猎杀数量同样很惊人。到19世纪20年代，人们突然发现鹿已大量减少。如道光七年

（1827），吉林将军富俊向上奏本说："由于围场内私放人砍树，盛京、吉林两省的围场内，每年猎杀的牲畜太多，上年行围，猎打数围，未获一鹿。"由此可见，鹿的减少，是相当严重的。鹿虽少了，但进贡的鹿品却未减少，官方有时下令可以用虎来代替。结果又引发了对虎的强力捕杀。清廷每年需要一些活虎进京，是为了皇族在京畿的地方练习打猎，故而对虎的捕杀，同样使东北虎亦急剧减少。加上狍、鹿等草食动物的减少，食肉的东北虎因食物链不逮，大量向北迁徙，故而虎也难觅踪影了。

无论是松花江三件宝，抑或是关东三件宝，其荣衰的历史，写出的都是大自然的苦难与人类的无知。

处女地上的犁镰梦

南源松花江从吉林附近开始，冲出丘陵高地，便如脱缰的野马在肥沃的大平原上驰骋；而北源嫩江，出了墨尔根（今嫩江市）之后，也进入广阔的大平原，开始奔腾浩荡。从宏观上说，松花江的大部分水体，即中下游都是在黑色沃土上流淌的，南源所经过的地方称为松辽平原，现主要在吉林省境内；除此以外的大部分，即嫩江及其以东和整个松花江的中游地域，称为松嫩平原；松花江下游和乌苏里江下游左岸区域，以及松、乌两江入黑龙江的河口之间，也有一片辽阔的平原与湿地，称为三江平原。在清朝初期，松辽平原得到了部分开垦，松嫩平原除了一些牧区外，农业开垦仅是极小的一部分，而三江平原，可以说基本上还是一片原始状态，是一片未被开垦的处女地。

乾隆二十一年（1756），皇上下令说，鉴于在京的旗人生龄日繁，而从业机会有限，一人钱粮供养多口之家，生活难免拮据，而拉林河地域荒地仍多，可以开垦耕种、建造房屋，故而可挑选八旗人去拉林屯垦。去拉林屯垦，并非犯法不肖，而是还归故土，充裕生计。如次派至拉林垦荒者，由京起身之先，每户赏给治装银两，沿途给予车辆草束，到地后再赏给立产银、官房、田地，以及牛具、籽种等。清廷关于旗人去拉林之地垦荒的安排虽很厚宜，但让进京以后的旗人再回到松花江这么远的地方屯垦，在执行时又谈何容易。不出几年，便发现有人以续办产业和祭扫坟墓等事告假来京，借故不归，朝廷发现后，便下令让拉林与阿城的副都统从严查办，而且永远禁止其告假来京。到嘉庆二十二年（1817），富俊调往盛京任将军时上奏说，“八旗数十万众聚集京师，不农不贾，皆束手待养，再四思维，惟有移驻屯田，方为久远之计。”由此可以看出，动员八旗闲散人员来松花江地区屯垦，是清廷最难办的一件事。八旗子辈多不习汉字，识汉字者可以安排干些庶物，不识字者作为旗人的二、三、四……后代，只能啃老。所以，清廷的旗人屯垦，也可以说是非知识青年的上山下乡活动。至今，在双城、五常、阿城则留有当年北上的屯垦者村落，一口明显的北京口音就是明证。

在松花江流域，特别是中上游的垦地，一方面是官方组织旗人发银发粮给官房垦荒，垦者却不安心，总想往关内，特别是向北京告假逃逸。另一方面，却有大量的盛京、山东、直隶的灾后流民，神不知鬼不觉地悄

隆冬时节，松花江上的打鱼人　栾叶文摄

悄地向北流窜。他们成群结伙，有的是青壮之丁，有的是携家带口，在灾荒之年无计可施时，不远千里向北地寻觅生机，于是处于松花江中游的拉林、阿城等地，便成为他们落脚生存的地方。朝廷面对大量流民涌入这一现实，只好发文通告各地方官，对这些垦民进行安抚。若给以驱逐，必然使之失去生计，故而当以设州立县管理为好。但流寓者太多，除要严加管理外，又下令以后不许流民入境。

吉林是靠近长白山的龙兴之地，也是祭祀长白山、松花江神的所在，多有清廷的官员出入，一直以来除少量的流放者之外，是绝对不允许垦荒的流民进入的。吉林辖区内沃野多数未开，气候也不错，在吉林辖区的西部，也就是北流松花江下游之地，靠近伯都纳（农安、榆树）一带，从辽河流域或更南来的逃荒者，便在这里挖灶埋锅，支起由树枝和蒿草搭成的“窝棚”，悄悄地私开地亩，耕耘播种起来。这里土地相当平坦、肥沃，本是松花江冲积的平原，开荒的方法，那时也极为简单，相中了一块地，将之周围的草割倒，使之和周围其他的草地或树林有一条几米宽的隔离带，然后在春初或秋末放一把火，将相中地之间的草点燃，当地名叫“烧荒”，烧荒的结果是将相中地上的草与小树全部烧光，变成了草木灰，也是肥田的肥料，然后刨出未烧的草木之根，便可以耕耘播种了。

在吉林西部开荒种地，将租税交到伯都纳地方官的手中，使这种垦荒就成了合法的开垦。就这样，伯都纳地区的垦荒地逐渐地连成了片。

其实这种偷垦的现象是屡禁而不能止的，不仅在伯都纳，在整个松花江流域都是如此。清朝中期以后，来自辽河、滦河、海河以及黄河的逃荒者，进入松花江的越来越乡，不禁使清廷担起心来。

面对遇荒逃难的辽东和关内人口大量北流，清廷采取了应对措施。道光元年（1821），根据清廷的要求，在拉林、阿城和双城堡三处屯田地区，当地政府勘划出9万多垧可垦地，为从北京移驻此地的屯垦旗人开荒

牤牛河上的打鱼人，这里也是京旗人垦荒的地方　乔克玺摄

使用。自道光二年（1822）起，该地便组织人伐木筑屋，按户给予准备房间、打井、牛具和种籽。从道光四年（1824）开始，每年组织200户，分四批从北京移调至松花江这片最肥沃的土地上垦荒。但从北京来的旗人毕竟有限，据吉林将军富俊在伯都纳亲自勘测，仅伯都纳一地可垦田即达20万垧，于是清政府又采取由当地的“纳丁纳粮民人认垦”的办法，鼓励当地人向垦区流动。可这个办法也不怎么奏效，实施了一年，仅有28户愿意移种。结果，自道光三年（1823）起，每年盖房800间，却不能住满，白白浪费垦荒银两。这种鼓励当地旗人移垦的政策又持续了两年，垦荒活动继续进行。

道光九年（1829），根据富俊的条奏，拉林河地方的“移驻京旗3000户，每户给地3顷外，有闲荒听其拓佃开垦，其不谙力作者，准其买仆代耕”。这就给了从辽河和关内来的逃荒人以落脚垦荒的机会，同时这也为松花江流域的贫雇农的诞生提供了政策温床。

佃租的口子一开，雇人种地的风习便在松花江流域展开。虽然清廷对京旗来的调屯户给以优渥的资助，可是他们不谙耕作，渐至困穷，无法致富，从而也让再调京旗来屯垦者裹足不前，更让清廷为此伤透了脑筋。

在垦与不垦之间，在京旗人垦和当地旗人垦与允许中原来的流民垦之间，清廷的政策一直在两难中摇摆不定。道光二十七年（1847），清廷又下令，“吉林一带地方为根本重地，官方地亩，不准开垦”，对珠尔山、凉水泉一带的荒地，也一并禁垦。随后禁垦的，也包括伯都纳、双城堡，以及夹信沟各地的闲荒地亩。从政策上看，清朝政府在垦与不垦之间，则选择了后退的法令。

咸丰十年（1860），也就是上述禁垦令发布13年后，又有人上“请开荒济用”折，要求对松花江流域的垦荒重新开放。经奏者统计，吉林地方凉水泉南界、舒兰迤北土门子一带禁荒约有可垦地10万垧，省西围场边约有可垦地8万余垧，阿勒楚喀迤东蜚克图站附近约有可垦地8万余垧，双城堡剩存的圈荒地及恒产之间的夹界边荒地可垦地为4万余垧。这些地，均经委员履勘，地势平坦，别无违碍。荒地的数量如此巨大，初期的租定钱和5年后的升课钱对鸦片战争后因赔款而捉襟见肘的清财政来说，无疑是一处新的造血补血进项，所以经过皇上批复，很快就付诸实施，而且还特地批了一句，这些费用不用上缴，就作为该省的官兵俸饷，但应据实奏报。

禁垦之门被撬开了一道缝，对可增加收入的地方官们是一个极大的鼓舞。

和官方的奏报查督并行不悖的，是逃难流民自发地悄悄进行中的民间开荒，这种开荒到清末时已是心照不宣的事实。山海关是掌握流人进出的咽喉之地，对于逃难者，早已疏于管理，塞上点钱物“意思意思”即可放行。

这些流民的开垦，不仅在松花江中上游地进行，也在中下游地进行。光绪四年（1878），阿勒楚喀将军铭安便奏称，在其所属的蚂蜒川（松花江中游南岸支流蚂蜒河）地方，有两面大山，宽数十里，自北面山口至南山绵亘二三百里，其中土地肥沃，到处是垦田。以前以为这里险峻难通，未经查禁，故而有垦民头目宋士修，以信义约束，垦民皆垦地捕牲，无敢为匪者。这些人虽无扰地方为害，但声教不通，意同外化。因此，官员派兵搜山，垦民头目怕官方查究，立即赴吉胜营军前，申请丈地升科，自认缴租税。像宋士修这样的率领乡民闯关东垦地者，各地都大有人在。凡接受地方官的管理，又纳租税者，最后都得到了清廷的默认。

如今，吉林和黑龙江两省是全国的大粮仓，正是19世纪以来大规模屯垦和民垦的直接结果。

当然，大量垦民的涌入，对山林的采伐无疑是一场灾难。吉林围场中出现的一块长十七八里，宽约八十余里的无树之空地，就是一个无可挽回的事实。森林植被的破坏，以及无序的滥垦滥开，使松花江地区的水土流失逐年加重。

十一、迟暮与新朝
交替时代的守望

松花江大平原　张东明摄

安边守土与江上采金

1840年（道光二十年）鸦片战争爆发，欧洲列强用殖民主义的坚船利炮叩开了中国封闭的大门，清帝国进入迟暮时代，中国人民受屈辱的历史由此而展开。坚持闭关守国的清朝政府虽不得已被列强将门窗打开，可是它的国策却一仍其旧。外有强敌不断伸进魔爪，企图瓜分中国的疆土；内有贪官腐败，民不聊生，零星的农民起义不断发生，清帝国辉煌的岁月已经一去不复返，迟暮后的暗夜正在悄悄地袭来。

松花江还是那条雄伟的大江，江水还是碧绿与黄浊变换及混合的江

嫩江上游支流的采金者　刘维滨摄

水，波浪还是那雪白的波浪，风还在劲吹，云还在飘逸。蓝天下，万顷绿涛的原野上，蒿草依旧，大甸茫茫，不见炊烟和村庄，在松花江的怀抱与臂弯里，只有少数的处女地被开垦了，大片大片的原野仍在轻风吹拂中，唱着野稗和长蒿摇曳的歌。

这片土地太肥美了，在北纬43° 到北纬48° 之间，甚至在北源嫩江平原更北的地方，除中亚的沙漠之外，在欧洲，在北美，在辽河、松花江和黑龙江三江共守的流域间，都是黑土地大粮仓。可是在松花江南北的地域中，虽然开发很早，但因清政府坚持它的“后院政策”并未形成大片的农田富庶地带。1840年前后，正是美国在没有对手觊觎的情况下，对自己的西部大力进行开发的时候。而此时面对沙俄的疯狂入侵，清廷一方面穷于应付，一方面仍顽固地坚持“祖宗隆兴之地，不能垦种”的陈腐条文，继续禁垦。

道光二十六年（1846），清廷对地方官的求垦上疏置之不理，仍重申流民潜往双城堡佃耕之禁，也不准当地的旗人私自招民代耕租佃。6年后，清廷又下令给山海关和盛京等地，要求认真稽查，对无票流民一律不准私往松花江上游地区潜居，更不准垦荒、采参和渔猎。29年后的光绪元年（1875），清廷兵部仍然行文，严禁松花江中游的呼兰、巴彦苏苏一带旗丁招垦。可是，灾民流徙仍然冲向山海关之外，屡禁屡闯，从而有了“闯关东”一词出现。[1]

其时后院的形势实在不容乐观，来自沙俄的匪徒已多次从黑龙江驾船驶入松花江抢掠，而且这种入侵不仅在松花江下游发生，在北源嫩江，

[1] 参见本书作者所著《长城传》第十四章《闯关东与走西口》，北京：中国摄影出版社，2016年版，第477~ 488 页。

在南源附近的图们江一带，也都时有发生。直到光绪二十一年（1895），光绪皇帝才批准了增祺将军关于开放通肯河、克音河、汤旺河及观音山一带，旗人和各省民人皆可垦种，将租银充作军饷的建议。同时决定，在青山试办木税，对伐木也开禁了，并且对宁古塔、三姓等地的放垦，也同意酌情办理。

此禁一开，从直隶、山东、辽宁、河南等省的流民才开始大量涌入，松嫩平原上一场烧荒开垦的大潮渐成燎原之势。然而，这个政策至少延宕了一二百年，作为清廷的后院，其空旷的状态，持续的时间太久，以致黑龙江以北，乌苏里江以东的大片领土都被沙俄蚕食了。

光绪二十六年（1900）6月10日，八国联军进攻北京，清廷被迫对外宣战。沙俄陆军大臣库鲁巴特舍下令俄军进攻我东北。7月9 日，17万俄军分别从伊尔库茨克、海兰泡、伯力、双城子、海参崴、旅顺口等地出发，大举对我进犯。战争在修筑中的铁路沿线展开，清廷督谕各省："敌兵来犯，当同心御侮以保疆土""和之一字，万不可存于胸中"。然而，中国军民和义和团的陈旧武器并非洋枪洋炮的对手。8月初，沙俄的萨哈罗夫所率的兵团，通过松花江水路，以援助修筑铁路为名，进驻哈尔滨。8月18日，攻陷阿勒楚喀城。在北线，黑龙江将军、汉军正白旗人寿山（明末抗清名将袁崇焕八世孙）与俄军交战，后以身殉国。其临终前的遗言说：

> 江省之事非开荒无从下手，开荒之举非招民无从下手……以地域之大，土地之沃，如果得人而治，不出十年必能自立。

这个由生命和鲜血换取的箴言，可惜得之太晚，并因之付出了巨大的代价。寿山死后，清军不能敌。俄军攻陷齐齐哈尔，先将库府抢劫一空，然后又对民众进行“杀戮焚烧”。嗣后，俄军又攻入杜尔伯特抢掠。在东北方向，俄军攻入三姓，旧城的龙王庙，以及松花江、倭肯河岸民众的房屋十分之九被烧毁。在呼兰、宁古塔等地，俄军的烧杀抢掠也在不断地重复上演。1900年是中国近代史上最黑暗的年代之一，整个松花江流域和全国一样沉浸在悲痛的哀怨里，硝烟弥漫，哭号震天，血流成河，松花江母亲河流泪了。

沙皇军队的野蛮入侵激起了一切有正义感人士的怒吼。无产阶级革命的伟大领袖弗拉基米尔·伊里奇·列宁在当年12月24日创刊的《火星报》创刊号上发表了《中国战争》一文，该文指出：

欧洲资本家的贪婪的魔掌现在已经伸向中国了。俄国政府恐怕是最先伸出魔掌的，但是它现在却扬言自己“毫无私心”。它“毫无私心地”占领了中国的旅顺口，并且在俄国军队保护下开始修筑铁路……它杀人放火，把村庄烧光，把百姓驱入黑龙江中活活淹死，枪杀和刺死手无寸铁的居民和他们的妻子儿女。

这场战争的结局是清廷以割地和赔款告终。松花江流域的儿女和全国人民一样，在半封建半殖民地的双重压迫下，苦难地苟延残喘着生活，呜咽的松花江流淌的是母亲河与儿女共同的呻吟。

允垦的诏令来得太迟了，它的来迟给北疆，也给松花江母亲河带来了无可挽回的灾难。

在允垦之禁未开之时，私下闯关东的流人仍然源源不断地流向关外，就在清朝政府多次下令永远封禁垦地的同时，在松花江母亲河畔，一种新兴的产业——淘金业正悄然兴起。

道光初年，有一位来自山东的流人，从海路偷渡到辽东半岛，然后逶迤北上，来到长白山采参。采参本应持有参票，无参票者只好受雇于人，有参票者就成了老板，当然也成了无票采参者私下进行交易的盘剥中介。这位采参的山东人在北流松花江上游右岸支流龚沙河附近的山中采参汲水时，发现山中的小河沙中有闪亮的金沙，于是便悄然采之。消息一经传出，采参者便云集此地，在后来称为龚沙河、山麻河、金银壁河这些松花江的支流及其支流的支流边，干起了淘金的产业。据《吉林省旧志资料类编》记载，“自老金厂镇溯流而上，沙金益富，直至夹皮沟东南之金银壁河源的金银壁岭，山岩现黄色线，见者以为纯金之矿，乃凿取碎之，水淘果然得金。”后来，山参越采越少，参票亦十分有限，参民和流民便都转而采金，一时竟聚起数千人。到同治年间（1862 ~1875），沙金的产量达到最高峰，当时每天的产量为500黄金小两（约合16千克），淘金工人猛增至4万多人。

采金业的发展如此迅速，一方面说明了当时闯关东的偷渡者流人数量相当大；而另一方面，这些人多是由采参者转而改为采金者的，更说明在清朝末期从关内来的流人因不能垦荒，多数进山成了采参者。长白山、威虎岭、牡丹岭诸地野生山参资源的枯竭，正是这些数量惊人的采参者无孔不入的结果。1930年出版的《吉林省人文地理学》记述说，在清朝末期，有一采金工头，据沟聚众采金成霸，官兵不能剿制，俨然是一个王国。这个人原名叫韩边外，后来改名韩效忠，山东莱阳人。原本是一个农夫，因闯关东来到松花江上游的山岭中，发现金矿以后，于道光年间便召集齐燕流民来夹皮沟内淘金。这位韩姓的金把头并不是当年第一个发现沙金的采参人，而是后来的发迹者。据悉，在韩把头的组织管理下，严约束，远斥堠，生聚日繁，好像在一个穷边的幽谷里创出一块新的流人世界。著名地理学家、勘界大员吴大澂到松花江、图们江一带视察边情时，与之结识，对韩边外的开矿淘金及其严密的组织才干，极为赞赏，便为之改名叫韩效忠。在沙金集中的地方夹皮沟，在龚沙河支流的上源地带，有一片面积相当大的白桦林，穿过这片白桦林，向东南走百余里，就是淘金的好去处。这里的金矿有“线金”（即脉金）及沙金两种，线金即石英脉，生于石英斑岩或酸性火成岩中。韩效忠于咸丰六年（1856）开始经营沙金业，宣统三年（1911）清朝灭亡，韩效忠也去世，像他的名字一样成为中国最后一个封建王朝的“殉葬品”。

夹皮沟一带是镶缀在松花江南源支流上闪光的金饰。韩效忠死后，采金业仍在进行。1933年，日本侵占东北后，侵略者的魔手伸向夹皮沟，一直到1945年东北解放，才回到人民的手中。1947年，采金业恢复。据资料统计表明，自1949年到1985年的36年间，夹皮沟的产金量都位占全国第一。除国采外，民采在边边角角或采金船够不到的地方也同时在进行，1980年4月29日，一位农民在老金厂东头道沟采到一枚80. 64克的自然金块，它应该是20世纪松花江上游地的一个惊喜。此是后话。

除夹皮沟之外，在松花江南源以东及东北，也有多处金矿被发现，不过那些都是图们江的支流，已越出本书范围之外。松花江南源，在头道白河注入松花江口和古洞河注入松花江口之间，距两江镇约15华里的地方，到20世纪中叶也有金矿发现，称海沟金矿，80年代始有开发，已相当晚了。

在清朝中晚期松花江畔发现金矿的，还有中游地区的三姓。三姓金矿发现的时间，已不可考。但三姓的采金业同采参业亦密切相关。清朝中期以后，流人经吉林、宁古塔沿牡丹江顺流而下，来到三姓地区。乾隆二十五年（1760）夏天，三姓采参者因参票太少而暴发了17000多人的暴动。当时，清廷当局规定，每张参票允采五人，称为五驮。这五个人，每人发腰牌一枚，准带6斗米进山采参。由于人多票少，许多人不能进山，于是酿成暴动。暴动持续了七八天，才以副都统同意多发参票而告终。参丁的增加，使参源大为减少，而参源越少，参票越不能多发，这种两难的处境，使松花江中游的参民也伺机转至采金业中。松花江中游的采金业在三姓（今依兰）的辖区内，像林口的黑背金矿，桦南七虎力河（松花江中游支流倭肯河支流的支流）上游的石头河子镇，八虎力河上游的驼腰子等地，自顺治年间就已有零星开采，这些零星的采金者正是康熙年间不能采参，也不允许垦荒的流民。这些来自山东、河北的流民深居于山野，利用最原始的手工工具淘金，然后用淘得的沙金换取生活用品及粮食。这种简易的开采一直断断续续延续了一二百年，产量最多的是光绪二十四年（1898），是年产金1. 21万小两。次年，采金0.75万小两。直到清末，才由政府接管办起了采金厂。而与此相邻的穆棱河（乌苏里江左岸支流）上的采金业，大约也起于此时。

松花江北源的嫩江及其上游支流地区，如嫩江县（墨尔根）也有金苗发现。道光十年（1830）开始采金。光绪二十三年（1897），这里又发现了煤矿，于是煤、金都有人开采。民国初年，嫩江县的采金业不断扩大，民国十三年（1924）嫩江的兴安金厂已拥有采金工人7000多人，日采金量最多达30千克。日伪期间，采金业被日寇垄断，用机械化开采，1938年采金200千克。太平洋战争后，采金业逐渐萧条萎缩。中华人民共和国成立后，采金业由国家统一经营。但因资源紧枯，采金量已相当低了。

光绪二十三年（1897），位于松花江下游左岸支流都鲁河畔的金矿开工生产，金矿为官办，由吉林补用知府、著名地理学家曹廷杰经办。四年后，督理呼兰、都鲁河等处矿务公司的曹廷杰向将军衙门呈报了几年来都鲁河金矿在不到三年的时间里，共获利银1. 43万两。由此亦可知，松花江流域的采金业为政府财政收入作出了巨大的贡献。

松花江垦殖的寓言

20世纪初，日本人也觊觎中国领土，日、俄两国在争夺侵华利益时发生战争，战场却在中国。

光绪三十年（1904），日俄交战，外侮内侵。在付出了许多土地、鲜血和赔款的重大代价之后，摇摇欲坠的清政府终于认识到对松花江——黑龙江流域土地开垦的重要性了。尤其是在黑龙江将军所管辖的嫩江、松花江北岸支流各地，人烟稀少已成为抵御外国势力入侵的最大憾事。于是，经黑龙江将军达桂、副都统程德全奏准，将全部土地向垦民开放。在当时的黑龙江省省城齐齐哈尔设立垦务总局，专司其事。自光绪三十一年至光绪三十四年（1905 ~1908），放出嫩江两岸的大片荒地，从关内的河北、山东、河南等地，涌来大批携家带口的移民，到北地来开荒，在这片亘古以来未经开垦的处女地上，先是搭起了马架、窝棚，随后才逐渐有了泥土房，有了炊烟，也有了耕耘播种。有了耕耘播种，便有了收获。当地政府在升科后也就有了税收。实际上，清廷官员在没有全面开放垦地时，也经常上奏要求批准少部分地段的开垦。在北流松花江，即所谓满族的龙兴之地，开垦一直禁得很严，而在嫩江流域和干流松花江以北，其管辖就不那么严厉了，时不时地总有一些小量的放荒地对垦民开放。当然，这种放荒并不是无偿的，土地为清朝政府所有，换句话说，也就是国有，凡请垦者，需要交钱，才能“买地”开荒。

据张伯英编纂的《黑龙江志稿》说，在嫩江下游右岸的扎赉特旗，光绪二十五年（1899）对外放荒，因当地之荒亩“均极饶沃，若照寻常荒价加倍订拟，以一半归之蒙古（指旗政府），既可救其艰窘；以一半归之国家，复可益为度支；而民乐于得荒，更无不争先快领；日后升科收租，亦于其中酌提经费，为安官设署之用，诚一举数便之道也”。既如此，蒙旗政府的蒙古族官员，也情愿将其属界荒地，南接郭尔罗斯前旗、东滨嫩江之四家子、二龙梭口等处拨出开放。这块荒地的开放，其章程遂成为开放蒙荒之地的先导。

自清廷的中央政府批准可以全面放荒以后，在黑龙江将军所管辖的嫩江、干流松花江以北各支流流域，均在大力推行放荒工作。兹略记述处如下：

在松嫩两江的交汇处，郭尔罗斯后旗（今肇源、肇州一带）东省铁路

汤旺河与松花江下游肥沃的土地，也是早年开垦的　李景才摄

迤西之地，光绪三十一年（1905）出放荒地15. 28万垧，每垧收押租6吊300文（当时每两白银约合钱3吊），这样当地政府可以收押银22万余两，经费3.3万两。这里是交通要地，俄人船只已在松花江中往来运营行驶，故土地亦涨价，此外还要收学堂经费。涨价后的放荒地，虽价格不菲，但因是水陆要冲，踊跃者仍然很多。当时，政府规定，买荒后6年升科交租，这其中有5年的免租期，实在诱人得很。

在嫩江中游左岸及其支流讷谟尔河地，其南段当年放荒53. 59万垧，应收押租52万余两，经费7.8万余两。北段放荒6. 19万垧，接着南段又续放荒6.89万垧，其所收押租亦相当可观。

在嫩江上游的墨尔根（今嫩江市），于光绪三十二年（1906）放荒。此地约有毛荒地60万垧，至宣统元年（1909）止，每垧放荒地收银1两4钱，随增15%附加费，共放荒7.62万垧。

同年，在杜尔伯特放荒嫩江以东的土地。这里的荒地分三等：头等每垧收价银5两1钱，二等每垧收价银4两2钱，三等每垧收价银1两4钱。当年共放毛荒地5. 14万垧，应收银12万余两，但有民欠银8万余两，这是因为歉收和土匪滋扰并变通缓征所致。

在嫩江中下游的右岸支流洮儿河与绰尔河两河中间的上游地方，地近山麓，林木葱郁，虽经放荒，但是因该地有“马贼与索伦连结盘踞”，根本无户可招，后经遴选派出熟悉当地情况的蒙古族官员进山勘办，并拨队前往，复又减价招徕，每垧地仅收银7钱，才逐渐将荒地放出，前后放出毛荒地4.3万垧，总收银2.4万余两，7年后升科。由于有如许优惠条件，这块毗邻大兴安岭中段东坡的荒地，虽有马贼的潜在威胁，仍有人前去买垦。

以上是嫩江流域放荒开垦的情况，而松花江干流北岸各地的放荒开垦，也大体如是。

在松花江中游支流的呼兰河流域，有呼兰屯站，在光绪三十三年（1907），屯丁出卖与民地4.28万垧，站丁出卖与民地0. 18万垧，共收押银6万余两。

沿呼兰河上溯，至其支流通肯河西的青冈，宣统元年（1909）在前时放出毛荒地0. 91万垧的基础上，又放出毛荒地5.08万垧，在柞树冈东坡放出毛荒地1. 01万垧，两次共放出6.09万垧毛荒地，每垧按2两1钱收押租银，地亩以7折计算，共收押租银8. 96万两，加上按15%另收费1.34万两。所放地均自宣统元年（1909）起限，至6年升科纳税租。其余的0. 59万垧地，即划为留学田，将来作为教育经费，在地方办学支用。

在木兰县城西的松花江北支流白杨木河东西两岸，以及绥化府东偏铁山包迤北大砬子内外，均有可垦闲荒地数万垧，于光绪三十四年（1908）

放竣：白杨木河放毛荒9.51万垧，大砬子放毛荒6. 40万垧。此二段地系山荒，即长满了草、小灌木及少量杨、桦树的山岗地，并非混交林地，故每垧收银0.7两，外加15%的经费作手续费，总收银约计11. 14万两，经费1. 67万两。

在呼兰河上游支流通肯河西海伦县，于宣统元年（1909）清丈土地，然后放荒，两年后全部放出。共放出毛荒地74. 97万垧，又将原留作公田的0. 11万垧地和浮多的熟地1.87万垧，以及浮多荒地12. 43万垧，再加上其他零散的闲荒地、官地、未垦地等，共计18. 39万垧地同时放出。通肯河流域是松嫩平原上最大的粮食生产基地，它的大规模放垦，至今日笔者为松花江作传时仅百年多的历史，由此可见这片年轻处女地上的耕作业是如何年轻了。

在松花江干流北岸支流汤旺河一带，三姓（今依兰）以下的松花江北岸，初时放荒因路远而被人视为畏途，后经立县，将田地划分为肥田和瘠田两类，肥田仍收押租，瘠田仅收经费400文。可是，当时仍无人问津，最后全部降至每垧收400文，又经三四年的时间，才将总计约63. 98万垧的毛荒地全部放出，仅收钱25.5万吊，约折合白银8.5万两。实际上，汤旺河两岸，尤其是东岸的土地亦很肥美，只是地势低洼，抗洪能力差，洪水一来，便多受其害了。

在乌裕尔河地的依克明安（今称依安），于光绪三十二年（1906）开放依克明安公荒地。依克明安公原系额鲁特蒙古人，自乾隆二十年（1755）由新疆移至乌裕尔河（当时称胡雨尔河）流域中游的空旷地安插居住。光绪二十四年（1898），黑龙江将军将乌裕河上游以南的巴拜泉子地段放荒。因放荒地同依克明安公所居之地相邻，故也将该地进行了履勘。自该公府南30里之长冈子起，斜向东南至通肯河西岸的八道沟北、九道沟南止，拨予该公部属族人荒地40余万垧，是为该界域。由于扎赉特等蒙古旗荒地的次第开放，依克明安公亦深知放荒利厚，也请求将原留荒地，除乌裕尔河以北酌情留作生计继续放牧外，其余均愿招民放垦。经过黑龙江将军查勘，该地段土脉膏腴，按通肯河章程，每垧地收银2.1两，并加收15%的经费，至于蒙古族的依克明安公和清廷地方政府之间如何分成，则按照扎赉特旗方法办理。光绪三十四年（1908），将全部毛荒地45. 67万余垧留出生计地10. 67万垧，净剩毛荒地35万余垧，后经巴拜行局放过克俭社一段地，计面积为21. 31万垧归入巴拜段内。其余荒地，除2. 52万垧不可耕，2.02万垧毛荒地撤佃外，仅放毛荒地9. 13万垧，共收押租13万余两白银。巴拜（今拜泉）和依克明安是松嫩地区的重要产粮区，但自清末以来，不断殖垦，几无空地宜林，水土流失严重，发展造林养土，促进生态平衡，乃是该地久远的环境治理之策。

在松花江下游，即松花江入黑龙江河口右岸的同江县，经山东巡抚和当时的主管者吉林省联系，由官方组织移民来此地开荒。当时的临江（今同江）县政府在本县境内拨出荒地70方（每方含45垧，总计3150垧），于宣统二年（1910），划定城府之东8里外，从松花江口起，沿河口以下黑龙江右岸至哈鱼河汊止，长约70华里，南至莫拉气河，宽七八里不等，其中除赫哲人的旗地外，均为移民地段，拟建启元、元二等以下6个垦屯。随后移民纷至沓来，至民国八年（1919），已安置移民210余户，移民1100多人，拓垦土地435垧，每垧交租2吊。这是清廷民初由山东和吉林两个地方政府签订的，且由官方组织的批量移民活动。这种移民同放荒招民不同，它

金色的田野是垦荒者的梦　王冰摄

基本上免除了放荒的价银，但要从第一年收获起就收取地租，是国有土地放耕的最初尝试之一。国有土地的主人是清朝政府，而具体的承办者却是地方政府。

进入民初，吉林省垦殖有限公司继续组织山东、河北、奉天各省移民北上，仅民国二年（1913），就招垦4000多人，松花江下游的三江平原处女地，它的外缘也成了耕作区。不过，这里大规模的开垦，还是20世纪50年代以后的事。

以上述及的，是20世纪初由清末到民国初年松花江流域各地迎垦放荒时的一般情况，因地理位置不同，土地不同，放荒的情况也各不相同。那些被清朝地方政府放出的所谓毛荒地，在收取押租银之后，付钱者便成为这片土地上的长久的承租者，一般在五六年内免交租税，6年后或从第6年起，开始升科。升科后，承租者要按土地亩垧数向地方政府缴纳租税，用货币支付，实际主要的内涵仍是地租。

可是，自清末到民初，由于清朝政府被国民政府所取代，升科的事有的地方还没有进行，政府便更迭，这其中承租者们瞒取了多少，显然已难以查清。

进入民国年间以后，西风东渐，商业化的农业经营理念也随之进入中国，尤其是松花江流域新开垦的处女地，一股新风吹来，垦荒的事情也更加多样化了。

例如，还是在松花江下游的右岸同江县（当时称临江县），于民国二年（1913），由该县的富豪投资12万元，合伙创立了大同利垦公司，招募各地来的移民垦荒。这类公司在松花江流域，特别是下游各县，如富锦、依兰、桦川等地，也相继出现，他们经管开垦事宜，农民向公司结算，公司向政府交费，出现了资本主义农业体制的早期萌芽。这些分散的农户，仍是农民。而初具规模的私人农场，也由此而诞生。

民国七年（1918），后来担任北京大学校长的蒋梦麟在他的回忆录《西潮》中，描述那年他来松花江下游，在一位丹麦朋友办的农场考察时的情况说：

我们在8点钟左右到达目的地。在最初几年里，这块处女地上所经营的农场，每年种植的收益相当不错，真正的问题在于盗匪。几个月以前，“小白龙”曾经带着一伙人到农场来光顾一次，掳走了大批鸡鸭牛羊。土匪们似乎对农场上的人相当友善，还用他们的破枪支换走一批新枪，农场经理说：“无论如何，土匪并不如想象中的那么坏，如果日本人控制东三省，那我们就真的完蛋了。”

这是民国初年来到松花江下游考察，蒋梦麟所见到的当时萝北县一个丹麦人所办的农场的一般状况。也就是说，虽有土匪抢掠，农耕的收入尚差强人意。然而，他们却在担心日本人的入侵，果然在13年后，日本人的铁蹄终于践踏了这片饶沃的家园。

这片土地的拥有者是国家，从清朝政府到民国政府，可是经过长期的经纪与赎买，垦出的熟地必然向富人手中集中，于是出现了早期资本主义萌芽的垦殖公司股东，也出现了地主和富农。据《桦南县志》披露，到1930年日本入侵前夜，该县的土地有83%集中在地主富农手中。桦南县位于松花江下游南支流倭肯河以东的平原上，境内熟地都是清末民初开垦的。事实是，在清末民初的所谓放荒中，多数从山东、河北来的移民或逃荒者，都是穷人，他们多数人都缴不起放荒的押租。能缴起者，便成为了自耕者与放佃者。掏不出这笔钱的人自然就成为佃户，给有钱抵押租赁来的大土地拥有者种地，或租佃，或做雇工，贫富的分化亦自此愈加明晰。这样，土地的主人名义上虽然还是国家，可实际上却已为地主。

1932年以后，随着日本帝国主义的入侵，日伪当局又从日本国内移来开拓团。开拓团进入松花江流域进行垦殖，是典型的殖民主义侵略行径。在日伪期间，日本侵略者实行“紧急造田”计划，从中国人手中强行“购”掠大量土地，收买后，由开拓团耕种，以补充它的军队给养。在“购”掠过程中，强行压低土地价格，如当时将熟地分为三等，分别为每垧121元、82元和53元；荒地分二等，分别为每垧60元和41元。可日伪当局却将熟地划为二等，每垧分别为15元和10元；而荒地一律每垧2元。在桦南县，经过日伪的“购”掠后，许多好地被他们霸占。这时，不仅地主与富农的利益被毁掉了，连佃户也无地可租了。这片土地的耕种者随后又成了日本开拓团的“佃户”。

日本开拓团的农民在日本军国主义的威逼下，跨海以渡，从日本老家迁移到松花江流域开垦，许多人后来妻离子散，家破人亡，成为开拓团历史最后的注脚。

当然，更为悲惨的是当地失去土地的中国农民，他们本来就一贫如洗，又失去可以租佃的土地，生计已无法维持，于是许多农民沦为乞丐，中国人民所受的苦难，在日伪统治时期愈加深重。

在日伪统治时期，松花江悲咽地流淌着，谁知她汩汩的浪涌里，融进了多少民族的苦泪和辛酸？松花江也和这片土地上她的儿女一样，跌入苦难的深渊中。这一苦，就是14年。

曙光照亮天穹

东北三省，特别是北满的松花江流域各地，经过清末民初的若干巨变，也逐渐有了现代工业的萌芽。

东省铁路亦称中东铁路，缘起于光绪二十年（1894），甲午海战之前。中日战争之后，马关议和，日本欲割辽东半岛，受到俄法的干涉。次年，俄皇尼古拉二世行加冕礼，李鸿章前往莫斯科加贺。这时，沙俄便以干涉还辽东之惠，连诱带逼加贿，同李鸿章欲签《中俄密约》，索要更多的在华利益。其中，更以共同抵御日寇的入侵为名，要求允许俄国在黑龙江、吉林两省修筑铁路直达海参崴，并借此强修铁路之机，进一步侵略我东三省。早在此之前沙俄欲铺设西伯利亚绕黑龙江至海参崴大铁路，中间地势险峻，路远地偏，招工极难，故想从我东三省斜穿而抵达海参崴，既省时又省钱，故《中俄密约》之后，俄方实际上即控制了东省铁路铺设权。光绪二十二年（1896）八月，清政府派驻俄使臣许景澄与俄方缔结《合办俄华道胜银行契约》，旋与该银行订结《中东铁路公司合同》，承办中东铁路修筑事宜。光绪二十三年（1897）初，清廷任命许景澄为铁路公司董事会总办，铁路即于是年春末开始测量，秋末开工。至光绪二十九年（1903）七月一日，全线工程还未完毕，即由建筑筹备处移交中东铁路管理局管理营业。其时，自满洲里至哈尔滨全长935公里，22站。嗣后，其他铁路支线，也相继铺设，如齐昂路、洮昂路、鹤立路、呼海路等，这些铁路的开通，活跃了经济，对松花江上中下游地的农业开发是一个有力的促进。

在铁路未修筑之前，松花江地区同南满的联系，旧日的官道有三：自奉天（今沈阳）北上，至肇州即松嫩两江汇合地附近（今肇源），此路一分为二：一是经泰来县循嫩江而北上到达齐齐哈尔；二是沿松花江顺流而下，到达萝北县松花江入黑龙江口。从齐齐哈尔起，路仍北上，至嫩江又一分为二：一是沿嫩江东岸至漠河；另一路是经嫩江县城东北之走廊，从大小兴安岭谷间通过，直达瑷珲。从齐齐哈尔越过嫩江，向西可达呼伦贝尔。东省铁路的修成缩短了陆路行走的时间，火车比马行走速度快10倍以

北国冰封中的松花江渔猎　王冰摄

上，故铁路修通以后，运营的收入相当不错，但都进了俄商的腰包。

铁路运输虽速，但不如河运的成本低。故而，铁路虽营运，而松花江中的内河航运，也适时地兴盛起来。

以往，清廷为了边防需要，曾在吉林乌喇造船，行于松花江、嫩江与黑龙江之中，但此仅是边防需要，而民营的船只，除向对岸摆渡外，并无上下航行之利。大约于1895年，松花江有了内河航运，营运者为黑龙江商船公司。松花江航运由此开通，当时运营的还有东省铁路公司的汽船航路：一是自伯都纳经哈尔滨到松花江入黑龙江口外；二是由伯都纳至吉林。松黑两江邮船局于清宣统元年（1909）闰二月成立。局址设在哈尔滨，管有轮船6艘，拖船3艘。原为官办，后交广信公司承办。这是松花江有史以来的第一家内河航运公司，当时经营邮政、运营和载货业务。

松花江最早的航运情况，见于一次记录：

在北流松花江段上，由吉林开船，顺水至旧站40里，有人搭客上下船；又行50里至乌拉街（距城20里，无人上下船），又行50里至锡拉河，有褐煤可运；又行80里至半拉山，有石灰可运；又行360里至毕家店（距小城子火车站18里），即陶赖昭车站；又行了300里至伯都纳城（即长春岭五里坨），有帆船运豆麦赴哈尔滨者；又行360里，到双城界；又行160里到哈尔滨。

自哈尔滨以下行驶，过呼兰河口，经猴石至乌河、巴彦苏苏、新甸、黑鱼泡、南天门三站，直达三姓，约600里，江势颇直，有粮可运。再下经苏苏屯，直达富锦县，往下行便抵拉哈苏苏，至临江州，即松花江入黑龙江之河口了。

自松花江以下，民国七年（1918）夏天，蒋梦麟乘汽船沿江而下，直奔富锦县。一路上，他所见到的是1918年的松花江自然风光：

舟行两日一夜，沿途饱览山光水色，曲折迂回的江上不时出现原始森林遮掩着的岛屿，夜间月明如洗，北国夏夜的空气更是清新凉爽。月亮倒映在江水里，我们的船缓缓经过时，水面激起银鳞似的微波。松花江本身也常常有山穷水尽疑无路的情境，江水似乎汇为湖泊，森林覆盖得黑森森的山峰，常常在月色辉映中横阻去路。但是，当我们驶近山麓时，江流会或左或右忽然回转，我们的船也绕山而过，河道再度向前平伸，江水继续向天边外滚滚奔流而去。

这就是五四以前，松花江及其周围两岸风景线的一部分，数十年后，那些覆盖得黑森森的原始森林已不复存在。自19世纪末叶以来，外国的伐木公司便已纷纷进入松花江流域的山岭，所伐之木材，平均有一半以上被销往俄罗斯、日本以及欧洲各国，而销售木材的渠道，正是从东省铁路和松花江的内河航运中运送出境的。松花江母亲河，正是流着泪将这些木材

松花江上航运忙　栾叶文摄

船驮走的。

在嫩江，浅水船可达墨尔根城，顺水南行600里至卜魁（齐齐哈尔），再顺水行800里至三岔河，即松嫩两江汇合处。此地清末时，虽已大力开荒，但是在嫩江两岸地，多为泄洪区，在20世纪初时，从卜魁至三岔河，“沿江两岸无一耕种为业者，荒芜弥际，只有数处网鱼为生者”。也就是说，在20世纪之初，嫩江两岸之附近平原，还未开垦为农田，草甸、草滩仍可以保护江岸附近的水土，不致大量流失，但自那时以后，开垦者日多，如今在嫩江两岸，皆为阡陌，麦熟后为谷黍熟，然后为稻熟。人烟漫侵，处女地收获，嫩江的旷寂失去之日，便是农业进入嫩江两岸之时。自斯时起，毁草作耕，嫩江两岸的水土流失，便日盛一日了。

松花江航运的开通，为松花江带来了勃勃生机，各种航运投入日多，航运公司亦日增，其收入也日益增厚。据统计，仅联合航务局一家，在经营松花江、黑龙江与乌苏里江的航运中，在民国十六年至民国十八年（1927~1929）间，三年的航运收入，除去支出，其盈利的情况是：民国十六年（1927）：盈余182. 89万元；民国十七年（1928）：盈余234. 64万元；民国十八年（1929）：盈余186. 48万元。此外，未加入联合航务局之松、黑两江邮船，每年亦收入200多万元，其他各私人航船亦收入250余万元。

由上可知，在20世纪20年代，松花江的舟楫之利，十分可观。由松花江上的轮声帆影，即可感受到现代化的脚步正大踏步地走来，这个地区的经济也在一只看不见的经济的大手推动下，迅速崛起。

十二、松花江的苦泪与战歌

黑龙江省博物馆——松花江变迁的见证者　王冰摄

松花江的抗战之歌

1931年9月18日晚10时30分，日本驻扎在中国东北的关东军，蓄意炸毁南满柳条沟地区的一段铁路，诬称中国军队有意破坏，遂以此为借口炮轰柳条沟附近的东北军北大营及周围地区。这就是闻名世界的九一八事变。

当时，东北军因执行蒋介石“尊重国联和平宗旨，避免冲突”的不抵抗政策，驻扎在北大营的东北军官兵在睡梦中被惊醒，立即穿衣向外突围，在与日军交火后撤出。在日军650人的进攻下，这支有1.2万人的东北军就这样吃了“败”仗：死伤335人，失踪483人；而日军仅阵亡2人，伤23人。次日，沈阳被日军占领。随后，日军便沿铁路和辽河北上，向北满松花江地区发动进攻，一场艰苦卓绝的抗日战争，由此而展开。

战火很快燃向松花江，松花江儿女的抗日战斗，也随之打响了。

中国抗日战争的第一次战役的枪声是在松花江北源——嫩江的江桥处打响的，这就是闻名中外的泰来县嫩江哈尔葛江桥保卫战。

1931年10月初，辽吉已经陷落，日军正在为攻占黑龙江省作准备。这时，已率部投降日军，当了汉奸的“洮辽镇守使”张海鹏，甘愿充当马前卒，扬言北犯，一时间弄得省城齐齐哈尔人心惶惶。

10月13日，汉奸张海鹏率伪军三个团，由徐景隆指挥沿洮昂路北上，15日到达泰来。与此同时，日军还出动两架飞机，在嫩江上空盘旋示威。

原驻泰来的东北军驻军骑兵团撤到泰康以西，以守卫江桥左翼。哈尔葛江桥是洮昂线铁路跨越嫩江的大桥，该路于1926年7月修成通车。江桥的所在地是扎赉特旗泰来县的哈拉拉喀，该地荒凉未垦，是嫩江中游的一片多布沼泽的草原。铁路通车后，江桥设了一个小站，驻扎有守桥的部队，四周才有了人烟。

在哈尔葛江桥的正面，由卫队团附工兵两个连，辎重兵一个连，炮兵一个营布防。16日拂晓，张海鹏率领的伪军前锋已经进至江桥南端，欲占领江桥，守军立即开炮迎战，伪军司令徐景隆率军进攻，途中因踩响了守军的地雷而毙命。汉奸头目一死，伪军一下子溃散逃命，守桥部队跃出阵地冲击，伪军全被打垮，获得了初战的胜利。激战的枪声炮声敲击着草原的音壁，激战的鲜血染红了嫩江两岸的草莽，也染红了江水。

为了阻挡日伪军的进攻，守军拆掉了江桥上的部分铁轨，铁路宣告中断。还是在战斗打响之前，北平的张学良已致电黑龙江省有关方面，特任命马占山为黑龙江省代理省主席。军事方面由马占山任总指挥，谢珂为副总指挥兼参谋长。接到任职电令以后，马占山率步兵李青山团星夜赶往齐齐哈尔，于10月21日通电全国就职，同时电促离省人员返守职位，并下严令：凡擅离职守者，以弃职潜逃论罪！马占山任命朴炳珊为省城警备司令，随后又致书前线，激励战士，英勇讨逆，重金悬赏购买汉奸张海鹏首级，一时间抗敌守土的战斗气氛高涨起来。与此同时，马占山还对江桥一带的工事进行加固并重新布防。原驻洮索铁路的兴安屯垦军少将统带苑崇谷率部绕道来到齐齐哈尔，增援者计有步兵三个团，骑兵一个团，炮兵一个营，全部投入阻击日寇北上的抗战中。马占山将之改编成一个旅，苑崇

嫩江江桥镇——黑龙江省代主席马占山率军在此打响了中国抗日战争第一枪　王冰摄

谷任旅长，将部队开赴江桥以北的大兴西侧布防，骑兵团暂驻富拉尔基，以对景星方面进行警戒。

日本关东军不甘心伪军进攻的失败，以护路为借口，要求黑龙江省当局将部队后撤，由他们派人修复嫩江大桥，遭到马占山拒绝。10月30日，日军第二师第十六联队长本喜三郎率步兵第二大队、炮兵第二大队、工兵第二中队前往哈尔葛江桥地区，拟对江桥发起攻击。北平方面再次电令：避免与日军冲突。马占山召集会议研究对策，决定据守江桥以北两公里余的防御工事不撤离，但对日方修桥采取放任态度。11月4日晨5时，日军少佐林义秀、日本领事馆书记官早崎，会同黑龙江省政府秘书韩树叶乘汽车到达昂昂溪。昂昂溪站驻军步兵三旅参谋长石兰斌陪同这一行人前往江桥视察。石兰斌对车站驻军讲话，林义秀给渡过嫩江对江桥监修的日军讲话，训诫士兵严守纪律，避免冲突。忽然，林义秀要求石兰斌在命令中方驻军撤退的文书上签字，遭到石兰斌的严词拒绝。日军当下便突入中方军队阵地，捕去哨兵3名，虽再三交涉，日方拒不放人。

随后，日军第五中队强行从残损的江桥上通过，占领嫩江北岸的土地，并突进11公里，来到大兴站地区。在5架日机的掩护下，日军第五中队展开地面进攻，大兴站被炸毁，中方守军忍无可忍，在距大兴站南约一公里处，设伏部队开火反击，当场伤亡日军15人，日军被迫中断进攻，一架低空投弹的日机亦被击伤。

11月5日凌晨，日军又投入5架飞机助战，守军顽强抵抗，多次发起冲锋，阵地反复争夺数次。上午10时，守军主动后撤800米，退入预备阵地。

第二道防线设于三间房，距江桥25公里，距齐齐哈尔约70公里。战斗中，马占山查明日军仅有一个步兵大队和一个炮兵大队，于是，他决定正面继续抵抗，暗中派兵从两侧绕至敌军后方迂回进袭。他们利用昼短夜长的有利条件，于11月5日向后撤的晚上，派强有力的部队向大兴站之南迂回至日军后方。日军后方多是后勤补给部队、医疗队、通信部队等，组织零乱，工事简单，受到中方骑兵第一旅的突然合击，措手不及，大部被歼灭。

日军连续失利，关东军司令部两次下令增援，战斗更加激烈，但日军终未占到多少便宜。与此同时，马占山、谢珂通电全国，公布日军进攻真相，以及敌我双方的战斗情况等等。江桥战斗上报北平，报纸公布后全国民情激昂。九一八事变以来，长期受压抑的民情民怨和爱国主义的激愤一下子爆发，江桥抗战大快人心，全国各地上下一致，同仇敌忾，纷纷发来贺电奖勉，捐钱捐物不断，抗战部队官兵成了民族英雄。

由于国民党政府的不抵抗政策，以及日军的多次进攻，中方军队因武

马占山将军塑像　栾叶文摄

器对比悬殊而终于后撤，江桥失守，日军继续北上，进攻齐齐哈尔。日本关东军在占领齐齐哈尔后不久，又将它的侵略魔爪对准了松花江中游的新兴城市哈尔滨。1932年1月28日，日本参谋本部批准了关东军进攻哈尔滨的计划。事实上。早在1931年10月，进攻哈尔滨的战斗就已在哈尔滨之南打响了，为首的仍然是投靠日本的汉奸及伪军。1932年1月，他们越过北流松花江，在松花江与拉林河之间的榆树县，同独立步兵第二十五旅发生了战斗。该旅战士斗志涣散，不能拒敌，旅长、团长均兵败被俘。1月23日，伪军在拉林河畔与吉林省警备军冯占海部接触，冯部不支撤走。与此同时，日本特务土肥原潜入哈市，准备引发暴乱，弄个里应外合，哈尔滨已岌岌可危。在此关头，依兰镇守使兼独立步兵第二十四旅旅长李杜，率一个团急驱哈尔滨市进行增援。在松花江北岸的呼海铁路车站，李杜同丁超、王之佑等和马占山会面，痛陈抗日救国的决心和马占山一拍即合，决定组织统一指挥的吉林省自卫军总司令部，李杜为总司令。马占山支援枪弹50万发，并派部队渡过松花江，进入哈尔滨增援。随后，李杜、丁超领衔发出讨贼通电，号召哈尔滨市及周围县镇居民，团结一致，奋起抗战。哈尔滨市的银行界也拨出哈洋50万元，支援粮饷。

李杜率军增援后，伪军有所顾忌。1月27日，伪军进入哈尔滨的南岗、三棵树地区，均遭到李杜新编第一和第二十四旅的抵抗而止。日军派出一架侦察机，在哈尔滨市上空盘旋侦察，被地面火力击中，侦察机被迫降于哈尔滨市西北隅4公里处的松花江南岸，第二十八旅的一部骑兵闻讯赶到，将飞行员活捉，另一日军中尉在企图顽抗中被击毙。1月29日，关东军下达作战命令：全面进攻哈尔滨。

日军沿铁路北上，也有一个棘手的问题：那就是日本管理的南满铁路路轨窄，为1. 435米，称为准轨；而北满的铁路由沙俄延续到苏联管理，是宽轨，轨距为1. 524米。火车不能直行，若从南满至北满，需换车，而苏方站长拒绝运兵，并虚与委蛇，拖延时间，一直到1月29日拂晓，日本的运兵车才到达松花江南岸的老哨沟一带，受到东北军步骑兵600多人的阻击，停停打打，打打停停，直到晚间才到达三岔河以北的石头城子。这里距哈尔滨还有50多公里，日军预计30日夜间可以到达哈尔滨。而被命令从齐齐哈尔南下从侧后方攻击哈尔滨的第二师团混合第四旅的伪军，因一路有抗日义勇军沿路阻击，列车多次受阻，直到战斗结束，也未到达指定位置。

1月30日，日军第三旅团军拟乘车北上，事先大汉奸熙洽让其部下给二十三旅旅长赵毅打电话，告知日本北上经过双城堡的时间，要求赵“给予合作”。赵毅假意答应，然后便对所属部队作了部署，并将自己手中控制的三列装甲车开到指定位置，隐蔽待命。为使此战万无一失，赵毅先发制人，先将附近的伪军解决掉。

日军两列兵车顺利通过老哨沟，渡过了松花江大桥，又渡过了拉林河大桥，于1月30日傍晚驶入双城堡车站。正要吃饭，赵毅伏军跃出，猛烈的火力把日军压制在车站站台上。日军被打个措手不及，经过两个多小时的战斗，给日军以沉重的打击，其伤亡达400多人。

关东军遭到突然的阻击，死伤惨重，再加上冻伤，便不敢贸然前进，乃向第二师团告急。2月3日，第二师团主力到达双城堡，两军会合后继续乘车北上，当晚到达哈尔滨西南的苇塘沟，连夜策划进攻哈尔滨的兵力部署。

吉林自卫军总司令李杜亦在部署兵力，保卫哈尔滨，保卫松花江这片沃土家园。他以邢占清的二十六旅两个团和丁超的二十八旅的一个团分别据守三棵树和南岗等地，由双城撤回的二十二旅防卫上号（香坊）地区，而警备军冯占海部担任迂回攻击，总参战兵力达1.4万人，士气高昂，志在必胜。

2月4日，战斗在哈西铁路两侧的顾乡屯、永发屯、杨马架子一带展开，日军向铁路东西施以进攻，均被守军击退。2月5日拂晓，自卫队向日军发起反击，用炮火轰击日军阵地。9时许，自卫军步兵两个营攻击日军正面阵地，使敌陷于苦战中。其他各阵地的自卫军也频频出击，使敌首尾不能相顾，便派飞机前来增援，投弹170余枚，又集中炮火攻击自卫军。李杜、丁超亲临前线指挥，给日军以重创，但终因日军炮火占优，空军肆意轰炸，乃将部队撤出，转移至松花江以下的宾县一带，继续坚持抗日战争。

东北沦陷后，原东北军警中的爱国将领，不顾蒋介石的不抵抗政策，自发地打起救国军、自卫军等旗号，率部抗战，尤其是生活在松花江流域的儿女们，纷纷挺身而出，利用各种形式组织起来，同日本侵略者作战，其打击日本侵略者的战场遍布了大江南北。到1932年夏秋之季，民间自发和东北军余部的抗日武装已达到30多万人，这就是盛极一时的抗日义勇军，《义勇军进行曲》（田汉词，聂耳作曲）就是后来的中华人民共和国国歌。这些抗日的队伍，给日本侵略军以有力的打击，为中国人民的抗日战争胜利立下了不朽的功勋。可是，由于国民党政府一直采取不抵抗政策，这些队伍在武器补给、粮食等后勤支持上，都十分艰难，到1933年以后，便逐渐衰落下去，只剩下少部分武装退入山林，继续进行抗日斗争，这些队伍后来又和中国共产党组织的抗日联军一起，坚持斗争，直到抗战胜利。

自1932年2月5日哈尔滨沦陷以后，哈尔滨这座新兴的城市和它依存的松花江一起，便在日寇铁蹄下呻吟，在黑暗的岁月里，亡国奴的悲怆遭遇，让松花江日日夜夜都在流泪哭诉……许多人无家可归，成为流浪者和难民。

那支由张寒晖作曲的著名的救亡之歌《松花江上》，开始在大江南北传唱，它承载了这场历史的苦难，也唱出了松花江儿女流浪中悲怆的心声：

我的家在东北松花江上，

那里有森林煤矿，

还有那满山遍野的大豆高粱。

我的家在东北松花江上，

那里有我的同胞，

还有那衰老的爹娘。

九一八，九一八

从那个悲惨的时候，

九一八，九一八

从那个悲惨的时候

脱离了我的家乡，

抛弃了那无尽的宝藏，

流浪！流浪！

整日价在关内流浪！

哪年，哪月，

才能够回到我那可爱的故乡？

哪年，哪月，

才能够收回那无尽的宝藏？

爹娘啊，爹娘啊，

什么时候才能欢聚在一堂？

在离乡背井的逃难中，由松花江母亲河养育的儿女始终唱着怀念家乡、怀念母亲的歌。稍后，抗日的文学之歌，开始出现在松花江流亡作家的笔下。

首先是萧红（1911~1942），她是喝松花江中游支流呼兰河水长大的。她家就住在呼兰河畔的小城呼兰县的城镇中。她因逃婚而出走，因沦陷而逃亡。但她怀念故土，以优美的笔调创作了享誉世界的长篇小说《呼兰河传》，这是松花江儿女第一次以儿女的身份来描述养育自己的母亲河——呼兰河边的风土人情与故事，这是20世纪二三十年代呼兰河风景线上的一道历史风光的缩影。

萧红的另一部长篇小说《生死场》，描写了九一八前后呼兰河儿女的生活与苦难。对于这批在生死线上挣扎的农民来说，这是一部悲怆的历史，当人们展读这部关于生、老、病、死与轮回的乡土小说时，进入读者眼帘的是一再出现的坟场——在这坟场的周围，见到的是一群觅食的野狗和散布于贫民墓地的堆堆白骨。呼兰河畔的村民，生是村之民，死是河边骨。随着时间的推移，村民死亡的增多，坟场在不断地扩大，然而就在这恬静的乡野间不间断的生死轮回中，日本鬼子的膏药旗突然出现了，于是循环往复被打破，欺压与践踏将村民们逼到非反抗不可的地步。于是自发的个体的抗日行动出现了，有组织的抗日行动尚在酝酿之中。村中贫困的农民二里半放弃了他唯一的财产——一只老羊，蹒跚地和他的乡亲一起，加入到抗日的队伍里。1935年12月，小说《生死场》出版后，立刻受到文学界的普遍关注。人们称赞此书“真实地反映了东北人民在动荡年代中的生活，以及乡野村民被迫进行抗日斗争的觉醒过程”。因此，它被誉为“30年代抗日文学的奠基作品”。

和萧红在一起的还有萧军。萧军（1907~1988），少年时代便历经离

现代文学名著《呼兰河传》与《生死场》作者萧红塑像　范震威摄

乱漂泊，后来从军，九一八后远离大凌河牤牛河的乡土而来到松花江畔的哈尔滨。1932年夏天，在松花江发大水之前，走投无路陷于经济困境中的萧红，致求救信于《国际协报》，得到该报副刊主编裴馨园的援手，派萧军去救助孕中的萧红，萧军从而与萧红相识。随后，二萧便以夫妻的名义在一起生活，更以煮字疗饥。流亡到关内后，由青岛而至上海，遂与鲁迅相识。1935年3月，萧军出版了他的长篇小说《八月的乡村》。《八月的乡村》描写一支抗日游击队（萧军的父亲和他的两位叔叔都参加了抗日义勇军的战斗）的成长历程，刻画了陈柱司令、铁鹰队长，以及游击队员李三弟、崔长胜等新农民形象。全书由短篇连缀构成，自始至终响彻着英雄主义的必胜基调，在全国抗日战争爆发以前，以笔为武器，对日本帝国主义的侵略进行了无情的打击，被誉为是一部出色的爱国主义作品。

宁将碧血洒江山

自1931年9月18日事变始至1945年8月15日日本投降，14年惨遭日本帝国主义侵占、抢掠和欺凌的噩梦，是松花江母亲河心中永远的痛。

14年中，为抗击日本帝国主义的侵略，松花江的儿女们在中国共产党的领导下，组织抗日武装，对日本帝国主义的抢光、烧光、杀光的“三光”政策，进行了艰苦卓绝的殊死斗争，在松花江的大地上浴血奋战，建功立业，这是松花江母亲河心中永远的骄傲。

杨靖宇将军殉国地纪念塑像　王冰摄

无数先烈在这场斗争中倒下去了，后续者踏着他们的足迹和血痕不断向前，在松花江畔的山林大地上，他们为民族的生存，前赴后继，从而为历史留下了座座丰碑。

在这些丰碑上，书写着千千万万战士的名字，松花江母亲河不会忘记他们……

历史不会忘记杨靖宇将军。

杨靖宇（1905 ~ 1940）原名马尚德，河南省确山县李湾村人，到南满松花江南源一带领导抗日联军对日寇作战时，改名杨靖宇。

九一八后杨靖宇被党派往哈尔滨，化名张贯一。1932年初春，担任哈尔滨市委书记。4月，杨靖宇代理满洲省委书记，主持研究扩大东北抗日游击活动的计划，派遣一批干部到伪军和原东北军中进行抗日鼓动工作。同年底，杨靖宇深入到磐石、桦甸、海龙、伊通、双阳、金川等地，检查党组织和反日游击队的工作，并把在松花江南源支流辉发河、饮马河一带活动的磐石游击组织——磐石工农义勇军改编成中国工农红军第三十二军南满游击队；把活动在辉发河流域的海龙工农义勇军，改编为中国工农红军第三十七军海龙游击队。后来，杨靖宇又被派往游击区，担任抗日组织领导工作，走上抗日战争的第一线。1933年1月，杨靖宇担任了南满游击队政治委员。

在抗日战斗中，杨靖宇显示出了卓越的组织才能和军事才干。这位从淮河走来的革命者，一进入松花江母亲河的怀抱，就被这片壮丽的大好山河所吸引，他曾发誓说，不将日本鬼子赶出去，他誓不出山。这种大无畏的精神极大鼓舞了抗日游击队的战士。

1934年11月7日，东北人民革命军第一军正式成立，杨靖宇同志任军长兼政委。自此，第一军转战在南满、东满各地，在松花江上游、鸭绿江上游以及浑河上游等地的崇山峻岭中，在激流滚滚的江河上游间，巧设阵，布奇兵，狠狠地打击了日伪军的嚣张气焰，在抚松和濛江间建立了根据地。

1935年8月，中共中央发表了“八一宣言”。1936年春，根据党的“八一宣言”要求建立全国抗日统一战线的精神，党领导下的抗日队伍统一建制，杨靖宇领导的部队改编为东北抗日联军第一军。不久，一、二军合并，仍名抗联第一军，杨靖宇担任总指挥兼政委，此时队伍有6000余人，接受一军领导的抗日武装1万多人。为鼓舞士气，团结战斗，杨靖宇还创作了《抗日联军一路军军歌》，由韩仁和谱曲。歌中唱道：

我们是东北抗日联合军
创造出联合军的第一路军，
乒乓的冲锋杀敌的缴械声，
这就是革命胜利的铁证……

英勇的同志们，前进啦，
打击日本推翻“满洲国”，
第一次的民族革命战争，
完成了弱小民族的解放运动……

1938年，抗日战争进入相持阶段，日军抽调大批兵力“围剿”杨靖宇部队。是年秋天，一军队伍在向长白山头道松花江转移途中，于外岔沟同敌人遭遇。日伪13个团围追堵截，我抗联一军沉着应战，终于冲出重围，胜利地进入松花江上源的密林中。除了1938年严冬的冰雪、1939年夏季的酷暑和连绵的风雨，接连不断同敌伪作战的一军，还经常断了粮食，有时不得不杀马充饥。部队在艰苦卓绝的条件下，仍然斗志高昂。1939年末，一军化整为零，分成三股转战于东满地区。

1940年1月初，杨靖宇率领的300多人的队伍攻下龙泉镇，按计划向安全地方转移，由于叛徒的告密，日伪军冒雪调集兵力将之包围，部队遭到了重大的损失。1940年2月18日，杨靖宇身边仅剩下15名战士，周围的日伪军已将所有的山口、路口封锁，活动在濛江、抚松的抗联二方面军指挥曹亚范率部来增援，在半途中也被包围和轰炸。杨靖宇在断粮的情况下，又坚持奋战了五昼夜，剩下的两名战士也光荣牺牲了，杨靖宇身上受伤多处，但仍且战且走。2月23日上午，走至濛江县保安村西南的三道崴子，单身被上百名日伪军包围，最后中弹牺牲。这位35岁的抗联将军将一腔碧血洒在了头道松花江左岸支流珠子河的小汊流边的密林中。

残暴的日寇割下杨靖宇的头，剖开了他的胃。胃中只有枯草和树皮，没有一粒粮食。敌人震惊了：这样的民族是可以征服的吗?1948年冬，保存在福尔马林液中的杨靖宇的头颅被送至哈尔滨烈士纪念馆。馆址坐落在南岗的高地上，从那里即可以望见他为之抛头颅洒热血的松花江母亲河的英姿。中华人民共和国成立以后，濛江县改名靖宇县，以纪念在此舍身殉国的抗联第一路军总司令杨靖宇将军。

杨靖宇牺牲以后，一路军总指挥由魏拯民同志担任。魏拯民（1909~1941），山西省屯留县王村人。1927年加入中国共产党，1932年受党的委派来到哈尔滨，先后担任道外区委书记、哈尔滨市委书记。1934年冬，被派往东满抗日游击区工作。一、二军合并后，便和杨靖宇将军并肩战斗。杨靖宇牺牲的消息传来，魏拯民在桦甸县东南松花江右岸小支流头道溜河一带的密林里主持召开了南满省委和第一路军干部会议，研究继续开展抗日游击活动等重大问题。此后，魏拯民领导一路军在松花江上源右岸支流古洞河的汊流红旗河一带伏击日伪军，歼敌140余人。同年7月，又转战至哈尔巴岭牡丹江上游地区和黄泥河子一带，袭击了敌人的警察队。这时，日伪军讨伐极为疯狂，处境困难的三方面军在陈翰章将军的领导下，按照魏政委的指示，远离讨伐中心敦化县，西走五常，沿路袭击了松花江以北的蛟河县窝瓜站、舒兰的森林警察、拉林河的伪军等，接着又袭击了六道滴达、石头河子、辛家营子等守敌，不断获得抗日战争的胜利。但是，入冬以后，日伪军更加猖獗，生活在山中的魏拯民政委因长期吃野菜树皮，胃病更加严重。1941年3月8日凌晨，天刚破晓，一缕暗淡的光照在魏拯民的病榻上，这位转战在松花江南源地区的杰出的革命家终于不治，将他生命的最后一息也献给了松花江母亲河，时年32岁。

在松花江不能忘记的千千万万抗日英雄儿女中，还有杰出的赵尚志将军。

赵尚志（1908~1942），辽宁省朝阳市喇嘛沟人。全家靠父亲教私塾和长兄种地维持生活。1917年初，赵尚志的父亲因参与打死几个作恶的官兵而被迫离乡逃难，来到哈尔滨，从此成为松花江母亲河养育的儿女。

1925年2月，赵尚志入许公工业学校学习，并由此而同当时的中共哈尔滨市委书记吴丽石相识。后来，赵尚志因参加革命活动，被学校开除。失学后的赵尚志决心去黄埔军校学习，由此到了广州，经过辗转努力成为黄埔军校第5期学员。1926年3月发生了中山舰事件，校内对共产党的学员进行排斥，赵尚志毅然退出黄埔军校，按照党的指示返回哈尔滨，进入北满地委工作。此后历尽挫折，但他仍矢志不渝，坚持抗日。

1933年10月，珠河县委在拉林河支流牤牛河北源三股流召开大会，赵尚志被选为抗日游击队队长。游击队共有13人，1挺机枪，13杆步枪。队伍很快壮大，不到三个月，便已发展到70多人。1936年1月，北满抗日部队领导人召开会议，经协商成立了东北（后改为北满）抗日联军总司令部，赵尚志被选为总司令。

汤原根据地得到巩固以后，赵尚志又率军转战于松花江以北的木兰、东兴、庆安、铁力、海伦等山林与平原地区，给日伪军以多次打击。1936年9月18日，在赵尚志提议下，珠河县委、汤原县和三军、六军部队首领，在汤旺河沟里密林中，召开了联席会议，重新确立了“一切为了抗日战争胜利”的口号。嗣后，赵尚志等又率军远征嫩黑平原和山区，将抗日战火扩大到西部的嫩江、大兴安岭。在半年多的远征中，赵尚志身经百战，纵横千里，歼敌1100多人，同时也打破了敌人原定的对宾县、木兰、通河、依兰等县进行“围剿”的讨伐计划，将抗日的火种播向松花江的北源嫩江。

1937年抗日战争全面爆发。年末，六军二师师长陈绍滨从苏联归来带消息说，苏联要求北满派主要负责人去商讨重大问题。北满省委极为重视，立刻召开会议研究，最后决定由赵尚志代表北满省委到苏联相商。

赵尚志越界后，苏联否认邀请北满代表一事，并怀疑赵尚志是冒充而将之关押起来，加以审查。直到1939年6月，才将赵尚志释放，并说这是一个“误会”。同时向他转达了驻共产国际的中共代表团的决定：任命他为东北抗日联军总司令。赵尚志立即组织了当时在苏联的东北抗联人员100多人，并于7月返回。返回小兴安岭密林中后，第一仗打了乌拉嘎金矿，缴了矿警队，扩大了队伍。随后，他们决定分头进军，赵尚志守卫的司令部仅留下十几个人。但是，在赵尚志赴苏期间，他所在的原部队却发动了反赵的斗争，解除了他军长和司令的职务，给予党内严重警告处分。后来，赵尚志又被开除了党籍。赵尚志写信据实申辩，无效。1940年底，赵尚志又赴苏联开会，再次受到了批判。

今日梧桐河，赵尚志将军鲜血染红的土地　韦光摄

党籍没了，职务也被撤掉了，但他的革命和抗日的意志却没有动摇。1941年秋天，他带领5人小组，再次回国进行战斗。敌人得知后，便派特务刘德山以进山收货的商人身份，和赵尚志会面，刘提供假情报，并以他是赵尚志一位老战友的“朋友”身份而被留在部队里。

1942年2月12日，赵尚志在刘德山的预谋下，被引诱去袭击松花江北岸支流梧桐河畔的警察分所。在距梧桐河警察分所两公里处，刘德山从背后向赵尚志开枪，将赵尚志腹部击伤。赵尚志立刻还枪将刘打死。敌人听到枪响，包围上来，赵尚志立刻将背包交给战士转移，他却因伤势过重而昏迷被俘。由于伤势过重，在一息尚存的8小时中，敌人仍进行审讯，赵尚志却未发一声呻吟，只痛骂审讯官为卖国汉奸，直至最后一刻，以身殉国。

松花江干流南岸支流蚂蜒河，曾以盛产东珠而闻名，故其城名叫珠河

汤旺河上游之五营——小兴安岭中抗联的第五秘密营地在此　王笑宇摄

县，这里是赵尚志率军抗日的根据地。1946年，为纪念赵尚志烈士，乃将之改为尚志县，现称尚志市。

1982年6月8日，经黑龙江省委决定并报中央批准，也就是在赵尚志牺牲40年以后，给赵平反昭雪，恢复了赵尚志同志的党籍。这种迟来的公正为赵尚志的一生增添了更强的传奇色彩。

人们还永远不会忘记抗日女英雄赵一曼。

赵一曼（1905～1936），原名李坤泰，乳名淑瑞。四川省宜宾白杨嘴村人。赵一曼家境富裕，8岁时入私塾，接受过良好的教育。但是，在20世纪初，女孩子要想冲破封建家庭的束缚，像裹小脚、穿耳孔等习俗，必须要有极大的勇气。赵一曼就这样在反抗中，以一双天足踏上了革命的征程。1931年九一八事变后，赵一曼被派往东北。

赵一曼先到沈阳，后又被调往哈尔滨，这位长江养育的女儿又来到松花江母亲河的怀抱。1933年初，赵一曼任哈尔滨总工会代理书记。第二年的4月2日，赵一曼领导了哈尔滨电车工人的反日大罢工。

1934年春，经满洲省委指派，赵一曼被分配到珠河中心县担任县委委员，在游击区里，开展抗日救国工作。一次，中心县委在伪军中买了十几支短枪和一批子弹，因敌人沿路盘查而无法运出。赵一曼便和另一位抗联女战士担起了这个任务。她俩到交接地点取到武器，用油布、油纸将之包起来，放进马拉的大粪车中。因为大粪车臭烘烘的，一路上无人查问，很快便将武器全部运出城。还有一次，三军第三团在侯林乡活动，突然和敌人两个团遭遇。对峙交战了一天一夜，敌人凭借支援不断，继续对我军施压。赵一曼得知此讯后，便率领农民自卫连和武装的群众从敌人背后包抄

抗日女英雄赵一曼塑像　王冰摄

上来。由于出其不意，攻其不备，敌人前后遭到夹击，很快便溃不成军，丢下尸首和枪械落荒而逃。

1935年11月的一天早上，赵一曼和二团战士被敌人包围在山沟里。他们同敌人奋战了一天，晚上乘着夜色才转移出去。在转移时，赵一曼的大腿被击伤。11月22日，赵一曼和另外三名战士在珠河县第三区春秋岭的一个农舍里养伤，后被伪军包围，在枪战中，赵一曼左腕被击伤，因失血过多昏迷而被捕。在珠河县，敌人连夜对赵一曼进行审讯，赵一曼拒绝回答，因失血过多而再次昏迷。

赵一曼被押到哈尔滨市第一医院，被关在一间病室里，门口有一伪警看守。赵一曼住在医院里养伤，敌人企图从她嘴里挖出抗联三军的情况。赵一曼决心在伤好后，寻机逃走。经过策反，1936年6月28日赵一曼在一位同情抗日的护士的帮助下，逃出医院，乘坐马车奔向游击区。6月30日早5时，伪骑警队于阿城县李家屯，在离我游击区约20里的金家窝堡附近，追上了赵一曼乘坐的马车。

赵一曼再次陷入囹圄。她被押进了伪警务厅，受到各种严刑拷打，敌人甚至用烙铁烧烙她的前胸，让她交代抗联活动的情况。赵一曼咬紧牙根，始终不吐一个字。

1936年8月1日，赵一曼被押解到她从事抗日活动的珠河县。敌人将赵一曼绑在大车上“游街示众”。赵一曼仍不屈服。她要了纸和笔，为儿子写下了一个31岁的母亲的遗言。随后英勇就义于松花江南支流蚂蜒河的西岸上。

一位从长江岸边走来的英雄女儿，仍为她的松花江母亲河的解放流尽了她的最后一滴血。

赵一曼的英雄事迹解放后被搬上了银幕，她光彩照人的革命意志和坚持抗日的不屈精神，感动和影响了几代人。笔者有诗叹曰：

巾帼春秋镌玉琮，一曼碧血照江空；
欲问女杰牺牲地，林海惊涛唱大风！

八女投江的英雄故事，是松花江母亲河的女儿用鲜血和生命为母亲河史传谱写的又一支浩歌。

1936年，东北抗日联军除第一、第二军仍活动在东南满，第十军活动在五常拉林河上游的山林中外，其余各军都集中在三江平原的丘陵山区中活动。敌人觉察到了这一情况，便集中大批兵力进入三江地区，妄图对我抗联部队进行“围剿”。为此，上级决定四、五军的部队向西转移，当时称西征。

五军的西征部队中有许多抗联女战士，在战斗中巾帼不让须眉，表现得特别勇敢。1938年8月，西征部队在五常县拉林河一带活动时，又同敌人遭遇，战斗异常激烈，五军在损失很大的情况下才突出重围。在突围后，四军、五军的女战士合并成立妇女团，在跟随一师部队返回牡丹江，以图作休整时，全团只剩下以指导员冷云为首的八名女战士。

八名女战士随联军一起返回牡丹江。在东西往返几千里的征战途中，她们和队伍中的男人一道，肩上扛着枪、干粮袋，腰上围着子弹和手榴弹，在杳无人烟的原始森林中穿行，有时没有粮食吃，就吃野菜、蘑菇、

《八女投江》画作　王盛烈作（此画藏东北烈士纪念馆）

野果等。她们爬山越水，露宿风餐，衣服被撕破了，鞋穿飞了，就这样穿行在老爷岭、张广才岭的深山老林中，听虎啸鹿鸣。这八名女战士在柴河镇以北的佛塔密蹚过牡丹江左岸支流头道河子，又在海林的半砬子截获了敌人的三只小船，队伍渡过波涛滚滚的牡丹江后，弃船北上。在10月上旬的一天，她们来到林口县牡丹江右岸支流乌斯浑河边。正在涨水期的乌斯浑河水多流急，汇聚了锅盔山、肯特阿岭（意寒冷之山）、老秃岭等多条支流，是牡丹江中游最大的支流。乌斯浑河自东南向西北流，在柞木岗山的北部汇入牡丹江。八名女战士在柞木岗山的乌斯河上游大小关门嘴子山的树林中准备露营一宿，第二天凌晨渡过乌斯浑河，去五军的秘密军部。

这时已是秋末冬初的季节，夜里露水很重，战士的衣衫和裤子都被露水打湿，秋风一吹，寒气叫人颤栗。指导员冷云叫大家点起几堆篝火取暖，在小憩中进入梦乡。

篝火给战士以温暖和休息，但家住样子沟的汉奸特务发现了战士们的篝火，便向驻扎在当地的日伪军报告。日伪军连夜奔往篝火处，当时不知抗联有多少人，先将大小关门嘴子山包围，待天亮再发起攻击。

第二天拂晓，休息了一夜的战士准备渡河。当时正是秋汛，乌斯河水涨流急，浪花拍岸，发出啪啪的响声。河水很宽，原来在非汛期可以坐船也可以蹚过的渡口已不复存在。为了不发生意外，师领导命令会泅水的金石峰参谋带着八名女战士先行渡河。他们来到河边，金石峰下水试了试深浅，未几便游到了对岸。就在他招呼八名女战士下水渡河的时候，突然枪声响起，包围的日伪军围了上来。八名女战士被隔在了河边，而金石峰却在河的对岸。一场殊死的恶战就这样打响了。我抗联大队队伍在和日伪军的对战中，边打边往柞木岗山撤退，进入树林中。

冷云等八名女战士处在河边，枪响后，她们便躲进柳条通的树丛里隐蔽起来。冷云发现了大部队要向柞木岗山撤退的意图，为了转移敌人的注意力，减少大队的损失，使之尽快突围出去，她毅然下令："快向敌人开火，把敌人引过来，让大队突围！"

八名女战士懂得了突围的含义，立刻操起长短枪，向敌人射击。敌人这才发现了她们，马上组织一部分日伪军朝河边扑来。敌人的火力分散了，抗联大队人马乘机发起冲锋，突破了包围圈，夺路而走，进入了柞木岗山的密林。大队指导员发现冷云她们的攻击，立刻意识到这八名女战士的危险，于是命令部队掉头攻击敌人，想借此将女战士们营救过来。可是，敌人的重火力已控制了山间的路口，将大队和女战士们的联络切断了。冷云看到大队又折回来援救她们，马上想到这样恋战，对大队不利，

原哈尔滨图书馆，日伪时期为警察厅　王庆春摄

便大声喊话："保住手中枪，抗日到底，冲出去！"七名女战士也随着冷指导员的话高喊。敌人毕竟太多，武器也占优势。八名女战士仍沉着地应战，而大队向此处的靠近，也为敌人火力所隔，牺牲的战士越来越多，大队指挥员只好忍痛下令撤军。敌人看大队撤走，想引兵去追难以奏效，便将全部兵力朝女战士围来，欲活捉她们。八名女战士的长短枪抵挡不住敌人的进攻，她们甩出手榴弹将冲上来的敌人炸死好几个。敌人不明就里，暂时停止了进攻。

太阳从地平线上升起来，是一个秋高气爽、万里无云的晴天。冷云她们所蔽身的柳条通、荒草，在战火中被烧焦，她们几乎暴露在荒凉的乌斯河岸边。身后十几米处是乌斯浑河，河岸的大小关门嘴子山柞叶红如火，闪烁在清早的阳光下，更加美丽而迷人。

天大亮以后，敌人也看清了八名女战士孤立无援。他们集中迫击炮火，向女战士射击，浓烟在河边上升起。女战士们打光了枪弹，手榴弹只剩下了三颗，等在她们面前的是战死或被俘。冷云望着七位姊妹，七位姊妹也望着她。冷云再次发出命令："过河！"过河还有一线生机，可是八名女战士都不会浮水。

冷云、安顺福、杨贵珍站起来，将三颗手榴弹甩向敌人，趁着三团烟雾升起之际，她们互相搀扶着一起向河边走去。一颗子弹打中了王惠民的肩头，她跌倒在地，冷云刚要去拉她，也被一颗子弹打中肩膀。胡秀芝连忙将冷云扶住。安顺福抱起小王，冷云用手捂住肩膀，鲜血从指缝间流出来。她忍着巨大的疼痛下令说："走！"

她们相互搀扶着进入汹涌奔腾的乌斯浑河。

乌斯浑河的流水撞击着女战士的胸口，当她们逐渐进入没胸深、齐颈深的河水中时，脚便站立不住了。她们都不会浮水，只用手臂本能地划着。面对波涛汹涌，面对灿烂的晨光，她们坚定而从容地向河心走去，身后是日伪军的枪声和喊叫声，她们留在河上的身影终被没顶的波涛所淹没，河上漂着一片血红的亮色……

她们以及她们的生命，就这样随着乌斯浑河的大水向牡丹江流去了。

她们的英姿没入浪花，身影也融进浮光里。天地巍巍，乌斯浑河长流不息。如今，八女投江的故事成为松花江女儿谱写的一曲最壮丽最伟大的英雄之歌。

十三、我们挚爱的母亲河

我们挚爱的母亲河　王冰摄

松花江276年沧桑水情

松花江源远流长，流域广阔，松花江水文水情的变化影响着东北黑龙江省、吉林省和内蒙古自治区北部的经济与社会生活，因此松花江水文的情况历来受到关注。

松花江的北源嫩江流域属于中温带大陆性季风气候，冬季长而严寒少雪，夏季短而温热多雨。松花江的南源北流松花江上中游流域属于温带湿润气候，其源头长白山天池周围及老爷岭以南地区降水量丰富，夏季降水尤多。松嫩两江合流处及其以西地区，越往西南，越显示出明显的半干旱季风气候，风多而少雨。整个松花江流域的水文水情，受南北二源的影响十分显著。

有史以来，松花江母亲河的水文水情记录极少，最早的记录见于《辽史》和《金史》，隋唐渤海国时期是否有记录，因无史书传世而不可考。辽金以后数百年，直到清代中后期，才为史家所记录。至今整理保存的记录始于1746年（乾隆十一年）。

统观松花江276年的旱涝变化，可以归纳出以下几个特点：

一是水涝灾的频繁发生。在276年中，每10年出现4次水灾，3次旱灾和3次正常年景。水灾的发生可达每5年2次的密频记录，说明了松花江母亲河也有肆虐的一面。以特大洪水为例，在整个276年的时段中，已发生了16

次，平均每16年即要发生一次特大洪水，而且从已经过去的276年看，每次特大洪水发生，都会给松花江流域的儿女们造成重大损失。

二是涝旱灾害在流域内发生的普遍性，而最严重的是春旱与夏秋涝的同年发生，这样的年景对农业、畜牧业的影响十分巨大。

三是涝旱发生的连续性。如1926～1934年，连续9年发生水灾，1974～1980年，连续7年发生旱灾等，像这样连续出现灾难的年景，在松花江的276年中，几乎俯拾即是。这种连续性灾害的发生，在一定程度上是与大气环流的周期变化特性紧密相关的，也是难以避免的自然现象。

四是旱涝的交替出现。大旱复以大涝，其间交替出现的情况较多。

五是随着时间的推移，灾害的发生正在加重。经过比较，在已经过去的1801~1900年和1901~2000年的两个世纪的两个百年中，洪涝由44次（年）增加到46次（年），其中，特大洪水由6次（年）增加到9次

1998年嫩江大洪水冲毁的路面　刘维滨摄

呼兰河的秋汛　王冰摄

（年），大洪水由6次（年）增加到18次（年），特大旱灾由3次（年）增加到8次（年），大旱由7次（年）增加到13次（年）。由此亦可以看出，20世纪的情况远比19世纪的情况来得严重，其中还有一个突出的表现是19世纪的正常年景（平水年）为29年（次），而20世纪仅为22年（次），情况的恶化已是不争的事实。这种情况的发生，基本上源于环境的恶化、过量的开垦、过量的采伐、过量的放牧，使南北两源的植被遭到了严重的破坏。风沙的侵蚀，湿地与湖沼的萎缩干涸，使流域内的调节功能极度下降，从而导致了正常年景大大减少，灾害的总次数增加虽不大，但灾害的规模却增大了许多。

1746年夏天，嫩江和松花江干流发大水，齐齐哈尔、墨尔根（嫩江）等地发生水灾。呼兰地区50座官庄内，8座官庄的庄稼全部被水淹没。

1911年，嫩江及其支流讷谟尔河，以及松花江干流及其支流呼兰河、汤旺河等，发生特大洪水。当年农历六月二十八日至闰六月初一日，呼兰河、汤旺河中上游普降大雨，山洪暴发，“平地水深七八尺至丈余”，出现了历史上罕见的大洪水，致使绥化、呼兰、海伦三府，青冈、兰西、铁山包（铁力县）、余庆（庆安）、汤原、桦川等六县受灾。灾民1.8万户、12.2万人，耕地淹没32万垧，房屋冲毁5000余间，死180余人，损失难以计数。嫩江及支流讷谟尔河流域普降大雨，嫩江及其他支流涨水，龙江、大赉、东布特哈，以及肇州、宾州、五常、安达、方正、延寿等县，均受水灾。据不完全统计，共淹没土地3万余垧，受灾人口1.48万人。

1932年6月下旬至8月上旬，一连70多天一直阴雨连绵，7月份松花江流域内普降暴雨，仅7月一个月，在哈尔滨周围地区就有500.7毫米降水，当月降水超过200毫米的地区已超过50万平方里，接近松花江流域的总面积，其中月雨量达300毫米以上的雨区面积超过12万平方公里。如此长时间的集中降水，致使松花江及其各级支流同时涨水。嫩江右岸阿彦浅处所形成的洪峰，经过约三周的时间来到哈尔滨；松花江南源在丰满处形成的洪峰，约两周的时间到达哈尔滨。洪峰到时，为7月末8月初，由于哈尔滨下游300公里处的松花江河床上有个“三姓浅滩”的天然阻滞，江水流淌缓慢，一时难以泄洪，故而哈尔滨地区的江水猛然上涨，至8月5日，水位已经超过1750年以来的最高纪录。20世纪二三十年代，哈尔滨的道外区和江北分属于黑龙江和吉林两个不同的省管辖，道里区与南岗（秦家岗）及其他地区又分属于哈尔滨特别市和所谓的“东省特别区市政管理局”管辖，日军占领后，令出多门，各顾各的，面对洪峰的接踵而至，防洪相当不利，故而在汹涌的松花江洪峰面前，大坝接连被冲毁。8月2日，哈尔滨市松花江北

1932年松花江大洪水，哈尔滨中央大街十二道街口水深没腰，只能行船　张会群、李述笑供稿

岸首先溃堤，江北被淹。江北有大片沼泽湿地，本来就是泄洪区，但由于有人居住后，又修建了一家船舶修造厂和一家糖厂，因而多年以来筑有江堤，但从而也使江道变窄。加之国难当头，当局对防洪极少过问，江堤年久失修，溃堤必然首当其冲。8月4日，马家船口处江堤也被冲毁，江北一片汪洋。居民来不及逃走，纷纷爬上屋顶避难。大水在江北的湿地和洼地中奔流无阻，很快便朝呼兰县城冲去，径直漫延出70余公里。8月7日凌晨5时25分，哈尔滨道外十一道街江南岸的堤防溃决100余米；5分钟后，九道街的江堤亦溃决50余米。江水怒涌，锣鼓声突然急响，哭喊声闻于天，数小时之内，傅家甸全市（道外区）便有五分之四被泡于水中，各街道水深自1.3米至4.5米不等。罹灾面积约25平方华里，受灾居民92 310人，死亡50余人，倒塌房屋1 104间。次日，道里区江堤漫溃，江水自顾乡屯方面涌来，偏脸子首先被淹。及至午后，江水又涨，大水由斜纹街进入炮队街；

嫩江下游大安市防洪纪念碑（1998） 范震威摄

另一方向由江上俱乐部附近向南漫溢，两处大水在中国大街（中央大街）处相汇，整个道里区尽成泽国。至8月10日晨6时许，区内各主要街道水深达二三尺、四五尺不等，船行街上，工商歇业，火车停开。哈尔滨有12万人无家可归。

当时，水灾尚未退去，灾区中又有疫病流行，如虎列拉（霍乱）、肠炎、赤痢等，因饮水不洁而广布传染，其他如猩红热、麻疹、天然痘、白喉等，也迅速传染开来，致使多人因病死亡。仅霍乱一种疾病的患者就有621人，死亡248人，路毙者149人。整个哈尔滨市，先为泽国，后为疫城，在松花江漫长的历史中，继国耻之后，留下了又一令人难忘的篇页。

1957年夏秋之间，嫩江支流雅鲁河、绰儿河、洮儿河、乌裕尔河等同时涨水，拉林河、北流松花江、干流松花江均发生特大洪水。笔者当时参加了阿什河下游入松花江河口处之河滩地的抗洪活动。当时，河滩与松

堤坝护卫着哈尔滨　汪恩良摄

花江水连成一片，白茫茫的大水和低沉的阴云相连，水天一色，忽而阴风怒号，浊浪拍岸，江堤的斜坡上排上了一些柳条，以减小浪涛对土堤的冲刷；忽而大雨又降，我们这些守卫在江堤旁的人，有的穿着雨衣，有的披着蓑衣，沿堤察看是否出了险情。凡有可能出现险情的地方，立刻组织人力用草袋装上土进行加固。扛着麻袋的人们奔跑在江堤和数十米外取土坑之间，不顾头顶上的雨水从额上流下来，也顾不上疲劳，因为水情就是命令，奉献就是共识。经过十几天的努力，人们守着的这片河滩——韩家洼子终于安全地度过了洪峰和汛期。

1957年的特大洪水，哈尔滨站所测的最高水位为120. 30米，高于1932年特大洪水时哈尔滨站的最高水位119. 72米，其流量为12 200立方米／秒，小于1932年的流量16 200立方米／秒。

受这次特大洪水的影响，松花江流域受灾农田超过1 500万亩，倒塌房屋5万余间，受灾人口达400万人。

1998年，一场春旱在松花江流域的西部肆虐，从嫩江中游到霍林河、洮儿河，庄稼无雨，玉米秧长到半米高就再也不往上长了，叶子黄了，土地被骄阳烤得像热锅底，人畜一过，身后是尘土卷起的尘烟。持久的干旱预示着某种不祥。

旱到6月末，天气起了变化。推进到大兴安岭北部的高纬度大气环流形成一个低压的低旋。这个低旋的涡流中心恰在伊勒呼里山南麓一带反复而至，于是大雨频频而降，强降雨的结果，是使嫩江流域全面涨水，刚进入6月末，嫩江出现了第一次洪峰。

接着告急的是嫩江中游右岸支流音河。音河上游是阿荣旗和扎兰屯的界河，源于大兴安岭中部东麓。在平常年份，音河是一条穿山谷跨林丛的不大的河流，她温和而美丽，是令摄影家们着迷的地方。但是，在1998年7月中下旬，音河中上游连降特大暴雨，音河水猛涨，吞噬了河流经过的草原、沼泽地、河滩，将滚滚浊流涌入中游的音河水库。音河水库建于20世纪50年代末期，总蓄水量为2. 265亿立方米。水库按百年一遇设计，按千年一遇进行洪水校核，校核洪峰流量为1 310立方米/秒。可是，人算难及天算，是年8月6日至11日，音河流域再次连降特大暴雨，不到一周平均降水237毫米，形成洪峰最大流量为1 910立方米/秒，已达到了万年一遇的校核量1 910立方米/秒。音河北库位于金源边壕的东南方，下距甘南县城仅4公里，两处落差为20多米，也就是说，音河水库是悬在甘南县城头顶上的一把达摩克利斯利剑。水库超容，流量为万年一遇，一旦出现溃决，甘南县城必将出现没顶之灾。音河水库经历了建库以来最大的一次考验。8月9

日21时，入库流量由558立方米／秒猛增到1 185立方米／秒。全部闸门放开后，到23时，入库流量达到1 977立方米／秒。音河水库大坝有15处开始严重渗水，就在这危在旦夕之时，一场抗洪护坝的战斗就此打响，揭开了松嫩两江抗洪战场上的第一个战役。军民扑上前线，鱼水之情在水库的大坝上演绎着，日夜巡逻，死固死守，数千人的抗洪军民战士，用塑料编织袋装满了土，垒起了抗洪的防线……终于，到8月13日音河水库水位开始回落到接近设计洪水位，水库保住了，甘南县城保住了。

与此同时，和音河相邻的两条河也因连降大暴雨而上涨。音河之南的雅鲁河及其支流卧牛河、济沁河、阿木牛河等也同时遭遇百年未遇的强大降水，沿雅鲁河上中游的巴林镇、鄂伦春民族乡、卧牛河镇、扎兰屯市、成吉思汗镇，以及碾子山区、龙江县等，由山区到平原，都在和洪水搏斗着，而搏斗在第一线上的，仍是英雄的中国人民解放军战士。

条条支流涨水，嫩江大堤经受着有史以来最大的考验。黑龙江、吉林以及内蒙古自治区的领导、沈阳军区和当地驻军的领导，都开上了嫩江、松花江防洪的最前线。在昂昂溪，8月12日连夜加筑子堤，在长达300公里的大堤上，集结了40万军民联防大军，顶着夜色和暴雨奋战，经过20多小时的连续奋战，20万条沙袋垒上了大堤，一条由编织袋垒起的大坝如神话般地将大江紧紧锁住，碾子山区保住了，江桥乡保住了，万家围子保住了，大安保住了，但也付出了大片农田因泄洪而被淹没的代价。

大庆油田外围的堤坝被冲毁后，大庆市面临着建市以来最大的考验。这座年产5 000万吨石油的油城，是中国石油的半壁江山，大庆保卫战的意义不同凡响。于是，人民子弟兵开赴上去，数万名钢筋铁骨的战士挥师进

1998年大洪水记忆之一（拍摄地为通河县松花江左岸清河林业局） 王宏波摄

1998年大洪水记忆之二（拍摄地为肇源县松花江左岸向日葵地） 苏润生摄

入水中进行救援和抢险。

然而，在接连到来的洪峰面前，拉海大堤还是决口了，胖头泡大堤也随后失守。客观地说，失守的地区自古以来就是大江的泄洪区。松嫩两江汇合处南北，古时是大海般的松嫩大湖，她曾经被水淹没过多年，这里在地壳升起之后，才逐渐成为草甸，然而两江大水一旦光顾这里，这里仍是洪水的撒泼之地。在这片土地上，江南江北，西南与西北，因地势低洼，如果从设计上预留出一个必要的泄洪区，不仅是必要的，也是可行的。因为这里是碱土草原、湿地，含碱量太高的土壤和矮小的碱草，既不宜于农业，也不宜于牧业，任其保持其原生态而以收割芦苇、蒲棒草进行手工编织应是一条不错的出路，退耕还草，退耕还湿地，在这里保留一片蓝天碧水的低洼原生态地域，作为50年、百年、千年、万年一遇的特大洪水的泄洪区，应该是防治松嫩两江大洪水的最直接、最可靠的手段之一。然而，人口增加太快，母亲河的负担太重，造成了难以估量的损失……

冲破胖头泡大堤的洪水如同脱缰的野马向堤外奔流而下，直扑第二道防线。8月16日午夜，发展村大堤第二道防线在大水的冲击下溃决，洪水以每秒9米的速度继续向北流泻，解放军某部以铁笼装石的办法企图筑堤将洪水围住未果，大水继续横冲直撞地向外流溢。经过十多小时的奋战，对发展村大坝上的1 000多米长堤进行紧急加固，沙袋、石块在大马力推土机的支援下，开上了前线。两台长厢载重大汽车装满石块开入决口处，可是在肆虐的大洪水面前，它们实在太微不足道了。沙袋、石块被洪水吞没，两台装满沙袋、石块的汽车被洪水掀翻，一瞬间便没了踪影。这道长堤的决口终于没有堵上，大堤在水中一片片地剥落……

为减轻大庆的压力，选择了放弃良田保油田的抗洪方案。于是，将杜尔伯特蒙古族自治县最南端的腰新乡一处的民堤实施炸坝泄洪。几声炮轰，大堤在炮弹下开花之际，千亩鱼塘和万亩良田，顷刻间成为汪洋一片。这里位于大庆油田的西侧，有无数的泡沼和大片湿地，是泄洪的良好地域。堤毁之后，嫩江洪峰减压了，但是总计110万亩丰收在即的良田，全都化为乌有……

与此同时，中央军委派出3万名子弟兵加入哈尔滨的抗洪救险保卫战中。

8月18日凌晨，松花江的第三次洪峰来到哈尔滨，水位突破120米大关，但仍以每小时2厘米的速度上涨，沿江数十公里的大堤，正在经受有史以来的最严峻的考验。

1998年松花江大洪水记忆之三，大水已漫上哈尔滨道里区堤岸　周岳峰摄

在第一座松花江铁路大桥的东侧，高铁新大桥已雄起　范震威摄

8月20日，哈尔滨松花江水位涨到120.89米，已经超过了1957年特大洪水时的水位。为了保卫哈尔滨大城市的安全，北流松花江的下游，嫩江下游右岸的大安市，也忍痛将江北的大坝炸毁，将即将收获的农田放弃，从而确保哈尔滨的安全。

1998年9月6日，这场波及吉林、黑龙江和内蒙古自治区的抗洪斗争才以胜利告终，接着人们又投身到救灾过冬和恢复生产的工作中去。

松花江史传上最壮阔的战洪斗浪的一幕，终于走进了历史。这场大洪水，使在松花流域中生活的7 000多万儿女更加深刻地认识和了解这条母亲河，如何珍惜和爱护母亲河，将是今后最重大的课题。

吉林市松花江堤岸　赵传军摄

松花江的堤防

自松嫩两江汇合形成松花江干流向东流去以来，已经过去了悠久的岁月。按照美国自然地理学家威廉姆·莫尔斯·戴维斯关于自然面貌的侵蚀理论，江河的形态是由长期连续的侵蚀所造成。这种随时间过程而发生的连续变化，构成了侵蚀循环，而这些循环对于了解江河的历史至关重要。松花江的河床仍在侵蚀和滚动中，如果没有人为的堤防将之固定的话。现在，松花江对两岸的作用就是旁蚀，江岸的土崖在长期的侵蚀中逐渐发生坍塌，泥沙被江流卷走，有些滞留在河床的某处，有些继续随波浪向下游移动。沉积下来落至江底的泥沙，都是江水从上游带来的岸蚀的泥土，这种不断地连续搬动泥沙的结果，是将侵蚀的泥沙运到大海，在入海口的地方形成三角洲。这种每年以亿万吨泥沙搬运速度发生的侵蚀，使沿江的地表逐渐趋于平缓，再加上间断发生的洪泛，使河床进一步加宽，有些地方在洪泛的作用下取直，形成牛轭湖之类的河生湖泊，于是水流逐渐变得平缓而宽阔，由此松花江变得更加成熟，她桀骜不驯的脾气逐渐收敛，渐渐地变得柔顺而温和了。

然而，松花江并不总像慈母那样温柔而可爱，她也有暴戾的时候，于是人们——她的儿女们亦开始在她的身边修堤筑坝。但有时基于用水、行船的需要，还要开河挖渠。而人对水利工程的开发，其目的在于调整人与江河，以及人与水的关系，使之趋利避害，或变害为利。于是，关于松花江母亲河的水利开发，即从大江的堤防说起。

大江堤防上砌筑着人与江之间最美的梦。

但是，堤防也将江与人之间的交流阻隔，有时愤怒的江水会把堤防冲决，狂放而自由地寻求她久远的昨天……

松花江最早的灌溉工程可以上溯至唐代渤海国中京一带的忽汗河（今宁安附近之牡丹江）水域的人工渠，当时灌渠所栽植之卢城水稻享誉海内，这是松花江母亲河支流上的灌溉工程之始。此后，各朝未见有水利工程记载。金代时，金兀术曾开有运粮河，这是沟通松花江干流和阿什河中游地区的一条运河，主要是运送粮食及其他物资，当时用作对金首都上京会宁府的供应补给交通线。如今，运粮河已经淤塞。

岁月悠悠，弹指间数百年风云已过。这期间，关于松花江母亲河的洪涝之灾便开始见诸史籍，到了清代中期，封禁政策逐渐废弛以后，随着大量移民、流人的涌入，洪涝灾害所受损失也随之加大，关于修筑堤防的记载也就出现了。

最早的松花江堤防建于清乾隆六十年（1795）。此前，因松花江北源嫩江发生大水，给齐齐哈尔造成灾害，于是齐齐哈尔城南大民屯至五福马屯及昂昂溪附近，便筑起了两道嫩江堤防。这两道堤防是松花江南北两源合在一起，最早的水利工程之一。

以后，随着人口的增加，松花江流域各地农业的发展，尤其是稻田的增加，利用小溪小支流水源的水，灌溉工程比比皆是，不过，这类灌溉小渠一般都比较小，待规模增大后，用柳条、草包拦河筑坝引水的工程才出现。这些初始的简陋的水利工程，多集中在松花江流域的东南部和南部地区，那里至今仍是著名的水稻产区。

随着铁路的修筑，江河堤防的修筑也受到重视，哈尔滨的道里区和道外区都修筑了松花江的堤防。著名的哈尔滨中央大街，其北端便起自松花江南岸的一个小广场（现名防洪纪念塔广场）。广场以西是当年的车站，如今彼时的票房子——江畔餐厅还在，而沿江的江堤已成为沿江的观景长廊。广场之东是跨松花江的铁路大桥，而今这里的江堤已成为哈尔滨城市风光的一大景观，江堤之上，柳、榆、槭、杨成片成荫，已成为北疆人民消夏观江的休闲场所。就在这座松花江第一座铁路大桥的东侧，又修建了一座高铁跨江大桥，原铁路大桥因超百年已退休，成为步行观江之桥。原铁路的西侧已成为铁路博物馆。

但在清末时虽有堤防修筑，洪涝灾害仍然不断，许多地方由于迷信

“河神”，每逢大江涨水，当地官绅乡民就杀猪宰羊以祭江，还有的修筑河神庙，通过祈祷来求河神保佑平安。故而有时便疏于堤防，从而使洪水肆虐成灾。民国初年前后，沿江河两岸的土地所有者出于自己的利益考虑，联名上书，向当地官府申请筹款，以修堤自防。由此，自光绪末年起，官绅乡民联合起来修筑江堤便在松花江地区普遍地开展起来。自吉林市以下，松花江、洮儿河、饮马河、嫩江、绰尔河、讷谟尔河等，沿江河之岸断断续续地出现了堤防。随着堤防的建设，灌渠也增加了。

在日伪统治东北的14年中，日本帝国主义大力推行殖民主义，曾制订了一个在10～20年内，向东北移入所谓“开拓团”100万户、500万人的计划，以实现它的永久占领。自1932年10月起，这种经过严格训练的日本开拓团首批463人，便被安置在松花江下游的佳木斯地区屯垦。随后，这些开拓团遍布了松花江、嫩江、乌苏里江各流域。也就是说，凡是水源条件较好，荒地或已耕地被日伪当局看中的地方，都安置了开拓团的群体进驻。随着开拓团的大批进驻，日伪当局又强征“勤劳奉仕队”先后在松花江上中下游及支流各地开发水田灌区，相应地也修筑了一些堤防和排水工程，

松花江支流伊通河上1985年保卫新立城水库大坝的战斗情景 （据《吉林省水利志》）

如1937年开工修建丰满水库等，开始了人工控制调节松花江流量以防治洪涝的初步措施。

总之，20世纪上半叶，整个松花江流域的水利工程仍处于零星的、局部的初始阶段。真正地对全流域进行整体规划，有步骤有计划地进行工程投入，使松花江母亲河造福于她所哺育的儿女及子孙万代，则是中华人民共和国成立后才开始的。

在北流松花江段，自1954年春天始，由吉林省有关部门进行了堤防规划设计，确立了“以堤束水，塞支强干，水归故道”的原则，在旧有堤防的基础上，以丰满水库百年一遇的洪水放流为依据计算水位，确定堤高、堤坡，从而对松花江北流段及其14条江汊进行了堤防整修，并纳入国家计划。

1956年8月，丰满水库入库洪峰流量达1 7000米^3／秒，库水位达到266. 18米，将放流量增加到6 000米^3／秒后，下游农安东江弯段发生决口一处，前郭尔罗斯县有三处漫堤，沿江农田受灾面积达3万余公顷，堤外耕地受灾面积达2.7万公顷。当年秋，有关部门根据此年的特大洪水，经过计算，重新修改设计，将标准提升到百年一遇。自此以后，经过半个世纪的反复施工，从吉林到与嫩江汇合处，松花江两岸共建主要堤防已超过500公里，在1964、1998年等特大洪水中，均发挥了重要作用，使松花江北流段两岸基本上未受大灾。

松花江北源的嫩江段，自乾隆末年有了堤防以来，当时的堤防多集中在齐齐哈尔和昂昂溪之间，只是断断续续地修整，但在1932年的一场大水中，堤防受到了严重的冲击，溃堤决口，大部分毁于一旦。

中华人民共和国成立以后，嫩江堤防才在统一规划下，得到认真的加固，许多地段得到了新修。尤其是齐齐哈尔市富拉尔基沿岸的堤防，1951年嫩江发生洪水时，曾全面告急，险情滋生，后在全市人民的抢险加固中转危为安。自1952年以后，嫩江堤防由北向南，都得到了新修或加固。1969年发生特大洪水时，数千人上岸护堤巡防，保住了堤防。1981年，齐富堤防纳入城市堤防防洪标准，堤防高程超过1969年最高洪水位2米。

在嫩江下游左岸肇源县内，1959年嫩江干流发生大洪水时，双沟子、小黑山堤段漫堤决口。次年修复后，顶住了1969年的特大洪水。嗣后，又经过多次整修，但在1998年百年一遇的特大洪水中，仍有数处漫堤成灾。

在松嫩两江汇合后的松花江干流，右岸自汇合处的河口向下，至下孤家子段为350公里的泄洪区，每次发大水，尽成泽国。在嫩江下游两岸至河口地区两岸，河床宽阔，河岸两侧地势低洼，布满了泡沼和湿地，但由于其间还杂有耕地，故亦间断地筑有堤防。自下孤家子往下至下岱吉，右岸为起伏绵延的高台地，在一般条件下有自防能力，但亦筑有防大洪水和特大洪水的堤防。高台地以下至拉林河入松花江的河口，亦是一片低洼地，自小獾子洞起至陈大围子之间，西部19公里为松花江干流右岸，东部属于拉林河下游左岸，自20世纪40年代起就筑有民堤，50年代三次加固加厚，但在1953年洪水时于小獾子洞外漫堤，1956年大洪水时于伊家店西北，1957年大洪水时于小獾子洞屯北和贾家岗屯东三处决口，最后一次损失最大，包括拉林河堤段内部分耕地，共淹没耕地7285公顷。鉴于上述三修三决的教训，1958年决定按50年一遇的标准，彻底整修，基本上加固了堤防。与此同时，西片也相继修筑了堤防，使其安全感增加，故而来此安家落户的农民蜂拥而至，到1985年，20年间，这里村屯和单位数量翻了一番。总之，到1985年，松嫩两江汇合处以下，至拉林河口，主要堤防全长为68. 84公里，有103个村屯，7.2万人口，1.85万公顷的耕地受益。嗣后，有关堤防又得到进一步加固。

在松嫩两江汇合处之上的嫩江右岸堤段，尤其是五家子到洮儿河口一段，自古以来就是泄洪区，差不多年年都发生洪涝灾害。这里的洪涝灾害既包括春涝，也包括秋涝。嫩江、松花江的丰水期是8月与9月，而春天为枯水期。之所以能发生春涝，乃是由于春时封冻的大江开始化冻，江面在很短的时间里同时破碎成大冰块，俗名开江。这些大冰块拥挤着向下游流去，彼此碰撞堆积，一旦堵塞河道，使水难以下泄，便会使水位提高，短时间内形成“拦江的冰坝”，使水漫堤成灾。在洮儿河口一段，这类冰排堵塞的情形时常发生。一旦成灾，坐落在江湾台地上的村庄就都成了小岛，相互往来，非船莫行。当地人对此早已见怪不怪，甚至还有民谣说：

沙丘环水一片白，登高远望盼船来。

春秋两季都无奈，最怕江中跑冰排。

然而，这一切都已经成为历史。这主要是因为：一是嫩江的水量已比往年减少，即使冰排偶有堵塞，因水量锐减，灾害也不是连年发生。其次，自1969年以来，解放军来镇赉县办农场，当年即修筑了23.4公里的江湾大堤，垦荒2万多公顷。虽然当年仍受了灾，可此后堤防经过连续几年的加固加厚，到1985年，18段江湾大堤长29. 22公里，屹立于嫩江下游右岸，从而使3万多人口和2万多公顷土地受益。再加上莫莫格自然保护区的建立，人们对水的观念已发生了改变。过去人们向湿地要耕地，而今是还湿地一

木兰县松花江边的抗洪纪念碑　林久文摄

片水草和蓝天。

在松嫩两江汇合处的左岸，也就是所谓三肇地区（肇源、肇州、肇东）的堤防，称“三肇大堤”。在松花江干流左岸，西起松嫩两江汇合处上游9公里的勒勒营子后堵，经肇源县境的茂兴湖养鱼场、茂兴镇等沿江乡镇，再经肇东市沿江的西八里、四站、涝洲等乡镇，至哈尔滨市松花江北岸沿江的万宝、前进两乡及太阳岛风景区之北等地，直到滨洲铁路西侧的路基，全长215. 76公里，经1957年特大洪水后，均已加高加固，堤顶一般宽为4米，背水坡筑有戗台，宽4 ~10米，迎水面为草垡子护坡，堤脚植有防浪作用的护堤林。三肇的堤基加固后，经历了多年的洪水冲击，基本上有惊无险，在3 000平方公里的范围内，有9. 67万公顷土地得到保护，4.56万公顷的荒原及可耕地受益。此外，还保护了大庆油田的部分油区、输油管线及区域内的铁路和公路。为防备万一，还在区域内修筑了八家河、查古敖、滂洲等纵横相交的隔堤。

哈尔滨的城市堤防是松花江干流上的重中之重。哈尔滨是松花江流域中人口最多、密度最大的城市。中华人民共和国成立前，这里成为水陆交通枢纽后，城市人口迅速增加；中华人民共和国成立后，由于大工业的发展，哈尔滨跻身全国十大城市之列。故而自19世纪末叶始，堤防的建设就从来没有间断过。

自1898年修筑中东铁路始，哈尔滨这座城市迅速扩大。当时，因修筑一座跨松花江的铁路大桥，故而在桥的西侧，沿江岸台地铺设货场铁路，给铁路大桥运送物资。在铁路大桥竣工后，临江铁路货场（码头）维持使用了一段时间，待哈尔滨货场建成后，铁路才从江边拆去。随后，沿江岸码头而兴起的货栈也逐渐撤去，堤防进行整修，沿江岸台地的斜坡砌石铺设护堤石，在堤上面修护栏，在江桥向西至铁路俱乐部处，于岸顶设船缆栓和六角形路灯，再往西侧利用自然台地同河鼓街原有的护屯小堤相接，形成一个封闭区域，全长为4.2公里。台地上原有榆树、柳树若干，建成封闭区以后，经过多年的修缮和植树栽花，一百多年以来，已形成哈尔滨市的一个沿江风景区，原俗称“江沿”或江畔公园，20世纪50年代取名斯大林公园。公园对岸是太阳岛风景区，是哈尔滨最美丽的消夏休闲场所。

自铁路大桥东侧起，哈尔滨沿松花江岸在道外区的堤防是1911年筑起的。嗣后，哈尔滨的城市堤防历多次洪水，多次修固。1932年的那次特大洪水，道外、道里的江堤有多处决口，从而使哈尔滨市的道里区、道外区成为一片泽国，著名的道里区中国大街（现称中央大街）进出要靠船渡，

水深没膝。1932年大水后，哈尔滨的城市堤防又经历了多年的修固，到中华人民共和国成立以后，方得到大规模的整修。同时，整个松花江水系各地的江堤坝纳入设计规划中，因而堤防的能力有了很大的提高。1957年秋天，松花江再次发生特大洪水，其流量流速均高于1932年，但在全市人民的精心保护下，终于将特大洪水战胜。第二年即1958年，便在中央大街北端，松花江南岸上，修筑了一座防洪纪念塔，塔的北面有半环形的廊柱环绕，其塔巍峨耸立，成为哈尔滨的一个象征性景观。自1957年以后，由国家投入，将江堤进一步加高加厚，整个哈尔滨12个堤段全长41.5公里，均有

平常年景下的哈尔滨松花江风光　范震威摄

了石护坡或水泥护坡，因此，抵御洪水的能力得到了很大的提高。在1998年百年一遇的特大洪水袭来时，虽有惊有险，但终于安全渡过了汛期，获得了自1957年以来的又一次抗洪的胜利。

自哈尔滨向下，在松花江的依兰段，亦筑有大堤。依兰即三姓古城，在铁路未修之前，它是水陆交通要地。滨佳铁路修成通车后，依兰的交通要冲地位已经下降。但近年来，由于高速公路的修筑，加之依兰的煤气工程竣工后，依兰又成为哈尔滨的能源基地，由此可知依兰城市堤防的重要意义。

依兰堤防建于清末宣统年间，但那时所修之堤，在1915、1929和1932年的几次大洪水中，均遭冲毁。依兰城北即松花江，有牡丹江入松花江之河口，再向下又是倭肯河入江口，因此在发生大洪水时，依兰除遭受松花江干流的洪水威胁外，还要遭受来自牡丹江和倭肯河两大支流汇入的压力，因此依兰的堤防是松花江干流上最关键的所在。

依兰的堤防也是在中华人民共和国成立后才得到大规模的整修和加固的。1985年，依兰的堤防已达10公里，全堤除牡丹江口附近的堤段外，均植有茂盛的护堤林，堤顶上还建造有14座形式不同的观江凉亭，从而为松花江，也为古城增添了新的景观。

自依兰再向下，在佳木斯市，沿松花江南岸的堤防修筑较晚，初始于20世纪30年代末期的日伪时代。1955年，按1932年大洪水的设计标准加以整修。在1956年和1957年的大洪水期间，曾结合抢险，继续施工。1957年以后，又将标准提高到高出1957年洪水位1.5米的标准，对21公里的堤防加以整修。1960年松花江发生特大洪水，最高水位比1957年高53厘米，彼时，全市人民总动员，每天平均有3万人上堤巡防抢险，终于保住了堤防，但也暴露出了一些问题。随后便在60年代加固加厚。进入80年代后，再次得到整修。经过多次加固整修，到1985年佳木斯的城市堤防总长33. 56公里，全部得到了加高加厚。在1998年的特大洪水中，佳木斯市的城市堤防，经受了多次历险和考验。

自佳木斯以下，在松花江下游南岸的富锦——同江段，全长89.12公里，称同富大堤。此堤部分堤段最早筑于1921年，后经多年修护加固，在1932年的大洪水中被部分冲毁。毁后重建，直到20世纪末，同富大堤才重

尼尔基水库　范震威摄

新沿江屹立于它的右岸上。

在松花江干流下游左岸，绥滨县的堤段，西起普阳农场，东至松花江入黑龙江的河口140公里，部分堤防初建于1935年日伪时期，堤长1公里。从抗日战争胜利后开始筑堤，到1963年，经过十几年的施工，修起了100公里的堤防，亦即今日绥滨大堤的中段。1964年绥滨建县，堤防进一步加固加厚，到80年代初，全部堤防得以完成，从而为松花江下游左岸筑起一道“铜墙铁壁”。因松花江下游为大片泄洪湿地，故这道140公里的堤防在大洪水到来时，对调整江流发挥了极大的作用。

从整个松花江流域的大洪水来看，城市的堤防固然重要，更重要的是在城市附近应保留大自然形成的原有的泄洪区，这一点尤其值得注意。因为城市附近的河床，已被江堤所固定，江底积沙越来越多，江底不断升高，江流的通道越来越狭小，因此洪水水位也不断升高，而堤防也必须连年加高，从而造成恶性循环。故而，从地理学的角度而言，在城市附近，保留大自然早已形成的泄洪湿地显得极为重要，是堤防的重要补充，如果忽视这一点，将后患无穷。

在哈尔滨松花江北岸，专家对保护太阳岛湿地已经作了许多有益的努力，现在已越来越受到公众的注意。而沿松花江的各个城市，也作出了同样的努力，相信湿地的保护，将为城市增添更多的魅力。

尼尔基：梦想与现实

在嫩江中游某地修建一座水库，将伊勒呼里山流来的江水储存起来，用来发电和灌溉，是多少年来松嫩两江儿女对母亲河寄予的一大心愿。这座水库既可以调节水量，在洪汛期发挥作用，还可以以它人工湖的波光水影，给北疆人民奉上一块观光游览的好去处。然而，这一切，长期以来，只是一个梦。

1956年，在向科学进军的时代里，嫩江上的这个梦开始向现实靠拢。当年，来自全国各地水利设计院的工程师们，汇聚在哈尔滨松花江的身边，共同组建了水利部哈尔滨设计院，开始对松花江、嫩江流域进行全面规划。在诸多的规划设计中，其中就有这个在嫩江中游修一座水库的梦——当时称布西水库。布西水库也是一代水利工程师心中的一个亮点。

在写作本书之际，作者摄于哈尔滨防洪纪念塔前，回忆1957年的大洪水 未名摄

1956和1957年，嫩江、松花江连续两年发生大洪水，后者相当于50年一遇，沿嫩江、松花江两岸的城市，尤其是北疆重镇哈尔滨受到了威胁。因而，在1958年，于嫩江下游处修一座大容量的水库——大赉水库的计划便摆到日程上来。大赉水库规划库容量100亿立方米，是松花江流域规划中的重要项目之一。但因当时正处于“大跃进”时期，在一通紧锣密鼓的准备之后，却又因为一些复杂的原因搁了浅。

“大跃进”打乱了水利工程师们的梦，却没有打乱他们的决心。1959年，哈尔滨水利设计院改名黑龙江省水利勘测设计院后，它的工程技术人员又集中全力进行了布西水利枢纽工程的勘测设计。他们跋山涉水，对嫩江进行考察勘测，经过4年的努力，终于在1963年完成了该工程的初步设计工作，确定了坝址，设计了水库的总容量。这个设计——这个美丽的梦——当时已经通过了中华人民共和国水利部的审批，成立了工程局，全面负责布西水利枢纽工程的建设工作。

1977年8月至1978年6月，黑龙江省水利勘测设计院再次向水利电力部规划设计管理局汇报了勘测设计的进展情况。1978年9月，水利电力部派专家组到嫩江现场对初步设计文件进行审查，并基本通过了这个设计。1979年至1980年，黑龙江省水利勘测设计院又补充了勘测设计规划，布西水利工程枢纽再次被提到议事日程上来。

90年代以后，随着行政区划的变更，布西水库更名为尼尔基水库，松辽水系委员会按照省级设计院的职能分工，安排东北水利水电勘测设计院进行嫩江跨黑龙江省和内蒙古自治区尼尔基水利枢纽的勘测设计工作。他们在原黑龙江省水利勘测设计院方案的基础上，将尼尔基水利枢纽工程的总库容确定为81. 59亿立方米，坝址仍采用原来选定的地方。嗣后，东北水利电力勘测设计院又在等待国家立项的几年中，不断地做着尼尔基水库设计的补充和完善工作。1998年松花江的特大洪水再次警醒人们，尼尔基水利枢纽工程必须尽快地上马。

2000年末，尼尔基水利枢纽工程终于通过了国家立项。自2001年6月1日始，尼尔基水利枢纽工程进入前期的准备工作阶段。从1956年到2001年，历经45年的岁月变迁，松花江儿女两代水利工作者的梦想，终于可以成为现实。

松花江北源嫩江中游的尼尔基水库，相当于松花江南源北流松花江上中游处的丰满水库，都是集水利和发电功能于一体的大型水利枢纽工程，因此，尼尔基水库一动工便受到国内外同行的关注。

尼尔基枢纽位于嫩江中游的干流上，坝址右岸为内蒙古自治区莫力达瓦达斡尔族自治旗的尼尔基镇，左岸为黑龙江省讷河市的二克浅乡，向下距黑龙江省第二大城市、工业重镇齐齐哈尔市189公里。尼尔基枢纽坝址以上控制的流域面积为6.6万平方公里，占全嫩江流域29.7万平方公里的22. 4%，多年平均径流量为104.7立方米／秒，占嫩江流域的45. 7%。

尼尔基水利枢纽是国家“十五”计划批准修建的大型水利工程项目，也是国家近年来实施的西部大开发战略的标志性工程项目之一，总投资54. 49亿元。它具有防洪、供水、发电、灌溉、航运、环境保护、鱼苇养殖等多方面的综合效益，是嫩江流域水资源开发利用、防治水旱灾害的控制性工程，从长远上讲，也是实现松嫩两江“北水南调”工程之一。

尼尔基水利枢纽水库的总库容量为86. 11亿立方米，其中“防洪库容”为23. 68亿立方米，“兴利库容”为59. 68亿立方米，其发电总装机为25万千瓦，多年平均发电量为6.144亿千瓦时。尼尔基水库每年可向所在地区提供工业用水和生活用水29. 88亿立方米，可提供农业用水31. 59亿立方米，发展灌溉面积30. 27万公顷。嫩江流域是多风沙的旱区，每年春天到初夏农业都受干旱无雨的困扰，尼尔基水库的建成，将丰补歉，调节用水，使黑龙江省西部和内蒙古自治区东北部大兴安岭东麓的农田都会普遍受益。从长远规划上说，将来向辽河流域调水，尼尔基枢纽水库每年可调出16. 37亿立方米，已是规划中的一项。尼尔基水利枢纽于2005年竣工，此工程成为嫩江干流上唯一的超大型控制性水利工程，也是松花江流域水资源开发利用的核心工程之一。

尼尔基枢纽工程可满足齐齐哈尔、大庆、哈尔滨等重要城市的用水。工程完工后，还可使嫩江的重要工业城市齐齐哈尔的防洪标准由50年一遇提高到百年一遇；嫩江中游，由枢纽到齐齐哈尔江段的防洪标准由20年一遇提高到50年一遇；齐齐哈尔以下到大赉段的防洪标准由35年一遇提高到50年一遇。

枢纽还会给嫩江的航运供水8.2亿立方米，给环境供水4.75亿立方米，湿地供水3.28亿立方米。嫩江左岸湿地多年来因缺水而恶化的情况将会得到巨大的改善，而嫩江湿地的恢复将会为嫩江流域人类生存条件的改善，发挥巨大的生态效益。而枢纽工程的发电机组投入生产以后，电力的增加无疑也给整个嫩江流域的经济发展注入新的活力。

松花江母亲河的期盼终于到来了！

十四、在母亲河的怀抱里

在母亲河臂弯里的哈尔滨　林久文摄

哈尔滨与城市明珠

人们往往将松花江岸上的城市比作镶嵌在江岸上的明珠，因为它是流域上的亮点，是流域中物质文明最集中、最发达的地方，同时也是流域内精神文明的某种缩影或象征。

松花江流域早期城市的出现，是以远古部落的集聚地为基础的。如松花江下游，从依兰到同江，在三江平原各地，都存有许多古城址废墟，这些古城址废墟是松花江母亲河儿女远古时代的足迹和历史凝结在大地上的身影。每一座古城废墟都有一卷浸透了血与泪的故事，废墟被废弃了，故事苍茫而不可知。就在时光沿着废墟的颓墙悠悠地滑落时，岁月又掀开新的一页，而在新一页中，城市悄然地诞生了，一如那些背负着久远历史的古城悄然地失落在时间的河谷里。

进入21世纪以后，我们看到整个松花江流域已经缀满了诸多的城市明珠，它们在各自的地域上放射着异彩，从而使它们赖以生存的母亲河更加美丽多姿，亦更加骄傲自豪。

松花江干流段上最重要的城市就是哈尔滨。虽然哈尔滨有人居住的历史可以上溯到新石器时代以及700多年前金代的部落分封，但作为一座城市、一座现代大都市，它的历史不过才100多年。光绪年间，哈尔滨已经具有了依托松花江的江畔城市的雏形，居民区散落在现今城市的道里、南

哈尔滨开发区　林久文摄

岗、道外、顾乡、太平一带，在松花江北岸的马家船口，也已有了若干村落，这些大大小小的渔村，由于相距咫尺，逐渐地构筑了哈尔滨市早期城市雏形的形态，它的中心，就是现今的道里区沿松花江南岸的几处村落。这就是哈尔滨的幼年。

作为一座年轻的城市，哈尔滨的迅速崛起，得益于东西与南北铁路的贯通。在铁路没有修筑以前，哈尔滨就已经成为北疆的水陆交通枢纽，而且从1895年俄人目测的地图上看，已经建有两座酿酒的作坊工场，这说明童年段的哈尔滨人口已经很多了，它既有足够的粮食（当时的酿酒原料是高粱）作原料，又有足以销出的酒市场。

自1898年中清铁路（后称中东铁路）修筑和运营以后，哈尔滨这座早期形成的城市雏形，很快便发展成为水陆交通枢纽和农牧渔林物资集散中心，成为松花江两岸城市之林中最重要的通都大邑。

彼时，哈尔滨是个对外开放的商埠，俄、日、英、德、法、意、加拿大、印度、墨西哥、阿富汗等几十个国家的商贾纷纷来哈尔滨投资建厂、办洋行、开旅馆，哈尔滨的经济贸易很快便发展起来。1917年俄国十月革命爆发，俄国的贵族、富农和难民大量涌入哈尔滨，以致哈尔滨的南岗、道里和太阳岛等地，出现了大片俄侨居住区，板壁夹锯末结构的普通俄式民宅几乎到处都有，从而使松花江沿岸出现了经营啤酒、面包、香肠的俄式餐厅。被称为“白俄”的俄国人，以及从欧洲迁来的犹太人、波兰人等，贫富各异，从事何种职业谋生的都有，从养牛挤奶的专业户、马车夫、出租车司机、妓女到银行家、企业家、工程师、教授、艺术家、报人等，从而为哈尔滨早期的文化增添了一道具有与欧罗巴文化混合印迹的风景线。这道风景线以俄式房屋的形式沿中东铁路在松花江流域各地延伸，进入21世纪以后，在上述地区仍能见到其踪迹。

哈尔滨最多时住有侨民14万，有16个国家在哈尔滨设立了领事馆。1928年时哈尔滨有商号4 700多家，油坊42家，火磨（面粉厂）23家，酒厂8家。哈尔滨不仅有中文报社，也有俄、英文快讯，甚至哈尔滨还有外籍人开设的电影制片厂，并有专门影院上映他们拍摄的电影。当时，哈尔滨作

中央大街——美丽而迷人的步行街　范震威摄

为一座远东的大都市，同世界上最繁华的都市，如巴黎、莫斯科、伦敦、纽约、柏林等，都有贸易往来。在当时的哈尔滨可以买到世界各国的商品。哈尔滨的松花江边和太阳岛上，除了中国人外，金发碧眼的欧美人到处可见。连街上的牌匾，也由中、俄、英文书写。九一八事变以后，又增添了日文牌匾，这一切铸成了哈尔滨少儿时代殖民地文化的混合印记。

九一八事变后，这种开放的自由贸易的局面被打破，哈尔滨成为日本军国主义独霸的殖民地。经过14年的统治，哈尔滨成为日本侵略者进行法西斯掠夺东北财富的水陆码头和敲骨吸髓的“安乐窝”。他们从政治、经济各方面对哈尔滨以及整个松花江流域的人民进行残酷的统治和蹂躏。他们征国兵、抓劳工，以维持其强盗式的统治，更以政治犯、经济犯（当时中国农民即使种稻，也不准吃大米。大米为关东军军粮，凡吃大米的中国人，一律以“经济犯”论处）、反满抗日思想犯等罪名，残害了无数善良的中国人。仅1932～1934年的3年间，在哈尔滨及其周围地区被杀害的中国人，就达六七万人。

1932年，日本军国主义在东京日本陆军医学校内创立了防疫研究室，开始了臭名昭著的细菌武器研究。他们培养炭疽菌、鼠疫菌、霍乱菌等传染病菌种，用抓来的中国人和少量俄罗斯人做人体实验。其实验本部设在哈尔滨的南郊平房，实验场设在松花江支流拉林河畔的背阴河。经过几年的实验，731细菌部队制造了陶瓷式细菌弹，并用于关内的侵华战场。细菌弹这种惨绝人寰的战争武器用于实战后，遭到全世界的谴责。

如今，在731细菌部队本部原址地，已修建了一座侵华日军第731部队罪证陈列馆。作为20世纪三四十年代的历史见证，它告诉每一个中国人都应不忘国耻、不忘日本军国主义给松花江和拉林河带来的战争苦难。2003年8月，遗留在齐齐哈尔市地下的日军毒气——芥子气弹，在一家工地施工时被挖出，泄漏的芥子气造成了40多人被伤害。据悉，自1945年日军投降后，在松花江流域的地下，已发现日军遗留的各种炸弹200多万枚，给当地人民造成了巨大伤害。日军侵华的罪行，真是罄竹难书。日伪统治下的14年，血雨腥风，是哈尔滨和松花江历史上最黑暗的年代。

中华人民共和国成立后，哈尔滨开始向重工业基地迈进，许多大中型工业项目选址在哈尔滨设立、投产。

经过40年的改革开放，哈尔滨市逐步实现了由计划经济向市场经济的跨越，也基本实现了由封闭型向全方位开放型的跨越。进入21世纪以来，哈尔滨市的城市性质已由单一的工业基地城市转变为综合性多功能区域中心城市，在全国和东北亚地区发挥的作用正在不断地增强。

现在，哈尔滨在开放的市场经济中具有四大优势：一是区位优势，哈尔滨目前是5条铁路的交会点，是7条高速公路的交会处，它在东、西、北三方向上同俄罗斯可以用铁路、公路和水路连通，而且沿松花江的航运可以直接进入俄罗斯的哈巴洛夫斯克（伯力）港，也可以由松花江进入黑龙江，向下可行驶至黑龙江入海口；更可以在乌苏里江同俄罗斯远东的其他沿江口岸直通贸易。二是哈尔滨居于松花江流域的中部，是黑龙江、内蒙古自治区北部与吉林省西北部农牧渔林业产品的集散地，因其黑土地资源

松花江左岸支流巴兰河漂流　刘维滨摄

具有中国传统建筑风格的文庙　王冰摄

成为中国最大的粮食基地。三是产业优势，哈尔滨经过产业调整以后，仍是一座大型的工业城市，它的制造业和原料业门类较多，如发电设备、锅炉、医药、酒类、乳类、亚麻、石油加工、建材、铝材等行业，在全国均有较强的竞争力。哈尔滨在汽车、民用轻型飞机以及轴承等方面，也是全国同行业的骄子。某些高新科技产业，如生物技术、电子软件、焊接切割等，也相当发达。四是哈尔滨及其城市周边地区的冬、夏旅游，作为朝阳产业而焕发出了勃勃生机。从长远上说，哈尔滨在远东经济的发展中，也可以成为物流中心、金融中心和资讯中心。

近年来，哈尔滨的旅游业发展也很快，以太阳岛风景区、江畔公园，以及与之紧密相连的百年老街——中央大街及其城市周边地区的山林风光为主，哈尔滨开辟了许多旅游的景点与景观。此外，哈尔滨的城市建筑，

松花江之滨永远那样迷人　尧野摄

像曼哈顿休闲广场及教堂、中央大街步行街上的各类保护建筑、哈尔滨防洪纪念塔、哈尔滨开发区、龙塔、虎园、极乐寺、文庙等，都是中外游客的好去处。以哈尔滨为中心，风光旅游的辐射还包括有阿城的金源博物馆、依兰五国城遗址、五常拉林河一带京旗文化村屯、呼兰的萧红纪念馆、阿城松峰山的道教冢、亚布力的风车山庄、二龙山的冰雪基地，平山、尚志、五常的红豆杉大片人工林，以及周围松花江支流的夏季漂流等，这一切都让哈尔滨这座大都市，在步入21世纪的里程中，展现出新的光彩。

不过，最美的还是哈尔滨的百年老街——中央大街步行街，走在这条街上，可以感受哈尔滨这座城市一个世纪的风貌和印记。

站在这条大街的北口，也就站在了松花江的岸边。想当年，铁路刚修时，江边是货运车站，也是江船码头，水陆联运就在江畔上进行。后来，铁路拆除了，沿江成了江岸公园，绿树繁花修饰着松花江岸，而大街旁林立的楼厦逐渐代替了两侧的平房。街道变得繁华了，车水马龙，行人摩肩接踵。

大街和大江相互地守望着，浸润着，也包容着，不同的面孔、肤色和语言在一起交融。大江之水丰涨枯落，大街上的人群也随之增减。枯水时，江流变窄变细变浅，江中的沙滩裸露出来，河床在作太阳浴。人们从街上走来，步下堤岸，踏上沙滩铺展的河床，来到江边濯足、野浴，赤裸的脊梁在阳光下变成古铜色。阳伞在沙滩上张开了，像盛开的大波斯菊或大芍药花，和江水亲密接触的消夏的人们，有欢歌和笑语，随着浪花翻卷，小船在波光水影上摇荡……这就是松花江的夏天，这就是她迷人的

佳木斯市松花江岸风光（自星辰岛上望市区）　付刚摄

美丽。

松花江的冬天也魅力无穷。街口的防洪纪念塔和耸立在江中心的冰雪世界的大门遥遥相望。银装素裹的世界，别有一番韵致：你只要看一眼寒冬时江中的冬泳，就会为之一振。

每年1月5日举办的冰雪节，用冰雪将哈尔滨装扮得玲珑剔透，松花江中的江心岛、太阳岛和江畔公园，兆麟公园制作的冰灯、冰雪大世界等，吸引海内外的游人纷至沓来，冰雪文化搭台，经济、旅游唱戏，冰雪节将哈尔滨同世界联系起来，以松花江冬季风情为主的北国风光，将哈尔滨打扮得更加美丽多姿。

哈尔滨的未来，将会给松花江母亲河带来更加璀璨夺目的光辉。

哈尔滨是干流松花江上最大的城市，它的上游城市有肇源，下游城市有木兰、通河、依兰、汤原、佳木斯、桦川、绥滨、富锦和同江等市县。在干流松花江的城市串珠中，佳木斯是继哈尔滨之后的又一座大型城市。

佳木斯地处于流松花江下游南岸，是祖国东北疆的重要交通枢纽和门户，俗称“东方第一城”。浩浩荡荡的松花江从佳木斯的北部流过，通向四面八方的铁路和公路，都说明了佳木斯在松花江流域中是一座大城市。

佳木斯是古代肃慎人居住的地方，后来演变成黑水部和五国部。1778年，在此地的松花江边建立了嘉木寺屯，并用满汉文字注册。后来，开始逐渐建街设镇。由于地理位置好而人口增加迅速，商业和手工业也开始兴旺起来。清末民初，这里一度成为桦川县署所在地。作为一座城市，随着规模的扩大，开始显露出它的港口和农牧渔产品集散地的重要商埠地位。可以说，佳木斯的发展，一是得益于松花江港口，二是得益于铁路在这里

牡丹江江岸风光　牡宣供稿

与松花江交会。

九一八事变以后，日本帝国主义侵占佳木斯，佳木斯地区的人民奋勇反抗，纷纷加入义勇军和抗日联军，在艰苦卓绝的环境下，进行抗日活动。1934 ~ 1938年，抗联第六军第四师以市郊的猴石山为基地，给日本侵略军松井师团以沉重的打击，极大地鼓舞了人民群众抗日的信心和斗志。

1945年佳木斯获得解放，成为当时的合江省的省会。张闻天等老一辈无产阶级革命家在这里为建立和巩固人民政权而呕心沥血。1949年4月，合江省与松江省合并。中华人民共和国成立后，佳木斯成为黑龙江省的直辖市。1985年初，按中央实行的市县管理体制，佳木斯地区与合江地区合并，称佳木斯市，现在它辐射管理7个县，除抚远市在黑龙江之畔、桦南县在松花江平原上之外，其他的5个县都矗立在松花江的南北两岸，成为名副其实的松花江母亲河下游地区的城市明珠群。

近年来修建通车的同三公路（即从松花江入黑龙江河口的零公里处起，经过遥遥万里，跨越松花江、辽河、长城、海河、黄河、长江、珠江和琼州海峡，直达海南省的三亚市）从这里经过，是一条和诸多河流、铁路相交的纵贯祖国南北的公路大动脉，在佳木斯，就可以感受到祖国改革发展的脉搏。

此外，干流松花江的支流上也缀满了一颗颗明珠城市，如引嫩工程（运河）上的林甸、大庆、安达，扎龙湿地上的杜尔伯特蒙古族自治县，拉林河流域上的舒兰、榆树、五常、双城（即前文中的双城堡），阿什河流域的阿城，呼兰河的呼兰、兰西、青冈、明水、拜泉以及绥化、绥棱、海伦、庆安与铁力，海洪河流域的宾县，黄泥河流域的巴彦，杨木河入松花江口附近的木兰，岔林河入松花江口下游的通河，蚂蜒河流域的方正、尚志，汤旺河流域的伊春，鹤立河流域的鹤岗，牡丹江流域的敦化、宁安、海林、牡丹江，倭肯河流域的七台河、勃利，安邦河流域的双鸭山、集贤，三江湿地西南的友谊等。

在这些明珠城市中，鹤岗是闻名全国的煤城，在全国煤矿中名列第四。鹤岗位于鹤立河流域，故早年叫鹤立岗。

鹤岗号称百里煤海，其煤属于远海内陆断陷盆地煤田，早在侏罗纪时即已成煤。煤系地层厚达800 ~1 200米，可采或局部可采煤层达36层，总储量超过30亿吨。这里是肃慎人的故地，出土文物可以追溯到新石器时代。鹤岗有悠久的革命传统，抗日时期这里是抗联活动最频繁的地区。解放战争初期，这里是大后方，著名的东北电影制片厂（长春电影制片厂的前身）就在这里诞生，中华人民共和国成立前夕的许多影片都是在这里拍摄拷贝的。

鹤岗是一座美丽的城市，它风景秀丽，是一个理想的消夏胜地。鹤岗市西南有一座将军山，山顶上有一椭圆形的飞石，高约10米多，称将军石。相传，在很久很久以前，松花江及支流梧桐河、鹤立河洪水泛滥，附近的居民都移居到山上，进退两难。忽然从天上飞来一位将军，用利剑削平了山头，让百姓在山顶的平台上住了下来。洪水退后，露出一块椭圆形的大石，于是人们称它为“将军石”。

在鹤岗的笃斯沟有一个占地260多公顷的松鹤公园，这里也有一个美丽的传说。传说女真人阿希拉克父子曾在此居住，以狩猎为生。一天，从天上飞来一只受伤的仙鹤，儿子郝里柯将伤鹤抱回家，敷以草药，喂以美

七座跨松花江大桥之一的松浦公路大桥　捷然摄

齐齐哈尔市嫩江江岸风光　张玉岭摄

食。仙鹤伤好后，便变成一位美丽的仙女，和郝里柯相爱了。仙鹤据说来自河南巩县的黄河岸边，那里是中国诗圣杜甫的故乡，这位由仙鹤变成的仙女会背诵许多杜甫的诗作，她还教猎人和乡亲们的孩子念诗，因此乡亲们便称这位仙女为杜诗姑娘。后来，有敌人来犯，郝里柯率众往西南出征，一去未归。仙女望眼欲穿，到处寻觅自己的丈夫。一天，一只金色的仙鹤飞来，在她身边哀叫几声后又飞去。杜诗姑娘明白郝里柯已死，便用刀划破自己的额头，让鲜血流下来，变成一只银鹤，鸣叫着向西南飞去，去寻找她的丈夫……这个传说，把女真人和女真文化同中国历史上最伟大的诗人——诗圣杜甫联系起来，说明了中华民族文化根系中原，而这种文化的认同，也把松花江和黄河的神脉连通起来。这样的故事还有很多，这只是其中最美的一个。

松花江的城市珠串

干流松花江诸支流的城市明珠中，秀美而闪光的城市还有牡丹江市。牡丹江自南向北注入松花江，中游左岸有海浪河注入牡丹江，就在海浪河注入牡丹江的河口附近，坐落着美丽的江城牡丹江市，牡丹江从它的东郊流过，和滨绥铁路形成交叉。牡丹江为东西和南北铁路的交会处，为交通要冲，是中国东北疆地区的重要门户。东北疆绥芬河、东宁等国门距牡丹江仅100多公里，是对俄进行边境贸易的重要物资集散地之一。

牡丹江地区自古以来，先后是肃慎、挹娄、勿吉、靺鞨等部族的居住地。唐时，靺鞨族人曾在今牡丹江市南约70公里的牡丹江东岸建有渤海国都城东京城，即上京龙泉府。后来，渤海国被辽灭掉，这里是女真族及其后裔统治的地方。清代，这里是宁古塔将军府重地，该府先设在海浪河边的海林县旧街镇，后又移至牡丹江畔的宁安。牡丹江源自满语的穆丹乌拉，意为弯曲的江，牡丹江即由“穆丹”而得名，牡丹江市又由江而得名。牡丹江市虽有悠久的历史，但都在它周围的辐射地区。它本身源于中东铁路修建时，于1903年筑于海浪河与牡丹江交会处的一座小站，后来因移民的大量迁入而得到了迅速的发展。

牡丹江因其地理位置重要，在近现代史上，它是义和团抗俄、抗联抗日、解放战争剿匪的战略要地，在100多年的历史中，牡丹江市和牡丹江都留下了血与火、仇与痛的记忆。解放以后，牡丹江市的发展日新月异。牡丹江最重要的工业是纺织业，其棉、毛、麻、丝、化纤的纺织、针织、印染行业配套成龙。其次橡胶、硼化、水泥、石棉、制糖、食品等工业，也具有相当的实力。

牡丹江还是个美丽的旅游城市，镜泊湖是其最著名的景点。由牡丹江到镜泊湖，一路上可以饱览山峦盆地的绿色景致。镜泊湖是一个天然的火山堰塞湖，处于张广才岭和老爷岭之间，因火山爆发阻塞河道而成湖，该湖面积约90余平方公里，处于狭长的丛山峻岭间。这里青山环抱，碧水成湾，明镜般的湖水在山迤中、阳光下闪闪发亮，映出山影和树影。镜泊湖的出口有二，一处是地上的吊水楼瀑布，在正常的丰水年景下，瀑布壮美而气势恢宏，宽约20余米，从悬崖跌冲而下，水入深潭，响声雷动，发出阵阵轰鸣。在枯水季节，瀑布逐渐变小，甚至完全消失。另一出口是通过山下的河道和岩石的空隙泻出。这里已经修筑了牡丹江地下电站，利用石下潜流的落差驱动水力发电机发电，大自然的鬼斧神工和人类智慧的巧妙结合，在这里是一个很好的范例。

镜泊湖的湖鲫、红尾、鲤鱼等，是当年向清廷进贡的贡品，肉鲜味美，肥而不腻，是水中珍品。

镜泊湖附近有一处火山熔岩台地，名响水，其地产稻，因地温高，水质好而享誉全国，自唐代起即为贡米，称为响水贡米，至今仍用于国宴，有“中国米王”之称。

松花江北源嫩江中游，坐落着重工业基地齐齐哈尔。

齐齐哈尔位于嫩江东岸，西、北、东均为丘陵山地，以嫩江为轴，齐

吉林市松花江风光　王文摄

齐哈尔位于一个敞开的簸箕形的地形中心。

齐齐哈尔建于康熙三十年（1961），当时名卜魁（亦作卜奎）。齐齐哈尔是达斡尔语的音译汉字，意为“边疆之城”。康熙三十八年（1699），黑龙江将军由墨尔根（今嫩江市）移驻齐齐哈尔，于是齐齐哈尔遂发展成中国东北疆的一个重镇。清朝末年，政府为戍边而开禁，大量的移民从山东、河北等地流入，齐齐哈尔作为西满嫩江平原垦荒地的中心，人口不断增加。1924年组建黑龙江省城市政公所，齐齐哈尔划区而治，四年后改称市，齐齐哈尔才成为名副其实的一座城市。1931年，九一八事变后，齐齐哈尔沦为日本帝国主义铁蹄下的军事基地。1945年，日本投降后，齐齐哈尔才回到人民政权的手中。

齐齐哈尔是一座闻名全国的重工业基地，第一重型机器厂被誉为国宝，其他如齐齐哈尔钢厂、热电厂、焦化厂、黑龙江化工厂，以及机床厂、车辆厂、建华厂、和平厂、华安厂等，都是我国各行业内的排头兵和骄傲。除了机械工业是齐齐哈尔的强项外，纺织、造纸、制糖、塑料、食品、酒类等，也颇具规模。进入21世纪，齐齐哈尔市又成为中国北方的绿色食品基地和绿色食品展览中心，嫩江水的少污染也成为这一地区种植业的一大优势。更值得一提的是齐齐哈尔的北大仓酒和史国公酒，前者是雅俗共赏的名牌，后者是影响深远的国中药酿。史国公酒已有三百多年的历史，据说该酒源自明末的民族英雄史可法。史可法善饮，为使部下祛寒消疲，强身健体，乃自行酿酒，人称史国公酒。1676年有山西人杜氏、程氏，随清八旗军进驻卜魁戍边，在此开设鼎恒升药店，特酿此史国公酒。

齐齐哈尔市坐落在嫩江东岸，东岸的江堤经过多年的修建，和防洪纪念塔一起构成嫩江公园的风景地，此外它的明月岛及岛上的小火车、寺庙牌坊、绿地，都是让人流连忘返的好去处。齐齐哈尔市区内的龙沙公园、红岸公园、金三角森林公园等地，也都是旅游和休闲的好去处。

齐齐哈尔东南嫩江左岸是扎龙湿地，这里是季节河乌裕尔河的下梢，著名的扎龙丹顶鹤自然保护区享誉世界，到保护区观鹤的游客和人工饲养的丹顶鹤可以亲近、拍照，许多喜爱丹顶鹤的朋友，常常不远千里来此观赏。

在齐齐哈尔南北，依嫩江沿岸而居的城市还有嫩江市、莫力达瓦达斡尔族自治旗和大安市。此外，坐落于嫩江左岸支流上的城市有讷河、五大连池、富裕、依安、克山、北安等，右岸支流上有加格达奇、鄂伦春自治旗、阿荣旗、甘南、扎兰屯、扎赉特旗、泰来、乌兰浩特（科尔沁右翼前旗）、白城、洮南、突泉、科尔沁右翼中旗和通榆等。这些镶嵌在嫩江及嫩江东西各支流上的城市，是嫩江母亲河上的骄子。

在南源的北流松花江，依岸而建的城市有吉林和松原两座城市。

吉林市是一座古老的城市，它的城市的历史可以追溯至唐代渤海国的涑州地。辽金时为宁江州旁地，后属扈伦族的乌拉部。清康熙年间移宁古

长春市人民大街　佚名摄

塔将军于此。雍正年间置永吉州。吉林市位于松花江南源段中游，松花江从市中间穿过。市区为低山丘陵环绕，依山傍水，风光如画。满语称吉林乌拉，有沿着大江之意。顺治十八年（1661），为抵御沙俄的入侵，清朝政府临江设置船厂，造船扩充水军，以增加对松花江、黑龙江和乌苏里江的巡边，故又名“船厂”。康熙十五年（1676），清政府将黑龙江宁古塔将军衙门移驻于此之后，吉林市便成为中国东北角的政治、军事和经济的中心，它可以向北辐射到黑龙江入海口，向西北一直辐射到黑龙江上游诸地，辐射到雅克萨和结雅河地区，向东可以辐射到大海及库页岛等地。

日伪统治时期，占领者曾着手建设丰满水电站，相应地也有了一些水泥、化学、造纸等工业。1949年，中华人民共和国成立后，对丰满电站进行扩充，四年后装机量已达55.4万千瓦，从而成为东北工业基地的动力心脏。20世纪50年代，引进苏联技术，兴建了七个重点项目，即江北区的化肥厂、染料厂、电石厂，装机45万千瓦的热电厂等，这里是中华人民共和国的第一个综合性化工基地。此外，吉林市造纸、碳素、制糖、水泥、炼油等工业，也相当发达。

吉林市还是一个文化悠久的旅游城市，它的松花湖风景区是松花江流域中风光最美的地方。湖中的五虎岛、龟头岛、迎宾岛、松树岛、钓鱼湾、石龙壁、凤舞池、卧龙潭、骆驼峰、北天门以及丰满水电站的大坝等，都是景色宜人的好去处。这里春天花香满树，柳岸飞莺；夏天绿荫匝地，岭秀如云；秋天色彩缤纷，红艳鲜亮；冬天冰雪叠嶂，常雾凇萦绕。一年四季，千姿百态，变幻莫测，令人叹为观止。

吉林市的古迹很多，如乌拉街满族镇附近有乌拉古城、吉禄府邸、打牲乌拉总管衙门、演武厅遗址、财神庙、清真寺、官通城址、瓦块地遗址等，其他如松花江畔的阿什哈达摩崖碑、东团山遗址、龙潭山山城、长蛇山遗址、骚达沟墓群以及北山古庙群、文庙与小白山长白山神庙遗址、松花江神庙遗址等，都是游人流连忘返的好去处。

坐落在北流松花江下游的松原市，是一座美丽的新城。松花江从城中穿过，江北为宁江区，此为扶余老城，现为松原市的新区；江南为前郭尔罗斯旗。松原市有两处自然景观的“三岔河”：一是最大规模的三岔河，即北流松花江和嫩江的交会处，交会后成为松花江干流的起点，那里江中有一个小沙洲，形成一个狭长的岛状台地，地上架有一座高压线塔，当地人将之称为三岔河或三江口，因江水青黄分明，也称阴阳界。二是在松原市的东北方，拉林河注入松花江的河口，此处亦称三岔河。在此三岔河口

闻名遐迩的化工基地——吉林市　王文摄

的西南，有一座不高的小山，山西南有一座大金得胜陀颂碑，是金与辽作战胜于辽的历史见证，为金大定二十五年（1185）七月二十八日所立，距笔者写作此书已有837年的历史。

嫩江下游右岸油田的开发，促进了宁江区的开发，同时也促进了松原市的诞生。现在，松原市继大庆之后，已成为一座新兴的石油化工城而闻名于世。

北流松花江除了干流上的城市吉林与松原市之外，她的支流上也缀满了城市，如头道江畔的靖宇县、抚松县，辉发河上的桦甸、磐石、辉南、梅河口等，蛟河畔的蛟河市，饮马河畔的德惠市，伊通河畔的长春市等。这些从山地、丘陵地到平原上分布的城市，是北流松花江流域中的城市瑰宝，也是松花江母亲河南源臂弯下的骄子，它们为这条伟大的母亲河增添

吉林市，北流松花江岸上的古城明珠　王毅敏摄

了时代的光彩。

长春是松花江流域中能和哈尔滨相媲美的城市之一。松花江的支流饮马河的支流伊通河从长春南北通过。伊通河虽小，却美丽而迷人，她和南湖一起，是长春市的重要风景区。

长春的兴起与农垦和铁路有关。18世纪后，清政府的禁垦政策逐渐松弛，来自关内山东、河北地区的流民来此垦荒，人口聚集，在今长春市南约20公里的地方形成较大的居民点——长春堡，这是长春城之始。不过，“长春”这一地名，更可以远溯至辽代的长春河与长春州，只不过那时偏西罢了。

九一八事变以后，日伪统治东北，扶植傀儡政府伪满洲国于1932年3月9日在长春开张，将清朝末代皇帝溥仪扶上台“执政”，年号为“大同”。

当年9月，伪满政府与日本签订《日满议定书》，从而使整个东北成为日本的殖民地。长春市也留下了许多屈辱的历史印痕，伪满洲国在长春遗下的伪“皇宫”等带有日寇侵占奴役印记的建筑物非常之多，睹物思史，难免有悲怆之痛发生。不忘国耻，应该是进入21世纪松花江母亲河儿女永远的牢记。

中华人民共和国成立后，长春在满是疮痍的战争废墟中重新站立起来，经过70多年的建设，长春市作为吉林省的省会，成为吉林省政治、经济和文化的中心。东北地区由于行政区划成三个省，故自北向南形成了哈尔滨、长春、沈阳三个交通枢纽，而长春更位于三个枢纽的中部，因此交通极为便利，只是由于伊通河规模较小，没有松花江那样的舟楫之利，这是唯一的不足。不过，长春市内的南湖、城外位于南郊伊通河上的新立城水库、位于城东郊饮马河上的石头口门水库、位于城西南饮马河支流双阳河上游的双阳水库、黑顶子水库，以及净月潭森林公园中的净月水库、城西南的八一水库、富强水库等，也为这座美丽的春城镶嵌上许多蓝色的宝石，让这座城市在进入21世纪后，放射出更加璀璨的光彩。

长春是全国综合实力50强和投资环境40个优秀城市之一。改革开放以来，城市发展日新月异，如今长春城因冠有汽车城、电影城、森林城和科技文化城而受到世人的瞩目，它的汽车制造、高新科技产业、油气化工业、食品加工业等，是四大支柱产业，并以此为龙头带动全省经济的发展，为北流松花江江南平原平添了一道亮丽的风景线。

达斡尔·鄂温克·鄂伦春

松花江母亲河养育着多民族的儿女，这些儿女都是这个大家庭的成员。这些兄弟姊妹们，多少年来一直和睦相处，情同手足，骨肉相连，让母亲河的风景成为一幅民族大团结的风俗画卷。在这幅画卷里，汉族、满族、蒙古族、回族、朝鲜族等人口较多，他们的情况也多为人们所熟悉，现在让我们来看一看在松花江母亲河的怀抱里生活着的几个人口较少的民族兄弟。

清初，将生活在嫩江、黑龙江地区的几个少数民族统称为索伦，它包括现在的达斡尔族、鄂温克族和鄂伦春族。中华人民共和国成立后，索伦的称谓取消，达斡尔、鄂温克、鄂伦春三个兄弟民族，各采用今天的族名，恢复了自己的本来面貌。

达斡尔是达斡尔族人的自称，为耕种者之意，总数大约10万多人。他们是契丹人的后代。现在，他们主要居于嫩江平原上，以西部居多。达斡尔的社会组织，多是以一个祖先传下来的近亲二三十户或三五十家聚居于一个屯落里，名叫木昆（mokon）。木昆里有木昆达，即屯长，等于现在的村长之类的社会基层负责人，管理木昆内的公共事务。木昆依山傍水而居，便以山水之名呼之，久而久之，各木昆的人便有了和木昆相同的名字——这就是共有的姓氏。达斡尔人由黑龙江左岸迁至嫩江后，称姓为

能歌善舞的达斡尔族人　佚名摄

“哈拉”，“哈拉”是满语，但也有达斡尔人称姓不叫哈拉，而叫木昆的。进入20世纪以后，由于受汉族文化的影响，达斡尔族人的姓氏有些已经简化，简化后常用其汉译姓氏的第一个字做姓氏，如鄂氏、金氏、敖氏、郭氏、刘氏、苏氏、孟氏等。

达斡尔族是一个定居的民族，他们的房屋和北方其他民族，如满族、汉族的房屋相似，多为三间正房面南做居室，另外有仓房相配。唯一不同的是，达斡尔人的正房在西边的山墙处开有两扇窗户，称为西玛尔窗户。在朝西的方向上开窗，在嫩江地区西北风多的自然条件下，对于冬季防寒、春季防风沙来说都不利，颇令人不解。但在接受下午的阳光方面，也有许多好处，总之是利弊互见。

达斡尔族人的农业、牧业和嫩江地区的其他民族并无明显的区别。这

达斡尔族妇女自制乐器弹木库连（据《达斡尔资料集》）

一点从齐齐哈尔梅里斯达斡尔族区的农牧业中可以窥见一斑。从大田的农作物，到家中的牲畜家禽，应有尽有。改革开放以后，他们在致富的路上迅跑，许多农业户都用上了农机械，特别是入世以后，他们的绿色农业和牧业，更有其显著的特征，其绿色食品正走向世界。

达斡尔人的狩猎很有特点。达斡尔人在狩猎时，以前多使用猎鹰。数十年前，山禽野兽多时，一只猎鹰一天能给猎手捕四十多只野雉或山兔。现在，野物少了，养鹰的人家也明显少了。达斡尔人猎取沙半鸡的方法更为独特。沙半鸡是嫩江、大兴安岭中的一种特有的飞禽，其形体如同飞龙，但比飞龙略大，毛色为褐灰色，多在榛棘林或雪地上觅食。达斡尔猎手在捕捉沙半鸡时，先是在雪地上安放一条长四五米的圆网笼，网笼的中间，每隔一米左右用竹箍将之撑起，其入口处圆口较大，越往里越细小。

在入口处的两侧立有板形的围栅两片，呈张开状。狩猎时，将之安放在沙半鸡经常出没的地方，栅片中间到网口、网内均撒有粮食等诱饵。沙半鸡一般是七八只或十几只群居，当它们出现在栅片内觅食时，达斡尔猎手身穿一种用白布缝制的口袋形的“猎装”，上边仅露出眼睛。猎手张开手臂将口袋撑起，露出的手握着树枝，慢慢地将沙半鸡驱赶进网笼中。因为猎手罩在白布口袋中，对猎手的到来沙半鸡并不察觉，一边觅食一边进入网笼内，便成了猎物。达斡尔人猎取沙半鸡后，挑选出一雄一雌两只最健壮的放飞，放飞的目的是明年还有猎物可猎，并不赶尽杀绝。

达斡尔人冬季打鱼也很不寻常。嫩江入冬封江后，达斡尔人邻近几个村的捕鱼人便组织起来一起撒冬网。其领头者称阿乌达。阿乌达带领众人顺江流在鱼群可能游动的地方打出一排冰窟窿，然后用木竿或竹片顺流将网撒在冰下的江水中，一次可以将几十米长甚至百多米长的网排撒好，待时而动，再将网起上来，鱼便随网而上了。

达斡尔人也有祭敖包的习俗，这一点和蒙古族相似，实为祭天。祭天分木昆祭和家祭两种。家祭主要在家中举行，目的是保佑平安和免灾。木昆祭每年两次，一次在阴历的四五月，另一次在阴历七月。祭天时，依据地形的不同而有所不同。靠山区的村落，在山上的高处堆积石块垒起敖包，进行祭祀；住在平原上的达斡尔人，则选择一棵高大的树——神树，在树下祭祀。祭天的目的，夏初祈求风调雨顺、五谷丰登、人畜平安；秋初时，祈求灭虫消灾。

在达斡尔族的生活习俗中，大轱辘车扮演着重要的角色。大轱辘车是指达斡尔人使用的大车轮的木制板车，车轮也是用木料制成的。在松花江

坐落在嫩江右岸尼尔基镇的达斡尔民族博物馆　郭旭光供稿

流域的汉族人的村落中，20世纪50年代也有一种木轮车，车轮也由木料制成，但最外的车辋镶着铁箍，后来由于胶轮车的增多，汉族农村使用的这种木轱辘车（亦称花轱辘车）才逐渐消失。达斡尔人使用的大轱辘车和花轱辘车不同，大轱辘车的车轮，其车辋也使用木料制作。制车的木料，一般的采伐期是在农历二月至三月，树木萌发新芽之前。采伐后，将木材保存起来，等到干燥后再进行制作加工。车轮中心的车毂及辐棍均由柞木制成。车毂的内里用压合法压进一只铁制的轴套，使车轴可以在轴套内自由转动。车辕子、车身、车架子等，均由桦木、柞木制作。大轱辘车的车轮比较大，因此转动起来轻快灵活，故有大轱辘车之称。

达斡尔族的文化丰富而多彩，他们的民间传说、民间故事、民歌等，源远流长，内中反映了他们在黑龙江和嫩江流域的某些生活情景，其民间歌曲“札恩达勒”和“达奥”，几乎人人会唱，他们的“舞春”——一种吟诵的民间故事叙事歌曲，也在达斡尔人民中间流传很广。达斡尔人的服饰、手编、鞠球、刺绣等，也都具有鲜明的民族文化特征。这些特征，即使是迁徙到新疆塔城等地的达斡尔人中，也还保持着。

鄂温克族生活在嫩江母亲河与大兴安岭的山地中，在呼伦贝尔市之南还有一鄂温克族自治旗，居大兴安岭西麓山区。只是他们的人数较少，住得也分散，现有人口2.63万人。

鄂温克，其含义是“住在大山林中的人”，也称为“住在南山坡的人”或“下山的人”。

鄂温克也是一个古老的民族。过去鄂温克人主要以狩猎为生，捕貂、猎犴、猎鹿，并且饲养驯鹿。驯鹿，俗称“四不像”，性情温和，善走，生活在森林、湿地边缘和山麓间，以苔藓、蘑菇、树叶为食，喜欢舐盐，因此以盐为诱饵，可以诱捕之，出售鹿茸是鄂温克人的一大经济收入。鄂温克人也善捕鱼，这也是鄂温克族喜欢依水而居的原因。鄂温克人还善于采集林中的山珍，如黄花菜、木耳、蘑菇、山芹菜等，林中的野果，如山里红、山葡萄、榛子、松子等，也是他们喜欢的食物。

鄂温克族人的姓氏，也源于所居流域的某些地名，经过复杂的变迁后，现已改为单、双字的汉姓，如布索、古、葛、何、杜、金等。当然，这更有利于交往和沟通。

鄂温克族人运输物资多使用驯鹿驮载。此外，还有桦皮船、大轮车（勒勒车，和达斡尔族的大轱辘车相似）等。因多在林海雪原中行猎，也使用滑雪板。鄂温克人使用的滑雪板和冰雪运动竞技的滑雪板相似，只是比较短，也比较窄。

鄂温克人以前住在“撮罗子”里，撮罗子，鄂温克语称为西格勒柱，亦即仙人柱。是由长木杆捆扎在一起，支开，周围拴上小木杆，以桦皮、鹿皮覆盖而成。因简单易搭，特别适合游猎生活居住。但近些年来，由于大兴安岭的开发，狩猎物越来越少，加上鄂温克人多数都已定居，还有一部分居于敖鲁古雅乡的鄂温克人仍然长居山林中，以养驯鹿为生。选择定居的鄂温克族人，他们的生活习性已逐渐向牧耕生活转变，“撮罗子”之类的东西，已经转向旅游风物。不过，鄂温克人善养驯鹿，以鹿肉为食，用锅煮、串烧、叉烤等方法就餐，还是很有特点的。到鄂温克族朋友家做客，吃手把肉，喝白酒，饮奶茶，敬烟等，都是一种礼仪和享受。以前，鄂温克人多穿皮衣皮裤皮袍。而今，夹克衫、牛仔裤、球鞋等，穿在鄂温克青年人身上，已不足为奇了。

著名女作家迟子建，以一位年届九旬的鄂温克老酋长的自述，向读者揭示了鄂温克百年沧桑的长篇小说《额尔古纳河右岸》出版后，向世人讲述了这个民族的苦难经历，方才让更多的读者对鄂温克人有了些许的了解。

鄂温克人的文学艺术相当发达，他们的民歌、传说都很感人。嫩江、大兴安岭是鄂温克人生活的家园，有一支牧歌体的“扎恩达勒”就是歌唱嫩江支流雅鲁河的：

大兴安岭中的鄂温克人　杜殿文摄

金色的雅鲁河啊，

水波清澈的辉河，

这是我们的家园，

美丽的鄂温克草原。

雅鲁河水美山清，凌空而飞的雄鹰在头上飞旋，那是给草原人带来祝福。

在嫩江上游和伊勒呼里山中，还生活着一支狩猎民族，这就是鄂伦春族。

鄂伦春族人数较少，1982年进行人口普查时，约有0.41万人，现在虽有所增加，但仍不到1万人。

鄂伦春族自古以来便以狩猎、采集为基本经济手段谋生，而且兼有渔业和少量手工制造业，他们被认为是一支英勇、强健、剽悍的生活在山林中的兄弟民族。20世纪50年代，当鄂伦春族从索伦人中分出来时，人们是通过一首著名的民歌来认识鄂伦春族的。这支歌现在人们仍在传唱：

高高的兴安岭，
一片大森林。
森林里住着，
勇敢的鄂伦春。
一呀一匹猎马，
一呀一杆枪，
獐狍野鹿，
漫山遍野，
打呀打不尽。

鄂伦春人迁到嫩江、大兴安岭地区时，大约有十余个氏族，经过变迁，现在演化成和汉族相似的姓氏，如孟、葛、关、魏、莫、杜等。鄂伦春族无文字，现通行汉字和汉语。

鄂伦春人的捕鹿呈季节性特征。春天二三月为鹿胎期，五六月为鹿茸期，九月至落雪为交尾期，冬天为打皮子期。按季节出猎，称“红围”，含有吉祥之意。除捕鹿外，对其他野兽，一年四季都可以出猎。鄂伦春族人打猎，有集体和个人两种，所使用的猎具有枪支、马匹和猎犬等，因善使马，故亦称为马背上的民族。

鄂伦春族人也善于捕鱼，一般使用渔叉、渔网和钩钓及挡亮子等。他们制作桦皮船（鄂伦春语称为“木罗贝”），在江河中撒网捕鱼，出入鱼亮子。

鄂伦春人冬季喜欢穿狍皮制的袍子，男子穿的皮袍，他们称之为“尼罗苏恩”，为便于骑马，前后襟均开衩，腰间扎黑色带子，纽扣原使用兽骨，后来使用金属扣和塑料扣；女皮袍被称为“阿西苏恩”，袍身更长，

鄂伦春老奶奶是桦皮工艺传承人　王冰摄

鄂伦春猎手　孙志江摄

鄂伦春人的桦皮船　刘维滨摄

大襟能盖住脚面，前后襟不开衩，衩开在两侧，襟与袖口均绣有花纹。鄂伦春人的裤子、帽子也用狍皮制成，称“米塔哈”。后来四扇耳的毡帽传入，戴毡帽的也很普遍。靴子是用皮底布帮制作，柔软、轻便、美观，称为“奥路奇”。

鄂伦春人主要食兽肉、鱼，副食为山菜、野果。过去很少吃粮食，定居以后，有了农业，改为以米面为主食。鄂伦春人吃肉的方法很多，有煮肉、烤肉、烧肉、炖肉等，他们的特殊吃法有两种：一种是把肉切成小块，煮熟后放在帘子上，底下用烟熏烤，称“库呼乐”；另一种方法是把生肉切成条，晒到半干后架火熏烤，然后再切成小块晾干，称“西鲁哈”，和山野菜炖着吃。鄂伦春人还爱吃肉粥，用面和肉丁制作，也可以用小米制作，加上调料，非常香美。

鄂伦春人住在“撮罗子”里，撮罗子一般建在山坡上，冬天用狍皮、芦苇覆盖，夏天用桦树皮覆盖。门向东南或西南开，一般不朝正南、正北开。定居以后，撮罗子几近消失，但近些年来随着旅游业的发展，撮罗子开始走进度假村，成为一种民俗风景。

俗话说，鄂伦春族人马背左边挂箭筒，马背右边驮皮篓。鄂伦春人不但剽悍勇武，而且能歌善舞。每当狩猎归来，夜幕降临的时候，他们就燃起篝火唱歌跳舞。鄂伦春人的舞蹈，多用来表达对生活的热爱和劳动的喜悦，如斗熊舞、树鸡舞等。

鄂伦春族民间文学非常丰富多彩，有表现人类起源和祖先活动的神话，有关于爱情、抗击罗刹、抑恶扬善的故事，还有关于大兴安岭、嫩江、黑龙江等的风物传说。

鄂伦春人以其灵巧的双手制作了许多精美的桦皮工艺品，如桦皮箱、桦皮桶、桦皮盒等。桦皮箱，鄂伦春人称“阿达玛拉”，有长方形、方形和圆形等多种，箱盖和四周均刻有花纹，异常美丽。这些箱子一般是鄂伦春少女在娘家时准备好的嫁妆，结婚时带走。结婚后，她们用它来装各种衣服、腰带、帽子和其他结婚用品。

锡伯·赫哲·柯尔克孜

在松嫩大平原上，还生活着锡伯族、赫哲族和柯尔克孜族等兄弟民族。

锡伯族也称席伯、西柏、席北、西伯等，1982年人口普查时有8.3万人。锡伯族是古时拓跋鲜卑人的直接后裔。拓跋鲜卑人南下建立魏国，后改姓元氏，和汉族融合在一起。锡伯是鲜卑二字的变音。

由于和满、汉族人杂居、通婚，生活在嫩江、松花江中游一带的锡伯族人，生活习俗已多和汉人趋于一致，但也保留了一些自己的特点。在服饰方面，锡伯族妇女喜欢穿旗袍，年纪大的还扎裤脚，穿白袜和绣花鞋。老年男子喜欢穿对襟短衫，用布带扎裤脚。后来，这些民族服装已经很少见到，他们完全现代化了，服饰的通用、简洁，让许多人抛弃了传统的习俗，在奔向现代化的途程上逐渐与汉族人融在了一起。

锡伯族人早已从狩猎时代转入农业，和汉、满族人一样，以米面为主

锡伯族女青年的英姿　迟伟臣摄

食，菜食亦相同，养猪、牛、羊、鸡等，他们同满族人一样忌食狗肉。

锡伯人的住房，一般自成院落，院中种植花草、果树，门朝南开。住房一般为三间，锅台砌在中间的堂屋里，东西两间有火炕，既可做饭，又可取暖。剪窗花是锡伯族妇女最擅长的艺术。

锡伯族人重礼仪，长幼有序，对长辈十分尊重。对祖先的崇拜仍然保持着，如锡伯族人为了不忘祖宗，每家屋内从西北朝东南，两屋角拉起一条绳，此线称“喜利”，意谓不断地传宗接代。婴儿出生后，便在绳上挂上一个小摇篮的模型，以纪念儿女在摇篮中成长。生男孩，还要挂一张弓，生女孩挂一条红头绳。增加一辈人添挂一个背式骨，年年供奉，岁岁如此。为了将此代代流传不被损坏，就把积累起来的供物装在纸袋内，挂在屋内西北的墙角上。天长日久，便被锡伯人奉为神明，称之为“喜利妈妈”，每年春节到农历二月初一日，家中都要供奉“喜利妈妈”以祈祝一年中平安。

锡伯族人还有一种抹黑节的习俗。每年农历正月十六日， 不等天亮，锡伯人便成群结队， 挨门串户，不分男女互相往 脸上抹锅黑，其意是保佑让小麦不得黑穗病，秋天大丰收。

在松花江下游、在三江平原的沿江一带，还居住着中国56个兄弟民族中人口最少的赫哲族，只有0.14万人。

渔猎生产是赫哲人的主要生产方式。现在，他们捕养结合，以发展文化旅游业为主，多种经营、综合发展。赫哲人的捕鱼方法有多种，随季节的更迭而变化。从开江到小满，主要捕吃活食的杂鱼，用网、钩、叉捕获。小暑以后，鱼进入孵化期，他们停止捕猎，修理渔网、船具。白露以后，天气变凉，大马哈鱼汛期到来，主要捕捞大马哈鱼等洄游鱼，也捕获鲟鳇鱼等。入冬以后，三江封冻，赫哲人用拉大网的办法在冬窝子里捕鱼。这种捕鱼方法必须多人参加。操作时，根据水线杆长度凿成等距离的冰眼，将网拴在水线杆上，沿着冰眼徐徐穿行。将网下到江中后，从最后的一个冰眼中拉出，即可取鱼。三江沿岸，丘陵草原，绿色葱郁，野兽也很多，是赫哲人的天然猎场。

除渔猎外，近些年来，赫哲人也有少量的种植业出现。随着改革的深入，赫哲人的生活习俗越发显露出旅游经济价值。坐落在街津口镇附近的赫哲人，在政府的资助下修建了一座赫哲族文化村，迎接八方来客。村中不仅有专售鱼宴的鱼食馆，还有赫哲族博物馆。在博物馆的门口，一位赫哲族老妈妈在出售她亲手缝制的赫哲族人独有的鱼皮工艺制品，如钱包、手袋等。笔者在专访这位赫哲族老妈妈时，由她的讲述知道，赫哲族与满族通婚，而且语言相同，他们都是古肃慎族的后裔。居住在黑龙江北岸的赫哲族人称那乃人，现在江南江北的族人因有亲族关系而互有往来。

赫哲人早年的服装用鱼皮缝制。鱼皮熟好后制衣非常柔软，手感也不错，只是外观略显粗糙些。赫哲族人也穿兽皮衣服，尤其是冬天寒冷季节，主要用狍皮缝制，靴子多用鹿皮缝制。鱼皮服装，赫哲语称“乌提扣”，其鱼皮从胖头、鲤鱼、草根等鱼身上剥取，熟后缝制。中华人民共和国成立以后，棉麻毛制品传入，赫哲人的鱼皮服装早已不见。如今，在旅游开发中，鱼皮衣服重新出现，作为非物质文化遗产，作为一种文化，鱼皮制品重又被开发出来，它的观赏价值很大。

赫哲人的饮食特点之一是吃生鱼，赫哲语称为“塔拉卡”。吃时，先把鱼血放出，将鱼肉片切下，切成细丝，加上醋、盐和野生的“江葱”与辣椒末，相拌即可下酒。

赫哲人吃鱼吃兽肉的方法还有许多种，如蒸、烤、炸，以及晒成干后存储，吃时再重新泡发、煮炖等。

以捕鱼为生的赫哲族人　肖殿昌摄

赫哲人的野果主要是稠李子。这种野果树在三江沿岸的台地上、江中的小岛上多有野生。熟后，果为黑紫色，可拌鱼松、大米等熟食。

赫哲族人以前住在马架子或地窨子里，里面搭炕和锅灶，门朝南开。中华人民共和国成立以后，在政府的资助下，他们已经住上了砖房和楼房。

赫哲族没有自己的文字，通用汉字。赫哲族人有丰富的民族说唱文学，称为“伊玛堪”。伊玛堪完全靠口头传承，说唱因人而异。赫哲族人曾以使犬部在历史上闻名，猎犬在赫哲人生活中起过重要作用。元代时，从松花江下游到奴儿干一线，在冰河中，其交通主要靠狗拉爬犁行走，当年设有许多狗站，在沿途接替轮换使用。在伊玛堪的说唱文学中，狗的作用也不时地提到。狗是北方各民族的朋友，由此亦可略见一斑。

非物质文化遗产——赫哲族人的萨满舞　范震威摄

在嫩江中游左岸和乌裕尔河之间的大平原上，还居住着柯尔克孜族。现在，居住在嫩江左岸富裕县的柯尔克孜族人约1000人。

新疆的柯尔克孜族原来使用以阿拉伯字母为基础的文字，中华人民共和国成立以后设计了以拉丁字母为基础的新文字。居住在嫩江地区的柯尔克孜族人，由于周围环境的影响，语言变化很大，能够使用柯尔克孜族语言的人已经为数不多了。中年以上的人通用蒙古语，其中也杂有满语或达斡尔语。青年一代，通用汉语和汉字。

柯尔克孜族人原以牧猎为生，近百年来逐渐转为农业生产，也兼渔业。1949年以后，在政府的帮助下，他们的农业种植业已逐渐跟上了现代化的步伐。小麦、玉米、荞麦、大豆、高粱等，都有种植，而且各种农具也和当地的汉族、满族、达斡尔族相同。

柯尔克孜族人的服饰相当漂亮，衣帽靴子多由兽皮缝制。男人上身穿白色绣有花边的圆领衬衫，外套羊皮或黑色、蓝色棉布无领长衫。下穿宽脚裤、高筒靴，头戴高顶卷沿皮帽或毡帽。女子穿对襟上衣，宽大无领，下着多褶的长裙，也有连衣裙。外罩背心，包头巾。柯尔克孜族妇女尤其喜爱花色衣裙，未嫁者戴绣花帽，帽顶有小穗子。老年妇女爱穿长袍，包白头巾。现在的柯尔克孜族青年，所穿服装和汉族已很难区分，只是在节日时，才穿上民族服装。

柯尔克孜族初来嫩江草原时，以游牧生活为主，逐水草而居，支着牛皮帐篷。后来，受当地人的影响，开始逐渐定居，转为农业。他们的房屋干净整洁，生活井井有条。

柯尔克孜族人原以肉食为主，兼吃牛奶、羊奶和干酪，现在也以米面

喜庆的柯尔克孜族人　佚名摄

为主，兼吃肉食了。他们最喜欢吃稷子米，用鲜牛奶或羊奶煮着吃，也喜欢吃手把肉，这些习俗深受蒙古族的影响。柯尔克孜族人爱饮酒，也爱喝牛奶、喝红茶。

居住在嫩江流域的柯尔克孜族人，原有的婚俗已经不存在了，他们多与当地的蒙古族、达斡尔族、满族、汉族通婚，自由恋爱，婚礼也和当地的汉族人相似，结婚三天后，丈夫陪同妻子“回门”，看望父母和娘家的人，当日再返回夫家。

柯尔克孜人也过除夕和春节，盛行拜年。拜年时相互送些糖果、糕点，以及酒水等礼品。同族的人要团拜，进屋后先给蛇神磕头，再拜长者，听长者发表祝词。柯尔克孜族人好客而重礼仪，待客时供以羊头，是为尊敬。客人就餐时，要先分出一些给主人家的妇女和小孩，表示回敬。

上年纪的人相互行礼时用两手抚摸一个膝盖呈半蹲式，妇女则用全蹲式为大礼。儿媳妇出屋时，不准转身以臀部对着长辈，要退着走出门去。

柯尔克孜族有著名的史诗《玛纳斯》。来嫩江后，也创作了不少民间口头文学，其中有神话、传说、故事、民谣等。

柯尔克孜族人能歌善舞，舞蹈受达斡尔族的影响。他们喜欢红色、白色和蓝色。他们以兽角形图案装饰房屋、毡房和马具，这和其性格开朗、豪放、热情是一致的。

松花江、嫩江两江冲积的大平原，一望无际，沃野千里，自古以来养育了10多个兄弟民族的优秀儿女，他们同饮一江水，共耕黑土地。他们勇敢、勤劳、热情、豪放，是北疆的大自然和人文环境塑造了他们相似的性格。

让美丽主宰未来

蓝天、白云不是梦。

绿水、清波也不是梦。

秀林、沃土同样不是梦。

那么，什么是梦呢?

人们的企盼是梦，七千万松花江儿女的愿望是梦。

于是，这梦变得雄浩而神圣，这梦变得巍峨而悠远。

它不是现实，现实在20世纪的100年中被兵与火折磨得几近枯槁，被怒和怨浸润得几近遍体鳞伤的大江。

松花江母亲河在过去的100年中，经历了多少苦辣辛酸啊！

她流了血——她的血已经流过了！

她流了泪——她的泪也已经流过了！

她怒吼过——她怒吼的声音曾声震寰宇！

她怨恨过——她怨恨的悲歌亦曾浪迹天涯！

她也美丽过，笑过，爱过！

谁说松花江母亲河不曾美丽过？

——请看长白山天池，一池蔚蓝的池水飘逸而下，从闼门，从乘槎河，从二道白河，从她经历的一切地方流下来，汇聚在一起，当她由十几条小河、小江汇合在一起，形成一股浩荡之流成为大江的时候，她依然是美丽的。

我眷恋长白山森林。长白山的森林给母亲河以大峡谷般幽深的绿色的祝福。

这祝福来自长白山的子民。所有的长白山的子民都把长白山看作是一方神圣，是慈爱的父亲。这就是长白山子民、松花江母亲河儿女们对待白山黑水的真情实感。

对长白山、松花江的任何不敬，都是对儿女们心中神圣情感的亵渎。

笔者就是带着对父辈的尊崇和对母亲的挚爱来拜谒松花江之源天池的。在登上天池周围的诸峰之一，俯瞰天池的一瞬间，我发现自己心中涌起了这种神圣的情感。

带着这种连自己都轻易不敢触动的神圣之情，为松花江母亲河作传，为母亲河讴歌。

我试图走进母亲河心中的世界，走进她神圣而美丽的本源，来为母亲河写下与她的儿女有关联的文字，以让我的笔在解读母亲河的历史中，一展她的美与崇高。

感情依然是神圣的，在母亲河的伟大与崇高面前，她儿女的血管里，流淌着感恩，也流淌着炎黄！

炎黄是松花江母亲河的精髓，这精髓就是美与崇高。

美与崇高——神圣与爱，非常贴切地、巧致地融会在一起了，这就是母亲河同儿女之间的血肉联系与情感联系。

不必追问历史的悠远，也不必挖掘内心世界的浅层，这是明白无误的解读。这解读，有《二十五史》和它的枝蔓典籍为证。她博大精深，她内涵优渥而厚重！

于是，我带着神圣之情沿松花江下游，走访她的里程，查看她的波光水影，让爱在我的心中汪洋恣肆地放歌。

我不敢说，我看到了母亲河的全部的美，但我至少可以说，我要尽力描述我亲爱的母亲河的照耀千古的光彩，以及她永久的魅力。

这魅力从长白山自然保护区向外辐射，二道松花江集中了北坡的美景，头道松花江和松江河汇聚的是长白山主峰天池西坡与西南坡的美丽，抚松县和二道白河镇一样，是登山的基地，美即从这里展现。

西坡有更多的水，有更多的山，有更多的山泉，有更多的河湾与峡谷……小漓江是靖宇县的骄傲，这里山河的美丽是抗日烈士的鲜血换来的，杨靖宇用他不屈的生命和英灵凝聚了这山河，山河才具有血性的壮美，它的壁立如削，恰如英雄的傲骨，千古流芳。

沿着松花江向下游走去，江中汩汩的浪花在诉说，诉说她久远的回忆，诉说她今日的品格和亮点。

丰满水库松花湖波平如镜，一道大坝拦下万顷波涛，也拦下了许多当年记录在登山武官日记里的险滩、险境。如今它们都躲在水下去了，三湖保护区的三座水库将山河的面貌重新作了一番描画。

吉林是一座古老的城市，也是松花江南源最美丽的城市之一，她的吉林大桥，她的松江路，她的北山公园，她的龙潭山公园，她的小白山，她的荷花湖，她的江南公园，都给了她以最美的装束和信心，让松花江在向21世纪，向未来的发展中，一展新姿。

作者在天池边静坐沉思，碧蓝的天池水由长白山瀑布跃下冲击成的浪花多久能流入大海？数千年往事如风飘散，大地江山万古如斯。多少年后，松花江将是何样风貌？　柳成栋摄

雾凇是江滨白色的美景，一如那崇尚白色的古老的民族的心愿。吉林的松花江，水流湍急，冬而不冻，故在严寒之际，有水汽氤氲着飞升，凝结于树上枝头，一树苍白，如银如玉，“忽如一夜春风来，千树万树梨花开”，千万枝“树挂”，已跃上枝头。

从吉林沿松花江下行，山水相间，银白与绿色，参差不一，更有新容让人感受，那就是她的从容不迫，她的仪态万千！

写过了松花江，我深知松花江的美丽更在她身边的世界，而不光是她自己。

进入中游以后，松花江更加袒露自己，她的美丽已为人所共睹。

山为树掩，水为林秀；山水相依，更让松花江占尽风流。

在松花江的怀抱里，有十多处国家森林公园，更让我在沿江的撷取中，一睹母亲河的芳容。

凤凰山国家森林公园，可沿拉林河行至中游即进入张广才岭东南大青山之巅。凤凰山有十大奇观，有中国森铁蒸汽机车博物馆、陡沟子民俗风情园、黄花松原始森林等，这里是古冷山，今凤凰山的神脉所系，高山花园与高山草原是她的一大景观。

若沿着松花江干流下行，可以溯呼兰河上行，至兴隆镇，这里有兴隆国家森林公园。它位于泥河东南，漂河上游和少陵河上游，后两条河汇成一河，注入松花江。这里是小兴安岭南麓的山林，是松花江的依托。这里山水秀丽，怪石峥嵘，古木参天，山中澄湖散落，如片片镜子散落人间。这里的森林铁路全长188公里，在当年抗联用脚步丈量过的山林中，如今你可以依靠车轮游览。小兴安岭南麓的鸡冠山，如养在深宫人未识的美女，如今已向世人展现了她美丽的面容。

八里湾也是一个美丽的所在，它是松花江中游之南的一处风景区，由双峰山、八里湾、鸡冠山、虎跳崖、锅盔山与红豆杉人工林一起，组成了一幅风景长卷。茫茫林海，身置何处为益？山景告诉你，听松涛，望水库，饮红豆杉茶，将会给你一个惊喜。

威虎山国家森林公园，以人工养放虎而闻名。它位于张广才岭东坡，公园总面积41.4万公顷，它更以它当年《林海雪原》和《智取威虎山》的战斗故事，令人流连忘返。这里风光旖旎，虎姿诱人，如加上激情漂流、植物观赏，更会让来者流连而不思归去。

亚布力国家森林公园，总面积1.2万公顷，有多个旅游度假村相毗邻，有锅盔山、亚布力河、风车山庄、明月湖景区等。冬天犹如进入童话般的世界，著名的高山滑雪场和千米滑道，令人品味不尽北国风光的神奇。

五营国家森林公园位于汤旺河畔的五营，这里是抗联当年的营地，而今是风景如画的小兴安岭深山。这里，春来山花烂漫，鸟语花香；夏时绿树浓荫，凉爽宜人；秋时，满山红叶，听杜鹃依依啼鸣；冬时，白雪皑皑，大地银装，如入神仙之境。

桃山也是一个好去处，它位于小兴安岭西南，松嫩平原北际，有呼兰河上游在此流过，总面积17. 84万公顷，是夏季漂流、冬季滑雪的好去处。

日月峡国家森林公园位于铁力林业局马永顺林场中，占地2. 971万公顷，在小兴安岭南麓，多数为次生林。日月峡有典型的山地气候，群山环绕，流水欢歌，让你在万水千山中，领略人与自然相拥相抱的神韵。

梅花山国家森林公园，坐落在小兴安岭的腹地，地处汤旺河支流伊春河与乌敏河相交处，占地0. 78万公顷，海拔最高峰为1 046.8米的梅花山主峰。这里山峦起伏，绵延不断，险崖断壁令人啧啧惊叹，松林刺天，松涛阵阵。来到这里，你会看到大自然的鬼斧神工，天蓝树绿水清，如入神话的世界。

雪乡国家森林公园地处张广才岭南坡，在大海林林场内，是一处典型的生态旅游风景区。雪乡国家森林公园，集冰雪与森林于一体。这里是松花江怀抱中的冰雪之最：夏无三日晴，冬雪漫林间，积雪期长达7个月。这里山高树老，400年的古树已不新奇，是松花江与牡丹江怀抱中的一个裹银的骄子。

从这里向东，仅走十几公里，就是宁古塔旧街。你看着如此大雪，定会想象清初流人吴兆骞及其难友们刚从江南或中原发配来此的生活情景，餐冰卧雪，宁古塔会给人多少胡笳风雪流人梦啊！

我不敢说，我在长白山、张广才岭和小兴安岭的几多描绘中，会展现松花江风情壮美的一个侧面。松花江是美丽的，但她还有许许多多不尽如人意的地方……但我相信，松花江的未来，将会由美和崇高所主宰。

有了美，才有崇高！松花江的美与崇高，将会伴随着她，直到永远！

附录　反馈与回响

啊，我们的母亲河……

——答记者问

《黑龙江画报》记者郭滨江（以下简称记者）

《松花江传》作者范震威（当代作家）

记者：大江大河传记丛书，如《黄河传》《长江传》等书一出版，便蜚声全国，你的《松花江传》一书出版以后，也得到了业内人士和读者一致的好评，请介绍一下你是怎样为松花江母亲河——这条富饶美丽的大江作传的？

范震威：退休前，我作为一名出版社的编辑，曾经组织过几本江河方面的书，如《话说黑龙江》（张殿民著，1987）、《北国江河》（高砚著，1991）等，大江大河作为生于斯长于斯那种与读者不能割舍的情感与情结是我料始不及的。实际上，我编上述书也有这种情结，于是我也想写一本关于松花江的书……

记者：这部《松花江传》一定是缘于这种情结吧？

范震威：请允许我从头说起。河北大学出版社是一个很有魄力的出版社，以该社总编任文京先生为首的几位同仁，在瑞士的德语作家埃米尔·路德维希所著《尼罗河传》的启发下，他们策划了以写中国大江大河为主传的大江大河传记丛书，在上个世纪末立项，然后在全国组稿。随后，于2001年便有了《黄河传》（陈梧桐等著）、《长江传》（朱汝兰著）、《珠江传》（司徒尚纪著）等的出版。这些书由河北大学出版社的任文京先生陆续寄来，我也从中受到启发，开始着手《松花江传》的考察与写作准备。

为此我先读了《尼罗河传》。《尼罗河传》的作者埃米尔·路德维希（Ludwig Emil，1881–1948），以写传记享有国际盛名。1924年，他去了非洲，看到阿斯旺水坝，这个雄伟的人工工程让他震惊，于是他才有了沿尼罗河走访的探险。在几次探险和走访后，他爱上了尼罗河和尼罗河的土地，对尼罗河倾注了他的全部热情，因此《尼罗河传》这部书写得非常精彩。这部书很早就译成了中文，著名史学家陈垣先生曾写过《重读〈尼罗河传〉》一文，陈垣先生对《尼罗河传》十分推崇，他在该文中说：“记得年轻时看到《尼罗河传》，立该想起了我们的黄河。如果有人写出一部《黄河传》，它会给我们多少欢乐和忧伤啊！……《黄河传》——如果写出来的话——也许会被称为史诗般的作品。”

记者：那么说，后来果真出版了《黄河传》，而对您是一个鼓舞！

范震威：不错！在我动笔写作《松花江传》之前，我就被《黄河传》的构思与写法所激励。但是，我的《松花江传》必须要寻求它路，走一条完全属于自己的路，也就是能够完全适合表现松花江地理、人文和这条母亲河两岸儿女精神风貌的写法。它一定要有别于《黄河传》！

记者：听说在你考察松花江流域时，对长白山天池感慨万千！

范震威：是的。长白山天池是松花江的南源，这次考察是我第一次来到天池身边。第一次看到天池，我就立刻升起了敬畏之情。敬畏自然、敬畏山水、敬畏造化大自然给我们的一切，这是21世纪的新理念，同时也是这套大江大河传记丛书，特别是我写《松花江传》的宗旨与主题。对此，我还写了一首《敬畏》的诗。

记者：从考察完天池以后，你的写作是怎么安排的？

范震威：我和河北大学出版社签约后，2002年1月开始动笔撰写《松花江传》的初稿。在这之前，我完成了《李白的身世、婚姻与家庭》一书，1月份已经出版，另一本《燕园风雨四十年——严家炎评传》的初稿也完成了。2001年5月我退休后，曾在香港《文汇报》驻黑龙江省办事处工作了几个月，这几个月跑了不少地方，顺便考察松花江与嫩江的地貌风情，为写作作准备。正式签约后，我就辞去记者不做，专心投入《松花江传》的写作。

记者：我感到你的写作与流域考察是交替进行的，这种办法有利于写作吗？是不是先作好流域考察，再进行写作呢？或者是边考察边写作，像某些作家那样，边走边写呢？

范震威：边走边写我做不到，那需要才思敏捷，文字驾轻就熟。我恰恰不能这样，我需要咀嚼、消化和吸收，然后才能像挤牙膏那样挤出点东西。但在考察嫩江西部，也就是它的右岸支流，跑了十一个县市时，我是带着我的笔记、相机、地图走的，边走边写了一些诗，其中有一组题目叫《抚摸弓马的吻痕》八九首，后来发表于《中国诗人》，算是考察的副产品。我考察一段时间，回来写一段时间，我猜想路德维希的《尼罗河传》也是这样写的。他的“尼传”分为五篇，各篇相对独立，所以我有这样的感觉。我的《松花江传》虽分六大版块组成叙述文本，可是时间仍是主线，由古至今，由远至近，这一点是不能含糊的。写传记中间可以省略，但不能像写诗那样朦胧跳跃，它必须明晰，有一分材料说一分话，有一分感受说一分话——真实是一切传记作品的生命，也可以说是灵魂。因此，我可以告诉读者，《松花江传》中没有虚构的内容，一位严肃的作家在写作时必须有自己遵循的底线。

记者：在《松花江传》中，你对古代松花江的原生居民给予很大的关注，请你谈谈这方面的情况。

范震威：生活在松花江下游地区最早的原生居民是肃慎。肃慎，也称息慎，是生活在中国东北方的一个古代民族。我给松花江的定位是中华民族北方各兄弟民族共同的摇篮，她和黄河、长江、珠江、淮河、雅鲁藏布江、塔里木河、怒江、澜沧江一样，为哺育中华民族各兄弟民族作出了不可磨灭的贡献。她是一条伟大的母亲河！

肃慎的记载也见于《山海经·大荒北经》：“大山之中有山，名曰不咸，有肃慎之国。”其不咸山，就是长白山，可见长白山很早就进入中原人的视野。在中国古代文献中，肃慎（息慎）是生活在中国东方或东北方的先民东夷，与之相对应的还有北狄、西戎、南蛮，是古时位于周边四方少数民族的统称。夷——这个字很有趣，它是由一个“大”字和一个“弓”字合成的，所以东夷或东北夷，就是指生活在东方或东北方的操大弓的民族，于是我的《松花江传》人文历史的开篇，就叫“一个操大弓的民族”，历史就这样向下推演了。

记者：我们知道息慎或肃慎是满族人的先祖，一直生活在松花江的怀抱中，是这样的吗?

范震威：唐虞曰息慎，周曰肃慎，汉晋为挹娄，南北朝时称勿吉，隋唐时称靺鞨，五代后称女真，一直到明末，努尔哈赤先称后金，后来又称满洲，简称为满。努尔哈赤氏姓爱新觉罗，其含义为“金”。据传说，其始祖布库里雍顺（含义为英雄）出自长白山天池附近的一个天赐湖，由天上来的三仙女浴后，其三仙女食乌鹊衔来的一枚朱果而有孕，生下男孩叫布库里雍顺，成年后顺松花江而下，来到三姓（今依兰）地方，后成为部落首领，若干年后率部落南下，曾在牡丹江中游住过，此地后来叫宁古塔，即满语“六”的意思，因为当初有六兄弟居于此地。这些人后来又南迁至抚顺一带，努尔哈赤家族便在那里发迹。天池因为和满族的始祖有关，因此被称为圣山。在吉林市小白山上曾为长白山和松花江立过庙，每年对长白山神和松花江神进行祭祀。清朝的两个皇帝康熙、乾隆都曾来此北巡。北巡的目的一是祭祖，后来三仙女的传说是写在正史《清史稿》的第一页上的。北巡的第二个目的是巡防外侵。事实上，1644年满族改国号叫大清，挥戈入关南下时，松花江作为后院是空虚的，沙皇的一些御用流氓、冒险家已经沿黑龙江东下，进入东北亚的真空地带，所以后来我们丧失了一百多万平方公里的领土。松花江本来是直接入海的，后来黑龙江成了界河，松花江反而成了它的支流了。——如果不讲这些，实在是史传作家的一个遗憾。

记者：请说说嫩江的情况。

范震威：中国古代北方的劲敌是匈奴。最近有美籍华人学者以语言为线索，推测出匈奴的后裔之一匈牙利人同肃慎人之间的渊源关系（也有人提出不同意见），如果有那么一点可能，便可以推知古代中国与中原争雄的民族如匈奴、东胡、鲜卑等，都和松花江北源嫩江相关。在《二十五史》中，北朝的三个政权中的北魏，皇姓拓跋氏，起源于北海——贝加尔湖，也就是苏武牧羊的地方，后来来到大兴安岭南麓，先居住在嘎仙洞中，稍后又南下，饮马长城，逐鹿中原，取得了北中国的半壁江山。嘎仙洞在嘎仙河（嫩江的二级支流）旁，位于嫩江上游的大兴安岭山中，北魏时曾由魏世祖派遣中书侍郎李敞前去告祭，在洞中祭祀过，记在《魏书》里，后来这个洞淹没在历史的烟尘中，“文革”后期被发现，它成为嫩江——松花江子民进入中原的一个重要历史见证和坐标，当年刻在石壁上的字还在。我的《松花江传》对此作了详细介绍。

北朝以后的契丹人虽起源于西拉木伦河，可是辽的皇帝经常到嫩江下游，即松嫩两江汇合处一带射鸭猎鱼。松花江古名鸭子河，可见辽时野鸭极多。辽皇后来下令改鸭子河叫混同江——混同江是官方命名的松花江之名。辽代皇帝还泛舟黑龙江，即当时的干流松花江，这也是黑龙江之名第一次见诸史籍。后来有一位辽代皇帝死于松花江之北。2002年我和摄影家王毅敏结伴来探查松嫩两江汇合地，即古鸭子河（混同江）之地，不慎在船上将右手腕摔伤，但在肇源县委宣传部任纪成同志的帮助下，还是取得了不少第一手资料，王毅敏拍的照片，也选在《松花江传》中。

自宋开始，女真人完颜氏，以及后来的元代蒙古人，清代的爱新觉罗氏、那拉氏等，先祖都是松花江养育的。松花江养育了那么多的优秀儿女，所以说她是一条伟大的母亲河。我在自序中说："松花江自身的美和她养育的儿女所赋予的崇高，为松花江铸就了她史传的基本格调。笔者就是在充分把握这个基本格调的同时，带着对父辈的尊崇和对母亲的挚爱与感恩，来为我们近七千万儿女共同的母亲河作传的。"

记者：读了《松花江传》后，我感到拓宽了视野，增加了许多历史知识和科学知识，也使我们更爱松花江母亲河了。总之，这部书以纵横捭阖的叙事，给人以很大的启迪，是读者很好的良师益友。谢谢你的介绍！

范震威：同样也谢谢你的倾听！这倾听不是听我絮叨，而是倾听展现松花江的风采与美丽！

（载《黑龙江画报》2005年第5期）

祝福松花江母亲河

王毅人

我们生活在松花江母亲河的臂弯中，我们是喝松花江母亲河的奶水长大的，我们是松花江母亲河的忠实儿女，我们都热爱我们共同的母亲河。

可是松花江到底是怎样的一条大江？松花江母亲河有过怎样的经历？

我的文友范震威先生应河北大学出版社之邀，在该社组织出版的《黄河传》《长江传》《珠江传》等大江大河传记丛书中，经过数年的考察、研究和撰述，终于完成了一部38.8万字的《松花江传》，于今年出版。这部史传是有史以来第一部全面记述松花江的专著。作者从浏览地方志起步，搜集各地的信息，又披荆斩棘，从天池和伊勒呼里山的两江之源起，进行全流域的地容地貌、江容江貌考察，为撰述松花江史传，取得了许多第一手的材料。作者在《自序》中说：

“松花江自身的美和她养育的儿女所赋予的崇高，为松花江铸就了她史传的基本格调。笔者就是在充分把握这个基本格调的同时，带着对父辈的尊崇和对母亲的挚爱与感恩，来为我们近七千万儿女共同的母亲河作传的。”

这样带有浓烈情感的笔调贯穿了全书。通过对历史洪流的梳理，作者惊奇地发现，在中华民族五六千年的历史中，在北方地区建立地方政权或部落国的民族，如肃慎、挹娄、拓跋鲜卑、寇漫汗、乌洛侯、地豆于、夫余，以及渤海国等，无一不是松花江母亲河的子民，那些一度南下，饮马长城窟，到中原争霸，并建立了政权和赫赫功业的，如东胡、鲜卑、契丹、女真与蒙古（蒙兀室韦后裔）族的成吉思汗、忽必烈等，都与松花江母亲河有着不可分割的联系。建立清朝帝国的满族爱新觉罗氏，传说他们的始祖布库里雍顺（满语：英雄），就诞生在长白山天池附近的天女浴躬池，然后沿松花江顺流而下，繁衍生息，到努尔哈赤时，才啸起于苏子河，做大于白山黑水。在大历史的观照下，松花江可以毫不夸张地说，她是中华民族北方各兄弟民族共同的母亲河！她自立于黄河、长江、淮河与珠江等中华大地上的母亲河之间，毫不逊色！

通过读范震威的这部《松花江传》，我想谈以下几点观感：

范震威是我多年敬重的文友，他对人物传记的撰写颇有独到之处。2002年出版的《李白的身世、婚姻与家庭》一书在学术界引起了很大的反响。自此，他一发不可收，又先后写了《苏雪林传》和《杜甫大传》，不能不令人称奇。作者笔下的李白、杜甫、苏雪林栩栩如生，读后让人掩卷沉思。而《松花江传》又是作者传记中的一部力作。写江河传记不同于写人物，往往容易写得干涸，让人味同嚼蜡。可读完《松花江传》，闭上眼睛回味，眼前立即出现了涌动的松花江，波涛翻滚，奔腾不息，世代在两岸居住的各族人民群众，那两岸的耕地、草原、牛羊，那一代又一代不断翻新的建筑，让人历历在目，便觉得这条江活起来了，活得就像一个人一样。范震威写江河就像写人一样，这正像作者抒发的像写自己母亲一样去写松花江，自然产生了极大的震撼力。这一点，是这本书成功的最可贵之处。

《松花江传》又是一部北方民族的兴衰史。前十三章用沿革的形式写了她辛酸苦辣的历程。从“松嫩大湖与松花江的诞生”写起，写到“一个操大弓民族”的出现，给松花江文明抹上了曙色，接着写到了上古时代，松嫩两江的部落相继崛起，然后进入争霸、冲突时期，这以后又有了新的崛起。当写到海东盛国时，作者的笔墨很轻松，特别是写到当地人崇尚文化时，作者录下了许多诗文，风格和唐诗何其相似乃尔。洋洋近40万字，写到了松花江两岸民族的崛起，写到民族冲突，民族争霸，民族团结，以及民族的兴盛。当写到民族冲突时，作者忧心如焚；写到民族团结时，作者按捺不住内心的喜悦。伴随着松花江水日夜流淌，那一张张鲜活的面容相继跃然纸上，让人久久难以忘怀，特别是作者写到抗日战争和解放战争时，乌斯浑河畔的八女投江，松花江畔的杨靖宇和赵一曼……一个个人物栩栩如生，感人肺腑。纵览全书，《松花江传》不啻为一部爱国主义的教材。

最后，我想说，历史上松花江曾经是一条美丽的大江，但是20世纪经过帝国主义列强的抢掠，特别是日本帝国主义十四年的霸占践踏，资源被掠走，森林被滥砍滥伐，母亲河遭到了史无前例的破坏，再加上20世纪的人口剧增，超负荷的开垦，以及工业与民用污染等，松花江母亲河面临史无前例的灾难。好在自1998年大洪水之后，人们已经有所醒悟。相信，若干年后，松花江母亲河会有一个美好的未来。

对于未来，作者给予母亲河以期愿和慰藉，而这也正是松花江母亲河儿女们唱给母亲河最新最美的一支歌儿！

（《黑龙江日报》2005年5月10日第12版）

如歌行板唱大江

——范震威《松花江传》随想

伊永文

自三国时代佚名作者的《水经》问世以来，特别是宋元以来的地方史志中，均立有“河流”条目，逐渐形成了江河传记的壮观阵容，及至近、现代又出现了像岑仲勉《黄河变迁史》那样的专为某一江某一河立传的名著。但是就松花江而言，则自来无史传。河北大学出版社盛邀范震威先生为松花江立传，终于使松花江第一次以“全方位”而又脉络清楚的史传形式呈现在读者面前，可喜可贺。

《松花江传》的问世绝非偶然，据著者自称，“作为松花江的子民”，居住于松花江畔五十余年来的生活经历，使他对这条哺育自己成长的母亲河产生了一种难以遏制的研究和歌颂的激情，概而言之，“松花江自身的美和由她养育的儿女所赋予的崇高，为松花江铸就了她史传的基本格调。笔者就是在充分把握这个基调的同时，带着对父辈的尊崇和对母亲的感恩，来为我们近七千万儿女共同的母亲河作传的”。（《松花江传》自序）

历史上，松花江仅有零星或不成系统的记载，无可依傍，著者不得不从纷繁诸多的松花江现象与问题的求索中，加以解读和整理。著者采取了将松花江的地理、生态、经济、民俗等历史文化诸元素融于一炉的手法，将他沥沙淘金般占有的松花江史料，加以咀嚼、消化、分析，从而梳理出一条松花江的历史文化线索——从肃慎——一个操大弓的民族向中原贡奉楛矢石砮开始，历尽四千余年的沧桑变迁；又从北自嫩江，南至天池的松花江南源的两江相汇，写到20世纪被诸“列强”和日本帝国主义掠夺的苦难；同时又纵览上下古今，直切入到松花江两岸植被之恢复、自然保护区的建设……他使我们从松花江切入历史，从而领略了北方汉族与少数民族的历史、现在和未来的风采。

《松花江传》更显著的特色，是作者那散文诗一样优美的语言和笔调，使读者在阅读此传时，获得了极好的阅读享受。这不禁使人想起，在中国诸多的江河著作中，不乏以文采而胜出者，如北魏郦道元的《水经注》。这部《松花江传》对这条大河及水域周围的名胜、特产、农田、人物、故事、神话、历史的记述，其文笔时而清丽隽永，时而沧桑厚重，时而如涧奔流，时而波光如镜，使人读来如饮甘霖。看作者笔下所描写的松花江北源嫩江岸边的森林，是那样的优美：“那浩瀚的林海里珍藏着多少开拓者的梦。那梦是绿色的，在伊勒呼里山中葳蕤着，化作遮天蔽日的林莽，化作树海绿株中的鸟鸣，又化作疾掠而过被风卷走的松涛声，像万千猎猎飘扬的旗，在人们心中涌动。”

这是用激情铸就的松花江史传的华章。今天的松花江是幸运的，自有史以来她终于有了自己的传记，而传记又是如此优美、厚重、生动，像一曲悠长而耐听的弦歌，永远回响在松花江子民的耳畔……

（载《中华读书报》2005年7月13日第14版）

松花江的空间和时间意义

——评范震威新作《松花江传》

李青松

黑龙江的朋友孙景辉托人捎来一本《松花江传》，叫我抽空看看。景辉是黑龙江森工总局宣传部副部长，眼光不凡，他向我推荐这本书必有一定的道理。应该说这是一本具有重要史料价值的书，文字也是迷人的，很值得一读。松花江的源头在哪里？如何发育的？汇聚了多少条支流？历史上发生过哪些重大变迁？翻开这部书，一页一页读下去，我的思绪也随着奔涌的江水一起流动起来。

1986年夏天，我在哈尔滨市太平区法院当实习法官时，曾到松花江游过泳。当时，我和几位年轻的法官在太阳岛的一处浅滩下水，准备横渡松花江，目标是江对面俄罗斯风格木结构建筑——江上俱乐部。江上俱乐部别具情调，其厅、廊、楼、阁错落有致。一半建筑在江堤上，一半建筑在水中，陆水相连，既稳固，又美观。可那天风大浪急，我们仅游了一段，就被军人出身的院长吼回来了。上得岸来，个个浑身瑟瑟发抖，有人说，喝酒喝酒，酒驱凉气。我们就把一个烧鸡撕开，啃鸡腿，大口大口地喝了白酒。倒也过瘾，痛快。

那是我第一次与松花江零距离接触。我忽然感觉到，因之松花江，哈尔滨才显得如此风姿绰约和富有韵味。

作为传记，这部书固然要涉及历史、文化、民族、民俗和风情等方面的内容，但把垦荒与伐木，以及土壤、水域、动物和植物也都作了细细的考证，则是出乎我的意料的。作者是把松花江与东北大地及东北人看作一个完整的整体——大地伦理及社会生态观在书中得到了完美的体现。松花江之水透着灵性，有时很乖顺，有时很暴躁，这正好让我们从另外一个角度，冷静地对待物质和享受，深刻地反省人类的今天和过去。回溯时间之既往，遥看东北之未来，寻找松花江的光荣与梦想，我们应从哪里入手呢？中国文化的特点该是大河文化——这是著名学者余秋雨在多年深入研究之后得出的结论。公元前5世纪，人类的思想走向成熟，分别表现在：希腊诞生了哲学家苏格拉底，印度诞生了释迦牟尼，中国诞生了孔子。苏格拉底在爱琴海边，思考的是人与自然的关系；释迦牟尼在恒河边思考的是人与神的关系；孔子在黄河边思考的是人与人的关系。由于战争，由于灾害等原因，虽然这些大河的走势和流向几乎不同程度地发生了转移，但无论怎样，这些大河文化早已经融入到各个民族的血脉中了。在黄河、长江流域，以汉族这个融多民族血统为一体的混合民族，建立了中原文化圈。在中原文化圈的周围，历史上所谓的东夷、北狄、西戎、南蛮诸兄弟民族也在其相应的地域建立了自己的文化圈。这些文化圈是中原文化圈的外延，其本身就与中原文化圈有着难以理清的纠葛和交织。生活在松花江流域的民族和中原政权的关系，是一种“融合与冲突”或“冲突与融合”的反复演进的关系。在历史演进的过程中，松花江同时也在演绎着自己。松花江流域的古代先民，在中国文献中被称为东北夷。东北夷由三大民族群体构成：一是生在长白山北、松花江南源、牡丹江流域和松花江下游的肃慎人；二是生活在嫩江右岸及山地草原的东胡人；三是生活在松嫩两江汇合处南北的夫余人。在东北夷各族中，肃慎人是最早与中原建立密切联系的民族。

随着后金——满洲的雄起，努尔哈赤统一女真诸部，并建国称尊；一个帝国强盛的时代为期不远了。之后，松花江女真人的后裔满族建立起一个庞大的封建王朝——大清帝国，那时中国的版图令全世界都瞪大惶恐的眼睛。

当然，松花江也有屈辱和辛酸。张寒晖作曲的那首著名的抗日救亡之歌《松花江上》，浸染着亡国奴的血和泪，唱出了一个民族的苦难和心声。

松花江是一条丰饶的江。江中盛产鲤鱼、鲫鱼、鳙鱼、白鱼、哲罗鱼、同罗鱼、雅罗鱼等，特别值得一提的是大鳇鱼，此鱼是陆地河流中，迄今为止所发现的个头最大的鱼。长约四五米，有几百上千斤重呢。早先，鳇鱼是贡品，寻常百姓是不准吃的。从江中捕到鳇鱼后，先在鱼圈里养着，待到江面冰封后，再用车辆运到京城。

鳇鱼不准吃，鲤鱼总是可以吃的。如今哈尔滨的大小餐馆里有一道著名的主打菜——得莫利炖鱼，其选料就是松花江里的鲤鱼，加粉条、豆腐、大白菜，咕嘟咕嘟炖出来的，我每次去哈尔滨出差，进餐馆一落座，必点这道菜。可口，实惠，可劲儿造。

很小的时候，我读过一本小说，书名叫《咆哮的松花江》，作者好像叫谢树，书的具体内容忘记了，但书中对冬天里在冰封的江面上，猎人追猎野兔的描写，至今令我记忆犹新。松花江，那是一条跳跃着生命、蕴藏着力量的大江啊！

松花江是一个伟大的创造者，在江之南，她和辽河一起造出了松辽平原，在江之北，她和自己的北源嫩江冲积出了松嫩平原；在下游，她和黑龙江、乌苏里江一起造出了一个三江平原。这三个平原都是松花江参与的杰作，土地肥美，沃野千里，是当代中国的粮仓。

21世纪，中国怎样养活中国人？也许回眸一眼松花江，我们就有了足够的底气。

给江河作传，非常人能为。在瑞士有个叫路德维希的作家写过一本《尼罗河传》，在中国有个叫徐刚的作家写过一本《长江传》。路德维希我不认识，徐刚先生我是相当熟悉的，甚至他写《长江传》的一些趣事和细节，我也有所了解，他曾背着行囊徒步考察过长江上游的很多地方，钻密林过沼泽，险象环生。与其说《长江传》是徐刚写出来的，不如说他是用双脚走出来的。有一次，徐刚在电话中告诉我，经过考证，让人难以想象的是，在远古时期，长江居然是倒着流的，也就是说，是从东往西流的。徐刚的这一发现曾令我惊愕不已。

《松花江传》的作者我并不认识，但我知道，写这样一部传记是一定吃过很多苦的，就像徐刚一样。

在经济高速发展的今天，这部书的出版无疑具有重要的现实意义。它在生态学、社会学、民族学等方面都带给我们一些非同寻常的启示。松花江荣衰的历史，反映的是人与自然，人与人，人与社会不断抗争，不断交替，反复演进的历史。读这本书，不仅可以获得大量的地理、历史知识，更会促使我们思考许许多多问题。松花江在空间和时间上的存在，对于东北乃至中国的未来发展来说，到底意味着什么呢?

（载《中国绿色时报》2005年7月21日第8版）

献给松花江母亲河的赞歌

——范震威《松花江传》读后漫笔

王平

打开厚重而又崭新的《松花江传》，一股馨香随着春风扑面而来，那些精致的大江照片插图立刻吸引了我。我先是被美丽诱人的松花江母亲河的芳容秀貌所倾倒，接着又被《松花江传》优美的文字、流畅而又充溢着的诗意所叹服。

作者范震威在自序中说，松花江是一条美丽而可爱的大江，也是一条富饶而又风姿绰约的大江，她的雄浑浩荡、她的美丽绝伦都是人们难以想象和难以描述的。我们和作者一起，为有这样的母亲河而骄傲。古代的先民们曾用“敬畏”二字来形容对松花江源头——长白山天池瀑布的感受，而今天，那里的自然保护区仍然会给你许多神秘感，让你难以窥其英姿。沿着作者展示的松花江史传的绵绵长卷，我们感受到了松花江这条母亲河的伟大、辽阔与豪迈之气。

松花江母亲河所养育的古代先民，一个操大弓的民族——肃慎（女真人先祖）。早在蒙昧时代，他们就到中原来参加各路英豪或部落王的大集会，贡献楛矢石砮，送来了驼鹿或四不像。而后，这种联系一以贯之，于是在《春秋左传》中昭公九年（公元前533年），便有了“肃慎，吾北土也”的记载。因此可以说，从遥远的上古时代起，松花江就成了炎黄子孙——华夏民族的成长摇篮。这只摇篮养育了多少英雄而又无畏的儿女——那些在汉、魏、晋和南北朝时期先后崭露头角的东胡人以及他们的后裔，建立了北方地方民族政权的宇文氏、慕容氏、拓跋氏，还有以前生活在松花江母亲河臂弯中的夫余氏、挹娄——勿吉——靺鞨氏，以及后来啸起于松漠之地的契丹耶律氏；居于海古水与安出虎水的完颜氏；还有曾居于嫩江上游东北方的蒙兀室韦，他们的后代就是成吉思汗、忽必烈。此外，还有源起于长白山圆池三仙女浴后吃朱果受孕而生下爱新觉罗氏的先祖布库里雍顺（满语：英雄）。后来在松花江中游地依兰，成为三姓贝勒，他的后人便是努尔哈赤、皇太极等，他们的后人入关建立了大清王朝……这些笑傲于北国大地上的一代又一代的先民，全是松花江母亲河的儿女，是松花江母亲河的乳汁养大的。松花江史传中的事件与脉络，以往只有一鳞半爪见诸史料。作者从历史的时空里，进行拖网式的打捞，从而积淀了一部厚重的大江史传专著。作者除给予广大读者资料、史实和优美的文本之外，还填补了松花江五千年文化史中无传的空白。他拓荒式的撰述，不仅是开创性的，也是独树一帜的。他的深厚的文史功力，娴熟的文学手法，历史与现实景况的抒写，资料的丰赡，则使这部史传如今像一部江河史诗一样地令人爱不释手！

在这样的基础上，作者给松花江母亲河的定位是中华民族北方各兄弟民族共同的母亲河，她和黄河、长江、淮河、珠江……华夏大地上的大江大河一样，流淌着炎黄子孙的血液，跃动着华夏民族的脉搏。在松花江母亲河的身躯里，她的洪流巨浪，她的波光水影，她的石岸沙滩，她的洲渚与丛林，她的湿地与水湾，她的激流中的云影与漩涡……可以说，从她的流域中可以展示和体味到太多的美与崇高。“美是不言而喻的”，作者写道，“松花江自身的美和由她养育的儿女所赋予的崇高，为松花江铸就了她史传的基本格调。笔者就是在充分把握这个基本格调的同时，带着对父辈的尊崇和对母亲的挚爱与感恩，来为我们七千万儿女共同的母亲河作传的。”

作者范震威是这样写的，读者也是这样读的。读松花江，读她伟大生命的诞生，她的水系长卷，她的上中下游河区、河口，她的湿地，她的冲积平原……在阅读了这部近40万字的史传之后，我感受到的是作者获得了巨大的成功。而这部史传，更可以看作是作者献给伟大母亲河的一支豪迈而嘹亮的赞歌！

（载《中国水利报》2005年7月23日第6版）

新版后记

黑龙江美术出版社要重新出版我的《松花江传》，校改，放图之后，作为修订再版，作者理应再说几句话。

首先，还是要强调出版江河传记的重要性和必要性。因为人类只要活着就不能没有水，而只有江河才能集聚雨雪冰川之水，提供给人类。所以，了解江河，亲近江河，掌握江河作为一种自然生命体的规律，并学会与之和谐相处则是每一个人必须懂得的知识。从这一点上说，笔者以为重温一下《松花江传》在河北大学出版社初版、二版时，总编辑任文京先生与责编之一杨金花教授在《编者的话》中所强调的一段话，仍倍感亲切：

江河是人类的母亲。人类在江河的怀抱里繁衍生息，创造历史。那奔腾不息的江河，充满生机活力，美丽而年轻。千万年来，人类生于斯，长于斯，与江河的关系密不可分，“鸟去鸟来山色里，人歌人哭水声中”。那是我们的生命之河，心灵之河。江河哺育人类，也孕育了灿烂的文明和古老的文化。一条河流就是一个动人的故事，就是一部鲜活的历史。和人一样，江河也是有生命的，而且它的生命丰富多彩、魅力无穷。人有生命终结的时候，江河却应与天地同在，万古长流。然而，我们看到流淌了千万年的河流现在已是容颜衰老，身形枯萎，千疮百孔，有的甚至濒临死亡。江河伴随我们走过了漫长的途程，它像一位历史老人，注视着朝代兴衰，阅尽了历史沧桑。我们记述历史，赞颂英雄，却忽视了江河母亲，忽视了江河对人类的命运、生存环境、未来发展以及文化积累和传承所起的重大作用。遗憾的是，我们对江河的生命情感和心路历程，并没有完全读懂（按：读懂江河应是我们的祈愿）。那熟悉而又陌生的江河其实和我们的命运息息相关，因为江河既是我们生命所依的物质家园，又是我们精神所寄的文化家园。

自然是人类生命的源泉，社会是人与自然共同构成的整体。但我们对此并没有清醒的认识，有时甚至和自然对立，从而导致人类与自然关系的恶化。历史已经证明，人类与自然不是统治与被统治、征服与被征服的关系，而是相互依存、和谐共处的关系。我们应该敬畏自然，在此前提下，学会尊重自然，亲近自然。敬畏就不会狂妄自大，目空一切，尊重就应平等看待，不居高临下，亲近就会关系融洽，和谐相处。人与自然的关系和谐与否，在很大程度上取决于人类自身。在整个生态环境中，大江大河流域最为重要，也最有代表性，因为这是经济、文化发展的集中区域，它的生态问题也是可持续发展首先要解决的问题。

古人将日月经天和江河行地并称，都含有永恒不变之意。现在，日月经天还在有条不紊，江河行地却出了问题。江河枯萎、断流、干涸、污染以及洪水泛滥等，这种种现象令人忧心忡忡。江河的生命危机，其实是人类面临灾难的先兆。江河是不能衰亡的，它应该是久远无穷的，因为它是民族生生不息的象征，文化代代传承的载体。

1998 年全国发生史无前例的大洪水以后，举国上下都逐渐地意识到，保护环境、爱护江河湖沼与湿地的重要意义，在于我们要生存，要生活得更好，而没有优渥的环境，没有与人类和谐相处的江河，这一切都不会存在。若想与江河——更广地说，与大自然和谐相处，是一切前提的前提。故而，要了解江河，阅读关于江河的书，了解江河的人与事，大江大河传记之书无疑是一个不可或缺的朋友。

《松花江传》与《辽河传》是这套大江大河传记丛书十种中的两种，笔者有幸撰写了这两部书。一方面我要感谢出版社的信赖，另一方面我也要负责地对读者说，这两部书值得信赖。《辽河传》早于 2014 年就已由黑龙江美术出版社再版，而今天该社又要出版《松花江传》的新版，这是《松花江传》的第三版了，对于作者来说，既荣幸，又感激。经与黑龙江美术出版社副社长步庆权相商，经过两次出版后的《松花江传》的内容稳定，故基本不动，仅改动了几处，微调了几处，并根据读者来信提出的意见，增加了几处注释，其他文字一仍其旧。《松花江传》于 2005 年 1 月初版面世后，受到一些热心的读者与专家的注意，其间，在报刊等媒体上相继发表了 10 来篇评述文字。考虑到这些书评的内容，对读懂江河，特别是读懂松花江，有很大的启发与帮助，故而遴选了其中4篇书评、1篇答记者问，附于本书正文之后，或可成为阅读本书之佐餐小菜。

在本书新版付梓之际，我要再一次对步庆权副社长致以衷心的感谢。步庆权副社长与我已成功地合作出版了《黑龙江传》《一个城市的记忆与梦想》《乌苏里江绥芬河传》《黑龙江文脉》《辽河传》（再版），以及《童年的地平线》（长篇散文）等6部书，其后还有《中国黑瞎子岛》与《大兴安岭传》等为下一步的选题项目，以后的合作前景依然广阔。

在《松花江传》新版出版之际，由王冰、李景贤、林久文、王景坤、尧野、黄立军、付刚等朋友惠赠照片给予支持，也对本书所有选片的影友，特致谢忱。

在新书出版之际，面对读者诸君，除鸣谢外，仍说一句，由于学识所限，不当之处，敬请匡正。

主要参考书目

1. 王季平 . 长白山志 . 长春：吉林文史出版社，1989.
2. 肖荣寰 . 吉林省志・自然地理志 . 长春：吉林人民出版社，1992.
3. 张盛学 . 黑龙江省志・地理志 . 哈尔滨：黑龙江人民出版社，1998.
4. 郭沫若 . 中国史稿地图集 . 北京：中国地图出版社，1996.
5. 谭其骧 . 中国历史地图集 . 北京：中国地图出版社，1982.
6. 方起东 . 中国文物地图集・吉林分册 . 北京：中国地图出版社，1993.
7. 张伯英 . 黑龙江志稿 . 哈尔滨：黑龙江人民出版社，1992.
8. 干志耿等 . 黑龙江古代民族史纲 . 哈尔滨：黑龙江人民出版社，1987.
9. 唐秀琴 . 白城地区文物志简编 . 长春：吉林人民出版社，1992.
10. 朱学渊 . 中国北方诸族的源流 . 北京：中华书局，2002.
11. 黑龙江文物考古工作队 . 黑龙江古代文物 . 哈尔滨：黑龙江人民出版社，1979.
12. 沈阳地质矿产研究所・东北地区古生物图册 . 北京：地质出版社，1980.
13. 张碧波等 . 中国古代北方民族文化史 . 哈尔滨：黑龙江人民出版社，1993.
14. 李澍田 . 长白汇征录・长白山江岗志 . 长春：吉林文史出版社，1987.
15. 王钦若 . 册府元龟 . 北京：中华书局，1960.
16. 章如愚 . 山堂考索 . 北京：中华书局，1992.
17. 张向凌 . 黑龙江历史编年 . 哈尔滨：黑龙江人民出版社，1989.
18. 李述笑 . 哈尔滨历史编年 . 哈尔滨：哈尔滨出版社，2000.
19. 阴法鲁等 . 中国古代文化史 . 北京：北京大学出版社，1989.
20. 谭其骧 . 长水集 . 北京：人民出版社，1987.
21. 谭其骧 . 长水集续编 . 北京：人民出版社，1994.
22. 冯天瑜等 . 中华文明史 . 上海：上海人民出版社，1990.
23. 摩尔根 . 古代社会 . 北京：商务印书馆，1977.
24. 谭其骧 . 中国历史地图集释文汇编・东北卷 . 北京：中央民族学院出版社，1988.
25. 刘明光 . 中国自然地理图集 . 北京：中国地图出版社，1998.
26. 长顺修等 . 吉林通志 . 长春：吉林人民出版社，1986.

27. 孙俍工·中国文艺辞典.上海：中国书店，1985.
28. 司马迁.史记.北京：中华书局，1982.
29. 王国维.古本竹书纪年辑校·今本竹书纪年疏证.沈阳：辽宁教育出版社，1997.
30. 皇甫谧等.帝王世纪·山海经·逸周书.沈阳：辽宁教育出版社，1997.
31. 袁珂.山海经注.成都：巴蜀书社，1993.
32. 周秉钧.尚书注译.长沙：岳麓书社，2001.
33. 樊树云·诗经全译注.哈尔滨：黑龙江人民出版社，1986.
34. 洪亮吉·春秋左传诂.北京：中华书局，1987.
35. 郑樵·通志.北京：中华书局，1995.
36. 陈芳芝.东北史探讨.北京：中国社会科学出版社，1995.
37. 张树栋.古代文明的起源与演进.南京：南京大学出版社，1991.
38. 张光直.美术·神话与祭祀.沈阳：辽宁教育出版社，1988.
39. 吴文衔等.黑龙江古代简史.哈尔滨：北方文物杂志社，1987.
40. 刘宝楠.论语正义.上海：上海书店，1986.
41. 孙希旦.礼记集解.北京：中华书局，1989.
42. 吕光天等.贝加尔湖地区和黑龙江流域各族与中原的关系史.哈尔滨：黑龙江教育出版社，1991.
43. 孙进己等.东北历史地理.哈尔滨：黑龙江人民出版社，1989.
44. 孙秀仁等.室韦史研究.哈尔滨：北方文物杂志社，1985.
45. 张双棣等.吕氏春秋译注.长春：吉林文史出版社，1987.
46. 焦循.孟子正义.上海：上海书店，1986.
47. 孟庆江等.讷河县文物志.哈尔滨：北方文物杂志社，1986.
48. 高诱.淮南子注.上海：上海书店，1986.
49. 范晔，后汉书，上海：上海古籍出版社、上海书店，1986.
50. 陈寿.三国志.上海：上海古籍出版社、上海书店，1986.
51. 房玄龄等.晋书.北京：中华书局，1974.
52. 王国维.观堂集林.北京：中华书局，1959.
53. 班固.汉书.北京：中华书局，1962.
54. 张荫麟.中国史纲（上古篇）.北京：生活·读书·新知三联书店，1955.
55. 陈绶祥.遮蔽的文明.北京：北京工艺美术出版社，1992.

56. 谢维扬 . 中国早期国家 . 杭州：浙江人民出版社，1995.
57. 王充 . 论衡 . 上海：上海书店，1986.
58. 王孝廉 . 中国的神话世界（各民族的创世神话及信仰）. 台北：时报文化出版企业有限公司，1987.
59. 金毓黻 . 渤海国志长编 . 长春：社会科学战线杂志社，1980.
60. 姚思廉 . 梁书 . 上海：上海古籍出版社，上海书店，1986.
61. 吕思勉 . 中国民族史 . 上海：东方出版中心，1987.
62. 米文平 . 鲜卑石室寻访记 . 济南：山东画报出版社，1999.
63. 刘精诚 . 魏孝文帝传 . 天津：天津人民出版社，1993.
64. 魏收 . 魏书 . 北京：中华书局，1974.
65. 李延寿 . 北史 . 北京：中华书局，1974.
66. 崔鸿 . 十六国春秋辑补 . 长沙：岳麓书社，1996.
67. 司马光 . 资治通鉴 . 长沙：岳麓书社，1990.
68. 王仲荦 . 魏晋南北朝史 . 上海：上海人民出版社，1980.
69. 伊佩霞 . 剑桥插图中国史 . 济南：山东画报出版社，2002.
70. 李百药 . 北齐书 . 北京：中华书局，1972.
71. 魏征等 . 隋书 . 北京：中华书局，1973.
72. 刘昫 . 旧唐书 . 北京：中华书局，1975.
73. 欧阳修等 . 新唐书 . 北京：中华书局，1975.
74. 李大龙 . 唐朝和边疆民族使者往来研究 . 哈尔滨：黑龙江教育出版社，2001.
75. 马长寿 . 乌桓与鲜卑 . 上海：上海人民出版社，1962.
76. 朱国忱等 . 渤海史稿 . 哈尔滨：黑龙江省文物出版编辑室，1984.
77. 魏国忠等 . 谜中王国探秘 . 济南：山东画报出版社，1999.
78. 抱瓮老人 . 今古奇观 . 北京：人民文学出版社，1957.
79. 康熙 . 御定全唐诗 . 北京：国际文化出版公司，1993.
80. 董诰等 . 全唐文 . 上海：上海古籍出版社，1990.
81. 张岱年等 . 文化的冲突与融合 . 北京：北京大学出版社，1997.
82. 韩明安 . 黑龙江古代文学 . 北京：光明日报出版社，1986.
83. 李有棠 . 辽史纪事本末 . 北京：中华书局，1997.
84. 历史研究编辑部 . 辽金史论文集 . 沈阳：辽宁人民出版社，1985.

85. 周一良．魏晋南北朝史论集．北京：北京大学出版社，1997.
86. 邓广铭．邓广铭治史丛稿．北京：北京大学出版社，1997.
87. 毕沅．续资治通鉴．长沙：岳麓书社，1990.
88. 三次上男．金代女真研究．哈尔滨：黑龙江人民出版社，1984.
89. 李拭．历代小史．扬州：江苏广陵古籍书印社，1989.
90. 脱脱等．辽史．北京：中华书局，1974.
91. 脱脱等．金史．北京：中华书局，1975.
92. 脱脱等．宋史．上海：上海古籍出版社、上海书店，1986.
93. 洪迈．容斋随笔．上海：上海古籍出版社，1978.
94. 唐圭璋．全宋词．北京：中华书局，1999.
95. 盖之庸．叩开辽墓地宫之门．济南：山东画报出版社，1997.
96. 白玉奇．大金国第一都．哈尔滨：黑龙江人民出版社，1997.
97. 孙进己．东北各民族文化交流史．沈阳：春风文艺出版社，1992.
98. 陈致平．中华通史．广州：花城出版社，1996.
99. 雷纳・格鲁塞・蒙古帝国史．北京：商务印书馆，1989.
100. 勒尼・格鲁塞．草原帝国．西宁：青海人民出版社，1991.
101. 马可・波罗．马可波罗行记．上海：上海书店出版社，1999.
102. 宋濂等．元史．上海：上海古籍出版社、上海书店，1986.
103. 税安礼．宋本历代地理指掌图．上海：上海古籍出版社，1989.
104. 张廷玉等．明史．上海：上海古籍出版社、上海书店，1986.
105. 赵尔巽．清史稿．上海：上海古籍出版社、上海书店，1986.
106. 王士祯．池北偶谈．北京：中华书局，1982.
107. 李澍田．松漠纪闻・扈从东巡日录・启东录皇华纪程．长春：吉林人民出版社，1986.
108. 何炳棣．明初以降人口及其相关问题（1368~1953）．北京：生活・读书・新知三联书店，2000.
109. 李治亭．爱新觉罗家族全书（1~10）．长春：吉林人民出版社，1997.
110. 金恩晖等．吉林省地方志考论、校释与汇辑．长春：中国地方史志协会、吉林省图书馆学会，1981.
111. 辜鸿铭等．清代野史．成都：巴蜀书社，1998.

112. 阎崇年 . 努尔哈赤传 . 北京：北京出版社，1983.
113. 孟森 . 满洲开国史 . 上海：上海古籍出版社，1992.
114. 李兴盛 . 东北流人史 . 哈尔滨：黑龙江人民出版社，1990.
115. 李兴盛 . 中国流人史 . 哈尔滨：黑龙江人民出版社，1996.
116. 胡奇光 . 中国文祸史 . 上海：上海人民出版社，1993.
117. 萧放等 . 中国文化历史 . 武汉：湖北人民出版社，1997.
118. 中国第一历史档案馆满文部等 . 清代黑龙江历史档案选编 . 哈尔滨：黑龙江人民出版社，1986.
119. 蒋梦麟 . 西潮 . 沈阳：辽宁教育出版社，1997.
120. 常好礼 . 东北抗联路军发展史略 . 长春：吉林大学出版社，1993.
121. 刘祖荫等 . 东北军十四年抗战史 . 香港：香港同泽出版社，1995.
122. 李敏 . 东北抗日联军歌曲选 . 哈尔滨：哈尔滨出版社，1991.
123. 黑龙江省社会科学院地方党史研究所 . 东北抗日烈士传（第一辑）. 哈尔滨：黑龙江人民出版社，1980.
124. 黑龙江省社会科学院地方党史研究所 . 东北抗日烈士传（第二辑）. 哈尔滨：黑龙江人民出版社，1980.
125. 黑龙江省社会科学院地方党史研究所 . 东北抗日烈士传（第三辑）. 哈尔滨：黑龙江人民出版社，1981.
126. 孟烈等 . 画说哈尔滨 . 北京：华龄出版社，2002.
127. 张恒轩 . 富饶美丽的黑龙江 . 哈尔滨：黑龙江人民出版社，1988.
128. 赵鸿儒 . 吉林省志・水利志 . 长春：吉林人民出版社，1996.
129. 乔德昌 . 黑龙江省志・水利志 . 哈尔滨：黑龙江人民出版社，1993.
130. 乐志德 . 达斡尔资料集（第一集）. 北京：民族出版社，1996.
131. 乐志德 . 达斡尔资料集（第二集）. 北京：民族出版社，1998.
132. 乐志德 . 达斡尔资料集（第三集）. 北京：民族出版社，2002.
133. 呼伦贝尔盟民族事务局 . 呼伦贝尔民族志 . 呼和浩特：内蒙古人民出版社，1997.
134. 黄任远等 . 鄂温克族文学 . 哈尔滨：北方文艺出版社，2000.
135. 徐昌翰等 . 鄂伦春族文学 . 哈尔滨：北方文艺出版社，2000.
136. 徐昌翰等 . 赫哲族文学 . 哈尔滨：北方文艺出版社，2000.
137. 间宫林藏 . 东鞑纪行 . 北京：商务印书馆，1974.

138. 李兴盛 . 黑龙江历代流寓人士山水胜迹诗选 . 哈尔滨：黑龙江人民出版社，2000.
139. 吴长申 . 扎龙国家级自然保护区自然资源研究与管理 . 哈尔滨：东北林业大学出版社，1999.
140. 倪红伟等 . 洪河自然保护区生物多样性 . 哈尔滨：黑龙江科学技术出版社，1999.
141. 朱殿英 . 黑龙江省 240 年旱涝史 . 哈尔滨：黑龙江科学技术出版社，1991.
142. 黑龙江省水利厅 . 黑龙江省水旱灾害 . 哈尔滨：黑龙江科学技术出版社，1998.
143. 周以良等 . 黑龙江树木志 . 哈尔滨：黑龙江科学技术出版社，1986.
144. 马逸清等 . 黑龙江兽类志 . 哈尔滨：黑龙江科学技术出版社，1986.
145. 沈国航 . 中国环境问题院士谈 . 北京：中国纺织出版社，2001.
146. 常家传等 . 东北鸟类图鉴 . 哈尔滨：黑龙江科学技术出版社，1995.
147. 群力 .1998 黑龙江抗洪纪实 . 哈尔滨：黑龙江人民出版社，1998.
148. 夏明方等 .20 世纪中国灾变图史 . 福州：福建教育出版社、广西师范大学出版社，2001.
149. 查尔斯・佛维尔 . 西伯利亚之行 . 上海：上海人民出版社，1974.
150. 格・瓦・麦利霍夫 . 满洲人在东北（17 世纪）. 北京：商务印书馆，1976.
151. 蕾切尔・卡逊 . 寂静的春天 . 北京：科学出版社，1979.
152. 李青松 . 林区与林区人 . 石家庄：花山文艺出版社，2002.
153. 普里希 . 梅花鹿 . 沈阳：辽宁教育出版社，1998.
154. 翦伯赞 . 中国史纲要 . 北京：人民出版社，1995.
155. 王钟翰 . 中国民族史 . 北京：中国社会科学出版社，1994.
156. 王钟翰 . 满族历史与文化 . 北京：中央民族大学出版社，1996.
157. 拉文斯坦 . 俄国人在黑龙江 . 北京：商务印书馆，1991.
158. 约・弗・巴德利 . 俄国・蒙古・中国 . 北京：商务印书馆，1981.
159. 胡蕴玉 . 满清野史 . 台北：新兴书局，1983.
160. 佟冬 . 沙俄与东北 . 长春：吉林文史出版社，1985.
161. 郑加真等 . 中国的东北角 . 哈尔滨：黑龙江人民出版社，2000.
162. 沈从文 . 中国古代服饰研究 . 上海：上海书店出版社，1997.
163. 宇文懋昭 . 大金国志校证 . 北京：中华书局，1986.
164. 魏存成 . 渤海考古 . 北京：文物出版社，2008.

（尚有部分文献、地方志书，以及报刊论文等不录）